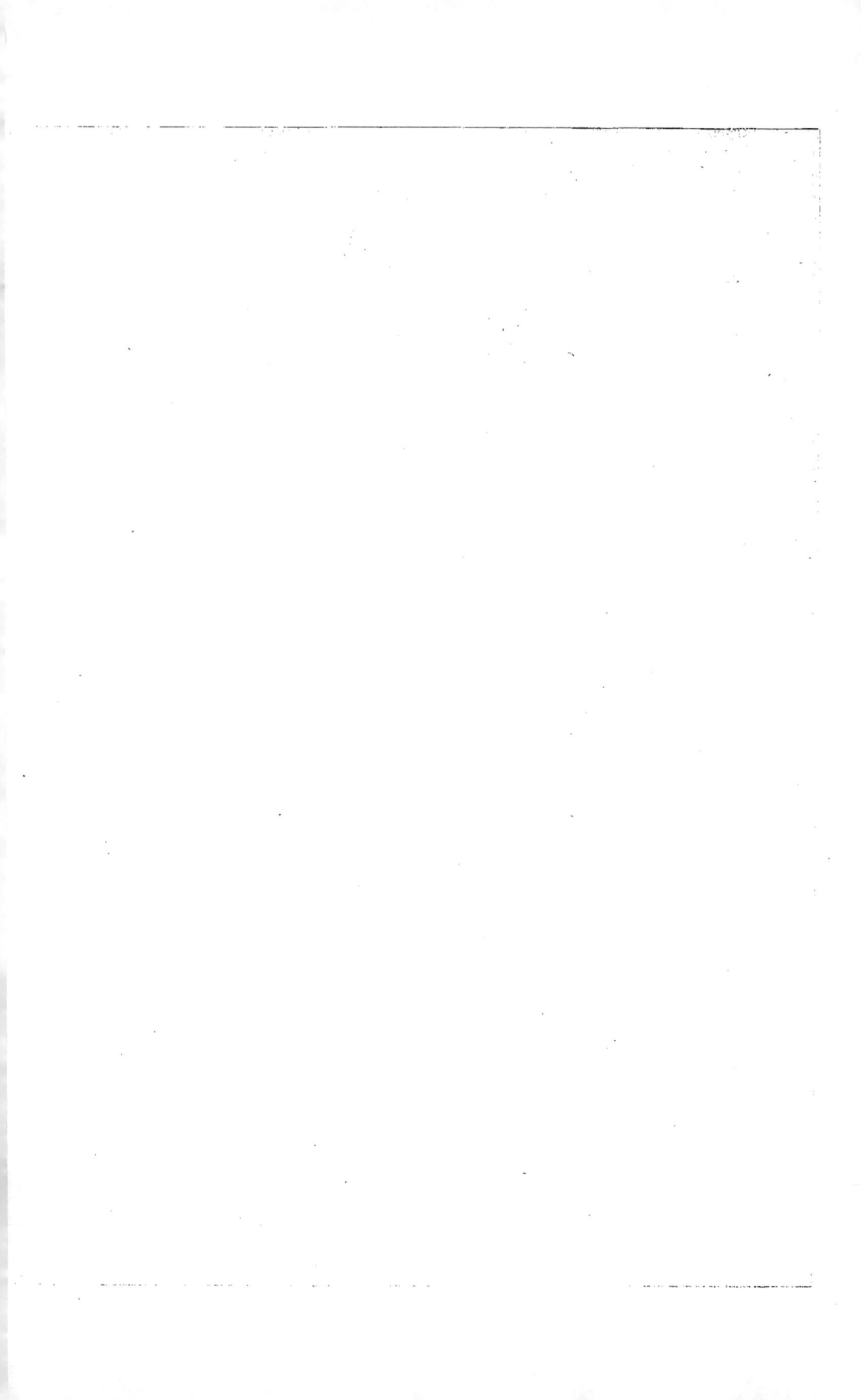

7

20174

MINISTÈRE DE LA GUERRE.

LIVRET SPÉCIAL

POUR

LES DIRECTIONS A DONNER AUX MILITAIRES ISOLÉS

AYANT DROIT AUX CONVOIS

ET VOYAGEANT PAR LES CHEMINS DE FER, LES DILIGENCES

ET LES BATEAUX A VAPEUR.

PARIS

IMPRIMERIE CENTRALE DES CHEMINS DE FER, DE NAPOLÉON CHAIX ET Cⁱᴱ

RUE BERGÈRE, 20, PRÈS DU BOULEVARD MONTMARTRE.

—

JUILLET 1859.

LE MARÉCHAL DE FRANCE MINISTRE SECRÉTAIRE D'ÉTAT DE LA GUERRE,

à MM. les Généraux de division et Généraux de brigade, commandant les divisions et les subdivisions territoriales ou les brigades actives ; les Intendants et Sous-Intendants militaires, les Préfets et Sous-Préfets, les Chefs de légion et les Commandants de compagnies de gendarmerie et les Conseils d'administration des corps de toutes armes. (5ᵉ Direction (Administration), Bureau de l'intendance militaire, du service de marche, des transports et des équipages militaires).

Paris, le 30 avril 1859.

AVIS DE L'APPROBATION D'UN NOUVEAU LIVRET POUR LES DIRECTIONS A DONNER AUX MILITAIRES ISOLÉS TRANSPORTÉS PAR LES CHEMINS DE FER, LES DILIGENCES ET LES BATEAUX A VAPEUR.

MESSIEURS,

J'ai approuvé, sous la date de ce jour, pour recevoir son application à partir du 1ᵉʳ juillet 1859, aux lieu et place du Livret du 24 novembre 1855, un nouveau Livret pour les directions à donner aux militaires transportés par les chemins de fer, les diligences et les bateaux à vapeur.

Ce Livret, dont un exemplaire est ci-joint, se trouve divisé en deux parties :

La première partie présente le tableau sommaire des distances qui existent entre chacune des résidences de sous-intendant militaire.

La seconde partie contient le détail des itinéraires et leur décompte en kilomètres.

Ce Livret fournit à l'autorité militaire le moyen de suivre et de surveiller les militaires isolés, transportés par les chemins de fer, les diligences et les bateaux à vapeur, et il servira de base :

1° A la direction à donner à ces militaires ;

2° A l'établissement des mandats pour ces divers modes de locomotion ;

3° A la vérification des comptes du service des convois militaires.

On se conformera, sans restriction ni réserves, aux itinéraires détaillés à la seconde partie du Livret ; et les directions qui y sont établies ne pourront être modifiées sans autorisation ministérielle. Toute disposition contraire, antérieure à la publication du présent Livret, est annulée.

Disposition nouvelle dans l'établissement des Mandats.

L'article 14 du marché du 9 mars 1855, pour l'exécution du service des convois militaires, inséré au Journal officiel militaire, page 521, désigne les fonctionnaires qui ont mission de délivrer les mandats de convoi aux militaires voyageant isolément et librement par les voies rapides.

Comme par le passé, ces fonctionnaires établiront, au point de départ, les mandats pour la totalité du parcours, et autant de mandats distincts qu'il y a de points d'arrêt au Livret. Mais j'appelle leur attention sur la disposition suivante, que j'ai cru nécessaire d'introduire pour la complète exécution du service.

Les diligences et les chemins de fer ne pénètrent pas dans toutes les localités secondaires, et souvent la destination finale du militaire est éloignée de 5, 10 et même 20 kilomètres du point où s'arrêtent les moyens de transport organisés ; il importe cependant d'assurer l'arrivée du militaire à destination.

Dans ce but, j'ai décidé que lorsque le lieu de destination ne sera pas desservi par un chemin de fer ou une diligence, le sous-intendant militaire du point de départ délivrera un mandat final pour le trajet compris entre le dernier gîte d'étape desservi par la diligence et le lieu de destination finale.

De cette manière, le militaire aura toujours un titre qu'il pourra présenter au dernier gîte d'étape, pour être transporté à destination, attendu que, dans chaque gîte, est un préposé de l'entreprise des convois.

Une notice, placée en tête du Livret, contient quelques explications qui en faciliteront l'usage.

Le Maréchal de France

Ministre Secrétaire d'État de la Guerre,

Signé : VAILLANT.

Pour ampliation :

Le Conseiller d'État Directeur de l'administration,

DARRICAU.

NOTICE EXPLICATIVE.

Le tableau sommaire comprend, à la première colonne, la distance totale en kilomètres d'un point à un autre.

Les itinéraires, au nombre de 7,140, mettent en communication toutes les résidences de sous-intendant militaire entre elles; ils sont ou détaillés, ou sommaires. Les itinéraires détaillés indiquent les points d'arrêt indispensables, sur le parcours total; les itinéraires sommaires donnent le nombre des kilomètres parcourus, et renvoient au numéro qui contient le détail.

Pour le tracé des itinéraires, on a adopté de préférence les lignes desservies par un service continu, afin d'éviter les séjours en route et de diminuer le nombre des mandats de convoi.

Les distances à franchir en chemin de fer ont été décomptées d'après les états de distances des Compagnies ou d'après le *Livret-Chaix*, et celles à parcourir en diligence, d'après le *Livre de Poste*.

Toutes les localités indiquées aux itinéraires sont des points d'arrêt occasionnés par l'interruption des voies de communication.

L'usage du présent Livret est fort simple, puisque chaque itinéraire est complet, sans qu'il soit besoin de recourir à un itinéraire précédent, et que l'exécution du service, qu'il soit exécuté par voie de fer ou autrement, est confiée à un seule et même entreprise responsable, l'entreprise générale des convois.

Délivrance des feuilles de route aux militaires transportés par les chemins de fer, les diligences et les bateaux à vapeur.

Les feuilles de route devront exactement relater les itinéraires, tels qu'ils sont indiqués au Livret spécial.

Établissement des mandats de chemins de fer, diligences et bateaux à vapeur.

L'établissement de ces mandats est réglementé par la circulaire imprimée en tête du Livret.

Vérification des comptes.

Ce Livret spécial sera considéré comme un tarif, pour toutes les distances qui y sont mentionnées ; les légères modifications que pourrait amener l'ouverture des chemins de fer en cours d'exécution ne seront opérées, sur ce document, que sur l'initiative ministérielle. Quant aux parcours qui n'y figurent pas, ils seront décomptés, savoir :

Ceux franchis en chemins de fer, d'après le *Livret-Chaix;*

Ceux effectués en diligences et bateaux à vapeur, d'après le *Livre de Poste.*

La vérification des comptes se fera comme il est indiqué à l'article 25 du marché du 9 mars 1855.

ERRATA.

Nota. — On est prié, à la réception du Livret, de faire opérer les rectifications ci dessous :

Nᵒˢ		au lieu de			lisez	
531.	— Amiens au Mans,	*au lieu de* total :	350,	*lisez*	359.	
1366.	— Bar-le-Duc à Belfort,	—	—	386, —	306.	
2304.	— Bourbonne à Cherbourg,	—	—	716, —	715.	
2687.	— Briançon à Clermont,	—	—	463, —	453.	
2809.	— Caen à Marseille,	—	—	1002, —	1102.	
3029.	— Calais à Saumur,	—	—	677, —	667.	
3105.	— Cambrai à Privas,	—	—	876, —	879.	
3303.	— Cette à Tours,	—	—	813, —	823.	
4285.	— Draguignan à Valenciennes.	—	—	1173, —	1171.	
4544.	— La Fère à Napoléon-Vendée,	—	—	566, —	586.	
6024.	— Montauban à Paris,	—	—	748 —	781.	
6888.	— St-Brieuc à St-Étienne,	—	—	848 —	884.	
6901.	— Saint-Brieuc à Troyes,	—	—	630 —	640.	

PREMIÈRE PARTIE

TABLEAU GÉNÉRAL

Des Distances qui existent entre chacune des diverses Résidences de Sous-Intendant militaire, savoir :

D'AGEN à	DISTANCES en KILOMÈTRES.	NUMÉROS des ITINÉRAIRES.	D'AGEN à	DISTANCES en KILOMÈTRES.	NUMÉROS des ITINÉRAIRES.	D'AGEN à	DISTANCES en KILOMÈTRES.	NUMÉROS des ITINÉRAIRES.
Aix.	542	1	Haguenau.	1098	54	Thionville.	1133	107
Albi	144	2	Langres	828	55	Toulon.	604	108
Alençon	638	3	Laon.	889	56	Toulouse.	121	109
Amiens.	862	4	Laval.	672	57	Tours.	483	110
Angers.	590	5	Lille.	982	58	Troyes.	881	111
Angoulême.	269	6	Limoges.	231	59	Tulle.	238	112
Arras.	923	7	Lons-le-Saunier. . . .	689	60	Valence.	591	113
Auch.	74	8	Lorient.	839	61	Valenciennes.	982	114
Aurillac.	247	9	Lunéville.	1100	62	Vannes.	783	115
Auxerre	889	10	Lyon.	565	63	Verdun.	967	116
Avignon.	466	11	Mâcon.	637	64	Vernon.	794	117
Bar-le-Duc.	968	12	Mans (Le).	582	65	Versailles.	731	118
Baréges.	203	13	Marseille.	544	66	Vesoul.	862	119
Bayonne	203	14	Mauleuge.	960	67			
Beauvais.	819	15	Melun.	759	68	D'AIX à		
Belfort	911	16	Mende.	345	69			
Besançon.	815	17	Metz	1106	70	Albi.	391	120
Blois.	537	18	Mézières.	974	71	Alençon	1043	121
Bordeaux.	136	19	Montauban.	70	72	Amiens.	1009	122
Boulogne.	985	20	Montbrison	494	73	Angers.	980	123
Bourbonne	870	21	Mont-de-Marsan. . . .	109	74	Angoulême.	810	124
Bourg.	640	22	Montpellier.	368	75	Arras.	1070	125
Bourges	450	23	Moulins.	453	76	Auch.	498	126
Brest.	998	24	Nancy.	1067	77	Aurillac.	431	127
Briançon	744	25	Nantes.	675	78	Auxerre.	725	128
Caen.	739	26	Napoléon-Vendée. . .	412	79	Avignon.	119	129
Cahors	105	27	Nevers.	519	80	Bar-le-Duc.	774	130
Calais.	1086	28	Nîmes.	418	81	Baréges.	629	131
Cambrai	937	29	Niort.	451	82	Bayonne.	718	132
Carcassonne.	212	30	Orléans.	595	83	Beauvais.	966	133
Cette.	340	31	Paris.	714	84	Belfort.	695	134
Châlons-sur-Marne . .	887	32	Pau.	184	85	Besançon.	590	135
Chalon-sur-Saône. . .	695	33	Périgueux.	136	86	Blois.	817	136
Chartres.	706	34	Perpignan.	334	87	Bordeaux.	677	137
Châteauroux	356	35	Poitiers.	382	88	Boulogne.	1132	138
Cherbourg.	870	36	Privas.	532	89	Bourbonne.	654	139
Clermont.	381	37	Puy (Le)	434	90	Bourg.	426	140
Colmar.	1001	38	Quimper	906	91	Bourges	659	141
Compiègne.	815	39	Rennes.	782	92	Brest.	1350	142
Digne.	618	40	Rochefort.	515	93	Briançon.	240	143
Dijon.	762	41	Rochelle (La).	518	94	Caen.	1100	144
Douai.	949	42	Rodez.	230	95	Cahors.	533	145
Draguignan	650	43	Rouen	851	96	Calais.	1233	146
Dunkerque	1065	44	Saint-Brieuc.	882	97	Cambrai.	1084	147
Épinal.	817	45	Saint-Étienne.	509	98	Carcassonne.	329	148
Évreux.	822	46	Saint-Germain.	737	99	Cette.	201	149
Fère (La).	807	47	Saint-Lô.	776	100	Châlons-sur-Marne . .	782	150
Foix.	203	48	Saint-Omer.	1044	101	Chalon-sur-Saône. . .	479	151
Fontainebleau.	773	49	Sarreguemines	1182	102	Chartres.	949	152
Gap.	653	50	Saumur.	546	103	Châteauroux.	740	153
Givet.	1041	51	Schelestadt.	1023	104	Cherbourg.	1231	154
Grenoble.	685	52	Strasbourg.	1069	105	Clermont.	418	155
Guéret.	315	53	Tarbes.	146	106	Colmar.	787	156

D'AIX à

	DISTANCES en KILOMÈTRES.	NUMÉROS des ITINÉRAIRES.
Compiègne	962	157
Digne	110	158
Dijon	546	159
Douai	1096	160
Draguignan	108	161
Dunkerque	1212	162
Épinal	713	163
Évreux	969	164
Père (La)	1014	165
Foix	427	166
Fontainebleau	802	167
Gap	149	168
Givet	969	169
Grenoble	336	170
Guéret	548	171
Hagueneau	884	172
Langres	612	173
Privas	1036	174
Laval	1077	175
Lille	1129	176
Limoges	597	177
Lons-le-Saunier	475	178
Lorient	1232	179
Lunéville	765	180
Lyon	351	181
Mâcon	421	182
Mans (Le)	987	183
Marseille	53	184
Maubeuge	1107	185
Melun	817	186
Mende	273	187
Metz	795	188
Mézières	902	189
Montauban	471	190
Montbrison	376	191
Mont-de-Marsan	651	192
Montpellier	175	193
Moulins	537	194
Nancy	738	195
Nantes	1068	196
Napoléon-Vendée	953	197
Nevers	590	198
Nîmes	125	199
Niort	992	200
Orléans	771	201
Paris	861	202
Pau	611	203
Périgueux	678	204
Perpignan	336	205
Poitiers	923	206
Privas	228	207
Puy (Le)	325	208
Quimper	1299	209
Rennes	1105	210
Rochefort	1056	211
Rochelle (La)	1059	212
Rodez	357	213
Rouen	998	214
Saint-Brieuc	1205	215
Saint-Étienne	341	216
Saint-Germain	884	217
Saint-Lô	1175	218
Saint-Omer	1191	219
Sarreguemines	871	220
Saumur	947	221
Schelestadt	809	222
Strasbourg	855	223
Tarbes	572	224
Thionville	821	225
Toulon	80	226
Toulouse	421	227
Tours	888	228
Troyes	743	229
Tulle	516	230
Valence	244	231
Valenciennes	1129	232
Vannes	1176	233
Verdun	843	234
Vernon	941	235
Versailles	878	236
Vesoul	637	237

D'ALBI à

	DISTANCES en KILOMÈTRES.	NUMÉROS des ITINÉRAIRES.
Alençon	735	238
Amiens	899	239
Angers	687	240
Angoulême	366	241
Arras	960	242
Auch	153	243
Aurillac	182	244
Auxerre	562	245
Avignon	316	246
Bar-le-Duc	759	247
Baréges	284	248
Bayonne	373	249
Beauvais	856	250
Belfort	763	251
Besançon	667	252
Blois	634	253
Bordeaux	280	254
Boulogne	1022	255
Bourbonne	691	256
Bourg	492	257
Bourges	517	258
Brest	1098	259
Briançon	594	260
Caen	817	261
Cahors	136	262
Calais	1123	263
Cambrai	974	264
Carcassonne	107	265
Cette	190	266
Chalons-sur-Marne	924	267
Chalon-sur-Saône	547	268
Chartres	675	269
Châteauroux	458	270
Cherbourg	967	271
Clermont	305	272
Colmart	853	273
Compiègne	852	274
Digne	468	275
Dijon	583	276
Douai	986	277
Draguignan	499	278
Dunkerque	1102	279
Épinal	764	280
Évreux	859	281
Père (La)	904	282
Foix	158	283
Fontainebleau	717	284
Gap	503	285
Givet	1078	286
Grenoble	535	287
Guéret	417	288
Haguenau	963	289
Langres	649	290
Laon	926	291
Laval	769	292
Lille	1019	293
Limoges	333	294
Lons-le-Saunier	541	295
Lorient	939	296
Lunéville	802	297
Lyon	417	298
Mâcon	489	299
Mans (Le)	679	300
Marseille	394	301
Maubeuge	997	302
Melun	732	303
Mende	194	304
Metz	832	305
Mézières	1011	306
Montauban	74	307
Montbrison	396	308
Mont-de-Marsan	253	309
Montpellier	218	310
Moulins	411	311
Nancy	775	312
Nantes	775	313
Napoléon-Vendée	635	314
Nevers	464	315
Nîmes	256	316
Niort	548	317
Orléans	629	318
Paris	751	319
Pau	266	320
Périgueux	280	321
Perpignan	228	322
Poitiers	479	323
Privas	371	324
Puy (Le)	283	325
Quimper	1006	326
Rennes	812	327
Rochefort	612	328
Rochelle (La)	615	329
Rodez	79	330

D'ALBI à	DISTANCES en KILOMÈTRES.	NUMÉROS des ITINÉRAIRES.
Rouen	888	331
Saint-Brieuc	912	332
Saint-Étienne	360	333
Saint-Germain	774	334
Saint-Lô	861	335
Saint-Omer	1081	336
Sarreguemines	908	337
Saumur	643	338
Schelestadt	875	339
Strasbourg	921	340
Tarbes	227	341
Thionville	858	342
Toulon	454	343
Toulouse	76	344
Tours	580	345
Troyes	639	346
Tulle	269	347
Valence	429	348
Valenciennes	1019	349
Vannes	883	350
Verdun	799	351
Vernon	831	352
Versailles	768	353
Vesoul	714	354

D'ALENÇON à		
Amiens	415	355
Angers	144	356
Angoulême	369	357
Arras	476	358
Auch	688	359
Aurillac	753	360
Auxerre	442	361
Avignon	923	362
Bar-le-Duc	521	363
Baréges	789	364
Bayonne	700	365
Beauvais	372	366
Belfort	710	367
Besançon	673	368
Blois	212	369
Bordeaux	502	370
Boulogne	538	371
Bourbonne	612	372
Bourg	746	373
Bourges	382	374
Brest	464	375
Briançon	961	376
Caen	101	377
Cahors	598	378
Calais	639	379
Cambrai	490	380
Carcassonne	850	381
Cette	978	382
Châlons-sur-Marne	440	383
Chalon-sur-Saône	650	384
Chartres	180	385
Châteauroux	413	386

D'ALENÇON à	DISTANCES en KILOMÈTRES.	NUMÉROS des ITINÉRAIRES.
Cherbourg	232	387
Clermont	596	388
Colmar	835	389
Compiègne	368	390
Digne	988	391
Dijon	582	392
Douai	502	393
Draguignan	1083	394
Dunkerque	618	395
Épinal	694	396
Évreux	116	397
Fère (La)	420	398
Foix	841	399
Fontainebleau	326	400
Gap	943	401
Givet	594	402
Grenoble	842	403
Guéret	525	404
Haguenau	784	405
Langres	564	406
Laon	442	407
Laval	146	408
Lille	535	409
Limoges	550	410
Lons-le-Saunier	714	411
Lorient	379	412
Lunéville	653	413
Lyon	692	414
Mâcon	708	415
Mans (Le)	56	416
Marseille	1044	417
Maubeuge	513	418
Melun	312	419
Mende	782	420
Metz	659	421
Mézières	527	422
Montauban	708	423
Montbrison	663	424
Mont-de-Marsan	650	425
Montpellier	1006	426
Moulins	491	427
Nancy	620	428
Nantes	232	429
Napoléon-Vendée	269	430
Nevers	503	431
Nîmes	971	432
Niort	334	433
Orléans	270	434
Paris	287	435
Pau	715	436
Périgueux	455	437
Perpignan	972	438
Poitiers	256	439
Privas	836	440
Puy (Le)	730	441
Quimper	446	442
Rennes	219	443
Rochefort	398	444
Rochelle (La)	401	445

D'ALENÇON à	DISTANCES en KILOMÈTRES.	NUMÉROS des ITINÉRAIRES.
Rodez	696	446
Rouen	142	447
Saint-Brieuc	319	448
Saint-Étienne	677	449
Saint-Germain	278	450
Saint-Lô	145	451
Saint-Omer	597	452
Sarreguemines	736	453
Saumur	147	454
Schelestadt	813	455
Strasbourg	769	456
Tarbes	732	457
Thionville	686	458
Toulon	1104	459
Toulouse	759	460
Tours	155	461
Troyes	434	462
Tulle	639	463
Valence	798	464
Valenciennes	535	465
Vannes	322	466
Verdun	520	467
Vernon	148	468
Versailles	251	469
Vesoul	648	470

D'AMIENS à		
Angers	487	471
Angoulême	593	472
Arras	67	473
Auch	939	474
Aurillac	751	475
Auxerre	323	476
Avignon	890	477
Bar-le-Duc	402	478
Baréges	1013	479
Bayonne	924	480
Beauvais	118	481
Belfort	591	482
Besançon	554	483
Blois	326	484
Bordeaux	726	485
Boulogne	123	486
Bourbonne	493	487
Bourg	627	488
Bourges	380	489
Brest	766	490
Briançon	929	491
Caen	387	492
Cahors	745	493
Calais	231	494
Cambrai	131	495
Carcassonne	1074	496
Cette	1076	497
Châlons-sur-Marne	302	498
Chalon-sur-Saône	531	499
Chartres	236	500
Châteauroux	411	501

D'AMIENS à	DISTANCES en KILOMÈTRES.	NUMÉROS des ITINÉRAIRES.
Cherbourg	518	502
Clermont	594	503
Colmar	698	504
Compiègne	114	505
Digne	956	506
Dijon	463	507
Douai	94	508
Draguignan	1076	509
Dunkerque	209	510
Épinal	557	511
Évreux	166	512
Fère (La)	166	513
Foix	1065	514
Fontainebleau	207	515
Gap	911	516
Givet	383	517
Grenoble	810	518
Guéret	522	519
Haguenau	647	520
Langres	445	521
Laon	188	522
Laval	449	523
Lille	127	524
Limoges	548	525
Lons-le-Saunier	595	526
Lorient	681	527
Lunéville	515	528
Lyon	600	529
Mâcon	589	530
Mans (Le)	359	531
Marseille	1011	532
Maubeuge	204	533
Melun	193	534
Mende	780	535
Metz	522	536
Mézières	316	537
Montauban	932	538
Montbrison	664	539
Mont-de-Marsan	874	540
Montpellier	988	541
Moulins	488	542
Nancy	483	543
Nantes	575	544
Napoléon-Vendée	612	545
Nevers	449	546
Nîmes	939	547
Niort	558	548
Orléans	269	549
Paris	148	550
Pau	939	551
Périgueux	643	552
Perpignan	1150	553
Poitiers	480	554
Privas	804	555
Puy (Le)	728	556
Quimper	748	557
Rennes	521	558
Rochefort	622	559
Rochelle (La)	625	560

D'AMIENS à	DISTANCES en KILOMÈTRES.	NUMÉROS des ITINÉRAIRES.
Rodez	819	561
Rouen	113	562
Saint-Brieuc	621	563
Saint-Étienne	669	564
Saint-Germain	171	565
Saint-Lô	462	566
Saint-Omer	189	567
Sarreguemines	599	568
Saumur	443	569
Schelestadt	675	570
Strasbourg	632	571
Tarbes	956	572
Thionville	548	573
Toulon	1071	574
Toulouse	983	575
Tours	382	576
Troyes	315	577
Tulle	637	578
Valence	766	579
Valenciennes	126	580
Vannes	624	581
Verdun	383	582
Vernon	228	583
Versailles	165	584
Vesoul	529	585

D'ANGERS à	DISTANCES en KILOMÈTRES.	NUMÉROS des ITINÉRAIRES.
Angoulême	321	586
Arras	548	587
Auch	640	588
Aurillac	674	589
Auxerre	371	590
Avignon	860	591
Bar-le-Duc	593	592
Baréges	741	593
Bayonne	652	594
Beauvais	444	595
Belfort	782	596
Besançon	745	597
Blois	162	598
Bordeaux	454	599
Boulogne	610	600
Bourbonne	684	601
Bourg	551	602
Bourges	332	603
Brest	370	604
Briançon	898	605
Caen	245	606
Cahors	534	607
Calais	711	608
Cambrai	562	609
Carcassonne	802	610
Cette	930	611
Châlons-sur-Marne	512	612
Chalon-sur-Saône	557	613
Chartres	212	614
Châteauroux	363	615
Cherbourg	304	616

D'ANGERS à	DISTANCES en KILOMÈTRES.	NUMÉROS des ITINÉRAIRES.
Clermont	538	617
Colmar	907	618
Compiègne	440	619
Digne	925	620
Dijon	592	621
Douai	574	622
Draguignan	1046	623
Dunkerque	690	624
Épinal	766	625
Évreux	253	626
Fère (La)	492	627
Foix	793	628
Fontainebleau	398	629
Gap	880	630
Givet	666	631
Grenoble	779	632
Guéret	474	633
Haguenau	856	634
Langres	636	635
Laon	514	636
Laval	74	637
Lille	607	638
Limoges	500	639
Lons-le-Saunier	621	640
Lorient	252	641
Lunéville	725	642
Lyon	629	643
Mâcon	517	644
Mans (Le)	88	645
Marseille	981	646
Maubeuge	585	647
Melun	384	648
Mende	834	649
Metz	731	650
Mézières	599	651
Montauban	660	652
Montbrison	603	653
Mont-de-Marsan	602	654
Montpellier	958	655
Moulins	443	656
Nancy	692	657
Nantes	88	658
Napoléon-Vendée	125	659
Nevers	401	660
Nîmes	908	661
Niort	286	662
Orléans	220	663
Paris	339	664
Pau	667	665
Périgueux	407	666
Perpignan	924	667
Poitiers	209	668
Privas	773	669
Puy (Le)	680	670
Quimper	319	671
Rennes	125	672
Rochefort	350	673
Rochelle (La)	353	674
Rodez	614	675

D'ANGERS à	DISTANCES en KILOMÈTRES.	NUMÉROS des ITINÉRAIRES.	D'ANGOULÊME à	DISTANCES en KILOMÈTRES.	NUMÉROS des ITINÉRAIRES.	D'ANGOULÊME à	DISTANCES en KILOMÈTRES.	NUMÉROS des ITINÉRAIRES.
Rouen	476	676	Compiègne	546	732	Saint-Étienne	522	791
Saint-Brieuc	225	677	Digne	762	733	Saint-Germain	468	792
Saint-Étienne	627	678	Dijon	508	734	Saint-Lô	490	793
Saint-Germain	362	679	Douai	680	735	Saint-Omer	775	794
Saint-Lô	227	680	Draguignan	921	736	Sarreguemines	914	795
Saint-Omer	669	681	Dunkerque	796	737	Saumur	277	796
Sarreguemines	808	682	Épinal	872	738	Schelestadt	991	797
Saumur	44	683	Évreux	553	739	Strasbourg	947	798
Schelestadt	885	684	Fère (La)	598	740	Tarbes	363	799
Strasbourg	841	685	Foix	472	741	Thionville	864	800
Tarbes	684	686	Fontainebleau	504	742	Toulon	873	801
Thionville	758	687	Gap	717	743	Toulouse	390	802
Toulon	1041	688	Givet	772	744	Tours	214	803
Toulouse	711	689	Grenoble	616	745	Troyes	612	804
Tours	108	690	Guéret	187	746	Tulle	188	805
Troyes	506	691	Haguenau	962	747	Valence	572	806
Tulle	589	692	Langres	742	748	Valenciennes	713	807
Valence	735	693	Laon	620	749	Vannes	517	808
Valenciennes	607	694	Laval	387	750	Verdun	698	809
Vannes	196	695	Lille	713	751	Vernon	525	810
Verdun	592	696	Limoges	103	752	Versailles	462	811
Vernon	419	697	Lons-le-Saunier	537	753	Vesoul	826	812
Versailles	282	698	Lorient	573	754			
Vesoul	720	699	Lunéville	831	755	**D'ARRAS à**		
			Lyon	466	756			
D'ANGOULÊME à			Mâcon	459	757	Auch	973	813
			Mans (Le)	313	758	Aurillac	783	814
Arras	654	700	Marseille	813	759	Auxerre	384	815
Auch	319	701	Maubeuge	691	760	Avignon	951	816
Aurillac	273	702	Melun	490	761	Bar-le-Duc	364	817
Auxerre	620	703	Mende	433	762	Baréges	1074	818
Avignon	735	704	Metz	837	763	Bayonne	985	819
Bar-le-Duc	699	705	Mézières	705	764	Beauvais	179	820
Baréges	420	706	Montauban	339	765	Belfort	597	921
Bayonne	331	707	Montbrison	567	766	Besançon	615	822
Beauvais	550	708	Mont-de-Marsan	281	767	Blois	387	823
Belfort	812	709	Montpellier	637	768	Bordeaux	787	824
Besançon	716	710	Moulins	558	769	Boulogne	191	825
Blois	268	711	Nancy	798	770	Bourbonne	499	826
Bordeaux	133	712	Nantes	409	771	Bourg	688	827
Boulogne	716	713	Napoléon-Vendée	269	772	Bourges	441	828
Bourbonne	790	714	Nevers	507	773	Brest	827	829
Bourg	493	715	Nîmes	687	774	Briançon	990	830
Bourges	438	716	Niort	182	775	Caen	448	831
Brest	732	717	Orléans	326	776	Cahors	806	832
Briançon	735	718	Paris	445	777	Calais	163	833
Caen	470	719	Pau	346	778	Cambrai	64	834
Cahors	229	720	Périgueux	86	779	Carcassonne	1135	835
Calais	817	721	Perpignan	603	780	Cette	1077	836
Cambrai	668	722	Poitiers	113	781	Châlons-sur-Marne	281	837
Carcassonne	481	723	Privas	610	782	Chalon-sur-Saône	592	838
Cette	609	724	Puy (Le)	600	783	Chartres	297	839
Châlons-sur-Marne	618	725	Quimper	640	784	Châteauroux	472	840
Chalon-sur-Saône	473	726	Rennes	476	785	Cherbourg	579	841
Chartres	437	727	Rochefort	246	786	Clermont-Ferrand	655	842
Châteauroux	469	728	Rochelle (La)	249	787	Colmar	677	843
Cherbourg	572	729	Rodez	346	788	Compiègne	175	844
Clermont	663	730	Rouen	582	789	Digne	1017	845
Colmar	1013	731	Saint-Brieuc	576	790	Dijon	524	846

D'ARRAS à	DISTANCES en KILOMÈTRES.	NUMÉROS des ITINÉRAIRES.	D'ARRAS à	DISTANCES en KILOMÈTRES.	NUMÉROS des ITINÉRAIRES.	D'AUCH à	DISTANCES en KILOMÈTRES.	NUMÉROS des ITINÉRAIRES.
Douai	26	847	Saint-Omer	122	906	Évreux	872	962
Draguignan	1112	848	Sarreguemines	578	907	Fère (La)	917	963
Dunkerque	142	849	Saumur	504	908	Foix	159	964
Épinal	536	850	Schelestadt	654	909	Fontainebleau	823	965
Évreux	317	851	Strasbourg	611	810	Gap	610	966
Fère (La)	145	852	Tarbes	1017	911	Givet	1091	967
Foix	1126	853	Thionville	527	912	Grenoble	642	968
Fontainebleau	268	854	Toulon	1132	913	Guéret	388	969
Gap	972	855	Toulouse	1044	914	Hagueneau	1097	970
Givet	362	856	Tours	443	915	Langres	814	971
Grenoble	871	857	Troyes	376	916	Laon	939	972
Guéret	583	858	Tulle	698	917	Laval	722	973
Hagueneau	626	859	Valence	827	918	Lille	1032	974
Langres	451	860	Valenciennes	59	919	Limoges	304	975
Laon	167	861	Vannes	685	520	Lons-le-Saunier	675	976
Laval	510	862	Verdun	362	921	Lorient	889	977
Lille	60	863	Vernon	289	922	Lunéville	987	978
Limoges	609	864	Versailles	226	923	Lyon	551	979
Lons-le-Saunier	656	865	Vesoul	528	924	Mâcon	623	980
Lorient	742	866				Mans (Le)	632	981
Lunéville	494	867	**D'AUCH à**			Marseille	501	982
Lyon	721	868				Maubeuge	1010	983
Mâcon	650	869	Aurillac	260	925	Melun	809	984
Mans (Le)	420	870	Auxerre	939	926	Mende	328	985
Marseille	1072	871	Avignon	409	927	Metz	997	986
Maubeuge	137	872	Bar-le-Duc	1018	928	Mézières	1024	987
Melun	254	873	Baréges	134	929	Montauban	83	988
Mende	841	874	Bayonne	220	930	Montbrison	530	989
Metz	501	875	Beauvais	869	931	Mont-de-Marsan	112	990
Mézières	295	876	Belfort	897	932	Montpellier	325	991
Montauban	993	877	Besançon	801	933	Moulins	526	992
Montbrison	709	878	Blois	587	934	Nancy	940	993
Mont-de-Marsan	935	879	Bordeaux	186	935	Nantes	725	994
Montpellier	1049	880	Boulogne	1035	936	Napoléon-Vendée	462	995
Moulins	549	881	Bourbonne	856	937	Nevers	592	996
Nancy	462	882	Bourg	626	938	Nîmes	375	997
Nantes	636	883	Bourges	757	939	Niort	501	998
Napoléon-Vendée	642	884	Brest	1048	940	Orléans	645	999
Nevers	510	885	Briançon	687	941	Paris	764	1000
Nîmes	1000	886	Caen	789	942	Pau	111	1001
Niort	619	887	Cahors	145	943	Périgueux	209	1002
Orléans	330	888	Calais	1136	944	Perpignan	290	1003
Paris	209	889	Cambrai	987	945	Poitiers	432	1004
Pau	1000	890	Carcassonne	168	946	Privas	489	1005
Périgueux	704	891	Cette	207	947	Puy (Le)	417	1006
Perpignan	1211	892	Châlons-sur-Marne	937	948	Quimper	956	1007
Poitiers	541	893	Chalon-sur-Saône	681	949	Rennes	795	1008
Privas	865	894	Chartres	756	950	Rochefort	565	1009
Puy (Le)	789	895	Châteauroux	429	951	Rochelle (La)	508	1010
Quimper	809	896	Cherbourg	920	952	Rodez	213	1011
Rennes	582	897	Clermont-Ferrand	417	953	Rouen	901	1012
Rochefort	683	898	Colmar	987	954	Saint-Brieuc	805	1013
Rochelle (La)	686	899	Compiègne	865	955	Saint-Étienne	494	1014
Rodez	880	900	Digne	561	956	Saint-Germain	787	1015
Rouen	346	901	Dijon	748	957	Saint-Lô	809	1016
Saint-Brieuc	682	902	Douai	909	958	Saint-Omer	1094	1017
Saint-Étienne	730	903	Draguignan	406	959	Sarreguemines	1073	1018
Saint-Germain	232	904	Dunkerque	1115	960	Saumur	596	1019
Saint-Lô	523	905	Épinal	924	961	Schelestadt	1009	1020

D'AUCH à	DISTANCES en KILOMÈTRES.	NUMÉROS des ITINÉRAIRES.	D'AURILLAC à	DISTANCES en KILOMÈTRES.	NUMÉROS des ITINÉRAIRES.	D'AURILLAC à	DISTANCES en KILOMÈTRES.	NUMÉROS des ITINÉRAIRES.
Strasbourg	1055	1021	Givet	930	1077	Tours	587	1136
Tarbes	74	1022	Grenoble	471	1078	Troyes	664	1137
Thionville	1031	1023	Guéret	258	1079	Tulle	85	1138
Toulon	561	1024	Haguenau	867	1080	Valence	360	1139
Toulouse	77	1025	Langres	584	1081	Valenciennes	871	1140
Tours	533	1026	Laon	778	1082	Vanne	707	1141
Troyes	931	1027	Laval	585	1083	Verdun	757	1142
Tulle	278	1028	Lille	871	1084	Vernon	683	1143
Valence	548	1029	Limoges	174	1085	Versailles	620	1144
Valenciennes	1032	1030	Lons-le-Saunier	445	1086	Vesoul	618	1145
Vannes	833	1031	Lorient	763	1087			
Verdun	1017	1032	Lunéville	737	1088	**D'AUXERRE à**		
Vernon	844	1033	Lyon	321	1089			
Versailles	781	1034	Mâcon	393	1090	Avignon	606	1146
Vesoul	848	1035	Mans (Le)	569	1091	Bar-le-Duc	197	1147
			Marseille	435	1092	Baréges	898	1148
D'AURILLAC à			Maubeuge	849	1093	Bayonne	809	1149
			Melun	648	1094	Beauvais	280	1150
Auxerre	414	1036	Mende	160	1095	Belfort	367	1151
Avignon	356	1037	Metz	767	1096	Besançon	271	1152
Bar-le-Duc	857	1038	Mézières	863	1097	Blois	207	1153
Baréges	389	1039	Montauban	177	1098	Bordeaux	611	1154
Bayonne	515	1040	Montbrison	270	1099	Boulogne	446	1155
Beauvais	708	1041	Mont-de-Marsan	364	1100	Bourbonne	198	1156
Belfort	667	1042	Montpellier	296	1101	Bourg	343	1157
Besançon	571	1043	Moulins	263	1102	Bourges	142	1158
Blois	539	1044	Nancy	710	1103	Brest	793	1159
Bordeaux	317	1045	Nantes	599	1104	Briançon	645	1160
Boulogne	874	1046	Napoléon-Vendée	423	1105	Caen	414	1161
Bourbonne	626	1047	Nevers	316	1106	Cahors	558	1162
Bourg	396	1048	Nîmes	308	1107	Calais	547	1163
Bourges	369	1049	Niort	336	1108	Cambrai	398	1164
Brest	922	1050	Orléans	482	1109	Carcassonne	861	1165
Briançon	590	1051	Paris	603	1110	Cette	732	1166
Caen	842	1052	Pau	371	1111	Châlons-sur-Marne	156	1167
Cahors	161	1053	Périgueux	187	1112	Chalon-sur-Saône	248	1168
Calais	975	1054	Perpignan	411	1113	Chartres	263	1169
Cambrai	826	1055	Poitiers	303	1114	Châteauroux	237	1170
Carcassonne	289	1056	Privas	399	1115	Cherbourg	545	1171
Cette	324	1057	Puy (Le)	187	1116	Clermont	257	1172
Châlons-sur-Marne	776	1058	Quimper	830	1117	Colmar	458	1173
Chalon-sur-Saône	451	1059	Rennes	636	1118	Compiègne	276	1174
Chartres	691	1060	Rochefort	519	1119	Digne	672	1175
Châteauroux	463	1061	Rochelle (La)	516	1120	Dijon	179	1176
Cherbourg	973	1062	Rodez	103	1121	Douai	410	1177
Clermont	157	1063	Rouen	740	1122	Draguignan	792	1178
Colmar	757	1064	Saint-Brieuc	736	1123	Dunkerque	526	1179
Compiègne	704	1065	Saint-Étienne	264	1124	Épinal	271	1180
Digne	508	1066	Saint-Germain	626	1125	Évreux	283	1181
Dijon	518	1067	Saint-Lô	917	1126	Fère (La)	328	1182
Douai	838	1068	Saint-Omer	933	1127	Foix	959	1183
Draguignan	539	1069	Sarreguemines	843	1128	Fontainebleau	116	1184
Dunkerque	954	1070	Saumur	468	1129	Gap	627	1185
Épinal	694	1071	Schelestadt	779	1130	Givet	373	1186
Évreux	711	1072	Strasbourg	825	1131	Grenoble	526	1187
Fère (La)	756	1073	Tarbes	334	1132	Guéret	275	1188
Foix	310	1074	Thionville	801	1133	Haguenau	501	1189
Fontainebleau	662	1075	Toulon	495	1134	Langres	156	1190
Gap	546	1076	Toulouse	228	1135	Laon	350	1191

D'AUXERRE à	DISTANCES en KILOMÈTRES.	NUMÉROS des ITINÉRAIRES.
Laval	476	1192
Lille	443	1193
Limoges	367	1194
Lons-le-Saunier	312	1195
Lorient	708	1196
Lunéville	369	1197
Lyon	376	1198
Mâcon	305	1199
Mans (Le)	386	1200
Marseille	727	1201
Maubeuge	421	1202
Melun	131	1203
Mende	443	1204
Metz	376	1205
Mézières	306	1206
Montauban	817	1207
Montbrison	322	1208
Mont-de-Marsan	759	1209
Montpellier	705	1210
Moulins	162	1211
Nancy	337	1212
Nantes	602	1213
Napoléon-Vendée	461	1214
Nevers	109	1215
Nimes	655	1216
Niort	441	1317
Orléans	149	1218
Paris	175	1219
Pau	824	1220
Périgueux	456	1221
Perpignan	868	1222
Poitiers	365	1223
Privas	520	1224
Puy (Le)	394	1225
Quimper	775	1226
Rennes	548	1227
Rochefort	502	1228
Rochelle (La)	504	1229
Rodez	482	1230
Rouen	312	1231
Saint-Brieuc	648	1232
Saint-Etienne	432	1233
Saint-Germain	198	1234
Saint-Lô	489	1235
Saint-Omer	505	1236
Sarreguemines	453	1237
Saumur	328	1238
Schelestadt	481	1239
Strasbourg	486	1240
Tarbes	841	1241
Thionville	402	1242
Toulon	787	1243
Toulouse	868	1244
Tours	264	1245
Troyes	77	1246
Tulle	400	1247
Valence	482	1248
Valenciennes	443	1249
Vannes	651	1250

D'AUXERRE à	DISTANCES en KILOMÈTRES.	NUMÉROS des ITINÉRAIRES.
Verdun	237	1251
Vernon	255	1252
Versailles	192	1253
Vesoul	230	1254

D'AVIGNON à	DISTANCES en KILOMÈTRES.	NUMÉROS des ITINÉRAIRES.
Bar-le-Duc	656	1255
Baréges	554	1256
Bayonne	643	1257
Beauvais	847	1258
Belfort	577	1259
Besançon	481	1260
Blois	710	1261
Bordeaux	602	1262
Boulogne	1013	1263
Bourbonne	536	1264
Bourg	306	1265
Bourges	539	1266
Brest	1271	1267
Briançon	278	1268
Caen	981	1269
Cahors	459	1270
Calais	1114	1271
Cambrai	965	1272
Carcassonne	255	1273
Cette	126	1274
Châlons-sur-Marne	664	1275
Chalon-sur-Saône	361	1276
Chartres	830	1277
Châteauroux	620	1278
Cherbourg	1112	1279
Clermont	340	1280
Colmar	667	1281
Compiègne	843	1282
Digne	152	1283
Dijon	428	1284
Douai	977	1285
Draguignan	186	1286
Dunkerque	1093	1287
Épinal	601	1288
Évreux	850	1289
Fère (La)	895	1290
Foix	353	1291
Fontainebleau	683	1292
Gap	187	1293
Givet	881	1294
Grenoble	219	1295
Guéret	470	1296
Haguenau	777	1297
Langres	494	1298
Laon	917	1299
Laval	957	1300
Lille	1010	1301
Limoges	519	1302
Lons-le-Saunier	355	1303
Lorient	1112	1304
Lunéville	647	1305
Lyon	231	1306

D'AVIGNON à	DISTANCES en KILOMÈTRES.	NUMÉROS des ITINÉRAIRES.
Mâcon	302	1307
Mans (Le)	867	1308
Marseille	121	1309
Maubeuge	988	1310
Melun	698	1311
Mende	196	1312
Metz	677	1313
Mézières	814	1314
Montauban	397	1315
Montbrison	257	1316
Mont-de-Marsan	575	1317
Montpellier	99	1318
Moulins	417	1319
Nancy	620	1320
Nantes	948	1321
Napoléon-Vendée	878	1322
Nevers	470	1323
Nimes	49	1324
Niort	917	1325
Orléans	651	1326
Paris	742	1327
Pau	536	1328
Périgueux	602	1329
Perpignan	260	1330
Poitiers	848	1331
Privas	109	1332
Puy (Le)	206	1333
Quimper	1179	1334
Rennes	1030	1335
Rochefort	981	1336
Rochelle (La)	984	1337
Rodez	283	1338
Rouen	879	1339
Saint-Brieuc	1130	1340
Saint-Étienne	222	1341
Saint-Germain	765	1342
Saint-Lô	1056	1343
Saint-Omer	1072	1344
Sarreguemines	753	1345
Saumur	827	1346
Schelestadt	689	1347
Strasbourg	735	1348
Tarbes	497	1349
Thionville	703	1350
Toulon	181	1351
Toulouse	346	1352
Tours	763	1353
Troyes	574	1354
Tulle	444	1355
Valence	125	1356
Valenciennes	1010	1357
Vannes	1056	1358
Verdun	667	1359
Vernon	822	1360
Versailles	759	1361
Vesoul	528	1362

DE BAR-LE-DUC à	DISTANCES en KILOMÈTRES	NUMÉROS des ITINÉRAIRES
Baréges	1119	1363
Bayonne	1030	1364
Beauvais	359	1365
Belfort	306	1366
Besançon	259	1367
Blois	432	1368
Bordeaux	832	1369
Boulogne	525	1370
Bourbonne	208	1371
Bourg	392	1372
Bourges	486	1373
Brest	872	1374
Briançon	667	1375
Caen	493	1376
Cahors	851	1377
Calais	626	1378
Cambrai	300	1379
Carcassonne	910	1380
Cette	782	1381
Châlons-sur-Marne	82	1382
Chalon-sur-Saône	297	1383
Chartres	342	1384
Châteauroux	517	1385
Cherbourg	624	1386
Clermont	700	1387
Colmar	314	1388
Compiègne	355	1389
Digne	721	1390
Dijon	228	1391
Douai	341	1392
Draguignan	816	1393
Dunkerque	456	1394
Épinal	173	1395
Évreux	362	1396
Fère (La)	219	1397
Foix	1008	1398
Fontainebleau	313	1399
Gap	676	1400
Givet	290	1401
Grenoble	575	1402
Guéret	628	1403
Haguenau	264	1404
Langres	160	1405
Laon	106	1406
Laval	555	1407
Lille	374	1408
Limoges	654	1409
Lons-le-Saunier	352	1410
Lorient	787	1411
Lunéville	132	1412
Lyon	425	1413
Mâcon	354	1414
Mans (Le)	465	1415
Marseille	777	1416
Maubeuge	322	1417
Melun	299	1418
Mende	648	1419
Metz	138	1420
Mézières	232	1421

DE BAR-LE-DUC à	DISTANCES en KILOMÈTRES	NUMÉROS des ITINÉRAIRES
Montauban	1038	1422
Montbrison	526	1423
Mont-de-Marsan	980	1424
Montpellier	753	1425
Moulins	594	1426
Nancy	100	1427
Nantes	681	1428
Napoléon-Vendée	687	1429
Nevers	555	1430
Nîmes	704	1431
Niort	664	1432
Orléans	375	1433
Paris	254	1434
Pau	1045	1435
Périgueux	749	1436
Perpignan	916	1437
Poitiers	586	1438
Privas	569	1439
Puy (Le)	559	1440
Quimper	854	1441
Rennes	627	1442
Rochefort	728	1443
Rochelle (La)	731	1444
Rodez	925	1445
Rouen	391	1446
Saint-Brieuc	727	1447
Saint-Étienne	481	1448
Saint-Germain	277	1449
Saint-Lô	568	1450
Saint-Omer	436	1451
Sarreguemines	214	1452
Saumur	519	1453
Schelestadt	292	1454
Strasbourg	249	1455
Tarbes	1062	1456
Thionville	165	1457
Toulon	837	1458
Toulouse	1002	1459
Tours	488	1460
Troyes	221	1461
Tulle	843	1462
Valence	531	1463
Valenciennes	346	1464
Vannes	730	1465
Verdun	69	1466
Vernon	334	1467
Versailles	271	1468
Vesoul	245	1469

DE BARÈGES à	DISTANCES en KILOMÈTRES	NUMÉROS des ITINÉRAIRES
Bayonne	203	1470
Beauvais	970	1471
Belfort	1131	1472
Besançon	1033	1473
Blois	688	1474
Bordeaux	287	1475
Boulogne	1136	1476
Bourbonne	1090	1477

DE BARÈGES à	DISTANCES en KILOMÈTRES	NUMÉROS des ITINÉRAIRES
Bourg	860	1478
Bourges	858	1479
Brest	1149	1480
Briançon	832	1481
Caen	890	1482
Cahors	274	1483
Calais	1237	1484
Cambrai	1088	1485
Carcassonne	299	1486
Cette	428	1487
Châlons-sur-Marne	1038	1488
Chalon-sur-Saône	915	1489
Chartres	857	1490
Châteauroux	556	1491
Cherbourg	1021	1492
Clermont	548	1493
Colmar	1221	1494
Compiègne	966	1495
Digne	706	1496
Dijon	982	1497
Douai	1100	1498
Draguignan	737	1499
Dunkerque	1216	1500
Épinal	1158	1501
Évreux	1033	1502
Fère (La)	1018	1503
Foix	290	1504
Fontainebleau	924	1505
Gap	741	1506
Givet	1192	1507
Grenoble	773	1508
Guéret	517	1509
Haguenau	1331	1510
Langres	1048	1511
Laon	1040	1512
Laval	823	1513
Lille	1133	1514
Limoges	433	1515
Lons-le-Saunier	909	1516
Lorient	990	1517
Lunéville	1201	1518
Lyon	785	1519
Mâcon	857	1520
Mans (Le)	733	1521
Marseille	632	1522
Maubeuge	1111	1523
Melun	910	1524
Mende	457	1525
Metz	1231	1526
Mézières	1125	1527
Montauban	214	1528
Montbrison	661	1529
Mont-de-Marsan	156	1530
Montpellier	456	1531
Moulins	654	1532
Nancy	1174	1533
Nantes	826	1534
Napoléon-Vendée	563	1535
Nevers	763	1536

DE BARÉGES à	DISTANCES en KILOMÈTRES	NUMÉROS des ITINÉRAIRES
Nîmes	506	1537
Niort	602	1538
Orléans	746	1539
Paris	865	1540
Pau	96	1541
Périgueux	339	1542
Perpignan	421	1543
Poitiers	533	1544
Privas	621	1545
Puy (Le)	548	1546
Quimper	1057	1547
Rennes	896	1548
Rochefort	666	1549
Rochelle (La)	669	1550
Rodez	342	1551
Rouen	1002	1552
Saint-Brieuc	996	1553
Saint-Étienne	685	1554
Saint-Germain	888	1555
Saint-Lô	927	1556
Saint-Omer	1195	1557
Sarreguemines	1307	1558
Saumur	637	1559
Schelestadt	1243	1560
Strasbourg	1289	1561
Tarbes	57	1562
Thionville	1265	1563
Toulon	692	1564
Toulouse	208	1565
Tours	634	1566
Troyes	1032	1567
Tulle	407	1568
Valence	679	1569
Valenciennes	1133	1570
Vannes	934	1571
Verdun	1118	1572
Vernon	945	1573
Versailles	882	1574
Vesoul	1082	1575

DE BAYONNE à	DISTANCES en KILOMÈTRES	NUMÉROS des ITINÉRAIRES
Beauvais	881	1576
Belfort	1093	1577
Besançon	997	1578
Blois	599	1579
Bordeaux	198	1580
Boulogne	1047	1581
Bourbonne	1052	1582
Bourg	822	1583
Bourges	620	1584
Brest	1060	1585
Briançon	921	1586
Caen	801	1587
Cahors	302	1588
Calais	1148	1589
Cambrai	999	1590
Carcassonne	388	1591
Cette	517	1592

DE BAYONNE à	DISTANCES en KILOMÈTRES	NUMÉROS des ITINÉRAIRES
Châlons-sur-Marne	949	1593
Chalon-sur-Saône	877	1594
Chartres	768	1595
Châteauroux	561	1596
Cherbourg	932	1597
Clermont	564	1598
Colmar	1183	1599
Compiègne	877	1600
Digne	795	1601
Dijon	944	1602
Douai	1011	1603
Draguignan	826	1604
Dunkerque	1127	1605
Épinal	1120	1606
Évreux	884	1607
Fère (La)	929	1608
Foix	379	1609
Fontainebleau	835	1610
Gap	830	1611
Givet	1103	1612
Grenoble	802	1613
Guéret	507	1614
Haguenau	1233	1615
Langres	1010	1616
Laon	951	1617
Laval	734	1618
Lille	1044	1619
Limoges	423	1620
Lons-le-Saunier	871	1621
Lorient	901	1622
Lunéville	1162	1623
Lyon	747	1624
Mâcon	819	1625
Mans (Le)	644	1626
Marseille	721	1627
Maubeuge	1022	1628
Melun	821	1629
Mende	548	1630
Metz	1168	1631
Mézières	1036	1632
Montauban	308	1633
Montbrison	677	1634
Mont-de-Marsan	129	1635
Montpellier	545	1636
Moulins	636	1637
Nancy	1120	1638
Nantes	737	1639
Napoléon-Vendée	474	1640
Nevers	674	1641
Nîmes	595	1642
Niort	513	1643
Orléans	657	1644
Paris	776	1645
Pau	107	1646
Périgueux	328	1647
Perpignan	510	1648
Poitiers	444	1649
Privas	710	1650
Puy (Le)	642	1651

DE BAYONNE à	DISTANCES en KILOMÈTRES	NUMÉROS des ITINÉRAIRES
Quimper	968	1652
Rennes	807	1653
Rochefort	577	1654
Rochelle (La)	580	1655
Rodez	438	1656
Rouen	913	1657
Saint-Brieuc	907	1658
Saint-Étienne	865	1659
Saint-Germain	799	1660
Saint-Lô	838	1661
Saint-Omer	1106	1662
Sarreguemines	1245	1663
Saumur	608	1664
Schelestadt	1205	1665
Strasbourg	1251	1666
Tarbes	146	1667
Thionville	1195	1668
Toulon	781	1669
Toulouse	297	1670
Tours	545	1671
Troyes	943	1672
Tulle	421	1673
Valence	768	1674
Valenciennes	1044	1675
Vannes	845	1676
Verdun	1029	1677
Vernon	856	1678
Versailles	793	1679
Vesoul	1044	1680

DE BEAUVAIS à	DISTANCES en KILOMÈTRES	NUMÉROS des ITINÉRAIRES
Belfort	548	1681
Besançon	511	1682
Blois	283	1683
Bordeaux	683	1684
Boulogne	241	1685
Bourbonne	450	1686
Bourg	564	1687
Bourges	337	1688
Brest	723	1689
Briançon	883	1690
Caen	344	1691
Cahors	702	1692
Calais	342	1693
Cambrai	193	1694
Carcassonne	1031	1695
Cette	973	1696
Châlons-sur-Marne	259	1697
Chalon-sur-Saône	488	1698
Chartres	193	1699
Châteauroux	368	1700
Cherbourg	475	1701
Clermont	551	1702
Colmar	655	1703
Compiègne	71	1704
Digne	913	1705
Dijon	420	1706
Douai	205	1707

DE BEAUVAIS à	DISTANCES en KILOMÈTRES.	NUMÉROS des ITINÉRAIRES.
Draguignan	1008	1708
Dunkerque	320	1709
Épinal	514	1710
Évreux	99	1711
Fère (La)	123	1712
Foix	1022	1713
Fontainebleau	164	1714
Gap	868	1715
Givet	340	1716
Grenoble	767	1717
Guéret	479	1718
Haguenau	604	1719
Langres	402	1720
Laon	145	1721
Laval	406	1722
Lille	238	1723
Limoges	505	1724
Lons-le-Saunier	552	1725
Lorient	638	1726
Lunéville	472	1727
Lyon	617	1728
Mâcon	546	1729
Mans (Le)	316	1730
Marseille	968	1731
Maubeuge	216	1732
Melun	150	1733
Mende	737	1734
Metz	479	1735
Mézières	273	1736
Montauban	880	1737
Montbrison	605	1738
Mont-de-Marsan	831	1739
Montpellier	945	1740
Moulins	445	1741
Nancy	440	1742
Nantes	532	1743
Napoléon-Vendée	538	1744
Nevers	406	1745
Nîmes	896	1746
Niort	515	1747
Orléans	226	1748
Paris	105	1749
Pau	896	1750
Périgueux	600	1751
Perpignan	1107	1752
Poitiers	437	1753
Privas	761	1754
Puy (Le)	685	1755
Quimper	705	1756
Rennes	478	1757
Rochefort	579	1758
Rochelle (La)	582	1759
Rodez	776	1760
Rouen	80	1761
Saint-Brieuc	578	1762
Saint-Étienne	635	1763
Saint-Germain	128	1764
Saint-Lô	419	1765
Saint-Omer	300	1766

DE BEAUVAIS à	DISTANCES en KILOMÈTRES.	NUMÉROS des ITINÉRAIRES.
Sarreguemines	556	1767
Saumur	400	1768
Schelestadt	632	1769
Strasbourg	589	1770
Tarbes	913	1771
Thionville	505	1772
Toulon	1028	1773
Toulouse	940	1774
Tours	339	1775
Troyes	272	1776
Tulle	594	1777
Valence	723	1778
Valenciennes	237	1779
Vannes	581	1780
Verdun	358	1781
Vernon	67	1782
Versailles	122	1783
Vesoul	486	1784

DE BELFORT à	DISTANCES en KILOMÈTRES.	NUMÉROS des ITINÉRAIRES.
Besançon	96	1785
Blois	621	1786
Bordeaux	895	1787
Boulogne	714	1788
Bourbonne	124	1789
Bourg	312	1790
Bourges	427	1791
Brest	1061	1792
Briançon	615	1793
Caen	682	1794
Cahors	801	1795
Calais	711	1796
Cambrai	534	1797
Carcassonne	832	1798
Cette	703	1799
Châlons-sur-Marne	316	1800
Chalon-sur-Saône	216	1801
Chartres	531	1802
Châteauroux	521	1803
Cherbourg	813	1804
Clermont	442	1805
Colmar	91	1806
Compiègne	544	1807
Digne	642	1808
Dijon	188	1809
Douai	574	1810
Draguignan	737	1811
Dunkerque	689	1812
Épinal	97	1813
Évreux	551	1814
Fère (La)	453	1815
Foix	930	1816
Fontainebleau	443	1817
Gap	597	1818
Givet	533	1819
Grenoble	486	1820
Guéret	493	1821
Haguenau	191	1822

DE BELFORT à	DISTANCES en KILOMÈTRES.	NUMÉROS des ITINÉRAIRES.
Langres	146	1823
Laon	430	1824
Laval	744	1825
Lille	607	1826
Limoges	574	1827
Lons-le-Saunier	186	1828
Lorient	976	1829
Lunéville	157	1830
Lyon	346	1831
Mâcon	274	1832
Mans (Le)	654	1833
Marseille	698	1834
Maubeuge	556	1835
Melun	458	18.6
Mende	589	1837
Metz	229	1838
Mézières	466	1839
Montauban	814	1840
Montbrison	447	1841
Mont-de-Marsan	1043	1842
Montpellier	675	1843
Moulins	355	1844
Nancy	171	1845
Nantes	870	1846
Napoléon-Vendée	876	1847
Nevers	358	1848
Nîmes	625	1849
Niort	853	1850
Orléans	441	1851
Paris	443	1852
Pau	1113	1853
Périgueux	672	1854
Perpignan	837	1855
Poitiers	775	1856
Privas	490	1857
Puy (Le)	480	1858
Quimper	1043	1859
Rennes	816	1860
Rochefort	917	1861
Rochelle (La)	920	1862
Rodez	634	1863
Rouen	580	1864
Saint-Brieuc	916	1865
Saint-Étienne	402	1866
Saint-Germain	466	1867
Saint-Lô	757	1868
Saint-Omer	669	1869
Sarreguemines	203	1870
Saumur	738	1871
Schelestadt	114	1872
Strasbourg	159	1873
Tarbes	971	1874
Thionville	263	1875
Toulon	758	1876
Toulouse	983	1877
Tours	677	1878
Troyes	276	1879
Tulle	585	1880
Valence	452	1881

DE BELFORT à	DISTANCES en KILOMÈTRES.	NUMÉROS des ITINÉRAIRES.
Valenciennes	580	1882
Vannes.	919	1883
Verdun.	269	1884
Vernon.	523	1885
Versailles.	560	1886
Vesoul.	62	1887
DE BESANÇON à		
Blois.	584	1888
Bordeaux.	799	1889
Boulogne.	677	1890
Bourbonne.	109	1891
Bourg.	216	1892
Bourges.	351	1893
Brest.	1024	1894
Briançon.	519	1895
Caen.	645	1896
Cahors	105	1897
Calais.	718	1898
Cambrai.	541	1899
Carcassonne.	736	1900
Cette.	607	1901
Châlons-sur-Marne . .	323	1902
Chalon-sur-Saône. . .	120	1903
Chartres.	494	1904
Châteauronx.	445	1905
Cherbourg.	776	1906
Clermont.	344	1907
Colmar.	167	1908
Compiègne.	507	1909
Digne.	546	1910
Dijon.	92	1911
Douai.	581	1912
Draguignan.	641	1913
Dunkerque.	696	1914
Épinal.	123	1915
Évreux.	514	1916
Fère (La).	460	1917
Foix.	834	1918
Fontainebleau. . . .	347	1919
Gap.	501	1920
Givet.	540	1921
Grenoble.	400	1922
Guéret.	305	1923
Haguenau.	287	1924
Langres.	99	1925
Laon	437	1926
Laval.	707	1927
Lille.	614	1928
Limoges.	498	1929
Lons-le-Saunier. . . .	88	1930
Lorient.	939	1931
Lunéville.	183	1932
Lyon	250	1933
Mâcon.	178	1934
Mans (Le).	617	1935
Marseille.	602	1936
Maubeuge.	563	1937

DE BESANÇON à	DISTANCES en KILOMÈTRES.	NUMÉROS des ITINÉRAIRES.
Melun.	362	1938
Mende.	473	1939
Metz.	255	1940
Mézières	473	1941
Montauban	718	1942
Montbrison	351	1943
Mont-de-Marsan. . . .	947	1944
Montpellier	579	1945
Moulins.	257	1946
Nancy.	197	1947
Nantes	833	1948
Napoléon-Vendée. . . .	839	1949
Nevers.	282	1950
Nîmes.	529	1951
Niort.	816	1952
Orléans.	396	1953
Paris	406	1954
Pau.	912	1955
Périgueux.	574	1956
Perpignan.	741	1957
Poitiers.	738	1958
Privas.	394	1959
Puy (Le).	384	1960
Quimper.	1006	1961
Rennes.	779	1962
Rochefort.	880	1963
Rochelle (La).	883	1964
Rodez.	588	1965
Rouen.	543	1966
Saint-Brieuc.	879	1967
Saint-Étienne.	306	1968
Saint-Germain.	429	1969
Saint-Lô.	720	1970
Saint-Omer.	676	1971
Sarreguemines.	350	1972
Saumur.	701	1973
Schelestadt.	210	1974
Strasbourg	255	1975
Tarbes.	875	1976
Thionville.	289	1977
Toulon	662	1978
Toulouse.	827	1979
Tours.	640	1980
Troyes.	230	1981
Tulle.	487	1982
Valence.	356	1983
Valenciennes.	587	1984
Vannes	882	1985
Verdun	280	1986
Vernon.	486	1987
Versailles.	423	1988
Vesoul.	47	1989
DE BLOIS à		
Bordeaux.	401	1990
Boulogne.	449	1991
Bourbonne.	405	1992
Bourg.	450	1993

DE BLOIS à	DISTANCES en KILOMÈTRES.	NUMÉROS des ITINÉRAIRES.
Bourges.	171	1994
Brest.	564	1995
Briançon	748	1996
Caen.	313	1997
Cahors.	537	1998
Calais.	550	1999
Cambrai.	401	2000
Carcassonne.	749	2001
Cette.	836	2002
Châlons-sur-Marne. . .	351	2003
Chalon-sur-Saône. . .	428	2004
Chartres.	131	2005
Châteauroux.	202	2006
Cherbourg.	444	2007
Clermont.	382	2008
Colmar.	746	2009
Compiègne.	279	2010
Digne.	775	2011
Dijon.	361	2012
Douai.	413	2013
Draguignan.	870	2014
Dunkerque.	529	2015
Épinal.	605	2016
Évreux.	286	2017
Fère (La).	331	2018
Foix.	740	2019
Fontainebleau. . . .	237	2020
Gap.	730	2021
Givet.	505	2022
Grenoble	629	2023
Guéret.	314	2024
Haguenau.	695	2025
Langres.	475	2026
Laon	353	2027
Laval.	246	2028
Lille.	446	2029
Limoges.	339	2030
Lons-le-Saunier. . . .	492	2031
Lorient.	413	2032
Lunéville.	564	2033
Lyon.	479	2034
Mâcon.	416	2035
Mans (Le).	156	2036
Marseille.	831	2037
Maubeuge.	424	2038
Melun.	223	2039
Mende.	568	2040
Metz.	570	2041
Mézières.	438	2042
Montauban.	607	2043
Montbrison	440	2044
Mont-de-Marsan. . . .	549	2045
Montpellier.	808	2046
Moulins.	280	2047
Nancy.	531	2048
Nantes.	249	2049
Napoléon-Vendée. . . .	253	2050
Nevers.	240	2051
Nîmes.	758	2052

DE BLOIS à	DISTANCES en KILOMÈTRES.	NUMÉROS des ITINÉRAIRES.	DE BORDEAUX à	DISTANCES en KILOMÈTRES.	NUMÉROS des ITINÉRAIRES.	DE BORDEAUX à	DISTANCES en KILOMÈTRES.	NUMÉROS des ITINÉRAIRES.
Niort.	233	2053	Colmar.	985	2109	Saint-Brieuc.	746	2168
Orléans.	59	2054	Compiègne.	679	2110	Saint-Étienne. . . .	605	2169
Paris	178	2055	Digne.	754	2111	Saint-Germain	601	2170
Pau.	614	2056	Dijon.	621	2112	Saint-Lô.	623	2171
Périgueux.	422	2057	Douai.	813	2113	Saint-Omer.	908	2172
Perpignan.	871	2058	Draguignan.	785	2114	Sarreguemines. . . .	1047	2173
Poitiers.	155	2059	Dunkerque.	929	2115	Saumur.	410	2174
Privas	623	2060	Épinal.	922	2116	Schelestadt.	1005	2175
Puy (Le).	516	2061	Évreux.	686	2117	Strasbourg	1053	2176
Quimper.	480	2062	Rochelle (La)	731	2118	Tarbes	230	2177
Rennes.	319	2063	Foix	339	2119	Thionville.	997	2178
Rochefort.	296	2064	Fontainebleau. . . .	637	2120	Toulon.	740	2179
Rochelle (La)	299	2065	Gap.	789	2121	Toulouse.	257	2180
Rodez	604	2066	Givet.	935	2122	Tours.	347	2181
Rouen.	315	2067	Grenoble	699	2123	Troyes	745	2182
Saint-Brieuc	419	2068	Guéret	318	2124	Tulle	232	2183
Saint-Étienne. . . .	498	2069	Haguenau.	1095	2125	Valence	727	2184
Saint-Germain. . . .	201	2070	Langres.	812	2126	Valenciennes	846	2185
Saint-Lô.	350	2071	Laon.	753	2127	Vannes.	647	2186
Saint-Omer.	508	2072	Laval.	536	2128	Verdun.	831	2187
Sarreguemines. . . .	647	2073	Lille.	846	2129	Vernon	658	2188
Saumur.	118	2074	Limoges.	225	2130	Versailles.	595	2189
Schelestadt	724	2075	Lons-le-Saunier. . .	673	2131	Vesoul.	816	2190
Strasbourg.	680	2076	Lorient	703	2132			
Tarbes.	631	2077	Lunéville.	964	2133	DE BOULOGNE à		
Thionville.	597	2078	Lyon.	549	2134			
Toulon.	891	2079	Mâcon.	543	2135	Bourbonne	616	2191
Toulouse	658	2080	Mans (Le).	446	2136	Bourg.	750	2192
Tours.	57	2081	Marseille	680	2137	Bourges.	503	2193
Troyes	345	2082	Maubeuge.	824	2138	Brest.	889	2194
Tulle.	428	2083	Melun.	623	2139	Briançon.	1052	2195
Valence.	585	2084	Mende.	444	2140	Caen	510	2196
Valenciennes	446	2085	Metz.	970	2141	Cahors.	868	2197
Vannes.	357	2086	Mézières.	838	2142	Calais.	35	2198
Verdun.	431	2087	Montauban.	206	2143	Cambrai.	254	2199
Vernon.	258	2088	Montbrison.	479	2144	Carcassonne.	1197	2200
Versailles.	195	2089	Mont-de-Marsan. . . .	148	2145	Cette.	1139	2201
Vesoul.	559	2090	Montpellier.	504	2146	Châlons-sur-Marne. . .	444	2202
			Moulins.	438	2147	Chalon-sur-Saône. . .	654	2203
DE BORDEAUX à			Nancy.	931	2148	Chartres	359	2204
			Nantes	539	2149	Châteauroux	534	2205
Boulogne.	849	2091	Napoléon-Vendée. . .	276	2150	Cherbourg.	641	2206
Bourbonne.	772	2092	Nevers.	476	2151	Clermont.	717	2207
Bourg.	624	2093	Nîmes.	554	2152	Colmar.	840	2208
Bourges.	422	2094	Niort.	315	2153	Compiègne	237	2209
Brest.	862	2095	Orléans.	459	2154	Digne.	1079	2210
Briançon.	818	2096	Paris	578	2155	Dijon.	586	2211
Caen	603	2097	Pau.	213	2156	Douai.	217	2212
Cahors.	212	2098	Périgueux.	130	2157	Draguignan.	1174	2213
Calais.	950	2099	Perpignan.	470	2158	Dunkerque	138	2214
Cambrai.	801	2100	Poitiers.	246	2159	Épinal.	698	2215
Carcassonne.	348	2101	Privas	668	2160	Évreux.	379	2216
Cette.	476	2102	Puy (Le).	500	2161	Fère (La)	289	2217
Châlons-sur-Marne. . .	751	2103	Quimper.	770	2162	Foix.	1188	2218
Chalon-sur-Saône . . .	586	2104	Rennes.	646	2163	Fontainebleau. . . .	330	2219
Chartres	570	2105	Rochefort.	379	2164	Gap.	1034	2220
Châteauroux.	363	2106	Rochelle (La)	385	2165	Givet.	412	2221
Cherbourg.	734	2107	Rodez.	329	2166	Grenoble	933	2222
Clermont.	366	2108	Rouen	715	2167	Guéret	645	2223

DE BOULOGNE à	DISTANCES en KILOMÈTRES.	NUMÉROS des ITINÉRAIRES.	DE BOULOGNE à	DISTANCES en KILOMÈTRES.	NUMÉROS des ITINÉRAIRES.	DE BOULOGNE à	DISTANCES en KILOMÈTRES.	NUMÉROS des ITINÉRAIRES.
Haguenau	788	2224	Valence	889	2283	Mézières	368	2339
Langres	568	2225	Valenciennes	249	2284	Montauban	773	2340
Laon	311	2226	Vannes	747	2285	Montbrison	406	2341
Laval	572	2227	Verdun	524	2286	Mont-de-Marsan	896	2342
Lille	103	2228	Vernon	351	2287	Montpellier	634	2343
Limoges	671	2229	Versailles	288	2288	Moulins	231	2344
Lons-le-Saunier	718	2230	Vesoul	652	2289	Nancy	104	2345
Lorient	804	2231				Nantes	772	2346
Lunéville	657	2232	DE BOURBONNE à			Napoléon-Vendée	778	2347
Lyon	783	2233				Nevers	297	2348
Mâcon	712	2234	Bourg	272	2290	Nîmes	584	2349
Mans (Le)	482	2235	Bourges	340	2291	Niort	755	2350
Marseille	1134	2236	Brest	963	2292	Orléans	466	2351
Maubeuge	327	2237	Briançon	574	2293	Paris	345	2352
Melun	316	2238	Caen	584	2294	Pau	967	2353
Mende	903	2239	Cahors	704	2295	Périgueux	634	2354
Metz	663	2240	Calais	590	2296	Perpignan	746	2355
Mézières	439	2241	Cambrai	428	2297	Poitiers	677	2356
Montauban	1035	2242	Carcassonne	790	2298	Privas	449	2357
Montbrison	771	2243	Cette	662	2299	Puy (Le)	439	2358
Mont-de-Marsan	997	2244	Châlons-sur-Marne	218	2300	Quimper	945	2359
Montpellier	1111	2245	Chalon-sur-Saône	176	2301	Rennes	718	2360
Moulins	611	2246	Chartres	433	2302	Rochefort	819	2361
Nancy	624	2247	Châteauroux	434	2303	Rochelle (La)	827	2362
Nantes	698	2248	Cherbourg	715	2304	Rodez	611	2363
Napoléon-Vendée	704	2249	Clermont	386	2305	Rouen	482	2364
Nevers	572	2250	Colmar	215	2306	Saint-Brieuc	818	2365
Nîmes	1062	2251	Compiègne	446	2307	Saint-Étienne	361	2366
Niort	681	2252	Digne	601	2308	Saint-Germain	368	2367
Orléans	392	2253	Dijon	108	2309	Saint-Lô	659	2368
Paris	271	2254	Douai	453	2310	Saint-Omer	675	2369
Pau	1062	2255	Draguignan	656	2311	Sarreguemines	238	2370
Périgueux	766	2256	Dunkerque	591	2312	Saumur	640	2371
Perpignan	1273	2257	Épinal	73	2313	Schelestadt	174	2372
Poitiers	603	2258	Évreux	453	2314	Strasbourg	214	2373
Privas	927	2259	Fère (La)	355	2315	Tarbes	930	2374
Puy (Le)	851	2260	Foix	888	2316	Thionville	196	2375
Quimper	871	2261	Fontainebleau	266	2317	Toulon	717	2376
Rennes	644	2262	Gap	556	2318	Toulouse	882	2377
Rochefort	745	2263	Givet	435	2319	Tours	579	2378
La Rochelle	753	2264	Grenoble	455	2320	Troyes	179	2379
Rodez	942	2265	Guéret	429	2321	Tulle	529	2380
Rouen	237	2266	Haguenau	265	2322	Valence	411	2381
Saint-Brieuc	744	2267	Langres	42	2323	Valenciennes	482	2382
Saint-Étienne	801	2268	Laon	332	2324	Vannes	821	2383
Saint-Germain	294	2269	Laval	646	2325	Verdun	273	2384
Saint-Lô	585	2270	Lille	509	2326	Vernon	425	2385
Saint-Omer	78	2271	Limoges	513	2327	Versailles	362	2386
Sarreguemines	740	2272	Lons-le-Saunier	197	2328	Vesoul	62	2387
Saumur	566	2273	Lorient	878	2329			
Schelestadt	817	2274	Lunéville	133	2330	DE BOURG à		
Strasbourg	773	2275	Lyon	305	2331			
Tarbes	1079	2276	Mâcon	234	2332	Bourges	283	2388
Thionville	690	2277	Mans (Le)	556	2333	Brest	1097	2389
Toulon	1194	2278	Marseille	657	2334	Briançon	344	2390
Toulouse	1106	2279	Maubeuge	458	2335	Caen	718	2391
Tours	505	2280	Melun	231	2336	Cahors	530	2392
Troyes	438	2281	Mende	528	2337	Calais	851	2393
Tulle	760	2282	Metz	162	2338	Cambrai	702	2394

DE BOURG à	DISTANCES en KILOMÈTRES.	NUMÉROS des ITINÉRAIRES.	DE BOURG à	DISTANCES en KILOMÈTRES.	NUMÉROS des ITINÉRAIRES.	DE BOURGES à	DISTANCES en KILOMÈTRES.	NUMÉROS des ITINÉRAIRES.
Carcassonne	561	2395	Privas	219	2454	Fontainebleau	291	2510
Cette	432	2396	Puy (le)	209	2455	Gap	559	2511
Châlons-sur-Marne	400	2397	Quimper	1023	2456	Givet	559	2512
Chalon-sur-Saône	97	2398	Rennes	852	2457	Grenoble	458	2513
Chartres	567	2399	Rochefort	614	2458	Guéret	199	2514
Châteauroux	377	2400	Rochelle (la)	616	2459	Haguenau	749	2515
Cherbourg	849	2401	Rodez	413	2460	Langres	298	2516
Clermont	215	2402	Rouen	616	2461	Laon	407	2517
Colmar	403	2403	Saint-Brieuc	952	2462	Laval	416	2518
Compiègne	580	2404	Saint-Étienne	131	2463	Lille	500	2519
Digne	371	2405	Saint-Germain	502	2464	Limoges	225	2520
Dijon	164	2406	Saint-Lô	793	2465	Lons-le-Saunier	287	2521
Douai	714	2407	Saint-Omer	753	2466	Lorient	584	2522
Draguignan	466	2408	Sarreguemines	489	2467	Lunéville	618	2523
Dunkerque	830	2409	Saumur	584	2468	Lyon	308	2524
Épinal	339	2410	Schelestadt	426	2469	Mâcon	245	2525
Évreux	587	2411	Strasbourg	471	2470	Mans (le)	326	2526
Fère (la)	537	2412	Tarbes	700	2471	Marseille	660	2527
Foix	659	2413	Thionville	447	2472	Maubeuge	478	2528
Fontainebleau	420	2414	Toulon	487	2473	Melun	277	2529
Gap	326	2415	Toulouse	652	2474	Mende	308	2530
Givet	617	2416	Tours	520	2475	Metz	624	2531
Grenoble	225	2417	Troyes	361	2476	Mézières	492	2532
Guéret	312	2418	Tulle	358	2477	Montauban	484	2533
Haguenau	503	2419	Valence	181	2478	Montbrison	260	2534
Langres	230	2420	Valenciennes	664	2479	Mont-de-Marsan	570	2535
Laon	514	2421	Vannes	900	2480	Montpellier	552	2536
Laval	780	2422	Verdun	403	2481	Moulins	109	2537
Lille	691	2423	Vernon	559	2482	Nancy	585	2538
Limoges	394	2424	Versailles	496	2483	Nantes	420	2539
Lons-le-Saunier	62	2425	Vesoul	263	2484	Napoléon-Vendée	421	2540
Lorient	956	2426				Nevers	69	2541
Lunéville	383	2427	DE BOURGES à			Nîmes	527	2542
Lyon	75	2428				Niort	403	2543
Mâcon	38	2429	Brest	734	2485	Orléans	112	2544
Mans (le)	690	2430	Briançon	577	2486	Paris	232	2545
Marseille	427	2431	Caen	471	2487	Pau	635	2546
Maubeuge	640	2432	Cahors	422	2488	Périgueux	320	2547
Melun	434	2433	Calais	604	2489	Perpignan	799	2548
Mende	298	2434	Cambrai	455	2490	Poitiers	325	2549
Metz	413	2435	Carcassonne	621	2491	Privas	452	2550
Mézières	550	2436	Cette	579	2492	Puy (le)	346	2551
Montauban	543	2437	Châlons-sur-Marne	405	2493	Quimper	651	2552
Montbrison	176	2438	Chalon-sur-Saône	223	2494	Rennes	489	2553
Mont-de-Marsan	772	2439	Chartres	320	2495	Rochefort	467	2554
Montpellier	404	2440	Châteauroux	88	2496	Rochelle (la)	470	2555
Moulins	174	2441	Cherbourg	602	2497	Rodez	437	2556
Nancy	356	2442	Clermont	212	2498	Rouen	369	2557
Nantes	792	2443	Colmar	507	2499	Saint-Brieuc	589	2558
Napoléon-Vendée	804	2444	Compiègne	333	2500	Saint-Étienne	295	2559
Nevers	227	2445	Digne	604	2501	Saint-Germain	255	2560
Nîmes	354	2446	Dijon	258	2502	Saint-Lô	546	2561
Niort	553	2447	Douai	467	2503	Saint-Omer	562	2562
Orléans	405	2448	Draguignan	699	2504	Sarreguemines	701	2563
Paris	479	2449	Dunkerque	583	2505	Saumur	288	2564
Pau	737	2450	Épinal	413	2506	Schelestadt	530	2565
Périgueux	460	2451	Évreux	340	2507	Strasbourg	735	2566
Perpignan	566	2452	Fère (la)	385	2508	Tarbes	652	2567
Poitiers	477	2453	Foix	609	2509	Thionville	651	2568

DE BOURGES à	DISTANCES en KILOMÈTRES.	NUMÉROS des ITINÉRAIRES.
Toulon	720	2569
Toulouse	533	2570
Tours	227	2571
Troyes	219	2572
Tulle	314	2573
Valence	414	2574
Valenciennes	500	2575
Vannes	528	2576
Verdun	485	2577
Vernon	312	2578
Versailles	249	2579
Vesoul	365	2580

DE BREST à

DE BREST à	DISTANCES	NUMÉROS
Briançon	1313	2581
Caen	391	2582
Cahors	1074	2583
Calais	990	2584
Cambrai	841	2585
Carcassonne	1210	2586
Cette	1338	2587
Châlons-sur-Marne	730	2588
Chalon-sur-Saône	1001	2589
Chartres	530	2590
Châteauroux	765	2591
Cherbourg	405	2592
Clermont	908	2593
Colmar	1186	2594
Compiègne	719	2595
Digne	1340	2596
Dijon	933	2597
Douai	853	2598
Draguignan	1435	2599
Dunkerque	969	2600
Épinal	1045	2601
Evreux	515	2602
Fère (La)	771	2603
Foix	1201	2604
Fontainebleau	677	2605
Gap	1295	2606
Givet	945	2607
Grenoble	1194	2608
Guéret	877	2609
Haguenau	1135	2610
Langres	915	2611
Laon	793	2612
Laval	319	2613
Lille	886	2614
Limoges	902	2615
Lons-le-Saunier	1065	2616
Lorient	159	2617
Lunéville	1004	2618
Lyon	1044	2619
Mâcon	1059	2620
Mans (Le)	408	2621
Marseille	1396	2622
Maubeuge	864	2623
Melun	663	2624

DE BREST à	DISTANCES en KILOMÈTRES.	NUMÉROS des ITINÉRAIRES.
Mende	1094	2625
Metz	1010	2626
Mézières	871	2627
Montauban	1068	2628
Montbrison	956	2629
Mont-de-Marsan	1010	2630
Montpellier	1366	2631
Moulins	796	2632
Nancy	971	2633
Nantes	323	2634
Napoléon-Vendée	394	2635
Nevers	743	2636
Nîmes	1323	2637
Niort	697	2638
Orléans	622	2639
Paris	618	2640
Pau	1075	2641
Périgueux	818	2642
Perpignan	1332	2643
Poitiers	608	2644
Privas	1188	2645
Puy (Le)	1042	2646
Quimper	92	2647
Rennes	245	2648
Rochefort	701	2649
Rochelle (La)	764	2650
Rodez	1133	2651
Rouen	524	2652
Saint-Brieuc	145	2653
Saint-Etienne	1029	2654
Saint-Germain	614	2655
Saint-Lô	328	2656
Saint-Omer	948	2657
Sarreguemines	1087	2658
Saumur	414	2659
Schelestadt	1164	2660
Strasbourg	1120	2661
Tarbes	1092	2662
Thionville	1037	2663
Toulon	1456	2664
Toulouse	1119	2665
Tours	547	2666
Troyes	785	2667
Tulle	991	2668
Valence	1150	2669
Valenciennes	886	2670
Vannes	215	2671
Verdun	871	2672
Vernon	557	2673
Versailles	601	2674
Vesoul	999	2675

DE BRIANÇON à

DE BRIANÇON à	DISTANCES	NUMÉROS
Caen	1020	2676
Cahors	737	2677
Calais	1153	2678
Cambrai	1004	2679
Carcassonne	533	2680

DE BRIANÇON à	DISTANCES en KILOMÈTRES.	NUMÉROS des ITINÉRAIRES.
Cette	404	2681
Châlons-sur-Marne	702	2682
Chalon-sur-Saône	399	2683
Chartres	869	2684
Châteauroux	658	2685
Cherbourg	1151	2686
Clermont	453	2687
Colmar	705	2688
Compiègne	882	2689
Digne	178	2690
Dijon	466	2691
Douai	1016	2692
Draguignan	273	2693
Dunkerque	1132	2694
Epinal	612	2695
Evreux	889	2696
Fère (La)	934	2697
Foix	631	2698
Fontainebleau	722	2699
Gap	91	2700
Givet	878	2701
Grenoble	119	2702
Guéret	583	2703
Haguenau	815	2704
Langres	532	2705
Laon	956	2706
Laval	995	2707
Lille	1049	2708
Limoges	632	2709
Lons-le-Saunier	303	2710
Lorient	1150	2711
Lunéville	685	2712
Lyon	269	2713
Mâcon	341	2714
Mans (le)	905	2715
Marseille	273	2716
Maubeuge	1027	2717
Melun	737	2718
Mende	492	2719
Metz	715	2720
Mézières	815	2721
Montauban	675	2722
Montbrison	370	2723
Mont-de-Marsan	833	2724
Montpellier	377	2725
Moulins	455	2726
Nancy	658	2727
Nantes	986	2728
Napoléon-Vendée	938	2729
Nevers	598	2730
Nîmes	327	2731
Niort	834	2732
Orléans	689	2733
Paris	781	2734
Pau	814	2735
Périgueux	698	2736
Perpignan	538	2737
Poitiers	758	2738
Privas	252	2739

DE BRIANÇON à

	DISTANCES en KILOMÈTRES	NUMÉROS des ITINÉRAIRES
Puy (Le)	403	2740
Quimper	1217	2741
Rennes	1068	2742
Rochefort	895	2743
Rochelle (La)	897	2744
Rodez	559	2745
Rouen	918	2746
Saint-Brieuc	1168	2747
Saint-Étienne	307	2748
Saint-Germain	804	2749
Saint-Lô	1035	2750
Saint-Omer	1111	2751
Sarreguemines	791	2752
Saumur	865	2753
Schelestadt	727	2754
Strasbourg	773	2755
Tarbes	775	2756
Thionville	741	2757
Toulon	320	2758
Toulouse	624	2759
Tours	806	2760
Troyes	612	2761
Tulle	596	2762
Valence	213	2763
Valenciennes	1049	2764
Vannes	1094	2765
Verdun	705	2766
Vernon	861	2767
Versailles	798	2768
Vesoul	576	2769

DE CAEN à

	DISTANCES en KILOMÈTRES	NUMÉROS des ITINÉRAIRES
Cahors	699	2770
Calais	611	2771
Cambrai	462	2772
Carcassonne	951	2773
Cette	1079	2774
Châlons-sur-Marne	412	2775
Chalon-sur-Saône	622	2776
Chartres	281	2777
Châteauroux	504	2778
Cherbourg	131	2779
Clermont	685	2780
Colmar	807	2781
Compiègne	340	2782
Digne	1047	2783
Dijon	554	2784
Douai	474	2785
Draguignan	1142	2786
Dunkerque	590	2787
Épinal	666	2788
Évreux	131	2789
Fère (La)	392	2790
Foix	942	2791
Fontainebleau	238	2792
Gap	1002	2793
Givet	566	2794
Grenoble	901	2795
Guéret	613	2796
Haguenau	756	2797
Langres	536	2798
Laon	414	2799
Laval	247	2800
Lille	507	2801
Limoges	639	2802
Lons-le-Saunier	686	2803
Lorient	333	2804
Lunéville	625	2805
Lyon	751	2806
Mâcon	680	2807
Mans (Le)	157	2808
Marseille	1102	2809
Maubeuge	485	2810
Melun	284	2811
Mende	871	2812
Metz	631	2813
Mézières	499	2814
Montauban	809	2815
Montbrison	739	2816
Mont-de-Marsan	751	2817
Montpellier	1079	2818
Moulins	570	2819
Nancy	592	2820
Nantes	280	2821
Napoléon-Vendée	342	2822
Nevers	540	2823
Nîmes	1030	2824
Niort	435	2825
Orléans	360	2826
Paris	239	2827
Pau	816	2828
Périgueux	556	2829
Perpignan	1073	2830
Poitiers	357	2831
Privas	895	2832
Puy Le)	819	2833
Quimper	400	2834
Rennes	173	2835
Rochefort	499	2836
Rochelle (La)	502	2837
Rodez	744	2838
Rouen	133	2839
Saint Brieuc	246	2840
Saint-Étienne	769	2841
Saint-Germain	262	2842
Saint-Lô	63	2843
Saint-Omer	589	2844
Sarreguemines	708	2845
Saumur	243	2846
Schelestadt	785	2847
Strasbourg	741	2848
Tarbes	833	2849
Thionville	658	2850
Toulon	1162	2851
Toulouse	860	2852
Tours	256	2853
Troyes	406	2854
Tulle	728	2855
Valence	857	2856
Valenciennes	507	2857
Vannes	276	2858
Verdun	492	2859
Vernon	159	2860
Versailles	256	2861
Vesoul	620	2862

DE CAHORS à

	DISTANCES en KILOMÈTRES	NUMÉROS des ITINÉRAIRES
Calais	969	2863
Cambrai	820	2864
Carcassonne	204	2865
Cette	333	2866
Châlons-sur-Marne	770	2867
Chalon-sur-Saône	567	2868
Chartres	539	2869
Châteauroux	335	2870
Cherbourg	967	2871
Clermont	276	2872
Colmar	891	2873
Compiègne	698	2874
Digne	611	2875
Dijon	652	2876
Douai	832	2877
Draguignan	641	2878
Dunkerque	948	2879
Épinal	783	2880
Évreux	705	2881
Fère (La)	750	2882
Foix	195	2883
Fontainebleau	554	2884
Gap	646	2885
Givet	924	2886
Grenoble	677	2887
Guéret	290	2888
Haguenau	1001	2889
Langres	718	2890
Laon	772	2891
Laval	632	2892
Lille	865	2893
Limoges	197	2894
Lons-le-Saunier	679	2895
Lorient	802	2896
Lunéville	871	2897
Lyon	455	2898
Mâcon	527	2899
Mans (Le)	542	2900
Marseille	537	2901
Maubeuge	843	2902
Melun	569	2903
Mende	232	2904
Metz	901	2905
Mézières	857	2906
Montauban	62	2907
Montbrison	389	2908
Mont-de-Marsan	203	2909
Montpellier	361	2910

3

DE CAHORS à

	DISTANCES en KILOMÈTRES.	NUMÉROS des ITINÉRAIRES.
Moulins	431	2911
Nancy	844	2912
Nantes	638	2913
Napoléon-Vendée	498	2914
Nevers	485	2915
Nîmes	411	2916
Niort	411	2917
Orléans	476	2918
Paris	597	2919
Pau	256	2920
Périgueux	143	2921
Perpignan	327	2922
Poitiers	342	2923
Privas	525	2924
Puy (Le)	321	2925
Quimper	869	2926
Rennes	705	2927
Rochefort	475	2928
Rochelle (La)	472	2929
Rodez	117	2930
Rouen	734	2931
Saint-Brieuc	805	2932
Saint-Étienne	398	2933
Saint-Germain	620	2934
Saint-Lô	736	2935
Saint-Omer	927	2936
Sarreguemines	977	2937
Saumur	506	2938
Schelestadt	913	2939
Strasbourg	959	2940
Tarbes	217	2941
Thionville	935	2942
Toulon	597	2943
Toulouse	111	2944
Tours	443	2945
Troyes	635	2946
Tulle	133	2947
Valence	583	2948
Valenciennes	865	2949
Vannes	746	2950
Verdun	850	2951
Vernon	677	2952
Versailles	614	2953
Vesoul	709	2954

DE CALAIS à

	DISTANCES en KILOMÈTRES.	NUMÉROS des ITINÉRAIRES.
Cambrai	187	2955
Carcassonne	1298	2956
Cette	1240	2957
Châlons-sur-Marne	395	2958
Chalon-sur-Saône	755	2959
Chartres	460	2960
Châteauroux	635	2961
Cherbourg	742	2962
Clermont	818	2963
Colmar	791	2964
Compiègne	300	2965
Digne	1180	2966
Dijon	687	2967
Douai	137	2968
Draguignan	1275	2969
Dunkerque	103	2970
Épinal	650	2971
Évreux	480	2972
Fère (La)	259	2973
Foix	1289	2974
Fontainebleau	431	2975
Gap	1135	2976
Givet	377	2977
Grenoble	1034	2978
Guéret	746	2979
Haguenau	740	2980
Langres	565	2981
Laon	281	2982
Laval	673	2983
Lille	106	2984
Limoges	772	2985
Lons-le Saunier	819	2986
Lorient	905	2987
Lunéville	608	2988
Lyon	884	2989
Mâcon	813	2990
Mans (Le)	583	2991
Marseille	1235	2992
Maubeuge	251	2993
Melun	417	2994
Mende	1004	2995
Metz	615	2996
Mézières	409	2997
Montauban	1156	2998
Montbrison	872	2999
Mont-de-Marsan	1098	3000
Montpellier	1212	3001
Moulins	712	3002
Nancy	576	3003
Nantes	799	3004
Napoléon-Vendée	805	3005
Nevers	673	3006
Nîmes	1163	3007
Niort	782	3008
Orléans	493	3009
Paris	372	3010
Pau	1163	3011
Périgueux	867	3012
Perpignan	1374	3013
Poitiers	704	3014
Privas	1026	3015
Puy (Le)	952	3016
Quimper	972	3017
Rennes	745	3018
Rochefort	846	3019
Rochelle (La)	849	3020
Rodez	1043	3021
Rouen	344	3022
Saint-Brieuc	845	3023
Saint-Étienne	902	3024
Saint-Germain	395	3025
Saint-Lô	686	3026
Saint-Omer	42	3027
Sarreguemines	692	3028
Saumur	667	3029
Schelestadt	768	3030
Strasbourg	725	3031
Tarbes	1180	3032
Thionville	641	3033
Toulon	1295	3034
Toulouse	1207	3035
Tours	606	3036
Troyes	539	3037
Tulle	861	3038
Valence	990	3039
Valenciennes	173	3040
Vannes	848	3041
Verdun	476	3042
Vernon	452	3043
Versailles	389	3044
Vesoul	642	3045

DE CAMBRAI à

	DISTANCES en KILOMÈTRES.	NUMÉROS des ITINÉRAIRES.
Carcassonne	1149	3046
Cette	1091	3047
Châlons-sur-Marne	218	3048
Chalon-sur-Saône	606	3049
Chartres	311	3050
Châteauroux	486	3051
Cherbourg	593	3052
Clermont	669	3053
Colmar	614	3054
Compiègne	123	3055
Digne	1031	3056
Dijon	538	3057
Douai	41	3058
Draguignan	1126	3059
Dunkerque	156	3060
Épinal	473	3061
Évreux	331	3062
Fère (La)	82	3063
Foix	1140	3064
Fontainebleau	282	3065
Gap	986	3066
Givet	214	3067
Grenoble	885	3068
Guéret	597	3069
Haguenau	563	3070
Langres	388	3071
Laon	104	3072
Laval	524	3073
Lille	74	3074
Limoges	623	3075
Lons-le-Saunier	670	3076
Lorient	756	3077
Lunéville	431	3078
Lyon	735	3079
Mâcon	664	3080
Mans (Le)	434	3081

DE CAMBRAI à	DISTANCES en KILOMÈTRES.	NUMÉROS des ITINÉRAIRES.	DE CARCASSONNE à	DISTANCES en KILOMÈTRES.	NUMÉROS des ITINÉRAIRES.	DE CARCASSONNE à	DISTANCES en KILOMÈTRES.	NUMÉROS des ITINÉRAIRES.
Marseille	1086	3082	Chalon-sur-Saône	616	3138	Rennes	957	3197
Maubeuge	74	3083	Chartres	918	3139	Rochefort	727	3198
Melun	268	3084	Châteauroux	525	3140	Rochelle (La)	730	3199
Mende	855	3085	Cherbourg	1082	3141	Rodez	186	3200
Metz	438	3086	Clermont	411	3142	Rouen	1063	3201
Mézières	147	3087	Colmar	922	3143	Saint-Brieuc	1057	3202
Montauban	1007	3088	Compiègne	1027	3144	Saint-Étienne	477	3203
Montbrison	723	3089	Digne	407	3145	Saint-Germain	949	3204
Mont-de-Marsan	949	3090	Dijon	682	3146	Saint-Lô	968	3205
Montpellier	1063	3091	Douai	1161	3147	Saint-Omer	1256	3206
Moulins	563	3092	Draguignan	437	3148	Sarreguemines	1007	3207
Nancy	399	3093	Dunkerque	1277	3149	Saumur	758	3208
Nantes	650	3094	Épinal	859	3150	Schelestadt	944	3209
Napoléon-Vendée	656	3095	Évreux	1034	3151	Strasbourg	990	3210
Nevers	524	3096	Fère (La)	1055	3152	Tarbes	242	3211
Nîmes	1014	3097	Foix	98	3153	Thionville	957	3212
Niort	633	3098	Fontainebleau	939	3154	Toulon	393	3213
Orléans	344	3099	Gap	442	3155	Toulouse	91	3214
Paris	223	3100	Givet	1095	3156	Tours	695	3215
Pau	1014	3101	Grenoble	474	3157	Troyes	879	3216
Périgueux	718	3102	Guéret	527	3158	Tulle	338	3217
Perpignan	1225	3103	Haguenau	1032	3159	Valence	380	3218
Poitiers	555	3104	Langres	748	3160	Valenciennes	1194	3219
Privas	879	3105	Laon	1032	3161	Vannes	995	3220
Puy (Le)	803	3106	Laval	884	3162	Verdun	921	3221
Quimper	823	3107	Lille	1194	3163	Vernon	1006	3222
Rennes	596	3108	Limoges	402	3164	Versailles	943	3223
Rochefort	697	3109	Lons-le-Saunier	610	3165	Vesoul	783	3224
Rochelle (La)	700	3110	Lorient	1051	3166			
Rodez	894	3111	Lunéville	902	3167	DE CETTE à		
Rouen	244	3112	Lyon	486	3168	Châlons-sur-Marne	790	3225
Saint-Brieuc	606	3113	Mâcon	558	3169	Chalon-sur-Saône	487	3226
Saint-Étienne	753	3114	Mans (Le)	794	3170	Chartres	956	3227
Saint-Germain	246	3115	Marseille	333	3171	Châteauroux	625	3228
Saint-Lô	537	3116	Maubeuge	1172	3172	Cherbourg	1210	3229
Saint-Omer	136	3117	Melun	952	3173	Clermont	389	3230
Sarreguemines	515	3118	Mende	301	3174	Colmar	793	3231
Saumur	518	3119	Metz	931	3175	Compiègne	999	3232
Schelestadt	591	3120	Mézières	1031	3176	Digne	278	3233
Strasbourg	548	3121	Montauban	142	3177	Dijon	554	3234
Tarbes	1031	3122	Montbrison	476	3178	Douai	1103	3235
Thionville	469	3123	Mont-de-Marsan	321	3179	Draguignan	309	3236
Toulon	1146	3124	Montpellier	157	3180	Dunkerque	1219	3237
Toulouse	1058	3125	Moulins	506	3181	Épinal	730	3238
Tours	457	3126	Nancy	874	3182	Évreux	976	3239
Troyes	390	3127	Nantes	887	3183	Fère (La)	927	3240
Tulle	712	3128	Napoléon-Vendée	624	3184	Foix	227	3241
Valence	841	3129	Nevers	559	3185	Fontainebleau	810	3242
Valenciennes	46	3130	Nîmes	207	3186	Gap	313	3243
Vannes	699	3131	Niort	663	3187	Givet	966	3244
Verdun	249	3132	Orléans	807	3188	Grenoble	345	3245
Vernon	303	3133	Paris	926	3189	Guéret	519	3246
Versailles	240	3134	Pau	281	3190	Haguenau	903	3247
Vesoul	465	3135	Périgueux	348	3191	Langres	620	3248
DE CARCASSONNE à			Perpignan	122	3192	Laon	904	3249
			Poitiers	594	3193	Laval	1012	3250
Cette	129	3136	Privas	321	3194	Lille	1136	3251
Châlons-sur-Marne	918	3137	Puy (Le)	363	3195	Limoges	530	3252
			Quimper	1118	3196	Lons-le-Saunier	481	3253

DE CETTE à	DISTANCES en KILOMÈTRES.	NUMÉROS des ITINÉRAIRES.
Lorient	1179	3254
Lunéville	773	3255
Lyon	357	3256
Mâcon	428	3257
Mans (Le)	922	3258
Marseille	204	3259
Maubeuge	1114	3260
Melun	825	3261
Mende	226	3262
Metz	803	3263
Mézières	903	3264
Montauban	271	3265
Montbrison	346	3266
Mont-de-Marsan	449	3267
Montpellier	28	3268
Moulins	495	3269
Nancy	746	3270
Nantes	1015	3271
Napoléon-Vendée	752	3272
Nevers	548	3273
Nîmes	78	3274
Niort	791	3275
Orléans	777	3276
Paris	868	3277
Pau	410	3278
Périgueux	476	3279
Perpignan	134	3280
Poitiers	722	3281
Privas	192	3282
Puy (Le)	233	3283
Quimper	1246	3284
Rennes	1085	3285
Rochefort	855	3286
Rochelle (La)	858	3287
Rodez	221	3288
Rouen	1005	3289
Saint-Brieuc	1185	3290
Saint-Étienne	348	3291
Saint-Germain	891	3292
Saint-Lô	1116	3293
Saint-Omer	1198	3294
Sarreguemines	879	3295
Saumur	886	3296
Schelestadt	815	3297
Strasbourg	861	3298
Tarbes	371	3299
Thionville	829	3300
Toulon	264	3301
Toulouse	220	3302
Tours	823	3303
Troyes	700	3304
Tulle	409	3305
Valence	251	3306
Valenciennes	1136	3307
Vannes	1123	3308
Verdun	793	3309
Vernon	948	3310
Versailles	885	3311
Vesoul	654	3312

DE CHALON-SUR-MARNE à	DISTANCES en KILOMÈTRES.	NUMÉROS des ITINÉRAIRES.
Chalon-sur-Saône	305	3313
Chartres	261	3314
Châteauroux	436	3315
Cherbourg	543	3316
Clermont	413	3317
Colmar	396	3318
Compiègne	189	3319
Digne	720	3320
Dijon	236	3321
Douai	258	3322
Draguignan	824	3323
Dunkerque	373	3324
Épinal	255	3325
Évreux	281	3326
Fère (La)	137	3327
Foix	1017	3328
Fontainebleau	232	3329
Gap	684	3330
Givet	217	3331
Grenoble	583	3332
Guéret	547	3333
Haguenau	315	3334
Langres	170	3335
Laon	114	3336
Laval	474	3337
Lille	201	3338
Limoges	573	3339
Lons-le-Saunier	335	3340
Lorient	706	3341
Lunéville	213	3342
Lyon	433	3343
Mâcon	362	3344
Mans (Le)	384	3345
Marseille	785	3346
Maubeuge	240	3347
Melun	218	3348
Mende	599	3349
Metz	220	3350
Mézières	150	3351
Montauban	957	3352
Montbrison	534	3353
Mont-de-Marsan	899	3354
Montpellier	762	3355
Moulins	513	3356
Nancy	181	3357
Nantes	600	3358
Napoléon-Vendée	606	3359
Nevers	474	3360
Nîmes	712	3361
Niort	583	3362
Orléans	294	3363
Paris	173	3364
Pau	964	3365
Périgueux	668	3366
Perpignan	924	3367
Poitiers	505	3368
Privas	577	3369
Puy (Le)	567	3370
Quimper	773	3371

DE CHALON-SUR-MARNE à	DISTANCES en KILOMÈTRES.	NUMÉROS des ITINÉRAIRES.
Rennes	546	3372
Rochefort	647	3373
Rochelle (La)	650	3374
Rodez	638	3375
Rouen	310	3376
Saint-Brieuc	646	3377
Saint-Étienne	489	3378
Saint-Germain	196	3379
Saint-Lô	487	3380
Saint-Omer	353	3381
Sarreguemines	297	3382
Saumur	408	3383
Schelestadt	373	3384
Strasbourg	330	3385
Tarbes	981	3386
Thionville	246	3387
Toulon	845	3388
Toulouse	1008	3389
Tours	407	3390
Troyes	230	3391
Tulle	556	3392
Valence	539	3393
Valenciennes	264	3394
Vannes	649	3395
Verdun	81	3396
Vernon	253	3397
Versailles	190	3398
Vesoul	247	3399

DE CHALON-SUR-SAONE à	DISTANCES en KILOMÈTRES.	NUMÉROS des ITINÉRAIRES.
Chartres	471	3400
Châteauroux	351	3401
Cherbourg	753	3402
Clermont	235	3403
Colmar	307	3404
Compiègne	484	3405
Digne	426	3406
Dijon	69	3407
Douai	618	3408
Draguignan	521	3409
Dunkerque	734	3410
Épinal	243	3411
Évreux	491	3412
Fère (La)	536	3413
Foix	714	3414
Fontainebleau	324	3415
Gap	381	3416
Givet	522	3417
Grenoble	280	3418
Guéret	286	3419
Haguenau	407	3420
Langres	135	3421
Laon	558	3422
Laval	684	3423
Lille	651	3424
Limoges	370	3425
Lons-le-Saunier	64	3426
Lorient	809	3427

DE CHALON-SUR-SAONE à	DISTANCES en KILOMÈTRES.	NUMÉROS des ITINÉRAIRES	DE CHARTRES à	DISTANCES en KILOMÈTRES.	NUMÉROS des ITINÉRAIRES.	DE CHARTRES à	DISTANCES en KILOMÈTRES	NUMÉROS des ITINÉRAIRES.
Lunéville........	303	3428	Châteauroux......	217	3486	Rochelle (La).....	469	3545
Lyon........	130	3429	Cherbourg........	321	3487	Rodez...........	622	3546
Mâcon........	59	3430	Clermont.......	397	3488	Rouen..........	225	3547
Mans (Le)	594	3431	Colmar........	656	3489	Saint-Brieuc......	387	3548
Marseille.......	481	3432	Compiègne......	189	3490	Saint-Etienne.....	618	3549
Maubeuge.......	476	3433	Digne..........	896	3491	Saint-Germain	84	3550
Melun........	339	3434	Dijon..........	403	3492	Saint-Lô........	322	3551
Mende........	353	3435	Douai..........	323	3493	Saint-Omer......	418	3552
Metz........	318	3436	Draguignan.......	991	3494	Sarreguemines.....	557	3553
Mézières........	418	3437	Dunkerque......	439	3495	Saumur.........	267	3554
Montauban.......	569	3438	Épinal.........	515	3496	Schelestadt......	634	3555
Montbrison......	231	3439	Évreux.........	76	3497	Strasbourg......	590	3556
Mont-de-Marsan. ...	734	3440	Fère (La).......	241	3498	Tarbes.........	800	3557
Montpellier	459	3441	Foix..........	909	3499	Thionville.......	507	3558
Moulins........	148	3442	Fontainebleau.....	147	3500	Toulon........	1011	3559
Nancy........	261	3443	Gap..........	851	3501	Toulouse........	827	3560
Nantes........	645	3444	Givet.........	415	3502	Tours.........	223	3561
Napoléon-Vendée ...	647	3445	Grenoble.......	750	3503	Troyes.........	255	3562
Nevers........	154	3446	Guéret........	308	3504	Tulle.........	431	3563
Nîmes........	409	3447	Haguenau.......	605	3505	Valence........	706	3564
Niort........	527	3448	Langres........	385	3506	Valenciennes.....	356	3565
Orléans........	336	3449	Laon	263	3507	Vannes........	490	3566
Paris.........	383	3450	Laval........	213	3508	Verdun........	341	3567
Pau..........	799	3451	Lille........	356	3509	Vernon........	108	3568
Périgueux......	465	3452	Limoges........	342	3510	Versailles........	71	3569
Perpignan.......	621	3453	Lons-le-Saunier. ...	535	3511	Vesoul........	469	3570
Poitiers........	451	3454	Lorient........	447	3512			
Privas........	274	3455	Lunéville.......	474	3513	**DE CHATEAUROUX à**		
Puy (Le).......	264	3456	Lyon.........	600	3514			
Quimper........	983	3457	Mâcon........	529	3515	Cherbourg.......	633	3571
Rennes........	756	3458	Mans (Le).......	124	3516	Clermont.......	306	3572
Rochefort.......	588	3459	Marseille	951	3517	Colmar........	601	3573
Rochelle (La).....	590	3460	Maubeuge......	334	3518	Compiègne	364	3574
Rodez........	460	3461	Melun	133	3519	Digne.........	685	3575
Rouen........	520	3462	Mende........	583	3520	Dijon.........	352	3576
Saint-Brieuc	856	3463	Metz..........	480	3521	Douai........	498	3577
Saint-Étienne.....	186	3464	Mézières........	348	3522	Draguignan......	780	3578
Saint-Germain.....	406	3465	Montauban......	776	3523	Dunkerque......	614	3579
Saint-Lô........	637	3466	Montbrison......	464	3524	Épinal........	507	3580
Saint-Omer......	713	3467	Mont-de-Marsan....	718	3525	Évreux........	371	3581
Sarreguemines.....	394	3468	Montpellier......	928	3526	Fère (La).......	416	3582
Saumur........	514	3469	Moulins........	304	3527	Foix........	513	3583
Schelestadt......	330	3470	Nancy........	441	3528	Fontainebleau.....	322	3584
Strasbourg......	375	3471	Nantes........	299	3529	Gap.........	640	3585
Tarbes........	726	3472	Napoléon-Vendée..	336	3530	Grenoble	590	3586
Thionville.......	349	3473	Nevers........	255	3531	Lille........	539	3587
Toulon........	541	3474	Nîmes........	879	3532	Guéret.......	111	3588
Toulouse.......	707	3475	Niort........	402	3533	Haguenau......	780	3589
Tours........	450	3476	Orléans........	73	3534	Langres........	392	3590
Troyes........	266	3477	Paris.........	88	3535	Laon........	438	3591
Tulle........	378	3478	Pau.........	783	3536	Laval........	447	3592
Valence........	236	3479	Périgueux......	437	3537	Lille	531	3593
Valenciennes	651	3480	Perpignan......	1040	3538	Limoges.......	138	3594
Vannes........	753	3481	Poitiers........	324	3539	Lons-le-Saunier	381	3595
Verdun........	308	3482	Privas........	744	3540	Lorient.......	615	3596
Vernon........	463	3483	Puy (Le)	531	3541	Lunéville.......	649	3597
Versailles........	400	3484	Quimper........	514	3542	Lyon........	389	3598
Vesoul........	167	3485	Rennes........	287	3543	Mâcon........	339	3599
			Rochefort........	466	3544	Mans (Le).......	357	3600

DE CHATEAUROUX à	DISTANCES en KILOMÈTRES.	NUMÉROS des ITINÉRAIRES.
Marseille	741	3601
Maubeuge	509	3602
Melun	308	3603
Mende	492	3604
Metz	635	3605
Mézières	523	3606
Montauban	397	3607
Montbrison	356	3608
Mont-de-Marsan	511	3609
Montpellier	646	3610
Moulins	196	3611
Nancy	616	3612
Nantes	451	3613
Napoléon-Vendée	448	3614
Nevers	157	3615
Nîmes	618	3616
Niort	434	3617
Orléans	144	3618
Paris	263	3619
Pau	576	3620
Périgueux	233	3621
Perpignan	644	3622
Poitiers	356	3623
Privas	533	3624
Puy (Le)	440	3625
Quimper	682	3626
Rennes	520	3627
Rochefort	498	3628
Rochelle (La)	501	2629
Rodez	531	3630
Rouen	400	3631
Saint-Brieuc	620	3632
Saint-Étienne	386	3633
Saint-Germain	286	3634
Saint-Lô	577	3635
Saint-Omer	593	3636
Sarreguemines	648	3637
Saumur	315	3638
Schelestadt	624	3639
Strasbourg	765	3640
Tarbes	499	3641
Thionville	682	3642
Toulon	801	3643
Toulouse	431	3644
Tours	258	3645
Troyes	282	3646
Tulle	227	3647
Valence	495	3648
Valenciennes	531	3649
Vannes	559	3650
Verdun	516	3651
Vernon	343	3652
Versailles	280	3653
Vesoul	459	3654

DE CHERBOURG à	DISTANCES en KILOMÈTRES.	NUMÉROS des ITINÉRAIRES.
Clermont	816	3655
Colmar	938	3656
Compiègne	471	3657

DE CHERBOURG à	DISTANCES en KILOMÈTRES.	NUMÉROS des ITINÉRAIRES.
Digne	1178	3658
Dijon	685	3659
Douai	605	3660
Draguignan	1273	3661
Dunkerque	721	3662
Épinal	797	3663
Évreux	262	3664
Fère (La)	523	3665
Foix	1073	3666
Fontainebleau	429	3667
Gap	1133	3668
Givet	697	3669
Grenoble	1032	3670
Guéret	741	3671
Haguenau	887	3672
Langres	667	3673
Laon	515	3674
Laval	378	3675
Lille	638	3676
Limoges	770	3677
Lons-le-Saunier	817	3678
Lorient	388	3679
Lunéville	756	3680
Lyon	882	3681
Mâcon	811	3682
Mans (Le)	288	3683
Marseille	1233	3684
Maubeuge	616	3685
Melun	415	3686
Mende	1002	3687
Metz	762	3688
Mézières	630	3689
Montauban	940	3690
Montbrison	870	3691
Mont-de-Marsan	882	3692
Montpellier	1210	3693
Moulins	719	3694
Nancy	723	3695
Nantes	318	3696
Napoléon-Vendée	380	3697
Nevers	671	3698
Nîmes	1161	3699
Niort	566	3700
Orléans	491	3701
Paris	370	3702
Pau	947	3703
Périgueux	687	3704
Perpignan	1204	3705
Poitiers	488	3706
Privas	1026	3707
Puy (Le)	950	3708
Quimper	455	3709
Rennes	228	3710
Rochefort	630	3711
Rochelle (La)	633	3712
Rodez	881	3713
Rouen	264	3714
Saint-Brieuc	277	3715
Saint-Étienne	900	3716

DE CHERBOURG à	DISTANCES en KILOMÈTRES.	NUMÉROS des ITINÉRAIRES.
Saint-Germain	393	3717
Saint-Lô	94	3718
Saint-Omer	700	3719
Sarreguemines	839	3720
Saumur	318	3721
Schelestadt	916	3722
Strasbourg	872	3723
Tarbes	964	3724
Thionville	789	3725
Toulon	1293	3726
Toulouse	991	3727
Tours	387	3728
Troyes	537	3729
Tulle	859	3730
Valence	988	3631
Valenciennes	638	3732
Vannes	311	3733
Verdun	623	3734
Vernon	294	3735
Versailles	387	3736
Vesoul	751	3737

DE CLERMONT-FERRAND à	DISTANCES en KILOMÈTRES.	NUMÉROS des ITINÉRAIRES.
Colmar	522	3738
Compiègne	547	3739
Digne	482	3740
Dijon	289	3741
Douai	681	3742
Draguignan	526	3743
Dunkerque	797	3744
Épinal	459	3745
Évreux	551	3746
Fère (La)	593	3747
Foix	462	3748
Fontainebleau	505	3749
Gap	435	3750
Givet	773	3751
Grenoble	334	3752
Guéret	130	3753
Haguenau	612	3754
Langres	355	3755
Laon	621	3756
Laval	579	3757
Lille	714	3758
Limoges	179	3759
Lons-le-Saunier	273	3760
Lorient	798	3761
Lunéville	497	3762
Lyon	184	3763
Mâcon	177	3764
Mans (Le)	540	3765
Marseille	439	3766
Maubeuge	692	3767
Melun	491	3768
Mende	186	3769
Metz	527	3770
Mézières	706	3771
Montauban	334	3772

DE CLERMONT-FERRAND à	DISTANCES en KILOMÈTRES.	NUMÉROS des ITINÉRAIRES.	DE COLMAR à	DISTANCES en KILOMÈTRES.	NUMÉROS des ITINÉRAIRES.	DE COLMAR à	DISTANCES en KILOMÈTRES.	NUMÉROS des ITINÉRAIRES.
Montbrison	113	3773	Fontainebleau	534	3830	Toulon	848	3889
Mont-de-Marsan	514	3774	Gap	687	3831	Toulouse	1013	3890
Montpellier	340	3775	Givet	482	3832	Tours	802	3891
Moulins	106	3776	Grenoble	586	3833	Troyes	367	3892
Nancy	470	3777	Guéret	570	3834	Tulle	665	3893
Nantes	634	3778	Haguenau	100	3835	Valence	542	3894
Napoléon-Vendée	428	3779	Langres	237	3836	Valenciennes	660	3895
Nevers	159	3780	Laon	510	3837	Vannes	1103	3896
Nîmes	312	3781	Laval	869	3838	Verdun	313	3897
Niort	341	3782	Lille	687	3839	Vernon	648	3898
Orléans	325	3783	Limoges	654	3840	Versailles	585	3899
Paris	446	3784	Lons-le-Saunier	266	3841	Vesoul	153	3900
Pau	528	3785	Lorient	1101	3842			
Périgueux	245	3786	Lunéville	183	3843	DE COMPIÈGNE à		
Perpignan	523	3787	Lyon	436	3844			
Poitiers	277	3788	Mâcon	365	3845	Digne	909	3901
Privas	284	3789	Mans (Le)	779	3846	Dijon	416	3902
Puy (Le)	134	3790	Marseille	788	3847	Douai	163	3903
Quimper	865	3791	Maubeuge	527	3848	Draguignan	1004	3904
Rennes	663	3792	Melun	549	3849	Dunkerque	278	3905
Rochefort	391	3793	Mende	659	3850	Epinal	444	3906
Rochelle (La)	407	3794	Metz	273	3851	Évreux	209	3907
Rodez	225	3795	Mézières	415	3852	Fère (La)	53	3908
Rouen	583	3796	Montauban	856	3853	Foix	1018	3909
Saint-Brieuc	763	3797	Montbrison	537	3854	Fontainebleau	160	3910
Saint-Étienne	168	3798	Mont-de-Marsan	1132	3855	Gap	864	3911
Saint-Germain	469	3799	Montpellier	765	3856	Givet	270	3912
Saint-Lô	760	3800	Moulins	432	3857	Grenoble	763	3913
Saint-Omer	776	3801	Nancy	215	3858	Guéret	475	3914
Sarreguemines	603	3802	Nantes	995	3859	Haguenau	534	3915
Saumur	503	3803	Napoléon-Vendée	1001	3860	Langres	359	3916
Schelestadt	545	3804	Nevers	438	3861	Laon	75	3917
Strasbourg	590	3805	Nîmes	715	3862	Laval	402	3918
Tarbes	491	3806	Niort	978	3863	Lille	196	3919
Thionville	553	3807	Orléans	521	3864	Limoges	501	3920
Toulon	499	3808	Paris	568	3865	Lons-le-Saunier	548	3921
Toulouse	380	3809	Pau	1203	3866	Lorient	634	3922
Tours	439	3810	Périgueux	749	3867	Lunéville	402	3923
Troyes	334	3811	Perpignan	927	3868	Lyon	613	3924
Tulle	143	3812	Poitiers	900	3869	Mâcon	542	3925
Valence	245	3813	Privas	580	3870	Mans (Le)	312	3926
Valenciennes	714	3814	Puy (Le)	570	3871	Marseille	964	3927
Vannes	742	3815	Quimper	1168	3872	Maubeuge	145	3928
Verdun	494	3816	Rennes	941	3873	Melun	146	3929
Vernon	526	3817	Rochefort	1042	3874	Mende	733	3930
Versailles	463	3818	Rochelle (La)	1045	3875	Metz	409	3931
Vesoul	396	3819	Rodez	774	3876	Mézières	203	3932
			Rouen	705	3877	Montauban	885	3933
DE COLMAR à			Saint-Brieuc	1041	3878	Montbrison	601	3934
Compiègne	669	3820	Saint-Étienne	492	3879	Mont-de-Marsan	827	3935
Digne	732	3821	Saint-Germain	591	3880	Montpellier	941	3936
Dijon	279	3822	Saint-Lô	882	3881	Moulins	441	3937
Douai	654	3823	Saint-Omer	749	3882	Nancy	370	3938
Draguignan	732	3824	Sarreguemines	172	3883	Nantes	528	3939
Dunkerque	769	3825	Saumur	863	3884	Napoléon-Vendée	534	3940
Epinal	242	3826	Schelestadt	23	3885	Nevers	402	3941
Évreux	676	3827	Strasbourg	68	3886	Nîmes	892	3942
Fère (La)	533	3828	Tarbes	1061	3887	Niort	511	3943
Foix	1020	3829	Thionville	299	3888	Orléans	222	3944

DE COMPIÈGNE à	DISTANCES en KILOMÈTRES.	NUMÉROS des ITINÉRAIRES.
Paris	101	3945
Pau	892	3946
Périgueux	596	3947
Perpignan	1103	3948
Poitiers	433	3949
Privas	757	3950
Puy (Le)	681	3951
Quimper	701	3952
Rennes	474	3953
Rochefort	575	3954
Rochelle (La)	578	3955
Rodez	772	3956
Rouen	238	3957
Saint-Brieuc	574	3958
Saint-Étienne	631	3959
Saint-Germain	124	3960
Saint-Lô	415	3961
Saint-Omer	258	3962
Sarreguemines	486	3963
Saumur	396	3964
Schelestadt	562	3965
Strasbourg	519	3966
Tarbes	909	3967
Thionville	435	3968
Toulon	1024	3969
Toulouse	936	3970
Tours	335	3971
Troyes	268	3972
Tulle	590	3973
Valence	719	3974
Valenciennes	169	3975
Vannes	577	3976
Verdun	270	3977
Vernon	181	3978
Versailles	118	3979
Vesoul	436	3980

DE DIGNE à	DISTANCES en KILOMÈTRES.	NUMÉROS des ITINÉRAIRES.
Dijon	493	3981
Douai	1043	3982
Draguignan	95	3983
Dunkerque	1159	3984
Épinal	609	3985
Évreux	916	3986
Fère (La)	961	3987
Foix	505	3988
Fontainebleau	749	3989
Gap	87	3990
Givet	905	3991
Grenoble	188	3992
Guéret	610	3993
Haguenau	842	3994
Langres	559	3995
Laon	983	3996
Laval	1022	3997
Lille	1076	3998
Limoges	659	3999
Lons-le-Saunier	420	4000

DE DIGNE à	DISTANCES en KILOMÈTRES.	NUMÉROS des ITINÉRAIRES.
Lorient	1177	4001
Lunéville	712	4002
Lyon	296	4003
Mâcon	368	4004
Mans (Le)	932	4005
Marseille	139	4006
Maubeuge	1054	4007
Melun	704	4008
Mende	351	4009
Metz	742	4010
Mézières	842	4011
Montauban	549	4012
Montbrison	397	4013
Mont-de-Marsan	727	4014
Montpellier	251	4015
Moulins	482	4016
Nancy	685	4017
Nantes	1013	4018
Napoléon-Vendée	1025	4019
Nevers	535	4020
Nîmes	201	4021
Niort	861	4022
Orléans	716	4023
Paris	808	4024
Pau	688	4025
Périgueux	754	4026
Perpignan	412	4027
Poitiers	785	4028
Privas	261	4029
Puy (Le)	358	4030
Quimper	1244	4031
Rennes	1095	4032
Rochefort	922	4033
Rochelle (La)	924	4034
Rodez	433	4035
Rouen	945	4036
Saint-Brieuc	1195	4037
Saint Étienne	352	4038
Saint-Germain	831	4039
Saint-Lô	1122	4040
Saint-Omer	1138	4041
Sarreguemines	818	4042
Saumur	892	4043
Schelestadt	754	4044
Strasbourg	800	4045
Tarbes	649	4046
Thionville	768	4047
Toulon	185	4048
Toulouse	498	4049
Tours	833	4050
Troyes	639	4051
Tulle	623	4052
Valence	277	4053
Valenciennes	1076	4054
Vannes	1121	4055
Verdun	732	4056
Vernon	886	4057
Versailles	825	4058
Vesoul	593	4059

DE DIJON à	DISTANCES en KILOMÈTRES.	NUMÉROS des ITINÉRAIRES.
Douai	550	4060
Draguignan	588	4061
Dunkerque	666	4062
Épinal	181	4063
Évreux	423	4064
Fère (La)	468	4065
Foix	780	4066
Fontainebleau	256	4067
Gap	448	4068
Givet	453	4069
Grenoble	347	4070
Guéret	321	4071
Haguenau	379	4072
Langres	66	4073
Laon	490	4074
Laval	616	4075
Lille	583	4076
Limoges	405	4077
Lons-le-Saunier	93	4078
Lorient	848	4079
Lunéville	219	4080
Lyon	197	4081
Mâcon	126	4082
Mans (Le)	526	4083
Marseille	549	4084
Maubeuge	476	4085
Melun	270	4086
Mende	420	4087
Metz	249	4088
Mézières	349	4089
Montauban	612	4090
Montbrison	298	4091
Mont-de-Marsan	769	4092
Montpellier	526	4093
Moulins	183	4094
Nancy	192	4095
Nantes	742	4096
Napoléon-Vendée	615	4097
Nevers	189	4098
Nîmes	476	4099
Niort	595	4100
Orléans	303	4101
Paris	315	4102
Pau	808	4103
Périgueux	500	4104
Perpignan	688	4105
Poitiers	519	4106
Privas	341	4107
Puy (Le)	331	4108
Quimper	915	4109
Rennes	688	4110
Rochefort	656	4111
Rochelle (La)	658	4112
Rodez	535	4113
Rouen	452	4114
Saint-Brieuc	788	4115
Saint-Etienne	253	4116
Saint-Germain	338	4117
Saint-Lô	629	4118

DE DIJON à	DISTANCES en KILOMÈTRES.	NUMÉROS des ITINÉRAIRES.	DE DOUAI à	DISTANCES en KILOMÈTRES.	NUMÉROS des ITINÉRAIRES.	DE DRAGUIGNAN à	DISTANCES en KILOMÈTRES.	NUMÉROS des ITINÉRAIRES.
Saint-Omer	645	4119	Nimes	1026	4176	Lorient	1272	4232
Sarreguemines	325	4120	Niort	645	4177	Lunéville	807	4233
Saumur	482	4 21	Orléans	356	4178	Lyon	391	4234
Schelestadt	302	4122	Paris	235	4179	Mâcon	463	4235
Strasbourg	347	4123	Pau	1026	4180	Mans (Le)	1027	4236
Tarbes	769	4124	Périgueux	730	4181	Marseille	113	4237
Thionville	275	4125	Perpignan	1237	4182	Maubeuge	1149	4238
Toulon	609	4126	Poitiers	567	4183	Melun	859	4239
Toulouse	774	4127	Privas	891	4184	Mende	379	4240
Tours	418	4128	Puy (Le)	815	4185	Metz	837	4241
Troyes	197	4129	Quimper	835	4186	Mézières	937	4242
Tulle	421	4130	Rennes	608	4187	Montauban	579	4243
Valence	303	4131	Rochefort	709	4188	Montbrison	443	4244
Valenciennes	583	4132	Rochelle (La)	712	4189	Mont-de-Marsan	759	4245
Vannes	791	4133	Rodez	906	4190	Montpellier	281	4246
Verdun	239	4134	Rouen	372	4191	Moulins	577	4247
Vernon	395	4135	Saint-Brieuc	708	4192	Nancy	780	4248
Versailles	332	4136	Saint-Étienne	765	4193	Nantes	1108	4249
Vesoul	107	4137	Saint-Germain	258	4194	Napoléon-Vendée	1064	4250
			Saint-Lô	549	4195	Nevers	630	4251
DE DOUAI à			Saint-Omer	96	4196	Nimes	235	4252
Draguignan	1138	4138	Sarreguemines	555	4197	Niort	956	4253
Dunkerque	116	4139	Saumur	530	4198	Orléans	811	4254
Épinal	513	4140	Schelestadt	631	4199	Paris	903	4255
Évreux	343	4141	Strasbourg	588	4200	Pau	719	4256
Fère (La)	122	4142	Tarbes	1043	4201	Périgueux	727	4257
Foix	1152	4143	Thionville	504	4202	Perpignan	443	4258
Fontainebleau	294	4144	Toulon	1158	4203	Poitiers	880	4259
Gap	998	4145	Toulouse	1070	4204	Privas	285	4230
Givet	240	4146	Tours	469	4205	Puy (Le)	392	4261
Grenoble	897	4147	Troyes	402	4206	Quimper	1330	4262
Guéret	609	4148	Tulle	724	4207	Rennes	1190	4263
Haguenau	603	4149	Valence	853	4208	Rochefort	1017	4264
Langres	428	4150	Valenciennes	36	4209	Rochelle (La)	1019	4265
Laon	144	4151	Vannes	711	4210	Rodez	467	4266
Laval	536	4152	Verdun	339	4211	Rouen	1040	4267
Lille	34	4153	Vernon	315	4212	Saint-Brieuc	1290	4268
Limoges	635	4154	Versailles	252	4213	Saint-Étienne	408	4269
Lons-le-Saunier	682	4155	Vesoul	505	4214	Saint-Germain	926	4270
Lorient	768	4156				Saint-Lô	1217	4271
Lunéville	471	4157	**DE DRAGUIGNAN à**			Saint-Omer	1233	4272
Lyon	747	4158				Sarreguemines	913	4273
Mâcon	676	4159	Dunkerque	1254	4215	Saumur	987	4274
Mans (Le)	446	4160	Épinal	764	4216	Schelestadt	849	4275
Marseille	1098	4161	Évreux	1011	4217	Strasbourg	895	4276
Maubeuge	114	4162	Fère (La)	1056	4218	Tarbes	680	4277
Melun	280	4163	Foix	535	4219	Thionville	863	4278
Mende	867	4164	Fontainebleau	844	4220	Toulon	80	4279
Metz	478	4165	Gap	182	4221	Toulouse	529	4280
Mézières	173	4166	Givet	1000	4222	Tours	928	4281
Montauban	1019	4167	Grenoble	283	4223	Troyes	734	4282
Montbrison	735	4168	Guéret	656	4224	Tulle	728	4283
Mont-de-Marsan	961	4169	Haguenau	937	4225	Valence	311	4284
Montpellier	1075	4170	Langres	654	4226	Valenciennes	1171	4285
Moulins	575	4171	Laon	1078	4227	Vannes	1216	4286
Nancy	439	4172	Laval	1117	4228	Verdun	827	4287
Nantes	662	4173	Lille	1171	4229	Vernon	983	4288
Napoléon-Vendée	608	4174	Limoges	705	4230	Versailles	920	4289
Nevers	536	4175	Lons-le-Saunier	515	4231	Vesoul	688	4290

DE DUNKERQUE à	DISTANCES en KILOMÈTRES.	NUMÉROS des ITINÉRAIRES.	DE DUNKERQUE à	DISTANCES en KILOMÈTRES.	NUMÉROS des ITINÉRAIRES.	D'ÉPINAL à	DISTANCES en KILOMÈTRES.	NUMÉROS des ITINÉRAIRES.
Épinal	628	4291	Schelestadt	746	4350	Périgueux	681	4406
Évreux	459	4292	Strasbourg	703	4351	Perpignan	864	4407
Fère (La)	237	4293	Tarbes	1159	4352	Poitiers	759	4408
Foix	1268	4294	Thionville	619	4353	Privas	517	4409
Fontainebleau	410	4295	Toulon	1274	4354	Puy (Le)	507	4410
Gap	1114	4296	Toulouse	1176	4355	Quimper	1027	4411
Givet	355	4297	Tours	585	4356	Rennes	890	4412
Grenoble	1013	4298	Troyes	518	4357	Rochefort	901	4413
Guéret	725	4299	Tulle	840	4358	Rochelle (La)	904	4414
Haguenau	718	4300	Valence	969	4359	Rodez	711	4415
Langres	543	4301	Valenciennes	151	4360	Rouen	564	4416
Laon	259	4302	Vannes	827	4361	Saint-Brieuc	900	4417
Laval	652	4303	Verdun	454	4362	Saint-Étienne	429	4418
Lille	84	4304	Vernon	431	4363	Saint-Germain	450	4419
Limoges	751	4305	Versailles	368	4364	Saint-Lô	741	4420
Lons-le-Saunier	798	4306	Vesoul	620	4365	Saint-Omer	608	4421
Lorient	884	4307				Sarreguemines	206	4422
Lunéville	586	4308	**D'ÉPINAL à**			Saumur	722	4423
Lyon	863	4309				Schelestadt	220	4424
Mâcon	732	4310	Évreux	535	4366	Strasbourg	177	4425
Mans (Le)	562	4311	Fère (La)	392	4367	Tarbes	938	4426
Marseille	1214	4312	Foix	957	4368	Thionville	158	4427
Maubeuge	229	4313	Fontainebleau	338	4369	Toulon	785	4428
Melun	336	4314	Gap	624	4370	Toulouse	950	4429
Mende	983	4315	Givet	341	4371	Tours	661	4430
Metz	593	4316	Grenoble	523	4372	Troyes	218	4431
Mézières	288	4317	Guéret	502	4373	Tulle	610	4432
Montauban	1135	4318	Haguenau	192	4374	Valence	479	4433
Montbrison	851	4319	Langres	115	4375	Valenciennes	519	4434
Mont-de-Marsan	1077	4320	Laon	369	4376	Vannes	903	4435
Montpellier	1191	4321	Laval	728	4377	Verdun	168	4436
Moulins	691	4322	Lille	546	4378	Vernon	507	4437
Nancy	554	4323	Limoges	586	4379	Versailles	444	4438
Nantes	778	4324	Lons-le-Saunier	211	4380	Vesoul	76	4439
Napoléon-Vendée	784	4325	Lorient	960	4381			
Nevers	652	4326	Lunéville	60	4382	**D'ÉVREUX à**		
Nîmes	1142	4327	Lyon	373	4383			
Niort	761	4328	Mâcon	301	4384	Fère (La)	261	4440
Orléans	472	4329	Mans (Le)	628	4385	Foix	1025	4441
Paris	351	4330	Marseille	725	4386	Fontainebleau	167	4442
Pau	1142	4331	Maubeuge	378	4387	Gap	871	4443
Périgueux	846	4332	Melun	353	4388	Givet	435	4444
Perpignan	1353	4333	Mende	596	4389	Grenoble	770	4445
Poitiers	683	4334	Metz	132	4390	Guéret	482	4446
Privas	1007	4335	Mézières	274	4391	Haguenau	625	4447
Puy (Le)	931	4336	Montauban	841	4392	Langres	405	4448
Quimper	951	4337	Montbrison	474	4393	Laon	283	4449
Rennes	724	4338	Mont-de-Marsan	1070	4394	Laval	262	4450
Rochefort	825	4339	Montpellier	702	4395	Lille	376	4451
Rochelle (La)	828	4340	Moulins	364	4396	Limoges	508	4452
Rodez	822	4341	Nancy	74	4397	Lons-le-Saunier	555	4453
Rouen	322	4342	Nantes	854	4398	Lorient	496	4454
Saint-Brieuc	824	4343	Napoléon-Vendée	860	4399	Lunéville	494	4455
Saint-Étienne	881	4344	Nevers	370	4400	Lyon	620	4456
Saint-Germain	374	4345	Nîmes	652	4401	Mâcon	549	4457
Saint-Lô	665	4346	Niort	837	4402	Mans (Le)	172	4458
Saint-Omer	62	4347	Orléans	548	4403	Marseille	971	4459
Sarreguemines	670	4348	Paris	427	4404	Maubeuge	354	4460
Saumur	646	4349	Pau	1035	4405	Melun	153	4461

D'ÉVREUX à	DISTANCES en KILOMÈTRES.	NUMÉROS des ITINÉRAIRES.
Mende	740	4462
Metz	500	4463
Mézières	368	4464
Montauban	892	4465
Montbrison	608	4466
Mont-de-Marsan	834	4467
Montpellier	948	4468
Moulins	457	4469
Nancy	461	4470
Nantes	338	4471
Napoléon-Vendée	383	4472
Nevers	409	4473
Nîmes	899	4474
Niort	518	4475
Orléans	229	4476
Paris	108	4477
Pau	899	4478
Périgueux	603	4479
Perpignan	1156	4480
Poitiers	440	4481
Privas	764	4482
Puy (Le)	688	4483
Quimper	563	4484
Rennes	336	4485
Rochefort	582	4486
Rochelle (La)	585	4487
Rodez	779	4488
Rouen	51	4489
Saint-Brieuc	370	4490
Saint-Étienne	638	4491
Saint-Germain	81	4492
Saint-Lô	193	4493
Saint-Omer	438	4494
Sarreguemines	577	4495
Saumur	258	4496
Schelestadt	654	4497
Strasbourg	610	4498
Tarbes	916	4499
Thionville	527	4500
Toulon	1031	4501
Toulouse	943	4502
Tours	342	4503
Troyes	275	4504
Tulle	597	4505
Valence	726	4506
Valenciennes	376	4507
Vannes	430	4508
Verdun	361	4509
Vernon	32	4510
Versailles	125	4511
Vesoul	489	4512

DE LA FÈRE à	DISTANCES en KILOMÈTRES.	NUMÉROS des ITINÉRAIRES.
Foix	1070	4513
Fontainebleau	212	4514
Gap	916	4515
Givet	218	4516
Grenoble	815	4517

DE LA FÈRE à	DISTANCES en KILOMÈTRES.	NUMÉROS des ITINÉRAIRES.
Guéret	527	4518
Haguenau	482	4519
Langres	307	4520
Laon	23	4521
Laval	454	4522
Lille	155	4523
Limoges	553	4524
Lons-le-Saunier	600	4525
Lorient	686	4526
Lunéville	350	4527
Lyon	665	4528
Mâcon	594	4529
Mans (Le)	364	4530
Marseille	1016	4531
Maubeuge	104	4532
Melun	198	4533
Mende	785	4534
Metz	357	4535
Mézières	151	4536
Montauban	937	4537
Montbrison	653	4538
Mont-de-Marsan	879	4539
Montpellier	993	4540
Moulins	493	4541
Nancy	318	4542
Nantes	580	4543
Napoléon-Vendée	566	4544
Nevers	454	4545
Nîmes	944	4546
Niort	563	4547
Orléans	274	4548
Paris	153	4549
Pau	944	4550
Périgueux	648	4551
Perpignan	1155	4552
Poitiers	485	4553
Privas	809	4554
Puy (Le)	733	4555
Quimper	753	4556
Rennes	526	4557
Rochefort	627	4558
Rochelle (La)	630	4559
Rodez	824	4560
Rouen	290	4561
Saint-Brieuc	626	4562
Saint-Étienne	683	4563
Saint-Germain	176	4564
Saint-Lô	467	4565
Saint-Omer	217	4566
Sarreguemines	434	4567
Saumur	448	4568
Schelestadt	510	4569
Strasbourg	467	4570
Tarbes	961	4571
Thionville	383	4572
Toulon	1076	4573
Toulouse	988	4574
Tours	387	4575
Troyes	320	4576

DE LA FÈRE à	DISTANCES en KILOMÈTRES.	NUMÉROS des ITINÉRAIRES.
Tulle	642	4577
Valence	771	4578
Valenciennes	128	4579
Vannes	629	4580
Verdun	218	4581
Vernon	233	4582
Versailles	170	4583
Vesoul	381	4584

DE FOIX à	DISTANCES en KILOMÈTRES.	NUMÉROS des ITINÉRAIRES.
Fontainebleau	976	4585
Gap	540	4586
Givet	1193	4587
Grenoble	572	4588
Guéret	518	4589
Haguenau	1130	4590
Langres	846	4591
Laon	1092	4592
Laval	875	4593
Lille	1185	4594
Limoges	434	4595
Lons-le-Saunier	708	4596
Lorient	1042	4597
Lunéville	1000	4598
Lyon	584	4599
Mâcon	656	4600
Mans (Le)	785	4601
Marseille	431	4602
Maubeuge	1163	4603
Melun	962	4604
Mende	352	4605
Metz	1029	4606
Mézières	1129	4607
Montauban	133	4608
Montbrison	574	4609
Mont-de-Marsan	271	4610
Montpellier	255	4611
Moulins	568	4612
Nancy	972	4613
Nantes	878	4614
Napoléon-Vendée	615	4615
Nevers	621	4616
Nîmes	305	4617
Niort	654	4618
Orléans	798	4619
Paris	917	4620
Pau	272	4621
Périgueux	339	4622
Perpignan	220	4623
Poitiers	585	4624
Privas	419	4625
Puy (Le)	461	4626
Quimper	1109	4627
Rennes	948	4628
Rochefort	718	4629
Rochelle (La)	721	4630
Rodez	237	4631
Rouen	1054	4632

DE FOIX à

	DISTANCES en KILOMÈTRES.	NUMÉROS des ITINÉRAIRES.
Saint-Brieuc	1048	4633
Saint-Étienne	575	4634
Saint-Germain	840	4635
Saint-Lô	979	4636
Saint-Omer	1247	4637
Sarreguemines	1105	4638
Saumur	749	4639
Schelestadt	1042	4640
Strasbourg	1088	4641
Tarbes	233	4642
Thionville	1055	4643
Toulon	491	4644
Toulouse	82	4645
Tours	686	4646
Troyes	927	4647
Tulle	326	4648
Valence	478	4649
Valenciennes	1185	4650
Vannes	986	4651
Verdun	1019	4652
Vernon	997	4653
Versailles	934	4654
Vesoul	881	4655

de FONTAINEBLEAU à

	DISTANCES en KILOMÈTRES.	NUMÉROS des ITINÉRAIRES.
Gap	704	4656
Givet	386	4657
Grenoble	603	4658
Guéret	323	4659
Haguenau	576	4660
Langres	218	4661
Laon	234	4662
Laval	360	4663
Lille	327	4664
Limoges	357	4665
Lons-le-Saunier	388	4666
Lorient	592	4667
Lunéville	445	4668
Lyon	453	4669
Mâcon	382	4670
Mans (Le)	270	4671
Marseille	804	4672
Maubeuge	305	4673
Melun	15	4674
Mende	600	4675
Metz	451	4676
Mézières	312	4677
Montauban	628	4678
Montbrison	479	4679
Mont-de-Marsan	785	4680
Montpellier	782	4681
Moulins	319	4682
Nancy	412	4683
Nantes	486	4684
Napoléon-Vendée	492	4685
Nevers	223	4686
Nîmes	732	4687
Niort	469	4688
Orléans	180	4689
Paris	59	4690
Pau	850	4691
Périgueux	452	4692
Perpignan	943	4693
Poitiers	391	4694
Privas	597	4695
Puy (Le)	587	4696
Quimper	659	4697
Rennes	432	4698
Rochefort	533	4699
Rochelle (La)	536	4700
Rodez	639	4701
Rouen	196	4702
Saint-Brieuc	532	4703
Saint-Étienne	509	4704
Saint-Germain	82	4705
Saint-Lô	373	4706
Saint-Omer	380	4707
Sarreguemines	528	4708
Saumur	354	4709
Schelestadt	605	4710
Strasbourg	561	4711
Tarbes	867	4712
Thionville	478	4713
Toulon	864	4714
Toulouse	894	4715
Tours	293	4716
Troyes	87	4717
Tulle	446	4718
Valence	559	4719
Valenciennes	327	4720
Vannes	535	4721
Verdun	312	4722
Vernon	139	4723
Versailles	76	4724
Vesoul	303	4725

DE GAP à

	DISTANCES en KILOMÈTRES.	NUMÉROS des ITINÉRAIRES.
Givet	860	4726
Grenoble	101	4727
Guéret	415	4728
Haguenau	797	4729
Langres	514	4730
Laon	938	4731
Laval	977	4732
Lille	1031	4733
Limoges	614	4734
Lons-le-Saunier	375	4735
Lorient	1128	4736
Lunéville	667	4737
Lyon	251	4738
Mâcon	323	4739
Mans (Le)	887	4740
Marseille	201	4741
Maubeuge	1009	4742
Melun	719	4743
Mende	384	4744
Metz	697	4745
Mézières	797	4746
Montauban	584	4747
Montbrison	352	4748
Mont-de-Marsan	762	4749
Montpellier	286	4750
Moulins	437	4751
Nancy	640	4752
Nantes	968	4753
Napoléon-Vendée	863	4754
Nevers	490	4755
Nîmes	236	4756
Niort	816	4757
Orléans	671	4758
Paris	763	4759
Pau	723	4760
Périgueux	680	4761
Perpignan	447	4762
Poitiers	740	4763
Privas	234	4764
Puy (Le)	385	4765
Quimper	1199	4766
Rennes	1050	4767
Rochefort	877	4768
Rochelle (La)	879	4769
Rodez	470	4770
Rouen	900	4771
Saint-Brieuc	1150	4772
Saint-Étienne	307	4773
Saint-Germain	786	4774
Saint-Lô	1077	4775
Saint-Omer	1093	4776
Sarreguemines	773	4777
Saumur	847	4778
Schelestadt	709	4779
Strasbourg	755	4780
Tarbes	684	4781
Thionville	723	4782
Toulon	229	4783
Toulouse	533	4784
Tours	783	4785
Troyes	594	4786
Tulle	578	4787
Valence	195	4788
Valenciennes	1031	4789
Vannes	1076	4790
Verdun	687	4791
Vernon	843	4792
Versailles	780	4793
Vesoul	548	4794

DE GIVET à

	DISTANCES en KILOMÈTRES.	NUMÉROS des ITINÉRAIRES.
Grenoble	759	4795
Guéret	701	4796
Haguenau	442	4797
Langres	587	4798
Laon	195	4799
Laval	628	4800

DE GIVET à	DISTANCES en KILOMÈTRES.	NUMÉROS des ITINÉRAIRES.	DE GIVET à	DISTANCES en KILOMÈTRES.	NUMÉROS des ITINÉRAIRES.	DE GRENOBLE à	DISTANCES en KILOMÈTRES.	NUMÉROS des ITINÉRAIRES.
Lille.	273	4801	Vernon.	407	4860	Tarbes	716	4916
Limoges.	727	4802	Versailles.	344	4861	Thionville	622	4917
Lons-le-Saunier. . . .	552	4803	Vesoul	472	4862	Toulon	400	4918
Lorient.	860	4804				Toulouse	565	4919
Lunéville.	294	4805	DE GRENOBLE à			Tours	687	4920
Lyon.	609	4806				Troyes	493	4921
Mâcon.	542	4807	Guéret	464	4863	Tulle.	477	4922
Mans (Le).	538	4808	Haguenau	606	4864	Valence	94	4923
Marseille	961	4809	Langres	413	4865	Valenciennes	930	4924
Maubeuge.	171	4810	Laon.	837	4866	Vannes.	975	4925
Melun.	372	4811	Laval.	876	4867	Verdun.	586	4926
Mende.	959	4812	Lille	930	4868	Vernon.	742	4927
Metz.	220	4813	Limoges	513	4869	Versailles.	679	4928
Mézières.	67	4814	Lons-le-Saunier. . . .	274	4870	Vesoul	447	4929
Montauban	1077	4815	Lorient.	1031	4871			
Montbrison	710	4816	Lunéville.	566	4872	DE GUÉRET à		
Mont-de-Marsan. . . .	1053	4817	Lyon.	150	4873			
Montpellier.	938	4818	Mâcon	222	4874	Haguenau	891	4930
Moulins.	505	4819	Mans (Le).	786	4875	Langres	387	4931
Nancy	267	4820	Marseille.	340	4876	Laon	549.	4932
Nantes	754	4821	Maubeuge	908	4877	Laval.	559	4933
Napoléon-Vendée . . .	760	4822	Melun	618	4878	Lille	642	4934
Nevers.	452	4823	Mende	373	4879	Limoges	93	4935
Nîmes	888	4824	Metz.	596	4880	Lons-le-Saunier. . . .	350	4936
Niort.	737	4825	Mézières	696	4881	Lorient.	727	4937
Orléans.	448	4826	Montauban.	615	4882	Lunéville.	760	4938
Paris.	327	4827	Montbrison	251	4883	Lyon.	314	4939
Pau	1118	4828	Mont-de-Marsan. . . .	794	4884	Mâcon	274	4940
Périgueux	822	4829	Montpellier	317	4885	Mans (Le).	469	4941
Perpignan	1100	4830	Moulins.	336	4886	Marseille	569	4942
Poitiers.	659	4831	Nancy	539	4887	Maubeuge.	620	4943
Privas	753	4832	Nantes	867	4888	Melun	419	4944
Puy (le)	743	4833	Napoléon-Vendée . . .	762	4889	Mende	316	4945
Quimper	927	4834	Nevers	389	4890	Metz.	766	4946
Rennes.	700	4835	Nîmes	208	4891	Mézières	634	4947
Rochefort.	801	4836	Niort.	715	4892	Montauban	352	4948
Rochelle (La)	804	4837	Orléans.	570	4893	Montbrison	243	4949
Rodez	998	4838	Paris.	662	4894	Mont-de-Marsan. . . .	424	4950
Rouen	464	4839	Pau	755	4895	Montpellier.	470	4951
Saint-Brieuc	800	4840	Périgueux	579	4896	Moulins	138	4952
Saint-Etienne. . . .	665	4841	Perpignan	479	4897	Nancy	727	4953
Saint-Germain	370	4842	Poitiers	639	4898	Nantes	563	4954
Saint-Lô	641	4843	Privas	133	4899	Napoléon-Vendée . . .	310	4955
Saint-Omer	370	4844	Puy (Le)	284	4900	Nevers	191	4956
Sarreguemines	296	4845	Quimper	1098	4901	Nîmes	442	4957
Saumur.	622	4846	Rennes	949	4902	Niort.	223	4958
Schelestadt	402	4847	Rochefort.	776	4903	Orléans.	256	4959
Strasbourg	400	4848	Rochelle (La)	778	4904	Paris.	374	4960
Tarbes.	1135	4849	Rodez.	383	4905	Pau	508	4961
Thionville	248	4850	Rouen	799	4906	Périgueux	188	4962
Toulon	1021	4851	Saint-Brieuc	1049	4907	Perpignan	658	4963
Toulouse	1162	4852	Saint-Étienne.	191	4908	Poitiers.	147	4964
Tours.	561	4853	Saint-Germain	685	4909	Privas	414	4965
Troyes	447	4854	Saint-Lô	976	4910	Puy (Le)	264	4966
Tulle.	816	4855	Saint-Omer	992	4911	Quimper	791	4967
Valence.	715	4856	Sarreguemines	672	4912	Rennes	652	4968
Valenciennes.	208	4857	Saumur.	746	4913	Rochefort.	284	4969
Vannes.	803	4858	Schelestadt.	618	4914	Rochelle (La)	286	4970
Verdun.	169	4859	Strasbourg	654	4915	Rodez	355	4971

DE GUÉRET à	DISTANCES en KILOMÈTRES.	NUMÉROS des ITINÉRAIRES.
Rouen	511	4972
Saint-Brieuc	732	4973
Saint-Étienne	298	4974
Saint-Germain	397	4975
Saint-Lô	663	4976
Saint-Omer	704	4977
Sarreguemines	843	4978
Saumur	431	4979
Schelestadt	772	4980
Strasbourg	818	4981
Tarbes	460	4982
Thionville	793	4983
Toulon	629	4984
Toulouse	445	4985
Tours	370	4986
Troyes	393	4987
Tulle	182	4988
Valence	375	4989
Valenciennes	642	4990
Vannes	671	4991
Verdun	627	4992
Vernon	454	4993
Versailles	391	4994
Vesoul	428	4995
DE HAGUENAU à		
Langres	337	4996
Laon	459	4997
Laval	818	4998
Lille	636	4999
Limoges	917	5.00
Lons-le-Saunier	377	5001
Lorient	1050	5002
Lunéville	132	5003
Lyon	546	5004
Mâcon	465	5005
Mans (Le)	728	5006
Marseille	898	5007
Maubeuge	479	5008
Melun	562	5009
Mende	769	5010
Metz	222	5011
Mézières	375	5012
Montauban	946	5013
Montbrison	647	5014
Mont-de-Marsan	1243	5015
Montpellier	875	5016
Moulins	537	5017
Nancy	165	5018
Nantes	944	5019
Napoléon-Vendée	950	5020
Nevers	545	5021
Nîmes	825	5022
Niort	927	5023
Orléans	638	5024
Paris	517	5025
Pau	1313	5026
Périgueux	1012	5027

DE HAGUENAU à	DISTANCES en KILOMÈTRES.	NUMÉROS des ITINÉRAIRES.
Perpignan	1037	5028
Poitiers	849	5029
Privas	690	5030
Puy (Le)	680	5031
Quimper	1117	5032
Rennes	890	5033
Rochefort	991	5034
Rochelle (La)	994	5035
Rodez	884	5036
Rouen	654	5037
Saint-Brieuc	990	5038
Saint-Étienne	602	5039
Saint-Germain	540	5040
Saint Lô	831	5041
Saint-Omer	638	5042
Sarreguemines	75	5043
Saumur	812	5044
Schelestadt	78	5045
Strasbourg	34	5046
Tarbes	1171	5047
Thionville	249	5048
Toulon	958	5049
Toulouse	1123	5050
Tours	751	5051
Troyes	434	5052
Tulle	755	5053
Valence	652	5054
Valenciennes	785	5055
Vannes	933	5056
Verdun	263	5057
Vernon	597	5058
Versailles	534	5059
Vesoul	253	5060
DE LANGRES à		
Laon	284	5061
Laval	598	5062
Lille	565	5063
Limoges	471	5064
Lons-le-Saunier	165	5065
Lorient	830	5066
Lunéville	153	5067
Lyon	263	5068
Mâcon	192	5069
Mans (Le)	508	5070
Marseille	615	5071
Maubeuge	410	5072
Melun	233	5073
Mende	486	5074
Metz	184	5075
Mézières	320	5076
Montauban	678	5077
Montbrison	394	5078
Mont-de-Marsan	1023	5079
Montpellier	592	5080
Moulins	249	5081
Nancy	126	5082
Nantes	724	5083

DE LANGRES à	DISTANCES en KILOMÈTRES.	NUMÉROS des ITINÉRAIRES.
Napoléon-Vendée	730	5084
Nevers	255	5085
Nîmes	542	5086
Niort	707	5087
Orléans	418	5088
Paris	297	5089
Pau	925	5090
Périgueux	792	5091
Perpignan	754	5092
Poitiers	529	5093
Privas	407	5094
Puy (Le)	397	5095
Quimper	897	5096
Rennes	670	5097
Rochefort	771	5098
Rochelle (La)	774	5099
Rodez	601	5100
Rouen	434	5101
Saint-Brieuc	770	5102
Saint-Étienne	319	5103
Saint-Germain	320	5104
Saint Lô	611	5105
Saint-Omer	523	5106
Sarreguemines	259	5107
Saumur	592	5108
Schelestadt	260	5109
Strasbourg	305	5110
Tarbes	835	5111
Thionville	325	5112
Toulon	675	5113
Toulouse	840	5114
Tours	531	5115
Troyes	131	5116
Tulle	487	5117
Valence	369	5118
Valenciennes	434	5119
Vannes	773	5120
Verdun	173	5121
Vernon	377	5122
Versailles	314	5123
Vesoul	85	5124
DE LAON à		
Laval	476	5125
Lille	177	5126
Limoges	575	5127
Lons-le-Saunier	622	5128
Lorient	708	5129
Lunéville	327	5130
Lyon	687	3131
Mâcon	616	5132
Mans (Le)	366	5133
Marseille	1038	5134
Maubeuge	126	5135
Melun	220	5136
Mende	807	5137
Metz	340	5138
Mézières	128	5139

DE LAON à	DISTANCES en KILOMÈTRES.	NUMÉROS des ITINÉRAIRES.
Montauban	959	5140
Montbrison	675	5141
Mont-de-Marsan	901	5142
Montpellier	1015	5143
Moulins	515	5144
Nancy	295	5145
Nantes	602	5146
Napoléon-Vendée	608	5147
Nevers	476	5148
Nîmes	966	5149
Niort	585	5150
Orléans	296	5151
Paris	175	5152
Pau	966	5153
Périgueux	670	5154
Perpignan	1177	5155
Poitiers	507	5156
Privas	831	5157
Puy (Le)	755	5158
Quimper	775	5159
Rennes	548	5160
Rochefort	649	5161
Rochelle (La)	652	5162
Rodez	846	5163
Rouen	312	5164
Saint-Brieuc	648	5165
Saint-Etienne	705	5166
Saint-Germain	198	5167
Saint-Lô	489	5168
Saint-Omer	239	5169
Sarreguemines	409	5170
Saumur	470	5171
Schelestadt	487	5172
Strasbourg	444	5173
Tarbes	983	5174
Thionville	360	5175
Toulon	1038	5176
Toulouse	1010	5177
Tours	409	5178
Troyes	170	5179
Tulle	664	5180
Valence	733	5181
Valenciennes	150	5182
Vannes	651	5183
Verdun	172	5184
Vernon	235	5185
Versailles	192	5186
Vesoul	369	5187
DE LAVAL à		
Lille	569	5188
Limoges	584	5189
Lons-le-Saunier	654	5190
Lorient	234	51 1
Lunéville	687	51 2
Lyon	726	51 3
Mâcon	622	5194
Mans (Le)	90	5195

DE LAVAL à	DISTANCES en KILOMÈTRES.	NUMÉROS des ITINÉRAIRES.
Marseille	1078	5196
Maubeuge	547	5197
Melun	346	5198
Mende	765	5199
Metz	693	5200
Mézières	561	5201
Montauban	742	5202
Montbrison	638	5203
Mont-de-Marsan	684	5204
Montpellier	1040	5205
Moulins	478	5206
Nancy	654	5207
Nantes	131	5208
Napoléon-Vendée	199	5209
Nevers	425	5210
Nîmes	1005	5211
Niort	368	5212
Orléans	304	5213
Paris	301	5214
Pau	749	5215
Périgueux	489	5216
Perpignan	1006	5217
Poitiers	290	5218
Privas	870	5219
Puy (Le)	713	5220
Quimper	301	5221
Rennes	74	5222
Rochefort	432	5223
Rochelle (La)	435	5224
Rodez	647	5225
Rouen	233	5226
Saint-Brieuc	174	5227
Saint-Étienne	762	5228
Saint-Germain	297	5229
Saint-Omer	153	5230
Saint-Omer	631	5231
Sarreguemines	770	5232
Saumur	118	5233
Schelestadt	847	5234
Strasbourg	803	5235
Tarbes	766	5236
Thionville	720	5237
Toulon	1138	5238
Toulouse	793	5239
Tours	189	5240
Troyes	468	5241
Tulle	459	5242
Valence	832	5243
Valenciennes	569	5244
Vannes	177	5245
Verdun	554	5246
Vernon	289	5247
Versailles	284	5248
Vesoul	682	5249
DE LILLE à		
Limoges	668	5250
Lons-le-Saunier	715	5251

DE LILLE à	DISTANCES en KILOMÈTRE.	NUMÉROS des ITINÉRAIRES.
Lorient	801	5252
Lunéville	504	5253
Lyon	780	5254
Mâcon	709	5255
Mans (Le)	479	5256
Marseille	1131	5257
Maubeuge	147	5258
Melun	313	5259
Mende	900	5260
Metz	511	5261
Mézières	206	5262
Montauban	1052	5263
Montbrison	768	5264
Mont-de-Marsan	994	5265
Montpellier	1108	5266
Moulins	617	5267
Nancy	621	5268
Nantes	695	5269
Napoléon-Vendée	701	5270
Nevers	569	5271
Nîmes	1059	5272
Niort	678	5273
Orléans	389	5274
Paris	268	5275
Pau	1059	5276
Périgueux	763	5277
Perpignan	1270	5278
Poitiers	600	5279
Privas	924	5280
Puy (Le)	848	5281
Quimper	868	5282
Rennes	641	5283
Rochefort	742	5284
Rochelle (La)	745	5285
Rodez	939	5286
Rouen	405	5287
Saint-Brieuc	741	5288
Saint-Étienne	798	5289
Saint-Germain	291	5290
Saint-Lô	582	5291
Saint-Omer	64	5292
Sarreguemines	588	5293
Saumur	563	5294
Schelestadt	664	5295
Strasbourg	621	5296
Tarbes	1076	5297
Thionville	537	5298
Toulon	1191	5299
Toulouse	1103	5300
Tours	502	5301
Troyes	435	5302
Tulle	757	5303
Valence	886	5304
Valenciennes	69	5305
Vannes	744	5306
Verdun	372	5307
Vernon	348	5308
Versailles	285	5309
Vesoul	538	5310

DE LIMOGES à	DISTANCES en KILOMÈTRES.	NUMÉROS des ITINÉRAIRES.	DE LONS-LE-SAUNIER à	DISTANCES en KILOMÈTRES	NUMÉROS des ITINÉRAIRES.	DE LORIENT à	DISTANCES en KILOMÈTRES.	NUMÉROS des ITINÉRAIRES.
Lons-le-Saunier	434	5311	Lorient	873	5371	Lunéville	919	5430
Lorient	752	5312	Lunéville	271	5372	Lyon	881	5431
Lunéville	786	5313	Lyon	124	5373	Mâcon	831	5432
Lyon	363	5314	Mâcon	96	5374	Mans (Le)	323	5433
Mâcon	356	5315	Mans (Le)	658	5375	Marseille	1231	5434
Mans (Le)	494	5316	Marseille	476	5376	Maubeuge	779	5435
Marseille	618	5317	Maubeuge	540	5377	Melun	578	5436
Maubeuge	646	5318	Melun	403	5378	Mende	984	5437
Melun	445	5319	Mende	347	5379	Metz	925	5438
Mende	334	5320	Metz	348	5380	Mézières	793	5439
Metz	792	5321	Mézières	448	5381	Montauban	909	5440
Mézières	653	5322	Montauban	592	5382	Montbrison	911	5441
Montauban	259	5323	Montbrison	225	5383	Mont-de-Marsan	851	5442
Montbrison	292	5324	Mont-de-Marsan	821	5384	Montpellier	1207	5443
Mont-de-Marsan	373	5325	Montpellier	453	5385	Moulins	695	5444
Montpellier	470	5326	Moulins	212	5386	Nancy	886	5445
Moulins	334	5327	Nancy	291	5387	Nantes	164	5446
Nancy	753	5328	Nantes	709	5388	Napoléon-Vendée	235	5447
Nantes	588	5329	Napoléon-Vendée	678	5389	Nevers	655	5448
Napoléon-Vendée	372	5330	Nevers	218	5390	Nîmes	1160	5449
Nevers	288	5331	Nîmes	403	5391	Niort	538	5450
Nîmes	491	5332	Niort	591	5392	Orléans	472	5451
Niort	285	5333	Orléans	400	5393	Paris	533	5452
Orléans	281	5334	Paris	447	5394	Pau	916	5453
Paris	400	5335	Pau	786	5395	Périgueux	659	5454
Pau	438	5336	Périgueux	529	5396	Perpignan	1173	5455
Périgueux	95	5337	Perpignan	615	5397	Poitiers	460	5456
Perpignan	565	5338	Poitiers	515	5398	Privas	1025	5457
Poitiers	129	5339	Privas	208	5399	Puy (Le)	932	5458
Privas	463	5340	Puy (Le)	258	5400	Quimper	67	5459
Puy (Le)	313	5341	Quimper	940	5401	Rennes	160	5460
Quimper	819	5342	Rennes	820	5402	Rochefort	602	5461
Rennes	657	5343	Rochefort	652	5403	Rochelle (La)	603	5462
Rochefort	349	5344	Rochelle (La)	654	5404	Rodez	866	5463
Rochelle (La)	352	5345	Rodez	402	5405	Rouen	463	5464
Rodez	277	5346	Rouen	584	5406	Saint-Brieuc	122	5465
Rouen	537	5347	Saint-Brieuc	920	5407	Saint-Étienne	966	5466
Saint-Brieuc	757	5348	Saint-Étienne	180	5408	Saint-Germain	529	5467
Saint-Étienne	347	5349	Saint-Germain	470	5409	Saint-Lô	294	5468
Saint-Germain	423	5350	Saint-Lô	761	5410	Saint-Omer	863	5469
Saint-Lô	688	5351	Saint-Omer	777	5411	Sarreguemines	1002	5470
Saint-Omer	730	5352	Sarreguemines	424	5412	Saumur	296	5471
Sarreguemines	869	5353	Saumur	578	5413	Schelestadt	1079	5472
Saumur	457	5354	Schelestadt	298	5414	Strasbourg	1035	5473
Schelestadt	821	5355	Strasbourg	343	5415	Tarbes	933	5474
Strasbourg	867	5356	Tarbes	749	5416	Thionville	952	5475
Tarbes	376	5357	Thionville	382	5417	Toulon	1293	5476
Thionville	819	5358	Toulon	536	5418	Toulouse	960	5477
Toulon	775	5359	Toulouse	701	5419	Tours	359	5478
Toulouse	352	5360	Tours	514	5420	Troyes	700	5479
Tours	395	5361	Troyes	296	5421	Tulle	678	5480
Troyes	447	5362	Tulle	416	5422	Valence	967	5481
Tulle	89	5363	Valence	230	5423	Valenciennes	801	5482
Valence	469	5364	Valenciennes	715	5424	Vannes	56	5483
Valenciennes	668	5365	Vannes	817	5425	Verdun	786	5484
Vannes	696	5366	Verdun	324	5426	Vernon	489	5485
Verdun	653	5367	Vernon	527	5427	Versailles	516	5486
Vernon	480	5368	Versailles	464	5428	Vesoul	914	5487
Versailles	417	5369	Vesoul	135	5429			
Vesoul	512	5370						

DE LUNÉVILLE à	DISTANCES en KILOMÈTRES.	NUMÉROS des ITINÉRAIRES.
Lyon	416	5488
Mâcon	345	5489
Mans (le)	597	5490
Marseille	768	5491
Maubeuge	331	5492
Melun	431	5493
Mende	639	5494
Metz	90	5495
Mézières	227	5496
Montauban	884	5497
Montbrison	517	5498
Mont-de-Marsan	1112	5499
Montpellier	745	5500
Moulins	402	5501
Nancy	33	5502
Nantes	813	5503
Napoléon-Vendée	819	5504
Nevers	408	5505
Nîmes	695	5506
Niort	796	5507
Orléans	507	5508
Paris	386	5509
Pau	1078	5510
Périgueux	881	5511
Perpignan	907	5512
Poitiers	718	5513
Privas	560	5514
Puy (Le)	550	5515
Quimper	986	5516
Rennes	759	5517
Rochefort	860	5518
Rochelle (La)	863	5519
Rodez	754	5520
Rouen	523	5521
Saint-Brieuc	859	5522
Saint-Étienne	472	5523
Saint-Germain	409	5524
Saint-Lô	700	5525
Saint-Omer	586	5526
Sarreguemines	131	5527
Saumur	631	5528
Schelestadt	161	5429
Strasbourg	117	5530
Tarbes	1041	5531
Thionville	117	5532
Toulon	828	5533
Toulouse	993	5534
Tours	620	5535
Troyes	353	5536
Tulle	640	5537
Valence	522	5538
Valenciennes	477	5539
Vannes	862	5540
Verdun	125	5541
Vernon	466	5542
Versailles	403	5543
Vesoul	139	5544

DE LYON à	DISTANCES en KILOMÈTRES.	NUMÉROS des ITINÉRAIRES.
Mâcon	72	5545
Mans (Le)	636	5546
Marseille	352	5547
Maubeuge	605	5548
Melun	468	5549
Metz	223	5550
Mézières	446	5551
Mende	546	5552
Montauban	468	5553
Montbrison	101	5554
Mont-de-Marsan	697	5555
Montpellier	329	5556
Moulins	186	5557
Nancy	389	5558
Nantes	717	5559
Napoléon-Vendée	612	5560
Nevers	239	5561
Nîmes	279	5562
Niort	565	5563
Orléans	420	5564
Paris	512	5565
Pau	662	5566
Périgueux	429	5567
Perpignan	491	5568
Poitiers	489	5569
Privas	144	5570
Puy (Le)	134	5571
Quimper	948	5572
Rennes	790	5573
Rochefort	626	5574
Rochelle (La)	628	5575
Rodez	338	5576
Rouen	649	5577
Saint-Brieuc	899	5578
Saint-Etienne	56	5579
Saint-Germain	535	5580
Saint-Lô	826	5581
Saint-Omer	842	5582
Sarreguemines	522	5583
Saumur	596	5584
Schelestadt	458	5585
Strasbourg	504	5586
Tarbes	625	5587
Thionville	480	5588
Toulon	412	5589
Toulouse	577	5590
Tours	537	5591
Troyes	343	5592
Tulle	327	5593
Valence	106	5594
Valenciennes	780	5595
Vannes	825	5596
Verdun	436	5597
Vernon	592	5598
Versailles	529	5599
Vesoul	297	5600

DE MACON à	DISTANCES en KILOMÈTRES.	NUMÉROS des ITINÉRAIRES.
Mans (Le)	652	5601
Marseille	423	5602
Maubeuge	534	5603
Melun	396	5604
Mende	295	5605
Metz	375	5606
Mézières	475	5607
Montauban	540	5608
Montbrison	173	5609
Mont-de-Marsan	769	5610
Montpellier	400	5611
Moulins	136	5612
Nancy	318	5613
Nantes	667	5614
Napoléon-Vendée	679	5615
Nevers	189	5616
Nîmes	351	5617
Niort	515	5618
Orléans	367	5619
Paris	441	5620
Pau	734	5621
Périgueux	422	5622
Perpignan	562	5623
Poitiers	439	5624
Privas	216	5625
Puy (Le)	206	5626
Quimper	898	5627
Rennes	814	5628
Rochefort	576	5629
Rochelle (La)	578	5630
Rodez	402	5631
Rouen	578	5632
Saint-Brieuc	914	5633
Saint-Etienne	128	5634
Saint-Germain	464	5635
Saint-Lô	755	5636
Saint-Omer	771	5637
Sarreguemines	451	5638
Saumur	546	5639
Schelestadt	386	5640
Strasbourg	432	5641
Tarbes	697	5642
Thionville	409	5643
Toulon	483	5644
Toulouse	648	5645
Tours	482	5646
Troyes	323	5647
Tulle	320	5648
Valence	178	5649
Valenciennes	709	5650
Vannes	775	5651
Verdun	365	5652
Vernon	521	5653
Versailles	458	5654
Vesoul	225	5655

DE MANS (LE) à	DISTANCES en KILOMÈTRES.	NUMÉROS des ITINÉRAIRES.	DE MARSEILLE à	DISTANCES en KILOMÈTRES.	NUMÉROS des ITINÉRAIRES.	DE MAUBEUGE à	DISTANCES en KILOMÈTRES.	NUMÉROS des ITINÉRAIRES.
Marseille.	988	5656	Mende.	275	5712	Montbrison.	746	5768
Maubeuge.	457	5657	Metz.	798	5713	Mont-de-Marsan. . . .	972	5769
Melun.	256	5658	Mézières.	898	5714	Montpellier.	1086	5770
Mende.	726	5659	Montauban	475	5715	Moulins.	586	5771
Metz.	603	5660	Montbrison	378	5716	Nancy	304	5772
Mézières.	464	5661	Mont-de-Marsan. . . .	654	5717	Nantes	673	5773
Montauban.	652	5662	Montpellier	177	5718	Napoléon-Vendée. . . .	679	5774
Montbrison	548	5663	Moulins.	538	5719	Nevers	547	5775
Mont-de-Marsan. . . .	594	5664	Nancy	741	5720	Nîmes.	1037	5776
Montpellier.	950	5665	Nantes	1069	5721	Niort.	656	5777
Moulins.	388	5666	Napoléon-Vendée . . .	956	5722	Orléans.	367	5778
Nancy.	564	5667	Nevers	591	5723	Paris	246	5779
Nantes.	170	5668	Nîmes.	127	5724	Pau.	1037	5780
Napoléon-Vendée . . .	213	5669	Niort	995	5725	Périgueux	741	5781
Nevers.	335	5670	Orléans.	772	5726	Perpignan.	1248	5782
Nîmes.	915	5671	Paris.	863	5727	Poitiers.	578	5783
Niort.	278	5672	Pau.	614	5728	Privas.	902	5784
Orléans.	214	5673	Périgueux	681	5729	Puy (Le)	826	5785
Paris.	211	5674	Perpignan.	333	5730	Quimper	846	5786
Pau.	659	5675	Poitiers.	926	5731	Rennes.	619	5787
Périgueux	389	5676	Privas.	230	5732	Rochefort.	720	5788
Perpignan.	916	5677	Puy (Le).	305	5733	Rochelle (La). . . .	723	5789
Poitiers.	200	5678	Quimper.	1300	5734	Rodez.	917	5790
Privas.	780	5679	Rennes.	1151	5735	Rouen.	317	5791
Puy (Le)	674	5680	Rochefort.	1059	5736	Saint-Brieuc.	719	5792
Quimper	390	5681	Rochelle (La).	1062	5737	Saint-Etienne.	776	5793
Rennes.	163	5682	Rodez.	359	5738	Saint-Germain	269	5794
Rochefort.	312	5683	Rouen.	1000	5739	Saint-Lô.	560	5795
Rochelle (La)	315	5684	Saint-Brieuc.	1251	5740	Saint-Omer	209	5796
Rodez.	642	5685	aint-Etienne.	370	5741	Sarreguemines.	333	5797
Rouen.	198	5686	Saint-Germain. . . .	886	5742	Saumur.	541	5798
Saint-Brieuc.	263	5687	Saint-Lô	1177	5743	Schelestadt.	497	5799
Saint-Etienne.	621	5688	Saint-Omer	1193	5744	Strasbourg	454	5800
Saint-Germain. . . .	207	5689	Sarreguemines	874	5745	Tarbes	1054	5801
Saint-Lô.	194	5690	Saumur.	948	5746	Thionville.	291	5802
Saint-Omer.	541	5691	Schelestadt.	810	5747	Toulon	1169	5803
Sarreguemines	680	5692	Strasbourg	856	5748	Toulouse	1081	5804
Saumur.	143	5693	Tarbes	575	5749	Tours.	480	5805
Schelestadt.	757	5694	Thionville.	832	5750	Troyes	413	5806
Strasbourg.	713	5695	Toulon	60	5751	Tulle.	735	5807
Tarbes	676	5696	Toulouse.	424	5752	Valence.	864	5808
Thionville.	630	5697	Tours	889	5753	Valenciennes	37	5809
Toulon	1048	5698	Troyes	695	5754	Vannes.	722	5810
Toulouse	703	5699	Tulle.	520	5755	Verdun.	206	5811
Tours	99	5700	Valence.	246	5756	Vernon.	326	5812
Troyes	378	5701	Valenciennes	1131	5757	Versailles	263	5813
Tulle.	583	5702	Vannes.	1177	5758	Vesoul.	487	5814
Valence.	742	5703	Verdun.	788	5759			
Valenciennes	479	5704	Vernon.	943	5760	**DE MELUN à**		
Vannes.	266	5705	Versailles.	880	5761			
Verdun.	464	5706	Vesoul.	619	5762	Mende.	615	5815
Vernon.	204	5707				Metz.	437	5816
Versailles.	195	5708	**DE MAUBEUGE à**			Mézières.	305	5817
Vesoul.	592	5709				Montauban	820	5818
			Melun.	291	5763	Montbrison	451	5819
DE MARSEILLE à			Mende.	878	5764	Mont-de-Marsan. . . .	771	5820
			Metz.	257	5765	Montpellier	796	5821
Maubeuge.	1109	5710	Mézières.	104	5766	Moulins.	291	5822
Melun.	819	5711	Montauban	1030	5767	Nancy.	398	5823

DE MELUN à	DISTANCES en KILOMÈTRES.	NUMÉROS des ITINÉRAIRES.
Nantes	472	5824
Napoléon-Vendée	478	5825
Nevers	238	5826
Nîmes	747	5827
Niort	455	5828
Orléans	166	5829
Paris	45	5830
Pau	836	5831
Périgueux	467	5832
Perpignan	959	5833
Poitiers	377	5834
Privas	612	5835
Puy (Le)	563	5836
Quimper	645	5837
Rennes	418	5838
Rochefort	519	5839
Rochelle (La)	522	5840
Rodez	654	5841
Rouen	182	5842
Saint-Brieuc	518	5843
Saint-Étienne	524	5844
Saint-Germain	68	5845
Saint-Lô	359	5846
Saint-Omer	375	5847
Sarreguemines	514	5848
Saumur	310	5849
Schelestadt	591	5850
Strasbourg	547	5851
Tarbes	853	5852
Thionville	464	5853
Toulon	879	5854
Toulouse	880	5855
Tours	270	5856
Troyes	102	5857
Tulle	461	5858
Valence	574	5859
Valenciennes	313	5860
Vannes	521	5861
Verdun	238	5862
Vernon	125	5863
Versailles	62	5864
Vesoul	317	5865

DE MENDE à		
Metz	663	5866
Mézières	769	5867
Montauban	245	5868
Montbrison	202	5869
Mont-de-Marsan	424	5870
Montpellier	198	5871
Moulins	282	5872
Nancy	612	5873
Nantes	820	5874
Napoléon-Vendée	583	5875
Nevers	313	5876
Nîmes	148	5877
Niort	496	5878
Orléans	512	5879

DE MENDE à	DISTANCES en KILOMÈTRES.	NUMÉROS des ITINÉRAIRES.
Paris	632	5880
Pau	439	5881
Périgueux	317	5882
Perpignan	360	5883
Poitiers	463	5884
Privas	135	5885
Puy (Le)	89	5886
Quimper	1051	5887
Rennes	889	5888
Rochefort	679	5889
Rochelle (La)	682	5890
Rodez	115	5891
Rouen	769	5892
Saint-Brieuc	989	5893
Saint-Étienne	166	5894
Saint-Germain	655	5895
Saint-Lô	920	5896
Saint-Omer	962	5897
Sarreguemines	745	5898
Saumur	689	5899
Schelestadt	681	5900
Strasbourg	727	5901
Tarbes	402	5902
Thionville	703	5903
Toulon	335	5904
Toulouse	270	5905
Tours	625	5906
Troyes	520	5907
Tulle	215	5908
Valence	174	5909
Valenciennes	900	5910
Vannes	928	5911
Verdun	639	5912
Vernon	712	5913
Versailles	649	5914
Vesoul	520	5915

DE METZ à		
Mézières	153	5916
Montauban	914	5917
Montbrison	547	5918
Mont-de-Marsan	1118	5919
Montpellier	775	5920
Moulins	432	5921
Nancy	58	5922
Nantes	819	5923
Napoléon-Vendée	825	5924
Nevers	438	5925
Nîmes	725	5926
Niort	802	5927
Orléans	513	5928
Paris	392	5929
Pau	1163	5930
Périgueux	749	5931
Perpignan	937	5932
Poitiers	721	5933
Privas	590	5934
Puy (Le)	580	5935

DE METZ à	DISTANCES en KILOMÈTRES.	NUMÉROS des ITINÉRAIRES.
Quimper	992	5936
Rennes	765	5937
Rochefort	866	5938
Rochelle (La)	869	5939
Rodez	752	5940
Rouen	529	5941
Saint-Brieuc	865	5942
Saint-Étienne	502	5943
Saint-Germain	415	5944
Saint-Lô	706	5945
Saint-Omer	722	5946
Sarreguemines	76	5947
Saumur	687	5948
Schelestadt	250	5949
Strasbourg	207	5950
Tarbes	1071	5951
Thionville	34	5952
Toulon	858	5953
Toulouse	1021	5954
Tours	626	5955
Troyes	359	5956
Tulle	670	5957
Valence	552	5958
Valenciennes	294	5959
Vannes	868	5960
Verdun	65	5961
Vernon	472	5962
Versailles	409	5963
Vesoul	204	5964

DE MÉZIÈRES à		
Montauban	1044	5965
Montbrison	647	5966
Mont-de-Marsan	986	5967
Montpellier	875	5968
Moulins	600	5969
Nancy	200	5970
Nantes	687	5971
Napoléon-Vendée	623	5972
Nevers	561	5973
Nîmes	825	5974
Niort	670	5975
Orléans	381	5976
Paris	260	5977
Pau	1051	5978
Périgueux	755	5979
Perpignan	1037	5980
Poitiers	592	5981
Privas	600	5982
Puy (Le)	680	5983
Quimper	860	5984
Rennes	633	5985
Rochefort	734	5986
Rochelle (La)	737	5987
Rodez	884	5988
Rouen	397	5989
Saint-Brieuc	738	5990
Saint-Étienne	602	5991
Saint-Germain	233	5992

DE MÉZIÈRES à	DISTANCES en KILOMÈTRES.	NUMÉROS des ITINÉRAIRES.
Saint-Lô	574	5993
Saint-Omer	283	5994
Sarreguemines	229	5995
Saumur	555	5996
Schelestadt	333	5997
Strasbourg	360	5998
Tarbes	1068	5999
Thionville	187	6000
Toulon	958	6001
Toulouse	1095	6002
Tours	494	6003
Troyes	380	6004
Tulle	749	6005
Valence	652	6006
Valenciennes	141	6007
Vannes	736	6008
Verdun	102	6009
Vernon	240	6010
Versailles	277	6011
Vesoul	405	6012

DE MONTAUBAN à		
Montbrison	447	6013
Mont-de-Marsan	179	6014
Montpellier	299	6015
Moulins	440	6016
Nancy	857	6017
Nantes	745	6018
Napoléon-Vendée	482	6019
Nevers	493	6020
Nîmes	349	6021
Niort	521	6022
Orléans	605	6023
Paris	784	6024
Pau	194	6025
Périgueux	206	6026
Perpignan	265	6027
Poitiers	452	6028
Privas	463	6029
Puy (Le)	334	6030
Quimper	976	6031
Rennes	815	6032
Rochefort	585	6033
Rochelle (La)	588	6034
Rodez	130	6035
Rouen	921	6036
Saint-Brieuc	915	6037
Saint-Étienne	411	6038
Saint-Germain	807	6039
Saint-Lô	846	6040
Saint-Omer	1114	6041
Sarreguemines	990	6042
Saumur	616	6043
Schelestadt	926	6044
Strasbourg	972	6045
Tarbes	157	6046
Thionville	948	6047
Toulon	535	6048

DE MONTAUBAN à	DISTANCES en KILOMÈTRES.	NUMÉROS des ITINÉRAIRES.
Toulouse	51	6049
Tours	553	6050
Troyes	668	6051
Tulle	195	6052
Valence	521	6053
Valenciennes	1052	6054
Vannes	853	6055
Verdun	828	6056
Vernon	864	6057
Versailles	801	6058
Vesoul	765	6059

DE MONTBRISON à		
Mont-de-Marsan	627	6060
Montpellier	319	6061
Moulins	160	6062
Nancy	490	6063
Nantes	601	6064
Napoléon-Vendée	541	6065
Nevers	213	6066
Nîmes	291	6067
Niort	454	6068
Orléans	331	6069
Paris	509	6070
Pau	641	6071
Périgueux	358	6072
Perpignan	480	6073
Poitiers	300	6074
Privas	171	6075
Puy (Le)	113	6076
Quimper	922	6077
Rennes	711	6078
Rochefort	504	6079
Rochelle (La)	520	6080
Rodez	317	6081
Rouen	637	6082
Saint-Brieuc	811	6083
Saint-Étienne	45	6084
Saint-Germain	523	6085
Saint-Lô	814	6086
Saint Omer	830	6087
Sarreguemines	623	6088
Saumur	570	6089
Schelestadt	559	6090
Strasbourg	605	6091
Tarbes	604	6092
Thionville	581	6093
Toulon	438	6094
Toulouse	472	6095
Tours	506	6096
Troyes	399	6097
Tulle	256	6098
Valence	132	6099
Valenciennes	768	6100
Vannes	799	6101
Verdun	537	6102
Vernon	580	6103
Versailles	517	6104
Vesoul	398	6105

DE MONT-DE-MARSAN à	DISTANCES en KILOMÈTRES.	NUMÉROS des ITINÉRAIRES.
Montpellier	477	6106
Moulins	596	6107
Nancy	1079	6108
Nantes	687	6109
Napoléon-Vendée	424	6110
Nevers	624	6111
Nîmes	527	6112
Niort	463	6113
Orléans	607	6114
Paris	726	6115
Pau	82	6116
Périgueux	278	6117
Perpignan	443	6118
Poitiers	394	6119
Privas	641	6120
Puy (Le)	513	6121
Quimper	918	6122
Rennes	757	6123
Rochefort	527	6124
Rochelle (La)	530	6125
Rodez	309	6126
Rouen	863	6127
Saint-Brieuc	857	6128
Saint-Étienne	797	6129
Saint-Germain	749	6130
Saint-Lô	788	6131
Saint-Omer	1056	6132
Sarreguemines	1195	6133
Saumur	558	6134
Schelestadt	1155	6135
Strasbourg	1201	6136
Tarbes	99	6137
Thionville	1145	6138
Toulon	714	6139
Toulouse	230	6140
Tours	495	6141
Troyes	863	6142
Tulle	380	6143
Valence	700	6144
Valenciennes	904	6145
Vannes	795	6146
Verdun	979	6147
Vernon	806	6148
Versailles	743	6149
Vesoul	971	6150

DE MONTPELLIER à		
Moulins	435	6151
Nancy	718	6152
Nantes	1043	6153
Napoléon-Vendée	780	6154
Nevers	499	6155
Nîmes	50	6156
Niort	819	6157
Orléans	665	6158
Paris	840	6159
Pau	438	6160
Périgueux	453	6161

E MONTPELLIER à	DISTANCES en KILOMÈTRES.	NUMÉROS des ITINÉRAIRES.	DE MOULINS à	DISTANCES en KILOMÈTRES.	NUMÉROS des ITINÉRAIRES.	DE NANCY à	D.STANCES en K.LOMÈTRES.	NUMÉROS des ITINÉRAIRES.
Perpignan.	162	6162	Saint-Lô.	582	6218	Valenciennes.	435	6273
Poitiers.	750	6163	Saint-Omer.	670	6219	Vannes.	888	6275
Privas.	165	6164	Sarreguemines.	508	6220	Verdun.	98	6276
Puy (Le).	206	6165	Saumur.	410	6221	Vernon.	433	6277
Quimper	1274	6166	Schelestadt	478	6222	Versailles.	370	6278
Rennes.	1113	6167	Strasbourg	523	6223	Vesoul.	150	6279
Rochefort.	883	6168	Tarbes.	597	6224			
Rochelle (l a).	886	6169	Thionville.	466	6225	DE NANTES à		
Rodez.	193	6170	Toulon.	598	6226			
Rouen.	977	6171	Toulouse	475	6227	Napoléon-Vendée. . . .	71	6280
Saint-Brieuc.	1213	6172	Tours.	346	6228	Nevers.	488	6281
Saint-Étienne.	320	6173	Troyes.	239	6229	Nimes.	996	6282
Saint-Germain.	863	6174	Tulle.	249	6230	Niort.	374	6283
Saint-Lô.	1154	6175	Valence. . ·.	292	6231	Orléans.	308	6284
Saint-Omer.	1170	6176	Valenciennes..	608	6232	Paris.	427	6285
Sarreguemines	851	6177	Vannes.	639	6233	Pau.	752	6286
Saumur.	914	6178	Verdun.	399	6234	Périgueux.	495	6287
Schelestadt	787	6179	Vernon	420	6235	Perpignan.	1009	6288
Strasbourg	833	6180	Versailles.	357	6236	Poitiers.	296	6289
Tarbes.	399	6181	Vesoul	290	6237	Privas	861	6290
Thionville.	809	6182				Puy (Le).	768	6621
Toulon	237	6183	DE NANCY à			Quimper	231	6292
Toulouse	248	6184				Rennes.	107	6293
Tours. ·	851	6185	Nantes.	780	6238	Rochefort.	438	6294
Troyes.	672	6186	Napoléon-Vendée . . .	786	6239	Rochelle (La).	441	6295
Tulle.	381	6187	Nevers.	654	6240	Rodez.	702	6296
Valence.	223	6188	Nimes.	668	6241	Rouen.	564	6297
Valenciennes	1108	6189	Niort.	763	6242	Saint-Brieuc.	207	6298
Vannes.	1151	8190	Orléans.	474	6243	Saint-Étienne.	721	6299
Verdun.	765	6191	Paris.	353	6244	Saint-Germain.	450	6300
Vernon.	920	6192	Pau..	1051	6245	Saint-Lô.	241	6301
Versailles.	857	6193	Périgueux.	848	6246	Saint-Omer.	757	6302
Vesoul	626	6194	Perpignan.	880	6247	Sarreguemines..	896	6303
			Poitiers.	685	6248	Saumur.	132	6304
DE MOULINS à			Privas.	533	6249	Schelestadt.	973	6305
			Puy (Le)	523	6250	Strasbourg	929	6306
Nancy.	379	6195	Quimper.	953	6251	Tarbes	769	6307
Nantes.	531	6196	Rennes.	720	6252	Thionville	846	6308
Napoléon-Vendée. . .	543	6197	Rochefort.	827	6253	Toulon.	1129	6309
Nevers.	53	6198	Rochelle (La).	820	6254	Toulouse.	796	6310
Nimes.	418	6199	Rodez.	727	6255	Tours	195	6311
Niort.	379	6200	Rouen.	400	6256	Troyes.	594	6312
Orléans.	231	6201	Saint-Brieuc..	826	6257	Tulle.	514	6313
Paris.	340	6202	Saint-Étienne.	445	6258	Valence.	823	6314
Pau.	634	6203	Saint-Germain.	376	6259	Valenciennes.	695	6315
Périgueux	317	6204	Saint-Lô.	667	6260	Vannes.	108	6316
Perpignan..	607	6205	Saint-Omer.	683	6261	Verdun.	680	6317
Poitiers.	303	6206	Sarreguemines.. . . .	133	6262	Vernon.	507	6318
Privas.	330	6207	Saumur.	648	6263	Versailles.	444	6319
Puy (Le)..	240	6208	Schelestadt.	193	6264	Vesoul.	808	6320
Quimper, ...	762	6209	Strasbourg.	150	6265			
Rennes.	551	6210	Tarbes.	1014	6266	de NAPOLÉON-VENDÉE à		
Rochefort. . . . . . ·	440	6211	Thionville.	85	6267			
Rochelle (La)..	442	6212	Toulon.	801	6268	Nevers	493	6321
Rodez.	331	6213	Toulouse.	966	6269	Nimes.	830	6322
Rouen.	477	6214	Tours.	587	6270	Niort.	87	6323
Saint Brieuc..	651	6215	Troyes.	320	6271	Orléans.	309	6324
Saint-Étienne.	190	6216	Tulle.	613	6272	Paris.	433	6325
Saint-Germain.. . . .	303	6217	Valence.	495	6273	Pau.	489	6326

de NAPOLÉON-VENDÉE à	DISTANCES en KILOMÈTRES.	NUMÉROS des ITINÉRAIRES.	DE NEVERS à	DISTANCES en KILOMÈTRES.	NUMÉROS des ITINÉRAIRES.	DE NIORT à	DISTANCES en KILOMÈTRES.	NUMÉROS des ITINÉRAIRES.
Périgueux	282	6327	Saumur	357	6383	Orléans	291	6438
Perpignan	746	6328	Schelestadt	491	6384	Paris	410	6439
Poitiers	163	6329	Strasbourg	536	6385	Pau	528	6440
Privas	873	6330	Tarbes	706	6386	Périgueux	340	6441
Puy (Le)	770	6331	Thionville	472	6387	Perpignan	785	6442
Quimper	302	6332	Toulon	651	6388	Poitiers	78	6443
Rennes	178	6333	Toulouse	539	6389	Privas	709	6444
Rochefort	114	6334	Tours	296	6390	Puy (Le)	475	6445
Rochelle (La)	83	6335	Troyes	186	6391	Quimper	605	6446
Rodez	526	6336	Tulle	302	6392	Rennes	441	6447
Rouen	570	6337	Valence	345	6393	Rochefort	64	6448
Saint-Brieuc	278	6338	Valenciennes	569	6394	Rochelle (La)	67	6449
Saint-Étienne	783	6339	Vannes	596	6395	Rodez	439	6450
Saint-Germain	456	6340	Verdun	346	6396	Rouen	517	6451
Saint-Lô	312	6341	Vernon	381	6397	Saint-Brieuc	541	6452
Saint-Omer	763	6342	Versailles	318	6398	Saint-Étienne	509	6453
Sarreguemines	902	6343	Vesoul	206	6399	Saint-Germain	433	6454
Saumur	133	6344				Saint-Lô	472	6455
Schelestadt	979	6345	DE NIMES à			Saint-Omer	740	6456
Strasbourg	935	6346				Sarreguemines	879	6457
Tarbes	506	6347	Niort	869	6400	Saumur	242	6458
Thionville	852	6348	Orléans	699	6401	Schelestadt	956	6459
Toulon	1016	6349	Paris	791	6402	Strasbourg	912	6460
Toulouse	533	6350	Pau	488	6403	Tarbes	545	6461
Tours	197	6351	Périgueux	492	6404	Thionville	829	6462
Troyes	600	6352	Perpignan	212	6405	Toulon	1055	6463
Tulle	338	6353	Poitiers	800	6406	Toulouse	572	6464
Valence	835	6354	Privas	115	6407	Tours	179	6465
Valenciennes	701	6355	Puy (Le)	178	6408	Troyes	577	6466
Vannes	179	6356	Quimper	1227	6409	Tulle	251	6467
Verdun	686	6357	Rennes	1078	6410	Valence	671	6468
Vernon	513	6358	Rochefort	933	6411	Valenciennes	678	6469
Versailles	450	6359	Rochelle (La)	936	6412	Vannes	482	6470
Vesoul	814	6360	Rodez	232	6413	Verdun	663	6471
			Rouen	928	6414	Vernon	490	6472
DE NEVERS à			Saint-Brieuc	1178	6415	Versailles	427	6473
			Saint-Étienne	271	6416	Vesoul	791	6474
Nîmes	518	6361	Saint-Germain	814	6417			
Niort	472	6362	Saint-Lô	1105	6418	D'ORLÉANS à		
Orléans	181	6363	Saint-Omer	1121	6419			
Paris	301	6364	Sarguemines	801	6420	Paris	121	6475
Pau	680	6365	Saumur	875	6421	Pau	672	6476
Périgueux	383	6366	Schelestadt	737	6422	Périgueux	364	6477
Perpignan	730	6367	Strasbourg	783	6423	Perpignan	929	6478
Poitiers	394	6368	Tarbes	449	6424	Poitiers	216	6479
Privas	383	6369	Thionville	759	6425	Privas	561	6480
Puy (Le)	293	6370	Toulon	187	6426	Puy (Le)	460	6481
Quimper	719	6371	Toulouse	298	6427	Quimper	539	6482
Rennes	526	6372	Tours	811	6428	Rennes	377	6483
Rochefort	536	6373	Troyes	622	6429	Rochefort	355	6484
Rochelle (La)	539	6374	Tulle	383	6430	Rochelle (La)	358	6485
Rodez	384	6375	Valence	174	6431	Rodez	551	6486
Rouen	438	6376	Valenciennes	1050	6432	Rouen	258	6487
Saint-Brieuc	626	6377	Vannes	1104	6433	Saint-Brieuc	477	6488
Saint-Étienne	243	6378	Verdun	715	6434	Saint-Étienne	309	6489
Saint-Germain	324	6379	Vernon	871	6435	Saint-Germain	144	6490
Saint-Lô	589	6380	Versailles	808	6436	Saint-Lô	435	6491
Saint-Omer	631	6381	Vesoul	576	6437	Saint-Omer	451	6492
Sarreguemines	514	6382				Sarreguemines	590	6493

— 39 —

D'ORLÉANS à	DISTANCES en KILOMÈTRES.	NUMÉROS des ITINÉRAIRES.
Saumur	176	6494
Schelestadt	667	6495
Strasbourg	623	6496
Tarbes	689	6497
Thionville	540	6498
Toulon	832	6499
Toulouse	716	6500
Tours	115	6501
Troyes	288	6502
Tulle	370	6503
Valence	526	6504
Valenciennes	389	6505
Vannes	416	6506
Verdun	374	6507
Vernon	201	6508
Versailles	138	6509
Vesoul	502	6510

DE PARIS à		
Pau	791	6511
Périgueux	495	6512
Perpignan	1002	6513
Poitiers	332	6514
Privas	656	6515
Puy (Le)	580	6516
Quimper	600	6517
Rennes	373	6518
Rochefort	474	6519
Rochelle (La)	477	6520
Rodez	671	6521
Rouen	137	6522
Saint-Brieuc	473	6523
Saint-Étienne	530	6524
Saint-Germain	23	6525
Saint-Lô	314	6526
Saint-Omer	330	6527
Sarreguemines	469	6528
Saumur	295	6529
Schelestadt	546	6530
Strasbourg	502	6531
Tarbes	808	6532
Thionville	419	6533
Toulon	923	6534
Toulouse	835	6535
Tours	234	6536
Troyes	167	6537
Tulle	480	6538
Valence	618	6539
Valenciennes	268	6540
Vannes	476	6541
Verdun	253	6542
Vernon	80	6543
Versailles	17	6544
Vesoul	381	6545

DE PAU à	DISTANCES en KILOMÈTRES.	NUMÉROS des ITINÉRAIRES.
Périgueux	343	6546
Perpignan	403	6547
Poitiers	459	6548
Privas	602	6549
Puy (Le)	528	6550
Quimper	983	6551
Rennes	822	6552
Rochefort	592	6553
Rochelle (La)	595	6554
Rodez	324	6555
Rouen	928	6556
Saint-Brieuc	922	6557
Saint-Étienne	758	6558
Saint-Germain	814	6559
Saint-Lô	853	6560
Saint-Omer	1121	6561
Sarreguemines	1260	6562
Saumur	623	6563
Schelestadt	1225	6564
Strasbourg	1271	6565
Tarbes	39	6566
Thionville	1210	6567
Toulon	675	6568
Toulouse	190	6569
Tours	560	6570
Troyes	958	6571
Tulle	389	6572
Valence	661	6573
Valenciennes	1059	6574
Vannes	860	6575
Verdun	1044	6576
Vernon	871	6577
Versailles	808	6578
Vesoul	1064	6579

DE PÉRIGUEUX à		
Perpignan	470	6580
Poitiers	270	6581
Privas	482	6582
Puy (Le)	374	6583
Quimper	726	6584
Rennes	562	6585
Rochefort	332	6586
Rochelle (La)	329	6587
Rodez	260	6588
Rouen	632	6589
Saint-Brieuc	662	6590
Saint-Étienne	413	6591
Saint-Germain	518	6592
Saint-Lô	593	6593
Saint-Omer	825	6594
Sarreguemines	964	6595
Saumur	435	6596
Schelestadt	887	6597
Strasbourg	933	6598
Tarbes	282	6599
Thionville	914	6600
Toulon	741	6601

DE PÉRIGUEUX à	DISTANCES en KILOMÈTRES.	NUMÉROS des ITINÉRAIRES.
Toulouse	257	6602
Tours	371	6603
Troyes	662	6604
Tulle	102	6605
Valence	490	6606
Valenciennes	763	6607
Vannes	603	6608
Verdun	748	6609
Vernon	575	6610
Versailles	512	6611
Vesoul	607	6612

DE PERPIGNAN à		
Poitiers	716	6613
Privas	326	6614
Puy (Le)	367	6615
Quimper	1240	6616
Rennes	1079	6617
Rochefort	849	6618
Rochelle (La)	852	6619
Rodez	308	6620
Rouen	1139	6621
Saint-Brieuc	1179	6622
Saint-Étienne	482	6623
Saint-Germain	1025	6624
Saint-Lô	1110	6625
Saint-Omer	1332	6626
Sarreguemines	1013	6627
Saumur	880	6628
Schelestadt	949	6629
Strasbourg	995	6630
Tarbes	364	6631
Thionville	971	6632
Toulon	398	6633
Toulouse	213	6634
Tours	817	6635
Troyes	834	6636
Tulle	457	6637
Valence	385	6638
Valenciennes	1270	6639
Vannes	1117	6640
Verdun	923	6641
Vernon	1082	6642
Versailles	1019	6643
Vesoul	788	6644

DE POITIERS à		
Privas	633	6645
Puy (Le)	411	6646
Quimper	527	6647
Rennes	383	6648
Rochefort	142	6649
Rochelle (La)	145	6650
Rodez	406	6651
Rouen	469	6652
Saint-Brieuc	463	6653
Saint-Étienne	493	6654

3.

DE POITIERS à	DISTANCES en KILOMÈTRES.	NUMÉROS des ITINÉRAIRES.
Saint-Germain. . . .	355	6655
Saint-Lô.	394	6656
Saint-Omer.	662	6657
Sarreguemines	801	6658
Saumur.	165	6659
Schelestadt.	878	6660
Strasbourg	834	6661
Tarbes	476	6662
Thionville.	751	6663
Toulon	988	6664
Toulouse. . .	503	6665
Tours.	101	6 66
Troyes	499	6667
Tulle.	218	6668
Valence.	595	6669
Valenciennes	600	6670
Vannes.	404	6671
Verdun.	585	6672
Vernon	412	6673
Versailles.	349	6674
Vesoul.	546	6675

DE PRIVAS à		
Puy (Le)	212	6676
Quimper.	1092	6677
Rennes.	943	6678
Rochefort.	770	6679
Rochelle (La).	772	6680
Rodez.	250	6681
Rouen.	793	6682
Saint-Brieuc	1043	6683
Saint-Étienne.	136	6684
Saint-Germain.	679	6685
Saint-Lô.	970	6686
Saint Omer.	986	6687
Sarreguemines.	966	6688
Saumur.	740	6689
Schelestadt.	602	6690
Strasbourg.	648	6691
Tarbes	563	6692
Thionville.	624	6693
Toulon	290	6694
Toulouse	412	6695
Tours.	781	6696
Troyes	487	6697
Tulle.	427	6698
Valence.	39	6699
Valenciennes	924	6700
Vannes.	969	6701
Verdun.	576	6702
Vernon.	736	6703
Versailles.	673	6704
Vesoul.	441	6705

DU PUY à		
Quimper	999	6706
Rennes.	837	6707

DU PUY à	DISTANCES en KILOMÈTRES.	NUMÉROS des ITINÉRAIRES.
Rochefort.	525	6708
Rochelle (La)	541	6709
Rodez.	204	6710
Rouen.	717	6711
Saint-Brieuc.	937	6712
Saint-Étienne. . . .	77	6713
Saint-Germain.	603	6714
Saint-Lô.	868	6715
Saint-Omer.	910	6716
Sarreguemines.. . . .	656	6717
Saumur.	637	6718
Schelestadt.	592	6719
Strasbourg	638	6720
Tarbes	491	6721
Thionville. . . .	614	6722
Toulon	387	6723
Toulouse.	359	6724
Tours.	573	6725
Troyes	477	6726
Tulle.	272	6727
Valence.	173	6728
Valenciennes.	848	6729
Vannes.	876	6730
Verdun.	566	6731
Vernon.	660	6732
Versailles	597	6733
Vesoul.	431	6734

DE QUIMPER à		
Rennes.	227	6735
Rochefort.	660	6736
Rochelle (La).	672	6737
Rodez	933	6738
Rouen.	533	6739
Saint-Brieuc. . . .	189	6740
Saint-Étienne. . . .	952	6741
Saint-Germain. . . .	596	6742
Saint-Lô.	361	6743
Saint-Omer.	930	6744
Sarreguemines.	1060	6745
Saumur.	363	6746
Schelestadt.	1146	6747
Strasbourg	1102	6748
Tarbes.	1000	6749
Thionville.	1019	6750
Toulon	1360	6751
Toulouse	1027	6752
Tours.	426	6753
Troyes	767	6754
Tulle.	745	6755
Valence.	1054	6756
Valenciennes	868	6757
Vannes.	123	6758
Verdun.	853	6759
Vernon.	556	6760
Versailles.	583	6761
Vesoul	981	6762

DE RENNES à	DISTANCES en KILOMÈTRES.	NUMÉROS des ITINÉRAIRES.
Rochefort.	505	6763
Rochelle (La)	508	6764
Rodez.	739	6765
Rouen.	306	6766
Saint-Brieuc.	100	6767
Saint-Etienne.	784	6768
Saint-Germain. . . .	369	6769
Saint-Lô.	134	6770
Saint-Omer.	703	6771
Sarreguemines. . . .	842	6772
Saumur.	169	6773
Schelestadt. . . .	919	6774
Strasbourg	875	6775
Tarbes	839	6776
Thionville.	792	6777
Toulon	1211	6778
Toulouse.	866	6779
Tours.	262	6780
Troyes	540	6781
Tulle.	746	6782
Valence.	991	6783
Valenciennes	641	6784
Vannes.	103	6785
Verdun.	626	6786
Vernon.	312	6787
Versailles.	356	6788
Vesoul	754	6789

DE ROCHEFORT à		
Rochelle (La)	35	6790
Rodez.	562	6791
Rouen.	611	6792
Saint-Brieuc.	605	6793
Saint-Étienne.	579	6794
Saint-Germain. . . .	497	6795
Saint-Lô.	536	6796
Saint-Omer	804	6797
Sarreguemines . . .	943	6798
Saumur.	306	6799
Schelestadt.	1020	6800
Strasbourg	976	6801
Tarbes	609	6802
Thionville.	893	6803
Toulon	1038	6804
Toulouse.	636	6805
Tours.	243	6806
Troyes.	641	6807
Tulle	484	6808
Valence.	792	6809
Valenciennes	742	6810
Vannes.	546	6811
Verdun.	727	6812
Vernon.	554	6813
Versailles.	491	6814
Vesoul.	855	6815

ROCHELLE (LA) à	DISTANCES en KILOMÈTRES.	NUMÉROS des ITINÉRAIRES.
Rodez.........	595	6816
Rouen........	614	6817
Saint-Brieuc......	608	6318
Saint-Étienne.....	575	6819
Saint-Germain.....	500	6820
Saint-Lô...	539	6821
Saint-Omer......	807	6822
Sarreguemines....	946	6823
Saumur........	303	6824
Schelestadt......	1023	6825
Strasbourg.......	979	6826
Tarbes.........	612	6827
Thionville.......	896	6828
Toulon........	1040	6829
Toulouse.......	639	6830
Tours.........	246	6831
Troyes.......	644	6832
Tulle.........	431	6833
Valence.......	734	6834
Valenciennes.....	745	6835
Vannes........	549	6836
Verdun........	730	6837
Vernon.......	557	6838
Versailles...	494	6839
Vesoul........	858	6840

DE RODEZ à		
Rouen........	808	6841
Saint-Brieuc......	839	6842
Saint-Etiene.....	281	6843
Saint-Germain....	634	6844
Saint-Lô.......	836	6845
Saint-Omer.....	1001	6846
Sarreguemines....	828	6847
Saumur........	623	6848
Schelestadt......	770	6849
Strasbourg......	815	6850
Tarbes........	287	6851
Thionville.......	778	6852
Toulon.......	419	6853
Toulouse.......	155	6854
Tours........	560	6855
Troyes........	559	6856
Tulle........	188	6857
Valence..	289	6858
Valenciennes.....	939	6859
Vannes........	810	6860
Verdun.......	719	6861
Vernon.......	751	6862
Versailles......	688	6863
Vesoul..	635	6864

DE ROUEN à		
Saint Brieuc..	379	6865
Saint-Étienne.....	667	6866
Saint-Germain.....	160	6867
Saint-Lô.......	196	6868

DE ROUEN à	DISTANCES en KILOMÈTRES.	NUMÉROS des ITINÉRAIRES.
Saint-Omer......	302	6869
Sarreguemines....	606	6870
Saumur........	432	6871
Schelestadt......	688	6872
Strasbourg......	639	6873
Tarbes........	945	6874
Thionville.......	556	6875
Toulon........	1060	6876
Toulouse..	972	6877
Tours........	371	6878
Troyes........	304	6879
Tulle........	626	6880
Valence.......	755	6881
Valenciennes.....	239	6882
Vannes.......	409	6883
Verdun.......	390	6884
Vernon.......	60	6885
Versailles.......	154	6886
Vesoul......	518	6887

DE SAINT-BRIEUC à		
Saint-Étienne.....	884	6888
Saint-Germain.....	469	6889
Saint-Lô........	183	6890
Saint-Omer......	803	6891
Sarreguemines....	942	6892
Saumur.......	269	6893
Schelestadt......	1019	6894
Strasbourg......	975	6895
Tarbes........	939	6896
Thionville.......	892	6897
Toulon.......	1311	6898
Toulouse....	1003	6899
Tours........	382	6900
Troyes.......	640	6901
Tulle........	846	6902
Valence........	1091	6903
Valenciennes.....	741	6904
Vannes........	113	6905
Verdun.......	726	6906
Vernon.......	402	6907
Versailles......	456	6908
Vesoul.......	854	6909

DE ST-ÉTIENNE à		
Saint-Germain....	553	6910
Saint-Lô.......	844	6911
Saint-Omer.....	860	6912
Sarreguemines....	578	6913
Saumur........	600	6914
Schelestadt......	514	6915
Strasbourg......	560	6916
Tarbes.......	719	6917
Thionville.......	536	6918
Toulon.......	403	6919
Toulouse.......	568	6520
Tours........	536	6921

DE ST-ÉTIENNE à	DISTANCES en KILOMÈTRES	NUMÉROS des ITINÉRAIRES.
Troyes.......	399	6922
Tulle........	311	6923
Valence.......	97	6924
Valenciennes....	798	6925
Vannes.......	829	6926
Verdun......	488	6927
Vernon......	610	6928
Versailles.....	547	6929
Vesoul......	353	6930

DE ST-GERMAIN à		
Saint-Lô.......	337	6931
Saint-Omer......	353	6932
Sarreguemines....	492	6933
Saumur.......	318	6934
Schelestadt......	569	6935
Strasbourg......	525	6936
Tarbes........	831	6937
Thionville.......	442	6938
Toulon.......	946	6939
Toulouse....	858	6940
Tours.......	257	6941
Troyes.......	190	6942
Tulle.......	512	6943
Valence........	641	6944
Valenciennes.....	291	6945
Vannes.......	472	6946
Verdun.......	276	6947
Vernon......	75	6948
Versailles.....	13	6949
Vesoul......	404	6950

DE SAINT-LO à		
Saint-Omer......	644	6951
Sarreguemines....	783	6952
Saumur........	337	6953
Schelestadt......	800	6954
Strasbourg......	816	6955
Tarbes.......	870	6956
Thionville.......	733	6957
Toulon.......	1237	6958
Toulouse :	897	6959
Tours........	293	6960
Troyes.......	481	6961
Tulle........	777	6362
Valence.......	932	6963
Valenciennes.....	582	6964
Vannes.......	237	6965
Verdun.......	567	6966
Vernon......	222	6967
Versailles......	284	6968
Vesoul........	695	6969

DE SAINT-OMER à		
Sarreguemines....	650	6970
Saumur.......	625	6971

6

DE SAINT-OMER à	DISTANCES en KILOMÈTRES.	NUMÉROS des ITINÉRAIRES.
Schelestadt	726	6972
Strasbourg	683	6973
Tarbes	1138	6974
Thionville	599	6975
Toulon	1253	6976
Toulouse	1165	6977
Tours	564	6978
Troyes	497	6979
Tulle	819	6980
Valence	948	6981
Valenciennes	131	6982
Vannes	806	6983
Verdun	434	6984
Vernon	410	6985
Versailles	347	6986
Vesoul	600	6987
DE SARREGUEMINES à		
Saumur	764	6988
Schelestadt	149	6989
Strasbourg	104	6990
Tarbes	1147	6991
Thionville	102	6992
Toulon	934	6993
Toulouse	1079	6994
Tours	703	6995
Troyes	435	6996
Tulle	746	6997
Valence	628	6998
Valenciennes	370	6999
Vannes	945	7000
Verdun	141	7001
Vernon	549	7002
Versailles	486	7003
Vesoul	283	7004
DE SAUMUR à		
Schelestadt	841	7005
Strasbourg	797	7006
Tarbes	646	7007
Thionville	714	7008
Toulon	1008	7009
Toulouse	667	7010
Tours	64	7011
Troyes	402	7012
Tulle	546	7013
Valence	701	7014
Valenciennes	563	7015
Vannes	240	7016
Verdun	548	7017
Vernon	375	7018
Versailles	312	7019
Vesoul	676	7020

DE SCHELESTADT à	DISTANCES en KILOMÈTRES.	NUMÉROS des ITINÉRAIRES.
Strasbourg	46	7021
Tarbes	1083	7022
Thionville	277	7023
Toulon	870	7024
Toulouse	1035	7025
Tours	780	7026
Troyes	438	7027
Tulle	688	7028
Valence	564	7029
Valenciennes	814	7030
Vannes	1022	7031
Verdun	233	7032
Vernon	626	7033
Versailles	563	7034
Vesoul	176	7035
DE STRASBOURG à		
Tarbes	1129	7036
Thionville	234	7037
Toulon	916	7038
Toulouse	1081	7039
Tours	736	7040
Troyes	349	7041
Tulle	733	7042
Valence	610	7043
Valenciennes	594	7044
Vannes	978	7045
Verdun	245	7046
Vernon	582	7047
Versailles	519	7048
Vesoul	221	7049
DE TARBES à		
Thionville	1105	7050
Toulon	635	7051
Toulouse	151	7052
Tours	577	7053
Troyes	814	7054
Tulle	350	7055
Valence	622	7056
Valenciennes	1126	7057
Vannes	877	7058
Verdun	1061	7059
Vernon	888	7060
Versailles	825	7061
Vesoul	922	7062
DE THIONVILLE à		
Toulon	832	7063
Toulouse	1057	7064
Tours	653	7065
Troyes	326	7066
Tulle	606	7067
Valence	586	7068
Valenciennes	328	7069
Vannes	835	7070

DE THIONVILLE à	DISTANCES en KILOMÈTRES.	NUMÉROS des ITINÉRAIRES.
Verdun	91	7071
Vernon	499	7072
Versailles	436	7073
Vesoul	235	7074
DE TOULON à		
Toulouse	484	7075
Tours	949	7076
Troyes	755	7077
Tulle	580	7078
Valence	306	7079
Valenciennes	1191	7080
Vannes	1237	7081
Verdun	844	7082
Vernon	1003	7083
Versailles	940	7084
Vesoul	709	7085
DE TOULOUSE à		
Tours	604	7086
Troyes	1002	7087
Tulle	244	7088
Valence	471	7089
Valenciennes	1103	7090
Vannes	904	7091
Verdun	1088	7092
Vernon	915	7093
Versailles	852	7094
Vesoul	874	7095
DE TOURS à		
Troyes	401	7096
Tulle	484	7097
Valence	643	7098
Valenciennes	502	7099
Vannes	303	7100
Verdun	487	7101
Vernon	314	7102
Versailles	251	7103
Vesoul	615	7104
DE TROYES à		
Tulle	477	7105
Valence	449	7106
Valenciennes	435	7107
Vannes	643	7108
Verdun	311	7109
Vernon	247	7110
Versailles	184	7111
Vesoul	214	7112
DE TULLE à		
Valence	388	7113
Valenciennes	757	7114

DE TULLE à	DISTANCES en KILOMÈTRES.	NUMÉROS des ITINÉRAIRES.	DE VALENCIENNES à	DISTANCES en KILOMÈTRES.	NUMÉROS des ITINÉRAIRES.	DE VERDUN à	DISTANCES en KILOMÈTRES.	NUMÉROS des ITINÉRAIRES.
Vannes	785	7115	Vannes	744	7126	Vernon	333	7135
Verdun	637	7116	Verdun	243	7127	Versailles	270	7136
Vernon	569	7117	Vernon	348	7128	Vesoul	233	7137
Versailles	506	7118	Versailles	285	7129			
Vesoul	539	7119	Vesoul	511	7130	DE VERNON à		
DE VALENCE à						Versailles	97	7138
			DE VANNES à			Vesoul	461	7139
Valenciennes	886	7120						
Vannes	931	7121						
Verdun	542	7122	Verdun	729	7131	DE VERSAILLES à		
Vernon	698	7123	Vernon	415	7132			
Versailles	635	7124	Versailles	459	7133			
Vesoul	403	7125	Vesoul	857	7134	Vesoul	398	7140

SECONDE PARTIE

AGEN.

N° 1. D'AGEN à AIX.

Aix . . . . (fer) 542^k

N° 2. D'AGEN à ALBI.

Albi . . . . 144^k

N° 3. D'AGEN à ALENÇON.

Bordeaux . . . . 136^k
Le Mans 446
Alençon 56

(fer) 638

N° 4. D'AGEN à AMIENS.

Bordeaux . . . . 136^k
Paris 578
Amiens 148

(fer) 862

N° 5. D'AGEN à ANGERS.

Bordeaux . . . . 136^k
Angers 454

(fer) 590

N° 6. D'AGEN à ANGOULÊME.

Bordeaux . . . . 136^k
Angoulême 133

(fer) 269

N° 7. D'AGEN à ARRAS.

Bordeaux . . . . 136^k
Paris 578
Arras 209

(fer) 923

N° 8. D'AGEN à AUCH.

Auch . . . . 74^k

N° 9. D'AGEN à AURILLAC.

Montauban . . . . . . 70^k
Aurillac 177

247

N° 10. D'AGEN à AUXERRE.

Bordeaux . . . . 136^k
Paris 578
Auxerre 175

(fer) 889

N° 11. D'AGEN à AVIGNON.

Avignon . . . . . . (fer) 466

N° 12. D'AGEN à BAR-LE-DUC.

Bordeaux . . . . 136^k
Paris 578
Bar-le-Duc 254

(fer) 968

N° 13. D'AGEN à BARÉGES.

Tarbes . . . . 146^k
Baréges 57

203

N° 14. D'AGEN à BAYONNE.

Bayonne . . . . 208^k

N° 15. D'AGEN à BEAUVAIS.

Bordeaux . . . . 136^k
Paris 578
Beauvais 105

(fer) 819

N° 16. D'AGEN à BELFORT.

Lyon . . . . 565^k
Belfort 346

911

N° 17. D'AGEN à BESANÇON.

Lyon . . . . 565^k
Besançon 250

815

N° 18. D'AGEN à BLOIS.

Bordeaux . . . . 136^k
Blois 401

(fer) 537

N° 19. D'AGEN à BORDEAUX.

Bordeaux . . . . . (fer) 136^k

N° 20. D'AGEN à BOULOGNE.

Bordeaux . . . . 136^k
Paris 578
Boulogne 271

(fer) 985

N° 21. D'AGEN à BOURBONNE.

Lyon . . . . 565^k
Dijon 197
Bourbonne 108

870

N° 22. D'AGEN à BOURG.

Lyon . . . . 565^k
Bourg 75

640

N° 23. D'AGEN à BOURGES.

Bourges . . . . 450^k

N° 24. D'AGEN à BREST.

Bordeaux . . . . 136^k
Nantes 539
Brest 323

(fer) 998

N° 25. D'AGEN à BRIANÇON.

Avignon . . . . 466^k
Gap 187
Briançon 91

744

N° 26. D'AGEN à CAEN.

Bordeaux . . . . 136^k
Tours 347
Caen 256

(fer) 739

N° 27. D'AGEN à CAHORS.

Cahors . . . . 105^k

N° 28. D'AGEN à CALAIS.

Bordeaux . . . . 136^k
Paris 578
Calais 372

(fer) 1,086

N° 29. D'AGEN à CAMBRAI.

Bordeaux . . . . 136^k
Paris 578
Cambrai 223

(fer) 937

N° 30. D'AGEN à CARCASSONNE.

Carcassonne . . . (fer) 212^k

N° 31. D'AGEN à CETTE.

Cette . . . . . . (fer) 340^k

N° 32. D'AGEN à CHALONS-S.-MARNE.

Bordeaux . . . . 136^k
Paris 578
Châlons-sur Marne . . . 173

(fer) 887

N° 33. D'AGEN à CHALON-S.-SAONE.

Lyon . . . . 565^k
Chalon-sur-Saône 130

695

N° 34.   D'AGEN à CHARTRES.

Bordeaux. 136ᵏ
Le Mans. 446
Chartres. 124

(fer) 706

N° 35.   D'AGEN à CHATEAUROUX.

Châteauroux. 356ᵏ

N° 36.   D'AGEN à CHERBOURG.

Bordeaux. 136ᵏ
Tours 347
Cherbourg. 387

870

N° 37.   D'AGEN à CLERMONT.

Clermont 381ᵏ

N° 38.   D'AGEN à COLMAR.

Lyon. 565ᵏ
Colmar. 436

1,001

N° 39.   D'AGEN à COMPIÈGNE.

Bordeaux. 136ᵏ
Paris. 578
Compiègne. 101

(fer) 815

N° 40.   D'AGEN à DIGNE.

Avignon. 466ᵏ
Digne. 152

618

N° 41.   D'AGEN à DIJON.

Lyon. 565ᵏ
Dijon. 197

762

N° 42.   D'AGEN à DOUAI.

Bordeaux. 136ᵏ
Paris. 578
Douai. 235

(fer) 949

N° 43.   D'AGEN à DRAGUIGNAN.

Aix. 542ᵏ
Draguignan. 108

650

N° 44.   D'AGEN à DUNKERQUE.

Bordeaux. 136ᵏ
Paris. 578
Dunkerque. 351

(fer) 1,065

N° 45.   D'AGEN à ÉPINAL.

Épinal. 817ᵏ

N° 46.   D'AGEN à ÉVREUX.

Bordeaux. 136ᵏ
Paris. 578
Évreux. 108

(fer) 822

N° 47.   D'AGEN à LA FÈRE.

Bordeaux. 136ᵏ
Paris. 578
La Fère. 153

(fer) 867

N° 48.   D'AGEN à FOIX.

Toulouse. 121ᵏ
Foix. 82

203

N° 49.   D'AGEN à FONTAINEBLEAU.

Bordeaux. 136ᵏ
Paris. 578
Fontainebleau. 59

(fer) 773

N° 50.   D'AGEN à GAP.

Avignon. 466ᵏ
Gap. 187

653

N° 51.   D'AGEN à GIVET.

Bordeaux. 136ᵏ
Paris. 578
Givet. 327

(fer) 1,041

N° 52.   D'AGEN à GRENOBLE.

Grenoble. 685ᵏ

N° 53.   D'AGEN à GUÉRET.

Limoges. 231ᵏ
Guéret. 84

315

N° 54.   D'AGEN à HAGUENAU.

Lyon. 565ᵏ
Haguenau. 533

1,098

N° 55.   D'AGEN à LANGRES.

Lyon. 565ᵏ
Langres. 263

828

N° 56.   D'AGEN à LAON.

Bordeaux. 136ᵏ
Paris. 578
Laon. 175

(fer) 889

N° 57.   D'AGEN à LAVAL.

Bordeaux. 136ᵏ
Tours. 347
Laval. 189

(fer) 672

N° 58.   D'AGEN à LILLE.

Bordeaux. 136ᵏ
Paris. 578
Lille. 268

(fer) 982

N° 59.   D'AGEN à LIMOGES.

Limoges. 231ᵏ

N° 60.   D'AGEN à LONS-LE-SAUNIER.

Lyon. 565ᵏ
Lons-le-Saunier. . . . 124

689

N° 61.   D'AGEN à LORIENT.

Bordeaux. 136ᵏ
Nantes. 539
Lorient. 164

(fer) 839

N° 62.   D'AGEN à LUNÉVILLE.

Bordeaux. 136ᵏ
Paris. 578
Lunéville 386

(fer) 1,100

N° 63.   D'AGEN à LYON.

Lyon. 565ᵏ

N° 64.   D'AGEN à MACON.

Lyon. 565ᵏ
Mâcon. 72

637

N° 65.   D'AGEN au MANS.

Bordeaux. 136ᵏ
Le Mans. . . : . . . 446

(fer) 582

N° 66.   D'AGEN à MARSEILLE.

Marseille. 544ᵏ

N° 67. D'AGEN À MAUBEUGE.

Bordeaux . . . . 136^k
Paris 578
Maubeuge 246

(fer) 960

N° 68. D'AGEN À MELUN.

Bordeaux . . . . 136^k
Paris 578
Melun 45

(fer) 759

N° 69. D'AGEN À MENDE.

Rodez 230
Mende 115

345

N° 70. D'AGEN À METZ.

Bordeaux 136
Paris 578
Metz 392

(fer) 1,106

N° 71. D'AGEN À MÉZIÈRES.

Bordeaux . . . . 136^k
Paris 578
Mézières 260

(fer) 974

N° 72. D'AGEN À MONTAUBAN.

Mautauban . . . . . . 70^k

N° 73. D'AGEN À MONTBRISON.

Montbrison . . . . . . 494^k

N° 74. D'AGEN À MONT-DE-MARSAN.

Mout-de-Marsan . . . . 109^k

N° 75. D'AGEN À MONTPELLIER.

Montpellier . . . . . . 368^k

N° 76. D'AGEN À MOULINS.

Moulins . . . . 453^k

N° 77. D'AGEN À NANCY.

Bordeaux . . . . 133^k
Paris 578
Nancy 353

(fer) 1,057

N° 78. D'AGEN À NANTES.

Bordeaux . . . . 136^k
Nantes 539

(fer) 675

N° 79. D'AGEN À NAPOLÉON-VENDÉE.

Bordeaux . . . . 136^k
Napoléon 276

412

N° 80. D'AGEN À NEVERS.

Nevers . . . . 519^k

N° 81. D'AGEN À NIMES.

Nimes . . . . 418^k

N° 82. D'AGEN À NIORT.

Bordeaux . . . . 136^k
Niort 315

(fer) 451

N° 83. D'AGEN À ORLÉANS.

Bordeaux . . . . 136^k
Orléans 459

(fer) 595

N° 84. D'AGEN À PARIS.

Bordeaux . . . . 136^k
Paris 578

(fer) 714

N° 85. D'AGEN À PAU.

Pau . . . . 181^k

N° 86. D'AGEN À PÉRIGUEUX.

Périgueux . . . . 136^k

N° 87. D'AGEN À PERPIGNAN.

Perpignan . . . . 334^k

N° 88. D'AGEN À POITIERS.

Bordeaux . . . . 163^k
Poitiers 246

(fer) 382

N° 89. D'AGEN À PRIVAS.

Cette . . . . 830^k
Privas 192

532

N° 90. D'AGEN AU PUY.

Rodez . . . . 230^k
Le Puy 204

434

N° 91. D'AGEN À QUIMPER.

Bordeaux . . . . 136^k
Nantes 539
Quimper 231

(fer) 906

N° 92. D'AGEN À RENNES.

Bordeaux . . . . 136^k
Nantes 539
Rennes 107

782

N° 93. D'AGEN À ROCHEFORT.

Bordeaux . . . . 136^k
Rochefort 379

(fer) 515

N° 94. D'AGEN À LA ROCHELLE.

Bordeaux . . . . 136^k
La Rochelle 382

(fer) 518

N° 95. D'AGEN À RODEZ.

Rodez . . . . 230^k

N° 96. D'AGEN À ROUEN.

Bordeaux . . . . 136^k
Paris 578
Rouen 137

(fer) 851

N° 97. D'AGEN À SAINT-BRIEUC.

Bordeaux . . . . 136^k
Nantes 539
Saint-Brieuc 207

(fer) 882

N° 98. D'AGEN À SAINT-ÉTIENNE.

Saint-Étienne . . . . . 509^k

N° 99. D'AGEN À SAINT-GERMAIN.

Bordeaux . . . . 136^k
Paris 578
Saint-Germain 23

(fer) 737

N° 100. D'AGEN À SAINT-LO.

Bordeaux . . . . 136^k
Le Mans 446
Saint-Lô 194

776

N° 101. D'AGEN À SAINT-OMER.

Bordeaux . . . . 136^k
Paris 578
Saint-Omer 830

(fer, 1,044

N° 102. D'AGEN À SARREGUEMINES.

Bordeaux	136^k
Paris	578
Metz	392
Sarreguemines	76
(fer)	1,182

N° 103. D'AGEN À SAUMUR.

Bordeaux	136^k
Saumur	410
(fer)	546

N° 104. D'AGEN À SCHELESTADT.

Lyon	565^k
Schelestadt	458
	1,023

N° 105. D'AGEN À STRASBOURG.

Lyon	565^k
Strasbourg	501
	1,069

N° 106. D'AGEN À TARBES.

Tarbes	146^k

N° 107. D'AGEN À THIONVILLE.

Bordeaux	136^k
Paris	578
Thionville	419
(fer)	1,133

N° 108. D'AGEN À TOULON.

Marseille	544^k
Toulon	60
	604

N° 109. D'AGEN À TOULOUSE.

Toulouse	(fer)	121^k

N° 110. D'AGEN À TOURS.

Bordeaux	136^k
Tours	347
(fer)	483

N° 111. D'AGEN À TROYES.

Bordeaux	136^k
Paris	578
Troyes	167
(fer)	881

N° 112. D'AGEN À TULLE.

Tulle	238^k

N° 113. D'AGEN À VALENCE.

Valence	591^k

N° 114. D'AGEN À VALENCIENNES.

Bordeaux	136^k
Paris	578
Valenciennes	268
(fer)	982

N° 115. D'AGEN À VANNES.

Bordeaux	136^k
Nantes	539
Vannes	108
	783

N° 116. D'AGEN À VERDUN.

Bordeaux	136^k
Paris	578
Verdun	253
	967

N° 117. D'AGEN À VERNON.

Bordeaux	136^k
Paris	578
Vernon	80
(fer)	794

N° 118. D'AGEN À VERSAILLES.

Bordeaux	136^k
Paris	578
Versailles	17
(fer)	731

N° 119. D'AGEN À VESOUL.

Lyon	565^k
Vesoul	297
	862

AIX.

N° 120. D'AIX À ALBI.

Montpellier	175^k
Albi	216
	391

N° 121. D'AIX À ALENÇON.

Lyon	351^k
Tours	557
Alençon	135
	1,043

N° 122. D'AIX À AMIENS.

Paris	861^k
Amiens	148
(fer)	1,009

N° 123. D'AIX À ANGERS.

Lyon	351^k
Angers	629
(fer)	980

N° 124. D'AIX À ANGOULÊME.

Bordeaux	677^k
Angoulême	133
	810

N° 125. D'AIX À ARRAS.

Paris	861^k
Arras	209
	1,070

N° 126. D'AIX À AUCH.

Toulouse	421^k
Auch	77
	498

N° 127. D'AIX À AURILLAC.

Nîmes	123^k
Aurillac	308
	431

N° 128. D'AIX À AUXERRE.

Auxerre	(fer)	725^k

N° 129. D'AIX À AVIGNON.

Avignon	(fer)	119^k

N° 130. D'AIX À BAR-LE-DUC.

Dijon	546^k
Bar-le-Duc	228
	774

N° 131. D'AIX À BARÉGES.

Toulouse	421^k
Tarbes	151
Baréges	57
	629

N° 132. D'AIX À BAYONNE.

Toulouse	421^k
Bayonne	297
	718

N° 133. D'AIX À BEAUVAIS.

Paris	861^k
Beauvais	105
	966

N° 134. D'AIX À BELFORT.

Belfort	695^k

N° 135. D'AIX à BESANÇON.

Besançon 590ᵏ

N° 136. D'AIX à BLOIS.

Lyon 351ᵏ
Blois 466

817

N° 137. D'AIX à BORDEAUX.

Bordeaux 677ᵏ

N° 138. D'AIX à BOULOGNE.

Paris 831ᵏ
Boulogne 271

(fer) 1,132

N° 139. D'AIX à BOURBONNE.

Dijon 546ᵏ
Bourbonne 108

654

N° 140. D'AIX à BOURG.

Lyon 351ᵏ
Bourg 75

(fer) 426

N° 141. D'AIX à BOURGES.

Lyon 351ᵏ
Bourges 308

659

N° 142. D'AIX à BREST.

Lyon 351ᵏ
Rennes 754
Brest 245

1,350

N° 143. D'AIX à BRIANÇON.

Briançon 240ᵏ

N° 144. D'AIX à CAEN.

Paris 861ᵏ
Caen 239

(fer) 1,100

N° 145. D'AIX à CAHORS.

Montauban 471ᵏ
Cahors 62

533

N° 146. D'AIX à CALAIS.

Paris 831ᵏ
Calais 372

(fer) 1,233

N° 147. D'AIX à CAMBRAI.

Paris 861ᵏ
Cambrai 223

(fer) 1,084

N° 148. D'AIX à CARCASSONNE.

Carcassonne 329ᵏ

N° 149. D'AIX à CETTE.

Cette . . . . . . (fer) 201ᵏ

N° 150. D'AIX à CHALONS-SUR-MARNE.

Dijon 546ᵏ
Châlons-sur-Marne . . . 236

(fer) 782

N° 151. D'AIX à CHALON-SUR-SAONE.

Chalon-sur-Saône (fer) 479ᵏ

N° 152. D'AIX à CHARTRES.

Paris 861ᵏ
Chartres 88

(fer) 949

N° 153. D'AIX à CHATEAUROUX.

Lyon 351ᵏ
Châteauroux 389

740

N° 154. D'AIX à CHERBOURG.

Paris 861ᵏ
Cherbourg 370

(fer) 1,231

N° 155. D'AIX à CLERMONT.

Clermont 418ᵏ

N° 156. D'AIX à COLMAR.

Lyon 351ᵏ
Colmar 436

787

N° 157. D'AIX à COMPIÈGNE.

Paris 861ᵏ
Compiègne 101

(fer) 962

N° 158. D'AIX à DIGNE.

Digne 110ᵏ

N° 159. D'AIX à DIJON.

Dijon . . . . . . (fer) 546ᵏ

N° 160 D'AIX à DOUAI.

Paris 861ᵏ
Douai 235

1,096

N° 161. D'AIX à DRAGUIGNAN.

Draguignan 108ᵏ

N° 162. D'AIX à DUNKERQUE.

Paris 861ᵏ
Dunkerque 351

(fer) 1,212

N° 163. D'AIX à ÉPINAL.

Besançon 590ᵏ
Épinal 123

713

N° 164 D'AIX à ÉVREUX.

Paris 861ᵏ
Évreux 108

(fer) 969

N° 165. D'AIX à LA FÈRE.

Paris 861ᵏ
La Fère 153

(fer) 1,014

N° 166. D'AIX à FOIX.

Carcassonne 329ᵏ
Foix 98

427

N° 167. D'AIX à FONTAINEBLEAU.

Fontainebleau . . (fer) 802ᵏ

N° 168. D'AIX à GAP.

Gap 149ᵏ

N° 169. D'AIX à GIVET.

Dijon 546ᵏ
Givet 423

969

N° 170. D'AIX à GRENOBLE.

Grenoble . . . . . (fer) 336ᵏ

N° 171. D'AIX à GUÉRET.

Guéret 548

N° 172. D'AIX à HAGUENAU.

Lyon 351ᵏ
Haguenau 533

884

N° 173. D'AIX à LANGRES.

Dijon . . . . 546^k
Langres 66

612

N° 174. D'AIX à LAON.

Paris . . . . 861^k
Laon 175

(fer) 1,036

N° 175. D'AIX à LAVAL.

Lyon . . . . 351^k
Angers 537
Laval 189

(fer) 1,077

N° 176. D'AIX à LILLE.

Paris . . . . 861^k
Lille 268

(fer) 1,129

N° 177. D'AIX à LIMOGES.

Limoges . . . . 597^k

N° 178. D'AIX à LONS-LE-SAUNIER.

Lyon . . . . 351^k
Lons-le-Saunier 124

475

N° 179. D'AIX à LORIENT.

Lyon . . . . 351^k
Nantes 717
Lorient 164

1,232

N° 180. D'AIX à LUNÉVILLE.

Dijon . . . . 546^k
Lunéville 219

765

N° 181. D'AIX à LYON.

Lyon . . . . . . (fer) 351^k

N° 182. D'AIX à MACON.

Mâcon . . . . . (fer) 421^k

N° 183. D'AIX au MANS.

Lyon . . . . 351^k
Tours 537
Le Mans 99

(fer) 987

N° 184. D'AIX à MARSEILLE.

Marseille . . . (fer) 53^k

N° 185. D'AIX à MAUBEUGE.

Paris . . . . 861^k
Maubeuge 246

(fer) 1,107

N° 186. D'AIX à MELUN.

Melun . . . . . (fer) 817^k

N° 187. D'AIX à MENDE.

Nîmes . . . . 125^k
Mende 148

273

N° 188. D'AIX à METZ.

Dijon . . . . 546^k
Metz 249

795

N° 189. D'AIX à MÉZIÈRES.

Dijon . . . . 546^k
Mézières 356

902

N° 190. D'AIX à MONTAUBAN.

Montauban . . . . . . 471^k

N° 191. D'AIX à MONTBRISON.

Valence . . . . 214^k
Montbrison 132

376

N° 192. D'AIX à MONT-DE-MARSAN.

Toulouse . . . . 421^k
Mont-de-Marsan 230

651

N° 193. D'AIX à MONTPELLIER.

Montpellier . . . (fer) 175^k

N° 194. D'AIX à MOULINS

Lyon . . . . 351^k
Moulins 186

537

N° 195. D'AIX à NANCY.

Dijon . . . . 546^k
Nancy 192

738

N° 196. D'AIX à NANTES.

Lyon . . . . 351^k
Nantes 717

(fer) 1,068

N° 197. D'AIX à NAPOLÉON-VENDÉE.

Bordeaux . . . . . . 677^k
Napoléon-Vendée 276

953

N° 198. D'AIX à NEVERS.

Lyon . . . . 351^k
Nevers 239

590

N° 199. D'AIX à NIMES.

Nîmes . . . . . (fer) 125^k

N° 200. D'AIX à NIORT.

Bordeaux . . . . . . 677^k
Niort 315

(fer) 992

N° 201. D'AIX à ORLÉANS.

Lyon . . . . 351^k
Orléans 420

771

N° 202. D'AIX à PARIS.

Paris . . . . (fer) 861^k

N° 203. D'AIX à PAU.

Toulouse . . . . 421^k
Pau 190

611

N° 204. D'AIX à PÉRIGUEUX.

Agen . . . . 542^k
Périgueux 136

678

N° 205. D'AIX à PERPIGNAN.

Perpignan . . . . . . 336^k

N° 206. D'AIX à POITIERS.

Bordeaux . . . . . . 677^k
Poitiers 246

(fer) 923

N° 207. D'AIX à PRIVAS.

Avignon . . . . 119^k
Privas 109

228

N° 208. D'AIX au PUY.

Avignon . . . . 119^k
Le Puy 206

325

N° 209. D'AIX à QUIMPER.

Lyon	351ᵏ
Nantes	717
Quimper	231
	1,299

N° 210. D'AIX à RENNES.

Lyon	351ᵏ
Rennes	754
	1,105

N° 211. D'AIX à ROCHEFORT.

Bordeaux	677ᵏ
Rochefort	379
(fer)	1,056

N° 212. D'AIX à LA ROCHELLE.

Bordeaux	677ᵏ
La Rochelle	382
(fer)	1,059

N° 213. D'AIX à RODEZ.

Nîmes	125ᵏ
Rodez	232
	357

N° 214. D'AIX à ROUEN.

Paris	861ᵏ
Rouen	137
(fer)	998

N° 215. D'AIX à SAINT-BRIEUC.

Lyon	351ᵏ
Rennes	754
Saint-Brieuc	100
	1,205

N° 216. D'AIX à SAINT-ÉTIENNE.

Valence	244ᵏ
Saint-Etienne	97
	341

N° 217. D'AIX à SAINT-GERMAIN.

Paris	861ᵏ
Saint-Germain	23
(fer)	884

N° 218. D'AIX à SAINT-LO.

Paris	861ᵏ
Saint-Lô	314
(fer)	1,175

N° 219. D'AIX à SAINT-OMER.

Paris	861ᵏ
Saint-Omer	330
(fer)	1,191

N° 220. D'AIX à SARREGUEMINES.

Dijon	546ᵏ
Sarreguemines	325
	871

N° 221. D'AIX à SAUMUR.

Lyon	351ᵏ
Saumur	596
	947

N° 222. D'AIX à SCHELESTADT.

Lyon	351ᵏ
Schelestadt	458
	809

N° 223. D'AIX à STRASBOURG.

Lyon	351ᵏ
Strasbourg	504
	855

N° 224. D'AIX à TARBES.

Toulouse	421ᵏ
Tarbes	151
	572

N° 225. D'AIX à THIONVILLE.

Dijon	546ᵏ
Thionville	275
	821

N° 226. D'AIX à TOULON.

Toulon	80ᵏ

N° 227. D'AIX à TOULOUSE.

Toulouse (fer)	421ᵏ

N° 228. D'AIX à TOURS.

Lyon	351ᵏ
Tours	537
	888

N° 229. D'AIX à TROYES.

Dijon	546ᵏ
Troyes	197
	743

N° 230. D'AIX à TULLE.

Tulle	516ᵏ

N° 231. D'AIX à VALENCE.

Valence (fer)	244ᵏ

N° 232. D'AIX à VALENCIENNES.

Paris	861ᵏ
Valenciennes	268
(fer)	1,129

N° 233. D'AIX à VANNES.

Lyon	351ᵏ
Nantes	717
Vannes	108
	1,176

N° 234. D'AIX à VERDUN.

Dijon	546ᵏ
Bar-le-Duc	228
Verdun	69
	843

N° 235. D'AIX à VERNON.

Paris	861ᵏ
Vernon	80
(fer)	941

N° 236. D'AIX à VERSAILLES.

Paris	865ᵏ
Versailles	17
(fer)	878

N° 237. D'AIX à VESOUL.

Besançon	590ᵏ
Vesoul	47
	637

ALBI.

N° 238. D'ALBI à ALENÇON.

Angoulême	366ᵏ
Tours	214
Alençon	155
	735

N° 239. D'ALBI à AMIENS.

Paris	751ᵏ
Amiens	148
	899

N° 240. D'ALBI à ANGERS.

Angoulême	366ᵏ
Angers	321
	687

N° 241. D'ALBI à ANGOULÊME.

Angoulême....... 366ᵏ

N° 242. D'ALBI à ARRAS.

Paris........... 751ᵏ
Arras.......... 209
___
960

N° 243. D'ALBI à AUCH.

Auch........... 153ᵏ

N° 244. D'ALBI à AURILLAC.

Aurillac....... 182ᵏ

N° 245. D'ALBI à AUXERRE.

Auxerre........ 562ᵏ

N° 246. D'ALBI à AVIGNON.

Cette.......... 190ᵏ
Avignon........ 126
___
316

N° 247. D'ALBI à BAR-LE-DUC.

Clermont....... 305ᵏ
Bar-le-Duc..... 454
___
759

N° 248. D'ALBI à BARÉGES.

Toulouse....... 76ᵏ
Tarbes......... 151
Baréges........ 57
___
284

N° 249. D'ALBI à BAYONNE.

Toulouse....... 76ᵏ
Bayonne........ 297
___
373

N° 250. D'ALBI à BEAUVAIS.

Paris.......... 751ᵏ
Beauvais....... 105
___
856

N° 251. D'ALBI à BELFORT.

Lyon........... 417ᵏ
Belfort........ 346
___
763

N° 252. D'ALBI à BESANÇON.

Lyon........... 417
Besançon....... 250
___
667

N° 253. D'ALBI à BLOIS.

Angoulême...... 366ᵏ
Blois.......... 268
___
634

N° 254. D'ALBI à BORDEAUX.

Montauban...... 74ᵏ
Bordeaux....... 206
___
280

N° 255. D'ALBI à BOULOGNE.

Paris.......... 751ᵏ
Boulogne....... 271
___
1,022

N° 256. D'ALBI à BOURBONNE.

Bourbonne...... 691ᵏ

N° 257. D'ALBI à BOURG.

Lyon........... 417ᵏ
Bourg.......... 75
___
492

N° 258. D'ALBI à BOURGES.

Bourges........ 517ᵏ

N° 259. D'ALBI à BREST.

Angoulême...... 366ᵏ
Nantes (tout fer).... 409
Brest.......... 323
___
1,098

N° 260. D'ALBI à BRIANÇON.

Cette.......... 190ᵏ
Avignon........ 126
Briançon....... 278
___
594

N° 261. D'ALBI à CAEN.

Caen........... 817ᵏ

N° 262. D'ALBI à CAHORS.

Cahors......... 136ᵏ

N° 263. D'ALBI à CALAIS.

Paris.......... 751ᵏ
Calais......... 372
___
1,123

N° 264. D'ALBI à CAMBRAI.

Paris.......... 751ᵏ
Cambrai........ 223
___
974

N° 265. D'ALBI à CARCASSONNE.

Carcassonne.... 107ᵏ

N° 266. D'ALBI à CETTE.

Cette.......... 190ᵏ

N° 267. D'ALBI à CHALONS-S.-MARNE.

Paris.......... 751ᵏ
Châlons-sur-Marne... 173
___
924

N° 268. D'ALBI à CHALON-S.-SAONE.

Lyon........... 417ᵏ
Chalon-sur-Saône.... 130
___
547

N° 269. D'ALBI à CHARTRES.

Chartres....... 675ᵏ

N° 270. D'ALBI à CHATEAUROUX.

Châteauroux.... 458ᵏ

N° 271. D'ALBI à CHERBOURG.

Angoulême...... 366ᵏ
Tours.......... 214
Cherbourg...... 387
___
967

N° 272. D'ALBI à CLERMONT.

Clermont....... 305ᵏ

N° 273. D'ALBI à COLMAR.

Lyon........... 417ᵏ
Colmar......... 436
___
853

N° 274. D'ALBI à COMPIÈGNE.

Paris.......... 751ᵏ
Compiègne...... 101
___
852

N° 275. D'ALBI à DIGNE.

Cette.......... 190ᵏ
Avignon........ 126
Digne.......... 152
___
468

N° 276. D'ALBI à DIJON.

Dijon.......... 583

N° 277. D'ALBI à DOUAI.

Paris.......... 751ᵏ
Douai.......... 235
___
986

Nº **278.** D'ALBI à DRAGUIGNAN.

Cette	190ᵏ
Aix	201
Draguignan	108
	499

Nº **279.** D'ALBI à DUNKERQUE.

Paris	751ᵏ
Dunkerque	351
	1,102

Nº **280.** D'ALBI à ÉPINAL.

Épinal	764ᵏ

Nº **281.** D'ALBI à ÉVREUX.

Paris	751ᵏ
Évreux	108
	859

Nº **282.** D'ALBI à LA FÈRE.

Paris	751ᵏ
La Fère	153
	904

Nº **283.** D'ALBI à FOIX.

Foix	158ᵏ

Nº **284.** D'ALBI à FONTAINEBLEAU.

Fontainebleau	717ᵏ

Nº **285.** D'ALBI à GAP.

Cette	190ᵏ
Avignon	124
Gap	187
	503

Nº **286.** D'ALBI à GIVET.

Paris	751ᵏ
Givet	327
	1,078

Nº **287.** D'ALBI à GRENOBLE.

Cette	190ᵏ
Grenoble	345
	535

Nº **288.** D'ALBI à GUÉRET.

Guéret	417ᵏ

Nº **289.** D'ALBI à HAGUENAU.

Lyon	417ᵏ
Haguenau	546
	963

Nº **290.** D'ALBI à LANGRES.

Langres	649ᵏ

Nº **291.** D'ALBI à LAON.

Paris	751ᵏ
Laon	175
	926

Nº **292.** D'ALBI à LAVAL.

Angoulême	366ᵏ
Le Mans	313
Laval	90
	769

Nº **293.** D'ALBI à LILLE.

Paris	751ᵏ
Lille	268
	1,019

Nº **294.** D'ALBI à LIMOGES.

Limoges	333ᵏ

Nº **295.** D'ALBI à LONS-LE-SAUNIER.

Lyon	417ᵏ
Lons-le-Saunier	124
	541

Nº **296.** D'ALBI à LORIENT.

Angoulême	366ᵏ
Nantes	409
Lorient	164
	939

Nº **297.** D'ALBI à LUNÉVILLE.

Lunéville	802ᵏ

Nº **298.** D'ALBI à LYON.

Lyon	417ᵏ

Nº **299.** D'ALBI à MACON.

Lyon	417ᵏ
Mâcon	72
	489

Nº **300.** D'ALBI au MANS.

Angoulême	366ᵏ
Le Mans	313
	679

Nº **301.** D'ALBI à MARSEILLE.

Cette	190ᵏ
Marseille	204
	394

Nº **302.** D'ALBI à MAUBEUGE.

Paris	751ᵏ
Maubeuge	246
	997

Nº **303.** D'ALBI à MELUN.

Melun	732ᵏ

Nº **304.** D'ALBI à MENDE.

Mende	194ᵏ

Nº **305.** D'ALBI à METZ.

Metz	832ᵏ

Nº **306.** D'ALBI à MÉZIÈRES.

Paris	751ᵏ
Mézières	260
	1,011

Nº **307.** D'ALBI à MONTAUBAN.

Montauban	74ᵏ

Nº **308.** D'ALBI à MONTBRISON.

Le Puy	283ᵏ
Montbrison	113
	396

Nº **309.** D'ALBI à MONT-DE-MARSAN.

Montauban	74ᵏ
Mont-de-Marsan	179
	253

Nº **310.** D'ALBI à MONTPELLIER.

Cette	190ᵏ
Montpellier	28
	218

Nº **311.** D'ALBI à MOULINS.

Moulins	411ᵏ

Nº **312.** D'ALBI à NANCY.

Nancy	775ᵏ

Nº **313.** D'ALBI à NANTES.

Angoulême	366ᵏ
Nantes	409
	775

Nº **314.** D'ALBI à NAPOLÉON-VENDÉE.

Angoulême	366ᵏ
Niort	182
Napoléon-Vendée	87
	635

N° 315. D'ALBI à NEVERS.

Nevers. . . . . 464^k

N° 316. D'ALBI à NIMES.

Nimes. . . . . 256^k

N° 317. D'ALBI à NIORT.

Angoulême. . . . . . 366^k
Niort. 182
_____
548

N° 318. D'ALBI à ORLÉANS.

Orléans . . . . 629^k

N° 319. D'ALBI à PARIS.

Clermont. . . . . . . 305^k
Paris. 446
_____
751

N° 320. D'ALBI à PAU.

Toulouse. . . . . . . 76^k
Pau 190
_____
266

N° 321. D'ALBI à PÉRIGUEUX.

Périgueux. . . . . . 280^k

N° 322. D'ALBI à PERPIGNAN.

Carcassonne. . . . . 107^k
Perpignan. 121
_____
228

N° 323. D'ALBI à POITIERS.

Angoulême. . . . . . 366^k
Poitiers 113
_____
479

N° 324. D'ALBI à PRIVAS.

Nimes. . . . . 256^k
Privas. 115
_____
371

N° 325. D'ALBI au PUY.

Le Puy. . . . . 283^k

N° 326. D'ALBI à QUIMPER.

Angoulême. . . . . . 366^k
Nantes. 409
Quimper. 231
_____
1,006

N° 327. D'ALBI à RENNES.

Angoulême. . . . . . 366^k
Angers. 321
Rennes. 125
_____
812

N° 328. D'ALBI à ROCHEFORT.

Angoulême. . . . . . 366^k
Rochefort 246
_____
612

N° 329. D'ALBI à LA ROCHELLE.

Angoulême. . . . . . 366^k
La Rochelle 249
_____
615

N° 330. D'ALBI à RODEZ.

Rodez. . . . . 79^k

N° 331. D'ALBI à ROUEN.

Paris. . . . . 751^k
Rouen. 137
_____
888

N° 332. D'ALBI à SAINT-BRIEUC.

Angoulême. . . . . . 366^k
Angers. 321
Saint-Brieuc. 225
_____
912

N° 333. D'ALBI à SAINT-ÉTIENNE.

Rodez. . . . . 79^k
Le Puy 204
Saint-Étienne. 77
_____
360

N° 334. D'ALBI à SAINT-GERMAIN.

Paris. . . . . 751^k
Saint-Germain. . . . 23
_____
774

N° 335. D'ALBI à SAINT-LO.

Saint-Lô. . . . . . . 861^k

N° 336. D'ALBI à SAINT-OMER.

Paris. . . . . 751^k
Saint-Omer. 330
_____
1,081

N° 337. D'ALBI à SARREGUEMINES.

Sarreguemines. . . . 908

N° 338. D'ALBI à SAUMUR.

Angoulême. . . . . . 366^k
Saumur 277
_____
643

N° 339. D'ALBI à SCHELESTADT.

Lyon. . . . . 417^k
Schelestadt. 458
_____
875

N° 340. D'ALBI à STRASBOURG.

Lyon. . . . . 417^k
Strasbourg. 504
_____
921

N° 341. D'ALBI à TARBES.

Toulouse. . . . . . . 76^k
Tarbes. 151
_____
227

N° 342. D'ALBI à THIONVILLE.

Thionville. . . . . . 858^k

N° 343. D'ALBI à TOULON.

Cette. . . . . 190^k
Marseille. 204
Toulon. 60
_____
454

N° 344. D'ALBI à TOULOUSE.

Toulouse. . . . . . . 76^k

N° 345. D'ALBI à TOURS.

Angoulême. . . . . . 366^k
Tours 214
_____
580

N° 346. D'ALBI à TROYES.

Troyes. . . . . 639^k

N° 347. D'ALBI à TULLE.

Tulle . . . . 269^k

N° 348. D'ALBI à VALENCE.

Nimes. . . . . 256^k
Valence 173
_____
429

N° 349. D'ALBI à VALENCIENNES.

Paris . . . . 751^k
Valenciennes 268
_____
1,019

N° 350. D'ALBI à VANNES.

Angoulême	366ᵏ
Nantes	409
Vannes	108
	883

N° 351. D'ALBI à VERDUN.

Verdun	799ᵏ

N° 352. D'ALBI à VERNON.

Paris	751ᵏ
Vernon	80
	831

N° 353. D'ALBI à VERSAILLES.

Paris	751ᵏ
Versailles	17
	768

N° 354. D'ALBI à VESOUL.

Lyon	417ᵏ
Besançon	250
Vesoul	47
	714

ALENÇON.

N° 355. D'ALENÇON à AMIENS.

Paris	267ᵏ
Amiens	148
	415

N° 356. D'ALENÇON à ANGERS.

Angers	144ᵏ

N° 357. D'ALENÇON à ANGOULÊME.

Le Mans	56ᵏ
Angoulême	313
(fer)	369

N° 358. D'ALENÇON à ARRAS.

Paris	267ᵏ
Arras	209
(fer)	476

N° 359. D'ALENÇON à AUCH.

Le Mans	56ᵏ
Bordeaux	446
Auch	186
	688

N° 360. D'ALENÇON à AURILLAC.

Le Mans	56ᵏ
Clermont	540
Aurillac	157
	753

N° 361. D'ALENÇON à AUXERRE.

Paris	267ᵏ
Auxerre	175
(fer)	442

N° 362. D'ALENÇON à AVIGNON.

Lyon	692ᵏ
Avignon	231
	923

N° 363. D'ALENÇON à BAR-LE-DUC.

Paris	267ᵏ
Bar-le-Duc	254
(fer)	521

N° 364. D'ALENÇON à BARÉGES.

Le Mans	56ᵏ
Bordeaux	446
Tarbes	230
Baréges	57
	789

N° 365. D'ALENÇON à BAYONNE.

Le Mans	56ᵏ
Bordeaux	446
Bayonne	198
(fer)	700

N° 366. D'ALENÇON à BEAUVAIS.

Paris	267ᵏ
Beauvais	105
(fer)	372

N° 367. D'ALENÇON à BELFORT.

Paris	267ᵏ
Belfort	443
(fer)	710

N° 368. D'ALENÇON à BESANÇON.

Paris	267ᵏ
Besançon	406
(fer)	673

N° 369. D'ALENÇON à BLOIS.

Blois (par le Mans et Tours) (fer)	212ᵏ

N° 370. D'ALENÇON à BORDEAUX.

Le Mans	56ᵏ
Bordeaux	446
(fer)	502

N° 371. D'ALENÇON à BOULOGNE.

Paris	267ᵏ
Boulogne	271
(fer)	538

N° 372. D'ALENÇON à BOURBONNE.

Paris	267ᵏ
Bourbonne	345
	612

N° 373. D'ALENÇON à BOURG.

Paris	267ᵏ
Mâcon	441
Bourg	38
(fer)	746

N° 374. D'ALENÇON à BOURGES.

Le Mans	56ᵏ
Bourges	326
(fer)	382

N° 375. D'ALENÇON à BREST.

Rennes	219ᵏ
Brest	245
	464

N° 376. D'ALENÇON à BRIANÇON.

Lyon	692ᵏ
Grenoble	150
Briançon	119
	961

N° 377. D'ALENÇON à CAEN.

Caen	101ᵏ

N° 378. D'ALENÇON à CAHORS.

Le Mans	56ᵏ
Angoulême	313
Cahors	229
	598

N° 379. D'ALENÇON à CALAIS.

Paris	267ᵏ
Calais	372
(fer)	639

N° 380. D'ALENÇON à CAMBRAI.

Paris	267^k
Cambrai.	223
(fer)	490

N° 381. D'ALENÇON à CARCASSONNE.

Le Mans.	56^k
Bordeaux	446
Carcassonne	348
(fer)	850

N° 382. D'ALENÇON à CETTE.

Le Mans.	56^k
Bordeaux	446
Cette	476
(fer)	978

N° 383. D'ALENÇON à CHALONS-SUR-MARNE.

Paris	267^k
Châlons-sur-Marne. . .	173
(fer)	440

N° 384. D'ALENÇON à CHALON-SUR-SAONE.

Paris	267^k
Chalon-sur-Saône. . . .	383
(fer)	650

N° 385. D'ALENÇON à CHARTRES.

Chartres . . . . . (fer)	180^k

N° 386. D'ALENÇON à CHATEAUROUX.

Le Mans.	56^k
Châteauroux.	357
(fer)	413

N° 387. D'ALENÇON à CHERBOURG.

Caen	101^k
Cherbourg.	131
	232

N° 388. D'ALENÇON à CLERMONT.

Le Mans.	56^k
Clermont	540
(fer)	596

N° 389. D'ALENÇON à COLMAR.

Paris	267^k
Colmar	568
(fer)	835

N° 390. D'ALENÇON à COMPIÈGNE.

Paris	267^k
Compiègne.	101
(fer)	368

N° 391. D'ALENÇON à DIGNE.

Le Mans.	56^k
Lyon	636
Digne	296
	988

N° 392. D'ALENÇON à DIJON.

Paris	267^k
Dijon	315
(fer)	582

N° 393. D'ALENÇON à DOUAI.

Paris	267^k
Douai	235
(fer)	502

N° 394. D'ALENÇON à DRAGUIGNAN.

Le Mans.	56^k
Lyon	636
Draguignan	391
	1,083

N° 395. D'ALENÇON à DUNKERQUE.

Paris	267^k
Dunkerque	351
(fer)	618

N° 396. D'ALENÇON à ÉPINAL.

Paris	267^k
Épinal.	427
(fer)	694

N° 397. D'ALENÇON à ÉVREUX.

Évreux.	116^k

N° 398. D'ALENÇON à LA FÈRE.

Paris	267^k
La Fère	153
(fer)	420

N° 399. D'ALENÇON à FOIX.

Le Mans.	56^k
Bordeaux	446
Toulouse.	257
Foix.	82
	841

N° 400. D'ALENÇON à FONTAINEBLEAU.

Paris	267^k
Fontainebleau	59
(fer)	326

N° 401. D'ALENÇON à GAP.

Le Mans.	56^k
Lyon.	636
Grenoble.	150
Gap	101
	943

N° 402. D'ALENÇON à GIVET.

Paris	267^k
Givet.	327
	594

N° 403. D'ALENÇON à GRENOBLE.

Le Mans.	56^k
Lyon.	636
Grenoble	150
	842

N° 404. D'ALENÇON à GUÉRET.

Le Mans.	56^k
Guéret.	469
	525

N° 405. D'ALENÇON à HAGUENAU.

Paris	267^k
Haguenau.	517
(fer)	784

N° 406. D'ALENÇON à LANGRES.

Paris	267^k
Langres.	297
(fer)	564

N° 407. D'ALENÇON à LAON.

Paris	267^k
Laon	175
(fer)	442

N° 408. D'ALENÇON à LAVAL.

Laval . . . . . (fer)	146^k

N° 409. D'ALENÇON à LILLE.

Paris	267^k
Lille.	268
(fer)	535

N° 410. D'ALENÇON à LIMOGES.

Le Mans.	56^k
Limoges.	494
(fer)	550

N° 411. D'ALENÇON à LONS-LE-SAUNIER.

Paris	267ᵏ
Chalon-sur-Saône	383
Lons-le-Saunier	64
	714

N° 412. D'ALENÇON à LORIENT.

Rennes	219ᵏ
Lorient	160
	379

N° 413. D'ALENÇON à LUNÉVILLE.

Paris	267ᵏ
Lunéville	386
(fer)	653

N° 414. D'ALENÇON à LYON.

Le Mans	56ᵏ
Lyon	636
	692

N° 415. D'ALENÇON à MACON.

Paris	267ᵏ
Mâcon	441
(fer)	708

N° 416. D'ALENÇON au MANS.

Le Mans . . . . (fer)	56ᵏ

N° 417. D'ALENÇON à MARSEILLE.

Le Mans	56ᵏ
Lyon	636
Marseille	352
	1,044

N° 418. D'ALENÇON à MAUBEUGE.

Paris	267ᵏ
Maubeuge	246
(fer)	513

N° 419. D'ALENÇON à MELUN.

Paris	267ᵏ
Melun	45
(fer)	312

N° 420. D'ALENÇON à MENDE.

Le Mans	56ᵏ
Clermont	540
Mende	186
	782

N° 421. D'ALENÇON à METZ.

Paris	267ᵏ
Metz	392
(fer)	659

N° 422. D'ALENÇON à MÉZIÈRES.

Paris	267ᵏ
Mézières	260
	527

N° 423. D'ALENÇON à MONTAUBAN.

Le Mans	56ᵏ
Bordeaux	426
Montauban	206
(fer)	708

N° 424. D'ALENÇON à MONTBRISON.

Le Mans	56ᵏ
Le Guétin	384
Montbrison	223
	663

N° 425. D'ALENÇON à MONT-DE-MARSAN.

Le Mans	56ᵏ
Bordeaux	446
Mont-de-Marsan	148
(fer)	650

N° 426. D'ALENÇON à MONTPELLIER.

Le Mans	56ᵏ
Bordeaux	446
Montpellier	504
(fer)	1006

N° 427. D'ALENÇON à MOULINS.

Le Mans	56ᵏ
Le Guétin	384
Moulins	51
(fer)	491

N° 428. D'ALENÇON à NANCY.

Paris	267ᵏ
Nancy	353
(fer)	620

N° 429. D'ALENÇON à NANTES.

Le Mans	56ᵏ
Nantes	176
(fer)	232

N° 430. D'ALENÇON à NAPOLÉON-VENDÉE.

Le Mans	56ᵏ
Angers	88
Napoléon-Vendée	125
	269

N° 431. D'ALENÇON à NEVERS.

Le Mans	56ᵏ
Le Guétin	384
Nevers	63
(fer)	503

N° 432. D'ALENÇON à NIMES.

Le Mans	56ᵏ
Lyon	636
Nimes	279
	971

N° 433. D'ALENÇON à NIORT.

Le Mans	56ᵏ
Niort	278
(fer)	334

N° 434. D'ALENÇON à ORLÉANS.

Le Mans	56ᵏ
Orléans	214
(fer)	270

N° 435. D'ALENÇON à PARIS.

Paris . . . . . . (fer)	267ᵏ

N° 436. D'ALENÇON à PAU.

Le Mans	56ᵏ
Bordeaux	446
Pau	213
	715

N° 437. D'ALENÇON à PÉRIGUEUX.

Le Mans	56ᵏ
Périgueux	393
(fer)	455

N° 438. D'ALENÇON à PERPIGNAN.

Le Mans	56ᵏ
Bordeaux	446
Perpignan	470
(fer)	972

N° 439. D'ALENÇON à POITIERS.

Le Mans	56ᵏ
Poitiers	200
(fer)	256

N° 440. D'ALENÇON à PRIVAS.

Le Mans	56ᵏ
Lyon	636
Privas	144
	836

N° 441. D'ALENÇON au PUY.

Le Mans	56^k
Le Guétin	384
Clermont	156
Le Puy	134
	730

N° 442. D'ALENÇON à QUIMPER.

Rennes (fer)	219^k
Quimper	227
	446

N° 443. D'ALENÇON à RENNES·

Rennes	219^k

N° 444. D'ALENÇON à ROCHEFORT.

Le Mans	56^k
Rochefort	342
(fer)	398

N° 445. D'ALENÇON à LA ROCHELLE.

Le Mans	56^k
La Rochelle	345
(fer)	401

N° 446. D'ALENÇON à RODEZ.

Rodez	696^k

N° 447. D'ALENÇON à ROUEN.

Rouen	142^k

N° 448. D'ALENÇON à SAINT-BRIEUC.

Rennes	219^k
Saint-Brieuc	100
	319

N° 449. D'ALENÇON à SAINT-ÉTIENNE.

Le Mans	56^k
Le Guétin	384
Saint-Étienne	237
(fer)	677

N° 450. D'ALENÇON à SAINT-GERMAIN.

Saint-Germain . . (fer)	278^k

N° 451. D'ALENÇON à SAINT-LO.

Saint-Lô	145^k

N° 452. D'ALENÇON à SAINT-OMER.

Paris	267^k
Saint-Omer	330
(fer)	597

N° 453. D'ALENÇON à SARREGUEMINES.

Paris	267^k
Sarreguemines	469
	736

N° 454. D'ALENÇON à SAUMUR.

Saumur	147^k

N° 455. D'ALENÇON à SCHELESTADT.

Paris	267^k
Schelestadt	546
(fer)	813

N° 456. D'ALENÇON à STRASBOURG.

Paris	267^k
Strasbourg	502
(fer)	769

N° 457. D'ALENÇON à TARBES.

Le Mans	56^k
Bordeaux	446
Tarbes	230
	732

N° 458. D'ALENÇON à THIONVILLE.

Paris	267^k
Thionville	419
(fer)	686

N° 459. D'ALENÇON à TOULON.

Le Mans	56^k
Lyon	636
Marseille	352
Toulon	60
	1,104

N° 460. D'ALENÇON à TOULOUSE.

Le Mans	56^k
Bordeaux	446
Toulouse	257
(fer)	759

N° 461. D'ALENÇON à TOURS.

Le Mans	56^k
Tours	99
(fer)	155

N° 462. D'ALENÇON à TROYES.

Paris	267^k
Troyes	167
(fer)	434

N° 463. D'ALENÇON à TULLE.

Le Mans	56^k
Limoges	494
Tulle	89
	639

N° 464. D'ALENÇON à VALENCE.

Le Mans	56^k
Lyon	636
Valence	106
	798

N° 465. D'ALENÇON à VALENCIENNES.

Paris	267^k
Valenciennes	268
(fer)	535

N° 466. D'ALENÇON à VANNES.

Rennes	219^k
Vannes	103
	322

N° 467. D'ALENÇON à VERDUN.

Paris	267^k
Verdun	253
	520

N° 468. D'ALENÇON à VERNON.

Vernon	148^k

N° 469. D'ALENÇON à VERSAILLES.

Le Mans	56^k
Versailles	195
(fer)	251

N° 470. D'ALENÇON à VESOUL.

Paris	267^k
Vesoul	381
(fer)	648

AMIENS.

N° 471. D'AMIENS à ANGERS.

Paris	148^k
Angers	339
(fer)	487

N° 472. D'AMIENS à ANGOULÊME.

Paris	148
Angoulême	445
(fer)	593

N° 473. D'AMIENS à ARRAS.

Arras . . . . . . (fer) 67

N° 474. . D'AMIENS à AUCH.

Paris . . . . 148^k
Bordeaux 578
Auch 213
———
939

N° 475. D'AMIENS à AURILLAC

Paris . . . . 148^k
Clermont 446
Aurillac 157
———
751

N° 476. D'AMIENS à AUXERRE.

Paris . . . . 148^k
Auxerre 175
———
(fer) 323

N° 477. D'AMIENS à AVIGNON.

Paris . . . . 148^k
Avignon 742
———
(fer) 890

N° 478. D'AMIENS à BAR-LE-DUC.

Paris . . . . 148^k
Bar-le-Duc 254
———
(fer) 402

N° 479. D'AMIENS à BARÉGES.

Paris . . . . 148^k
Bordeaux 578
Tarbes 230
Baréges 57
———
1,013

N° 480. D'AMIENS à BAYONNE.

Paris . . . . 148^k
Bordeaux 578
Bayonne 198
———
(fer) 924

N° 481. D'AMIENS à BEAUVAIS.

Beauvais . . . . . (fer) 118^k

N° 482. D'AMIENS à BELFORT.

Paris . . . . 148^k
Belfort 443
———
(fer) 591

N° 483. D'AMIENS à BESANÇON.

Paris . . . . 148^k
Besançon 406
———
(fer) 554

N° 484. D'AMIENS à BLOIS.

Paris . . . . 148^k
Blois 178
———
(fer) 326

N° 485. D'AMIENS à BORDEAUX.

Paris . . . . 148^k
Bordeaux 578
———
(fer) 726

N° 486. D'AMIENS à BOULOGNE.

Boulogne . . . . . (fer) 123^k

N° 487. D'AMIENS à BOURBONNE.

Paris . . . . 148^k
Bourbonne 345
———
493

N° 488. D'AMIENS à BOURG

Paris . . . . 148^k
Mâcon 441
Bourg 38
———
(fer) 627

N° 489. D'AMIENS à BOURGES.

Paris . . . . 148^k
Bourges 232
———
(fer) 380

N° 490. D'AMIENS à BREST.

Paris . . . . 148^k
Rennes 373
Brest 245
———
766

N° 491. D'AMIENS à BRIANÇON.

Paris . . . . 148^k
Lyon 512
Grenoble 150
Briançon 119
———
929

N° 492. D'AMIENS à CAEN.

Paris . . . . 148^k
Caen 239
———
(fer) 387

N° 493. D'AMIENS à CAHORS.

Paris . . . . 148^k
Limoges 400
Cahors 197
———
745

N° 494. D'AMIENS à CALAIS.

Calais . . . . . . (fer) 231^k

N° 495. D'AMIENS à CAMBRAI.

Cambrai . . . . . (fer) 131^k

N° 496. D'AMIENS à CARCASSONNE.

Paris . . . . 148^k
Bordeaux 578
Carcassonne 348
———
(fer) 1,074

N° 497. D'AMIENS à CETTE.

Paris . . . . 148^k
Cette 868
———
(fer) 1,076

N° 498. D'AMIENS à CHALONS-SUR-MARNE.

Châlons-sur-Marne (fer) 302

N° 499. D'AMIENS à CHALON-SUR-SAONE.

Paris . . . . 148^k
Chalon-sur Saône 383
———
(fer) 531

N° 500. D'AMIENS à CHARTRES.

Paris . . . . 148^k
Chartres 88
———
(fer) 236

N° 501. D'AMIENS à CHATEAUROUX.

Paris . . . . 148^k
Châteauroux 263
———
(fer) 411

N° 502. D'AMIENS à CHERBOURG.

Paris . . . . 148^k
Cherbourg 370
———
(fer) 518

N° 503. D'AMIENS à CLERMONT.

Paris . . . . 148^k
Clermont 446
———
(fer) 594

N° 504. D'AMIENS à COLMAR.

Châlons-sur-Marne . . . 302^k
Colmar 396
———
(fer) 698

N° 505. D'AMIENS à COMPIÈGNE.

Compiègne . , . . (fer) 114^k

N° 506. D'AMIENS À DIGNE.

Paris 148ᵏ
Lyon 512
Digne. 296
_____
956

N° 507. D'AMIENS À DIJON.

Paris 148ᵏ
Dijon 315
_____
(fer) 463

N° 508. D'AMIENS À DOUAI.

Douai . . . . . . (fer) 94ᵏ

N° 509. D'AMIENS À DRAGUIGNAN.

Paris. 148ᵏ
Avignon. 742
Draguignan 186
_____
1,076

N° 510. D'AMIENS À DUNKERQUE.

Dunkerque. . . . (fer) 209ᵏ

N° 511. D'AMIENS À ÉPINAL.

Châlons-sur-Marne. . . 302ᵏ
Épinal (par Laon et Reims). . 255
_____
(fer) 557

N° 512. D'AMIENS À ÉVREUX.

Évreux 166ᵏ

N° 513. D'AMIENS À LA FÈRE.

La Fère. . . . . . (fer) 166ᵏ

N° 514. D'AMIENS À FOIX.

Paris 148ᵏ
Bordeaux 578
Toulouse 257
Foix. 82
_____
1,065

N° 515. D'AMIENS À FONTAINEBLEAU.

Paris 148ᵏ
Fontainebleau. 59
_____
(fer) 207

N° 516. D'AMIENS À GAP.

Paris 148ᵏ
Lyon 512
Grenoble 150
Gap 101
_____
911

N° 517. D'AMIENS À GIVET.

Laon 188ᵏ
Mézières. 128
Givet 67
_____
383

N° 518. D'AMIENS À GRENOBLE.

Paris 148ᵏ
Lyon 512
Grenoble 150
_____
(fer) 810

N° 519. D'AMIENS À GUÉRET.

Paris 148ᵏ
Guéret. 374
_____
522

N° 520. D'AMIENS À HAGUENAU.

Châlons-sur-Marne. . . 302
Haguenau. 345
_____
(fer) 647

N° 521. D'AMIENS À LANGRES.

Paris 148ᵏ
Langres. 297
_____
(fer) 445

N° 522. D'AMIENS À LAON.

Laon . . . . . . (fer) 188ᵏ

N° 523. D'AMIENS À LAVAL.

Paris 148ᵏ
Laval 301
_____
(fer) 449

N° 524. D'AMIENS À LILLE.

Lille. . . . . . . (fer) 127ᵏ

N° 525. D'AMIENS À LIMOGES.

Paris. 148
Limoges. 400
_____
(fer) 548

N° 526. D'AMIENS À LONS-LE-SAUNIER.

Paris 148ᵏ
Chalon-sur-Saône . . . 383
Lons-le-Saunier 64
_____
595

N° 527. D'AMIENS À LORIENT.

Paris 148ᵏ
Rennes 373
Lorient 160
_____
681

N° 528. D'AMIENS À LUNÉVILLE.

Châlons-sur-Marne. . . 302ᵏ
Lunéville 213
_____
(fer) 515

N° 529. D'AMIENS À LYON.

Paris 148ᵏ
Lyon 512
_____
(fer) 660

N° 530. D'AMIENS À MACON.

Paris. 148ᵏ
Mâcon. 441
_____
(fer) 589

N° 531. D'AMIENS AU MANS.

Paris 148ᵏ
Le Mans 211
_____
(fer) 359

N° 532. D'AMIENS À MARSEILLE.

Paris. 148ᵏ
Marseille 863
_____
(fer) 1,011

N° 533. D'AMIENS À MAUBEUGE.

Maubeuge . . . . (fer) 204ᵏ

N° 534. D'AMIENS À MELUN.

Paris. 148ᵏ
Melun. 45
_____
(fer) 193

N° 535. D'AMIENS À MENDE.

Paris 148ᵏ
Clermont 446
Mende. 186
_____
780

N° 536. D'AMIENS À METZ.

Châlons-sur-Marne. . . 302ᵏ
Metz. 220
_____
(fer) 522

N° 537. D'AMIENS À MÉZIÈRES.

Laon 188ᵏ
Mézières. 128
_____
(fer) 316

N° 538. D'AMIENS À MONTAUBAN.

Paris. 148ᵏ
Bordeaux 578
Montauban 206
_____
(fer) 932

N° 539. D'AMIENS à MONTBRISON.

Paris	148ᵏ
Montbrison	516
	664

N° 540. D'AMIENS à MONT-DE-MARSAN.

Paris	148ᵏ
Bordeaux	578
Mont-de-Marsan	148
(fer)	874

N° 541. D'AMIENS à MONTPELLIER.

Paris	148ᵏ
Montpellier	840
(fer)	988

N° 542. D'AMIENS à MOULINS.

Paris	148ᵏ
Moulins	340
(fer)	488

N° 543. D'AMIENS à NANCY.

Châlons-sur-Marne	302ᵏ
Nancy	181
(fer)	483

N° 544. D'AMIENS à NANTES.

Paris	148ᵏ
Nantes	427
(fer)	575

N° 545. D'AMIENS à NAPOLÉON-VENDÉE

Paris	148ᵏ
Napoléon-Vendée	464
	612

N° 546. D'AMIENS à NEVERS.

Paris	148ᵏ
Nevers	301
(fer)	449

N° 547. D'AMIENS à NIMES.

Paris	148ᵏ
Nîmes	791
(fer)	939

N° 548. D'AMIENS à NIORT.

Paris	148ᵏ
Niort	410
(fer)	558

N° 549. D'AMIENS à ORLÉANS.

Paris	148ᵏ
Orléans	121
(fer)	269

N° 550. D'AMIENS à PARIS.

Paris	(fer) 148ᵏ

N° 551. D'AMIENS à PAU.

Paris	148ᵏ
Bordeaux	578
Pau	213
	939

N° 552. D'AMIENS à PÉRIGUEUX.

Paris	148ᵏ
Périgueux	495
	643

N° 553. D'AMIENS à PERPIGNAN.

Paris	148ᵏ
Cette	868
Perpignan	134
(fer)	1,150

N° 554. D'AMIENS à POITIERS.

Paris	148ᵏ
Poitiers	332
(fer)	480

N° 555. D'AMIENS à PRIVAS.

Paris	148ᵏ
Lyon	512
Privas	144
	804

N° 556. D'AMIENS au PUY.

Paris	148ᵏ
Clermont	446
Le Puy	134
	728

N° 557. D'AMIENS à QUIMPER.

Paris	148ᵏ
Rennes	373
Quimper	227
	748

N° 558. D'AMIENS à RENNES.

Paris	148ᵏ
Rennes	373
(fer)	521

N° 559. D'AMIENS à ROCHEFORT.

Paris	148ᵏ
Rochefort	474
(fer)	622

N° 560. D'AMIENS à LA ROCHELLE.

Paris	148ᵏ
La Rochelle	477
(fer)	625

N° 561. D'AMIENS à RODEZ.

Paris	148ᵏ
Clermont	446
Rodez	225
	819

N° 562. D'AMIENS à ROUEN.

Rouen	113ᵏ

N° 563. D'AMIENS à SAINT-BRIEUC.

Paris	148ᵏ
Rennes	373
Saint-Brieuc	100
	621

N° 564. D'AMIENS à SAINT-ÉTIENNE.

Paris	148ᵏ
Saint-Étienne	521
	669

N° 565. D'AMIENS à SAINT-GERMAIN.

Paris	148ᵏ
Saint-Germain	23
(fer)	171

N° 566. D'AMIENS à SAINT-LO.

Paris	148ᵏ
Saint-Lô	314
(fer)	462

N° 567. D'AMIENS à SAINT-OMER.

Saint-Omer	(fer) 189ᵏ

N° 568. D'AMIENS à SARREGUEMINES.

Châlons-sur-Marne	302ᵏ
Sarreguemines	297
	599

N° 569. D'AMIENS à SAUMUR.

Paris	148ᵏ
Saumur	295
	fer 443

N° 570. D'AMIENS à SCHELESTADT.

Châlons-sur-Marne. . . 302^k
Schelestadt. 373

(fer) 675

N° 571. D'AMIENS à STRASBOURG.

Châlons-sur-Marne. . . 302^k
Strasbourg. 330

(fer) 632

N° 572. D'AMIENS à TARBES.

Paris. . . . . 148^k
Bordeaux. 578
Tarbes. 230

956

N° 573. D'AMIENS à THIONVILLE.

Châlons-sur-Marne. . . 302^k
Thionville. 246

(fer) 548

N° 574. D'AMIENS à TOULON.

Paris. . . . . 148^k
Marseille. 863
Toulon. 60

1,071

N° 575. D'AMIENS à TOULOUSE.

Paris. . . . . 148^k
Bordeaux 578
Toulouse. 257

(fer) 983

N° 576. D'AMIENS à TOURS.

Paris . . . . 148^k
Tours 234

(fer) 382

N° 577. D'AMIENS à TROYES.

Paris. . . . . 148^k
Troyes. 167

(fer) 315

N° 578. D'AMIENS à TULLE.

Paris. . . . . 148^k
Limoges. 400
Tulle. 89

637

N° 579. D'AMIENS à VALENCE.

Paris. . . . . 148^k
Valence. 618

(fer) 766

N° 580. D'AMIENS à VALENCIENNES.

Valenciennes. . . (fer) 126^k

N° 581. D'AMIENS à VANNES.

Paris. . . . . 148^k
Rennes. 373
Vannes 103

624

N° 582. D'AMIENS à VERDUN.

Châlons-sur-Marne. . . 302
Verdun. 81

383

N° 583. D'AMIENS à VERNON.

Paris. . . . . 148^k
Vernon. 80

(fer) 228

N° 584. D'AMIENS à VERSAILLES.

Paris. . . . . 148^k
Versailles 17

(fer) 165

N° 585. D'AMIENS à VESOUL.

Paris . . . . 148^k
Vesoul. 381

(fer) 529

ANGERS.

N° 586. D'ANGERS à ANGOULÊME.

Angoulême. . . . (fer) 321^k

N° 587. D'ANGERS à ARRAS.

Paris. . . . . 339^k
Arras. 209

(fer) 548

N° 588. D'ANGERS à AUCH.

Bordeaux . . . . . . 454^k
Auch 186

640

N° 589. D'ANGERS à AURILLAC.

Limoges. . . . . . . 500^k
Aurillac. 174

674

N° 590. D'ANGERS à AUXERRE.

Auxerre. . . . . . . 371^k

N° 591. D'ANGERS à AVIGNON.

Lyon. . . . . 629^k
Avignon. 231

860

N° 592. D'ANGERS à BAR-LE-DUC.

Paris. . . . . 339^k
Bar-le-Duc. 254

(fer) 593

N° 593. D'ANGERS à BARÉGES.

Bordeaux. . . . . . . 454^k
Tarbes. 230
Baréges 57

741

N° 594. D'ANGERS à BAYONNE.

Bordeaux. . . . . . . 454^k
Bayonne. 198

(fer) 652

N° 595. D'ANGERS à BEAUVAIS.

Paris. . . . . 339^k
Beauvais. 105

(fer) 444

N° 596. D'ANGERS à BELFORT.

Paris. . . . . 339^k
Belfort. 443

(fer) 782

N° 597. D'ANGERS à BESANÇON.

Paris. . . . . 339^k
Besançon. 406

(fer) 745

N° 598. D'ANGERS à BLOIS.

Blois. . . . . . . (fer) 162^k

N° 599. D'ANGERS à BORDEAUX.

Bordeaux . . . . (fer) 454^k

N° 600. D'ANGERS à BOULOGNE.

Paris. . . . . 339^k
Boulogne. 271

(fer) 610

N° 601. D'ANGERS à BOURBONNE.

Paris. . . . . 339^k
Bourbonne. 345

684

N° 602. D'ANGERS à BOURG.

Mâcon 517ᵏ
Bourg 34
_____
551

N° 603. D'ANGERS à BOURGES.

Bourges . . . . . (fer) 332ᵏ

N° 604. D'ANGERS à BREST.

Rennes 125ᵏ
Brest 245
_____
370

N° 605. D'ANGERS à BRIANÇON.

Lyon 629ᵏ
Grenoble 150
Briançon 119
_____
898

N° 606. D'ANGERS à CAEN.

Caen 245ᵏ

N° 607. D'ANGERS à CAHORS.

Cahors 534ᵏ

N° 608. D'ANGERS à CALAIS.

Paris 339ᵏ
Calais 372
_____
(fer) 711

N° 609. D'ANGERS à CAMBRAI.

Paris 339ᵏ
Cambrai 223
_____
(fer) 562

N° 610. D'ANGERS à CARCASSONNE.

Bordeaux 454ᵏ
Carcassonne 348
_____
(fer) 802

N° 611. D'ANGERS à CETTE.

Bordeaux 454ᵏ
Cette 476
_____
(fer) 930

N° 612. D'ANGERS à CHALONS-S.-MARNE.

Paris 339ᵏ
Châlons-sur-Marne . . . 173
_____
(fer) 512

N° 613. D'ANGERS à CHALON-S.-SAONE.

Chalon-sur-Saône 557ᵏ

N° 614. D'ANGERS à CHARTRES.

Chartres 212ᵏ

N° 615. D'ANGERS à CHATEAUROUX.

Châteauroux . . . (fer) 363ᵏ

N° 616. D'ANGERS à CHERBOURG.

Cherbourg 304ᵏ

N° 617. D'ANGERS à CLERMONT.

Clermont 538ᵏ

N° 618. D'ANGERS à COLMAR.

Paris 339ᵏ
Colmar 568
_____
(fer) 907

N° 619. D'ANGERS à COMPIÈGNE.

Paris 339ᵏ
Compiègne 101
_____
(fer) 440

N° 620. D'ANGERS à DIGNE.

Lyon 629ᵏ
Digne 296
_____
925

N° 621. D'ANGERS à DIJON.

Dijon 592ᵏ

N° 622. D'ANGERS à DOUAI.

Paris 339ᵏ
Douai 235
_____
(fer) 574

N° 623. D'ANGERS à DRAGUIGNAN.

Lyon 629ᵏ
Avignon 231
Draguignan 186
_____
1,046

N° 624. D'ANGERS à DUNKERQUE.

Paris 339ᵏ
Dunkerque 351
_____
(fer) 690

N° 625. D'ANGERS à ÉPINAL.

Paris 339ᵏ
Épinal 427
_____
(fer) 766

N° 626. D'ANGERS à ÉVREUX.

Évreux 253ᵏ

N° 627. D'ANGERS à LA FÈRE.

Paris 339ᵏ
La Fère 153
_____
(fer) 492

N° 628. D'ANGERS à FOIX.

Bordeaux 454ᵏ
Toulouse 257
Foix 82
_____
793

N° 629. D'ANGERS à FONTAINEBLEAU.

Paris 339ᵏ
Fontainebleau 59
_____
(fer) 398

N° 630. D'ANGERS à GAP.

Lyon 629ᵏ
Grenoble 150
Gap 101
_____
880

N° 631. D'ANGERS à GIVET.

Paris 339ᵏ
Givet 327
_____
666

N° 632. D'ANGERS à GRENOBLE.

Lyon 629ᵏ
Grenoble 150
_____
779

N° 633. D'ANGERS à GUÉRET.

Guéret 474ᵏ

N° 634. D'ANGERS à HAGUENAU.

Paris 339ᵏ
Haguenau 517
_____
(fer) 856

N° 635. D'ANGERS à LANGRES.

Paris 339ᵏ
Langres 297
_____
(fer) 636

N° 636. D'ANGERS à LAON.

Paris 339ᵏ
Laon 175
_____
(fer) 514

N° 637. D'ANGERS à LAVAL.

Laval 74ᵏ

N° **638.** D'ANGERS à LILLE.

Paris.. . . . . 339^k
Lille 238

(fer) 607

N° **639.** D'ANGERS à LIMOGES.

Limoges . . . . . (fer) 500

N° **640.** D'ANGERS à LONS-LE-SAUNIER

Lons-le-Saunier . . . . 621^k

N° **641.** D'ANGERS à LORIENT.

Nantes. . . . . 88^k
Lorient 164

252

N° **642.** D'ANGERS à LUNÉVILLE.

Paris.. . . . . 339^k
Lunéville 386

(fer) 725

N° **643.** D'ANGERS à LYON.

Lyon . . . . 629^k

N° **644.** D'ANGERS à MACON.

Mâcon. . . . . 517^k

N° **645.** D'ANGERS au MANS.

Le Mans . . . . 88^k

N° **646.** D'ANGERS à MARSEILLE.

Lyon . . . . 629^k
Marseille. 352

981

N° **647.** D'ANGERS à MAUBEUGE.

Paris . . . . 339^k
Maubeuge. 246

(fer) 585

N° **648.** D'ANGERS à MELUN.

Paris . . . . 339^k
Melun. 45

384

N° **649.** D'ANGERS à MENDE.

Limoges. . . . . . . 500^k
Aurillac 174
Mende. 160

834

N° **650.** D'ANGERS à METZ.

Paris . . . . 339^k
Metz. 392

(fer) 731

N° **651.** D'ANGERS à MÉZIÈRES.

Paris . . . . 339^k
Mézières. 260

599

N° **652.** D'ANGERS à MONTAUBAN.

Bordeaux . . . . . . 453^k
Montauban. 206

(fer) 660

N° **653.** D'ANGERS à MONTBRISON.

Moulins . . . . 443^k
Montbrison. 160

603

N° **655.** D'ANGERS à MONT-DE-MARSAN.

Bordeaux . . . . . . 454^k
Mont-de-Marsan 148

(fer) 602

N° **655** D'ANGERS à MONTPELLIER.

Lyon.. . . . . 629^k
Montpellier 329

958

N° **656.** D'ANGERS à MOULINS.

Moulins . . . . 443^k

N° **657.** D'ANGERS à NANCY.

Paris.. . . . . 339^k
Nancy. 353

(fer) 692

N° **658.** D'ANGERS à NANTES.

Nantes. . . . . (fer) 88^k

N° **659.** D'ANGERS à NAPOLÉON-VENDÉE

Napoléon-Vendée. . . . 125^k

N° **660.** D'ANGERS à NEVERS.

Nevers. . . . . (fer) 401^k

N° **661.** D'ANGERS à NIMES.

Lyon . . . . 629^k
Nîmes. 279

908

N° **662.** D'ANGERS à NIORT.

Niort. . . . . . (fer) 286^k

N° **663.** D'ANGERS à ORLÉANS.

Orléans . . . . (fer) 220^k

N° **664.** D'ANGERS à PARIS.

Paris . . . . 339^k

N° **665.** D'ANGERS à PAU.

Bordeaux . . . . . . 454^k
Pau. 213

667

N° **666.** D'ANGERS à PÉRIGUEUX.

Périgueux. . . . . . 407^k

N° **667.** D'ANGERS à PERPIGNAN.

Bordeaux . . . . . . 454^k
Perpignan. . . . (fer) 470

924

N° **668.** D'ANGERS à POITIERS.

Poitiers . . . . (fer) 209

N° **669.** D'ANGERS à PRIVAS.

Lyon . . . . 629^k
Privas. 144

773

N° **670.** D'ANGERS au PUY.

Clermont. . . . . . . 546^k
Le Puy 134

680

N° **671.** D'ANGERS à QUIMPER.

Nantes. . . . . 88^k
Quimper. 231

319

N° **672.** D'ANGERS à RENNES.

Rennes . . . . . (fer) 125^k

N° **673.** D'ANGERS à ROCHEFORT.

Rochefort. . . . . (fer) 350^k

N° **674.** D'ANGERS à LA ROCHELLE.

La Rochelle. . . . (fer) 353^k

N° **675.** D'ANGERS à RODEZ.

Rodez. . . . . 614^k

N° **676.** D'ANGERS à ROUEN.

Paris.. . . . . 339^k
Rouen. 137

(fer) 476

N° 677. D'ANGERS à SAINT-BRIEUC.

Rennes	125^k
Saint-Brieuc	100
	225

N° 678. D'ANGERS à SAINT-ÉTIENNE.

Le Guétin	390^k
Saint-Étienne	237
(fer)	627

N° 679. D'ANGERS à SAINT-GERMAIN.

Paris	339^k
Saint-Germain	23
(fer)	362

N° 680. D'ANGERS à SAINT-LO.

Saint-Lô	227^k

N° 681. D'ANGERS à SAINT-OMER.

Paris	339^k
Saint-Omer	330
(fer)	669

N° 682. D'ANGERS à SARREGUEMINES.

Paris	339^k
Sarreguemines	469
	808

N° 683. D'ANGERS à SAUMUR.

Saumur	(fer) 44^k

N° 684. D'ANGERS à SCHELESTADT.

Paris	339^k
Schelestadt	546
(fer)	885

N° 685. D'ANGERS à STRASBOURG.

Paris	339^k
Strasbourg	502
(fer)	841

N° 686. D'ANGERS à TARBES.

Bordeaux	454^k
Tarbes	230
	684

N° 687. D'ANGERS à THIONVILLE.

Paris	339^k
Thionville	419
(fer)	758

N° 688. D'ANGERS à TOULON.

Lyon	629^k
Marseille	352
Toulon	60
(fer)	1,041

N° 689. D'ANGERS à TOULOUSE.

Bordeaux	454^k
Toulouse	257
(fer)	711

N° 690. D'ANGERS à TOURS.

Tours	108^k

N° 691. D'ANGERS à TROYES.

Paris	339^k
Troyes	167
(fer)	506

N° 692. D'ANGERS à TULLE.

Limoges	500^k
Tulle	89
	589

N° 693. D'ANGERS à VALENCE.

Lyon	629^k
Valence	106
	735

N° 694. D'ANGERS à VALENCIENNES.

Paris	339^k
Valenciennes	268
(fer)	607

N° 695. D'ANGERS à VANNES.

Nantes	88^k
Vannes	108
	196

N° 696. D'ANGERS à VERDUN.

Paris	339^k
Verdun	253
	592

N° 697. D'ANGERS à VERNON.

Paris	339^k
Vernon	80
(fer)	419

N° 698. D'ANGERS à VERSAILLES.

Versailles	282^k

N° 699. D'ANGERS à VESOUL.

Paris	339^k
Vesoul	381
(fer)	720

ANGOULÊME.

N° 700. D'ANGOULÊME à ARRAS.

Paris	445^k
Arras	209
(fer)	654

N° 700. D'ANGOULÊME à AUCH.

Bordeaux	133^k
Auch	186
	319

N° 702. D'ANGOULÊME à AURILLAC.

Aurillac	273^k

N° 703. D'ANGOULÊME à AUXERRE.

Paris	445^k
Auxerre	175
(fer)	620

N° 704. D'ANGOULÊME à AVIGNON.

Bordeaux	133^k
Avignon	602
(fer)	735

N° 705. D'ANGOULÊME à BAR-LE-DUC.

Paris	445^k
Bar-le-Duc	254
(fer)	699

N° 706. D'ANGOULÊME à BARÉGES.

Bordeaux	133^k
Tarbes	230
Baréges	57
	420

N° 707. D'ANGOULÊME à BAYONNE.

Bordeaux	133^k
Bayonne	198
(fer)	331

N° 708. D'ANGOULÊME à BEAUVAIS.

Paris	445^k
Beauvais	105
(fer)	550

N° 709. D'ANGOULÊME À BELFORT.

Lyon 466
Belfort 346
___
812

N° 710. D'ANGOULÊME À BESANÇON.

Lyon . . . . 466^k
Besançon 250
___
716

N° 711. D'ANGOULÊME À BLOIS.

Blois . . . . . . (fer) 268^k

N° 712. D'ANGOULÊME À BORDEAUX.

Bordeaux . . . . (fer) 133^k

N° 713. D'ANGOULÊME À BOULOGNE.

Paris . . . . 445^k
Boulogne . . . . (fer) 271
___
716

N° 714. D'ANGOULÊME À BOURBONNE.

Paris . . . . 445^k
Bourbonne 345
___
790

N° 715. D'ANGOULÊME À BOURG.

Bourg 493

N° 716. D'ANGOULÊME À BOURGES.

Bourges . . . . (fer) 438^k

N° 717. D'ANGOULÊME À BREST.

Nantes . . . . 409^k
Brest 323
___
732

N° 718. D'ANGOULÊME À BRIANÇON.

Lyon . . . . 466^k
Grenoble 150
Briançon 119
___
735

N° 719. D'ANGOULÊME À CAEN.

Le Mans . . . . 313^k
Caen 157
___
470

N° 720. D'ANGOULÊME À CAHORS.

Cahors . . . . 229^k

N° 721. D'ANGOULÊME À CALAIS.

Paris . . . . 445^k
Calais 372
___
(fer) 817

N° 722. D'ANGOULÊME À CAMBRAI.

Paris . . . . 445^k
Cambrai 223
___
(fer) 668

N° 723. D'ANGOULÊME À CARCASSONNE

Bordeaux . . . . . . 133^k
Carcassonne 348
___
(fer) 481

N° 724. D'ANGOULÊME À CETTE.

Bordeaux . . . . . . 133^k
Cette 476
___
(fer) 609

N° 725. D'ANGOULÊME À CHALONS-SUR-
MARNE.

Paris . . . . 445^k
Châlons-sur Marne . . . 173
___
(fer) 618

N° 726. D'ANGOULÊME À CHALON-SUR-
SAONE.

Chalon-sur-Saône . . . 473^k

N° 727. D'ANGOULÊME À CHARTRES.

Le Mans . . . . 313^k
Chartres 124
___
(fer) 437

N° 728. D'ANGOULÊME À CHATEAU-
ROUX.

Châteauroux . . (fer) 469^k

N° 729. D'ANGOULÊME À CHERBOURG.

Cherbourg 572

N° 730. D'ANGOULÊME À CLERMONT.

Le Guétin 507
Clermont 156
___
(fer) 663

N° 731. D'ANGOULÊME À COLMAR.

Paris . . . . 445^k
Colmar 568
___
(fer) 1,013

N° 732. D'ANGOULÊME À COMPIÈGNE.

Paris . . . . 445^k
Compiègne 101
___
(fer) 546

N° 733. D'ANGOULÊME À DIGNE.

Lyon . . . . 466^k
Digne 296
___
762

N° 734. D'ANGOULÊME À DIJON.

Dijon . . . . 508^k

N° 735. D'ANGOULÊME À DOUAI.

Paris . . . . 445^k
Douai 235
___
(fer) 680

N° 736. D'ANGOULÊME À DRAGUIGNAN.

Bordeaux . . . . . . 133^k
Avignon 602
Draguignan 186
___
921

N° 737. D'ANGOULÊME À DUNKERQUE.

Paris . . . . 445^k
Dunkerque 351
___
(fer) 796

N° 738. D'ANGOULÊME À ÉPINAL.

Paris . . . . 445^k
Épinal 427
___
(fer) 872

N° 739. D'ANGOULÊME À ÉVREUX.

Paris . . . . 445^k
Évreux 108
___
(fer) 553

N° 740. D'ANGOULÊME À LA FÈRE.

Paris . . . . 445^k
La Fère 153
___
(fer) 598

N° 741. D'ANGOULÊME À FOIX.

Bordeaux . . . . . . 133^k
Toulouse 257
Foix 82
___
472

N° 742. D'ANGOULÊME À FONTAINE-
BLEAU.

Paris . . . . 445^k
Fontainebleau 59
___
(fer) 504

N° 743. D'ANGOULÊME à GAP.

Lyon . . . . 466^k
Lyon 466ᵏ
Grenoble 150
Gap 101
_____
717

N° 744. D'ANGOULÊME à GIVET.

Paris 445ᵏ
Givet 327
_____
772

N° 745. D'ANGOULÊME à GRENOBLE.

Lyon 466ᵏ
Grenoble 150
_____
616

N° 746. D'ANGOULÊME à GUÉRET.

Guéret 187ᵏ

N° 747. D'ANGOULÊME à HAGUENAU.

Paris 445ᵏ
Haguenau 517
(fer) 962

N° 748. D'ANGOULÊME à LANGRES.

Paris 445ᵏ
Langres 297
(fer) 742

N° 749. D'ANGOULÊME à LAON.

Paris 445ᵏ
Laon 175
(fer) 620

N° 750. D'ANGOULÊME à LAVAL.

Angers 313ᵏ
Laval 74
_____
387

N° 751. D'ANGOULÊME à LILLE.

Paris 445ᵏ
Lille 268
(fer) 713

N° 752. D'ANGOULÊME à LIMOGES.

Limoges 103ᵏ

N° 753. D'ANGOULÊME à LONS-LE-SAUNIER.

Lons-le-Saunier 537ᵏ

N° 754. D'ANGOULÊME à LORIENT.

Nantes 409ᵏ
Lorient 164
_____
573

N° 755. D'ANGOULÊME à LUNÉVILLE.

Paris 445ᵏ
Lunéville 386
(fer) 831

N° 756. D'ANGOULÊME à LYON.

Lyon 466ᵏ

N° 757. D'ANGOULÊME à MACON.

Mâcon 459ᵏ

N° 758. D'ANGOULÊME au MANS.

Le Mans . . . . . (fer) 313ᵏ

N° 759. D'ANGOULÊME à MARSEILLE.

Bordeaux 133ᵏ
Marseille 680
(fer) 813

N° 760. D'ANGOULÊME à MAUBEUGE.

Paris 445ᵏ
Maubeuge 246
(fer) 691

N° 761. D'ANGOULÊME à MELUN.

Paris 445ᵏ
Melun 45
(fer) 490

N° 762. D'ANGOULÊME à MENDE.

Mende 433ᵏ

N° 763. D'ANGOULÊME à METZ.

Paris 445ᵏ
Metz 392
(fer) 837

N° 764. D'ANGOULÊME à MÉZIÈRES.

Paris 445ᵏ
Mézières 260
_____
705

N° 765. D'ANGOULÊME à MONTAUBAN.

Bordeaux 133ᵏ
Montauban 206
(fer) 339

N° 766. D'ANGOULÊME à MONTBRISON.

Lyon 466ᵏ
Montbrison 101
_____
567

N° 767. D'ANGOULÊME à MONT-DE-MARSAN.

Bordeaux 133
Mont-de-Marsan . . . 148
(fer) 281

N° 768. D'ANGOULÊME à MONTPELLIER.

Bordeaux 133ᵏ
Montpellier 504
(fer) 637

N° 769. D'ANGOULÊME à MOULINS.

Le Guétin 507ᵏ
Moulins 51
(fer) 558

N° 770. D'ANGOULÊME à NANCY.

Paris 445ᵏ
Nancy 353
(fer) 798

N° 771. D'ANGOULÊME à NANTES.

Nantes . . . . . (fer) 409

N° 772. D'ANGOULÊME à NAPOLÉON-VENDÉE.

Niort 182ᵏ
Napoléon-Vendée . . . 87
_____
269

N° 773. D'ANGOULÊME à NEVERS.

Nevers . . . . . (fer) 507ᵏ

N° 774. D'ANGOULÊME à NIMES.

Bordeaux 133ᵏ
Nîmes 554
(fer) 687

N° 775. D'ANGOULÊME à NIORT.

Niort . . . . . (fer) 182

N° 776. D'ANGOULÊME à ORLÉANS.

Orléans . . . . . (fer) 326ᵏ

N° 777. D'ANGOULÊME à PARIS.

Paris . . . . . (fer) 445ᵏ

N° 778. D'ANGOULÊME à PAU.

Bordeaux 133ᵏ
Pau 213ᵏ
_____
346

N° 779. D'ANGOULÊME à PÉRIGUEUX.

Périgueux 86ᵏ

N° 780. D'ANGOULÊME à PERPIGNAN.

Bordeaux . . . . 133^k
Perpignan. 470

(fer) 603

N° 781. D'ANGOULÊME à POITIERS.

Poitiers . . . . (fer) 113^k

N° 782. D'ANGOULÊME à PRIVAS.

Lyon . . . . 466^k
Privas. 144

610

N° 783. D'ANGOULÊME au PUY.

Lyon . . . . 466^k
Le Puy 134

600

N° 784. D'ANGOULÊME à QUIMPER.

Nantes . . . . 409^k
Quimper. 231

640

N° 785. D'ANGOULÈME à RENNES.

Le Mans. . . . . . . 313^k
Rennes . . . . . (fer) 163

476

N° 786. D'ANGOULÊME à ROCHEFORT.

Rochefort . . . . (fer) 246^k

N° 787. D'ANGOULÊME à LA ROCHELLE.

La Rochelle. . . . (fer) 249^k

N° 788. D'ANGOULÊME à RODEZ.

Rodez . . . . 346^k

N° 789. D'ANGOULÊME à ROUEN.

Paris. . . . . 445^k
Rouen 137

(fer) 582

N° 790. D'ANGOULÊME à SAINT-BRIEUC.

Le Mans. . . . . . . 313^k
Rennes. 163
Saint-Brieuc 100

576

N° 791. D'ANGOULÊME à ST-ÉTIENNE.

Lyon. . . . . 466^k
Saint-Étienne. 56

522

N° 792. D'ANGOULÊME à ST-GERMAIN.

Paris. . . . . 445^k
Saint-Germain. 23

(fer) 468

N° 793. D'ANGOULÊME à SAINT-LO.

Saint-Lô . . . . 490^k

N° 794. D'ANGOULÊME à SAINT-OMER.

Paris . . . . 445^k
Saint-Omer. 330

(fer) 775

N° 795. D'ANGOULÊME à SARREGUE-
MINES.

Paris. . . . . 445^k
Sarreguemines 469

914

N° 796. D'ANGOULÊME à SAUMUR.

Saumur. . . . . (fer) 277^k

N° 797. D'ANGOULÊME à SCHELESTADT.

Paris . . . . 445^k
Schelestadt 546

(fer) 991

N° 798. D'ANGOULÊME à STRASBOURG.

Paris. . . . . 445^k
Strasbourg. 502

(fer) 947

N° 799. D'ANGOULÊME à TARBES.

Bordeaux. . . . . . . 133^k
Tarbes. 230

363

N° 800. D'ANGOULÊME à THIONVILLE.

Paris. . . . . 445^k
Thionville. 419

(fer) 864

N° 801. D'ANGOULÊME à TOULON.

Bordeaux. . . . . . . 133^k
Marseille. 680
Toulon. 60

873

N° 802. D'ANGOULÊME à TOULOUSE.

Bordeaux. . . . . . . 133^k
Toulouse. 257

(fer) 390

N° 803. D'ANGOULÊME à TOURS.

Tours. . . . . . (fer) 214^k

N° 804. D'ANGOULÊME à TROYES.

Paris. . . . . 445^k
Troyes. 167

(fer) 612

N° 805. D'ANGOULÊME à TULLE.

Tulle. . . . . 188^k

N° 806. D'ANGOULÊME à VALENCE.

Lyon. . . . . 466^k
Valence 106

572

N° 807. D'ANGOULÊME à VALENCIENNES.

Paris. . . . . 445^k
Valenciennes. 268

(fer) 713

N° 808. D'ANGOULÊME à VANNES.

Nantes. . . . . 409^k
Vannes. 108

517

N° 809. D'ANGOULÊME à VERDUN.

Paris. 445
Verdun. 253

698

N° 810. D'ANGOULÊME à VERNON.

Paris. . . . . 445^k
Vernon. 80

(fer) 525

N° 811. D'ANGOULÊME à VERSAILLES.

Paris. . . . . 445^k
Versailles. 17

(fer) 462

N° 812. D'ANGOULÊME à VESOUL.

Paris. . . . . 445^k
Vesoul. 381

(fer) 826

ARRAS.

N° 813. D'ARRAS à AUCH.

Paris . . . . 209^k
Bordeaux. 578
Auch. 186

973

N° 814. D'ARRAS à AURILLAC.

Paris	209ᵏ
Limoges	400
Aurillac	174
	783

N° 815. D'ARRAS à AUXERRE.

Paris	209ᵏ
Auxerre	175
(fer)	384

N° 816. D'ARRAS à AVIGNON.

Paris	209ᵏ
Avignon	742
(fer)	951

N° 817. D'ARRAS à BAR-LE-DUC.

Cambrai	64ᵏ
Bar-le-Duc	300
	364

N° 818. D'ARRAS à BARÉGES.

Paris	209ᵏ
Bordeaux	578
Tarbes	230
Baréges	57
	1,074

N° 819. D'ARRAS à BAYONNE.

Paris	209ᵏ
Bordeaux	578
Bayonne	198
(fer)	985

N° 820. D'ARRAS à BEAUVAIS.

Beauvais	(fer) 179ᵏ

N° 821. D'ARRAS à BELFORT.

Châlons-sur-Marne	281ᵏ
Belfort	316
	597

N° 822. D'ARRAS à BESANÇON.

Paris	209ᵏ
Besançon	406
(fer)	615

N° 823. D'ARRAS à BLOIS.

Paris	209ᵏ
Blois	178
(fer)	387

N° 824. D'ARRAS à BORDEAUX.

Paris	209ᵏ
Bordeaux	578
(fer)	787

N° 825. D'ARRAS à BOULOGNE.

Boulogne	(fer) 191ᵏ

N° 826. D'ARRAS à BOURBONNE.

Châlons-sur-Marne	281ᵏ
Bourbonne	218
	499

N° 827. D'ARRAS à BOURG.

Paris	209ᵏ
Bourg	479
(fer)	688

N° 828. D'ARRAS à BOURGES.

Paris	209ᵏ
Bourges	232
(fer)	441

N° 829. D'ARRAS à BREST.

Paris	209ᵏ
Rennes	373
Brest	245
	827

N° 830. D'ARRAS à BRIANÇON.

Paris	209ᵏ
Lyon	512
Grenoble	150
Briançon	119
	990

N° 831. D'ARRAS à CAEN.

Paris	209ᵏ
Caen	239
(fer)	448

N° 832. D'ARRAS à CAHORS.

Paris	209ᵏ
Cahors	597
	806

N° 833. D'ARRAS à CALAIS.

Calais	(fer) 163ᵏ

N° 834. D'ARRAS à CAMBRAI.

Cambrai	(fer) 64ᵏ

N° 835. D'ARRAS à CARCASSONNE.

Paris	209ᵏ
Bordeaux	578
Carcassonne	348
(fer)	1,135

N° 836. D'ARRAS à CETTE.

Paris	209ᵏ
Cette	868
(fer)	1,077

N° 837. D'ARRAS à CHALONS-SUR-MARNE.

Châlons-s/M. (par Laon) (fer)	281ᵏ

N° 838. D'ARRAS à CHALON-SUR-SAONE.

Paris	209ᵏ
Chalon-sur-Saône	383
(fer)	592

N° 839. D'ARRAS à CHARTRES.

Paris	209ᵏ
Chartres	88
(fer)	297

N° 840. D'ARRAS à CHATEAUROUX.

Paris	209ᵏ
Châteauroux	263
(fer)	472

N° 841. D'ARRAS à CHERBOURG.

Paris	209ᵏ
Cherbourg	370
(fer)	579

N° 842. D'ARRAS à CLERMONT.

Paris	209ᵏ
Clermont	446
(fer)	655

N° 843. D'ARRAS à COLMAR.

Châlons-sur-Marne	281ᵏ
Colmar	396
(fer)	677

N° 844. D'ARRAS à COMPIÈGNE.

Compiègne	(fer) 175ᵏ

N° 845. D'ARRAS à DIGNE.

Paris	209ᵏ
Lyon	512
Digne	296
	1,017

4.

N° 846. D'ARRAS à DIJON.

Paris. . . . . 209^k
Dijon. 315
(fer) 524

N° 847. D'ARRAS à DOUAI.

Douai. . . . . . (fer) 26^k

N° 848. D'ARRAS à DRAGUIGNAN.

Paris. . . . . 209^k
Lyon. 512
Draguignan. 391
1,112

N° 849. D'ARRAS à DUNKERQUE.

Dunkerque . . . (fer) 142^k

N° 850. D'ARRAS à ÉPINAL.

Châlons-sur-Marne. . . 281^k
Épinal. 255
(fer) 536

N° 851. D'ARRAS à ÉVREUX.

Paris. . . . . 209^k
Évreux. 108
(fer) 317

N° 852. D'ARRAS à LA FÈRE.

La Fère. . . . . . (fer) 145^k

N° 853. D'ARRAS à FOIX.

Paris. . . . . 209^k
Bordeaux. 578
Toulouse. 257
Foix. 82
1,126

N° 854. D'ARRAS à FONTAINEBLEAU.

Paris. . . . . 209^k
Fontainebleau. 59
(fer) 268

N° 855. D'ARRAS à GAP.

Paris. . . . . 209^k
Lyon. 512
Grenoble. 150
Gap. 101
972

N° 856. D'ARRAS à GIVET.

Laon. . . . . 167^k
Givet 195
362

N° 857. D'ARRAS à GRENOBLE.

Paris. 209
Lyon. 512
Grenoble. 150
(fer) 871

N° 858. D'ARRAS à GUÉRET.

Paris. . . . . 209^k
Guéret. 374
583

N° 859. D'ARRAS à HAGUENAU.

Châlons-sur-Marne. . . 281^k
Haguenau. 345
(fer) 626

N° 860. D'ARRAS à LANGRES.

Châlons-sur-Marne. . . 281^k
Langres. 170
(fer) 451

N° 861. D'ARRAS à LAON.

Laon . . . . . . (fer) 167^k

N° 862. D'ARRAS à LAVAL.

Paris. . . . . 209^k
Laval 301
(fer) 510

N° 863. D'ARRAS à LILLE.

Lille . . . . . (fer) 60^k

N° 864. D'ARRAS à LIMOGES.

Paris. . . . . 209^k
Limoges. 400
(fer) 609

N° 865. D'ARRAS à LONS-LE-SAUNIER.

Paris. . . . . 209^k
Lons-le-Saunier 447
656

N° 866. D'ARRAS à LORIENT.

Paris. . . . . 209^k
Rennes. 373
Lorient 160
742

N° 867. D'ARRAS à LUNÉVILLE.

Châlons-sur-Marne. . . 281^k
Lunéville. 213
(fer) 494

N° 868. D'ARRAS à LYON.

Paris. . . . . 209^k
Lyon. 512
(fer) 721

N° 869. D'ARRAS à MACON.

Paris. . . . . 209^k
Mâcon. 441
(fer) 650

N° 870. D'ARRAS AU MANS.

Paris. . . . . 209^k
Le Mans. 211
(fer) 420

N° 871. D'ARRAS à MARSEILLE.

Paris . . . . 209^k
Marseille. 863
(fer) 1,072

N° 872. D'ARRAS à MAUBEUGE.

Maubeuge. . . . . (fer) 137

N° 873. D'ARRAS à MELUN.

Paris . . . . 209^k
Melun. 45
(fer) 254

N° 874. D'ARRAS à MENDE.

Paris. . . . . 209^k
Clermont. 446
Mende. 186
841

N° 875. D'ARRAS à METZ.

Châlons-sur-Marne. . . 281^k
Metz. 220
(fer) 501

N° 876. D'ARRAS à MÉZIÈRES.

Laon . . . . 167^k
Mézières. 128
(fer) 295

N° 877. D'ARRAS à MONTAUBAN.

Paris . . . . 209^k
Bordeaux 578
Montauban. 206
(fer) 993

N° 878. D'ARRAS à MONTBRISON.

Paris . . . . 209^k
Moulins. 340
Montbrison. 160
709

879. D'ARRAS à MONT-DE-MARSAN.

Paris	209ᵏ
Bordeaux	578
Mont-de-Marsan	148
(fer)	935

880. D'ARRAS à MONTPELLIER.

Paris	209ᵏ
Montpellier	840
(fer)	1,049

881. D'ARRAS à MOULINS.

Paris	209ᵏ
Moulins	340
(fer)	549

882. D'ARRAS à NANCY.

Châlons-sur-Marne	281ᵏ
Nancy	181
(fer)	462

883. D'ARRAS à NANTES.

Paris	209ᵏ
Nantes	427
(fer)	636

884. D'ARRAS à NAPOLÉON-VENDÉE

Paris	209ᵏ
Napoléon-Vendée	433
	642

885. D'ARRAS à NEVERS.

Paris	209ᵏ
Nevers	301
(fer)	510

886. D'ARRAS à NIMES.

Paris	209ᵏ
Nîmes	791
(fer)	1,000

887. D'ARRAS à NIORT.

Paris	209ᵏ
Niort	410
(fer)	619

888. D'ARRAS à ORLÉANS.

Paris	209ᵏ
Orléans	121
(fer)	330

889. D'ARRAS à PARIS.

Paris	(fer) 209ᵏ

N° 890. D'ARRAS à PAU.

Paris	209ᵏ
Bordeaux	578
Pau	213
	1,000

N° 891. D'ARRAS à PÉRIGUEUX.

Paris	209ᵏ
Périgueux	495
	704

N° 892. D'ARRAS à PERPIGNAN.

Paris	209ᵏ
Cette	868
Perpignan	134
(fer)	1,211

N° 893. D'ARRAS à POITIERS.

Paris	209ᵏ
Poitiers	332
(fer)	541

N° 894. D'ARRAS à PRIVAS.

Paris	209ᵏ
Lyon	512
Privas	144
	865

N° 895. D'ARRAS au PUY.

Paris	209ᵏ
Clermont	446
Le Puy	134
	789

N° 896. D'ARRAS à QUIMPER.

Paris	209ᵏ
Rennes	373
Quimper	227
	809

N° 897. D'ARRAS à RENNES.

Paris	209ᵏ
Rennes	373
(fer)	582

N° 898. D'ARRAS à ROCHEFORT.

Paris	209ᵏ
Rochefort	474
(fer)	683

N° 899. D'ARRAS à LA ROCHELLE.

Paris	209ᵏ
La Rochelle	477
(fer)	686

N° 900. D'ARRAS à RODEZ.

Paris	209ᵏ
Clermont	446
Rodez	225
	880

N° 901. D'ARRAS à ROUEN.

Paris	209ᵏ
Rouen	137
(fer)	346

N° 902. D'ARRAS à SAINT-BRIEUC.

Paris	209ᵏ
Rennes	373
Saint-Brieuc	100
	682

N° 903. D'ARRAS à SAINT-ÉTIENNE.

Paris	209ᵏ
Saint-Étienne	521
	730

N° 904. D'ARRAS à SAINT-GERMAIN.

Paris	209ᵏ
Saint-Germain	23
(fer)	232

N° 905. D'ARRAS à SAINT-LO.

Paris	209ᵏ
Saint Lô	314
(fer)	523

N° 906. D'ARRAS à SAINT-OMER.

Saint-Omer	(fer) 122ᵏ

N° 907. D'ARRAS à SARREGUEMINES.

Châlons-sur-Marne	281ᵏ
Sarreguemines	297
	578

N° 908. D'ARRAS à SAUMUR.

Paris	209ᵏ
Saumur	295
(fer)	504

N° 909. D'ARRAS à SCHELESTADT.

Châlons-sur-Marne	281ᵏ
Schelestadt	373
(fer)	654

N° 910. D'ARRAS à STRASBOURG.

Châlons-sur-Marne	281ᵏ
Strasbourg	330
(fer)	611

N° 911. D'ARRAS À TARBES.

Paris	209
Bordeaux	578
Tarbes.	230
	1,017

N° 912. D'ARRAS À THIONVILLE.

Châlons-sur-Marne. . .	281ᵏ
Thionville.	246
(fer)	527

N° 913. D'ARRAS À TOULON.

Paris	209ᵏ
Marseille.	863
Toulon	60
	1,132

N° 914. D'ARRAS À TOULOUSE.

Paris	209ᵏ
Bordeaux	578
Toulouse.	257
(fer)	1,044

N° 915. D'ARRAS À TOURS.

Paris	209ᵏ
Tours	234
(fer)	443

N° 916. D'ARRAS À TROYES.

Paris	209ᵏ
Troyes	167
(fer)	376

N° 917. D'ARRAS À TULLE.

Paris	209ᵏ
Limoges.	400
Tulle	89
	698

N° 918. D'ARRAS À VALENCE.

Paris	209ᵏ
Valence.	618
(fer)	827

N° 919. D'ARRAS À VALENCIENNES.

Valenciennes . . (fer)	59

N° 920. D'ARRAS À VANNES.

Paris	209ᵏ
Rennes	373
Vannes	103
	685

N° 921. D'ARRAS À VERDUN.

Châlons-sur-Marne. . .	281ᵏ
Verdun	81
	362

N° 922. D'ARRAS À VERNON.

Paris	209ᵏ
Vernon.	80
(fer)	289

N° 923. D'ARRAS À VERSAILLES.

Paris	209ᵏ
Versailles	17
(fer)	226

N° 924. D'ARRAS À VESOUL.

Châlons-sur-Marne. . .	281ᵏ
Vesoul	247
	528

AUCH.

N° 925. D'AUCH À AURILLAC.

Aurillac.	260ᵏ

N° 926. D'AUCH À AUXERRE.

Bordeaux	186ᵏ
Paris	578
Auxerre.	175
	939

N° 927. D'AUCH À AVIGNON.

Toulouse	77ᵏ
Avignon.	332
	409

N° 928. D'AUCH À BAR-LE-DUC.

Bordeaux.	186ᵏ
Paris	578
Bar-le-Duc.	254
	1,018

N° 929. D'AUCH À BARÉGES.

Tarbes.	74ᵏ
Baréges.	57
	131

N° 930. D'AUCH À BAYONNE.

Bayonne.	220ᵏ

N° 931. D'AUCH À BEAUVAIS.

Bordeaux	186ᵏ
Paris	578
Beauvais.	105
	869

N° 932. D'AUCH À BELFORT.

Lyon	551ᵏ
Belfort	346
	897

N° 933. D'AUCH À BESANÇON.

Lyon	551ᵏ
Besançon	250
	801

N° 934. D'AUCH À BLOIS.

Bordeaux	186ᵏ
Blois	401
	587

N° 935. D'AUCH À BORDEAUX.

Bordeaux	186ᵏ

N° 936. D'AUCH À BOULOGNE.

Bordeaux	186ᵏ
Paris	578
Boulogne	271
	1,035

N° 937. D'AUCH À BOURBONNE.

Lyon	551ᵏ
Dijon	197
Bourbonne.	108
	856

N° 938. D'AUCH À BOURG.

Lyon	551ᵏ
Bourg.	75
	626

N° 939. D'AUCH À BOURGES.

Bordeaux	186ᵏ
Bourges.	571
	757

N° 940. D'AUCH À BREST.

Bordeaux	186ᵏ
Nantes	539
Brest	323
	1,048

N° 941. D'AUCH à BRIANÇON.

Toulouse	77ᵏ
Avignon	332
Briançon	278
	687

N° 942. D'AUCH à CAEN.

Bordeaux	186ᵏ
Le Mans	446
Caen	157
	789

N° 943. D'AUCH à CAHORS.

Cahors	145ᵏ

N° 944. D'AUCH à CALAIS.

Bordeaux	186ᵏ
Paris	578
Calais	372
	1,136

N° 945. D'AUCH à CAMBRAI.

Bordeaux	186ᵏ
Paris	578
Cambrai	223
	987

N° 946. D'AUCH à CARCASSONNE.

Toulouse	77ᵏ
Carcassonne	91
	168

N° 947. D'AUCH à CETTE.

Toulouse	77ᵏ
Cette	220
	297

N° 948. D'AUCH à CHALONS-SUR-MARNE.

Bordeaux	186ᵏ
Paris	578
Châlons-sur-Marne	173
	937

N° 949. D'AUCH à CHALON-SUR-SAONE.

Lyon	551ᵏ
Chalon-sur-Saône	130
	681

N° 950. D'AUCH à CHARTRES.

Bordeaux	186ᵏ
Le Mans	446
Chartres	124
	756

N° 951. D'AUCH à CHATEAUROUX.

Châteauroux	429ᵏ

N° 952. D'AUCH à CHERBOURG.

Bordeaux	186ᵏ
Le Mans	446
Cherbourg	288
	920

N° 953. D'AUCH à CLERMONT.

Clermont	417ᵏ

N° 954. D'AUCH à COLMAR.

Lyon	551ᵏ
Colmar	436
	987

N° 955. D'AUCH à COMPIÈGNE.

Bordeaux	186ᵏ
Paris	578
Compiègne	101
	865

N° 956. D'AUCH à DIGNE.

Toulouse	77ᵏ
Avignon	332
Digne	152
	561

N° 957. D'AUCH à DIJON.

Lyon	551ᵏ
Dijon	197
	748

N° 958. D'AUCH à DOUAI.

Bordeaux	186ᵏ
Paris	578
Douai	235
	999

N° 959. D'AUCH à DRAGUIGNAN.

Toulouse	77ᵏ
Aix	421
Draguignan	108
	606

N° 960. D'AUCH à DUNKERQUE.

Bordeaux	186ᵏ
Paris	578
Dunkerque	351
	1,115

N° 961. D'AUCH à ÉPINAL.

Lyon	551ᵏ
Besançon	250
Épinal	123
	924

N° 962. D'AUCH à ÉVREUX.

Bordeaux	186ᵏ
Paris	578
Évreux	108
	872

N° 963. D'AUCH à LA FÈRE.

Bordeaux	186ᵏ
Paris	578
La Fère	153
	917

N° 964. D'AUCH à FOIX.

Foix	159ᵏ

N° 965. D'AUCH à FONTAINEBLEAU.

Bordeaux	186ᵏ
Paris	578
Fontainebleau	59
	823

N° 966. D'AUCH à GAP.

Toulouse	77ᵏ
Avignon	346
Gap	187
	610

N° 967. D'AUCH à GIVET.

Bordeaux	186ᵏ
Paris	578
Givet	327
	1,091

N° 968. D'AUCH à GRENOBLE.

Toulouse	77ᵏ
Valence	471
Grenoble	94
	642

N° 969. D'AUCH à GUÉRET.

Guéret	388ᵏ

N° 970. D'AUCH à HAGUENAU.

Lyon	551ᵏ
Haguenau	546
	1,097

N° 971. D'AUCH à LANGRES.

Lyon	551ᵏ
Dijon	197
Langres	66
	814

N° 972. D'AUCH à LAON.

Bordeaux	186ᴸ
Paris	578
Laon	175
	939

N° 973. D'AUCH à LAVAL.

Bordeaux	186ᴸ
Le Mans	446
Laval	90
	722

N° 974. D'AUCH à LILLE.

Bordeaux	186ᴸ
Paris	578
Lille	268
	1,032

N° 975. D'AUCH à LIMOGES.

Limoges	304ᵏ

N° 976. D'AUCH à LONS-LE-SAUNIER.

Lyon	551ᵏ
Lons-le-Saunier	121
	675

N° 977. D'AUCH à LORIENT.

Bordeaux	186ᴸ
Nantes	539
Lorient	164
	889

N° 978. D'AUCH à LUNÉVILLE.

Lyon	551ᵏ
Lunéville	416
	967

N° 979. D'AUCH à LYON.

Lyon	551ᵏ

N° 980. D'AUCH à MACON.

Lyon	551ᵏ
Mâcon	72
	623

N° 981. D'AUCH au MANS.

Bordeaux	186ᵏ
Le Mans	446
	632

N° 982. D'AUCH à MARSEILLE.

Toulouse	77ᵏ
Marseille	424
	501

N° 983. D'AUCH à MAUBEUGE.

Bordeaux	186ᵏ
Paris	578
Maubeuge	246
	1,010

N° 984. D'AUCH à MELUN.

Bordeaux	186ᵏ
Paris	578
Melun	45
	809

N° 985. D'AUCH à MENDE.

Mende	328ᵏ

N° 986. D'AUCH à METZ.

Lyon	551ᵏ
Metz	446
	997

N° 987. D'AUCH à MÉZIÈRES.

Bordeaux	186ᵏ
Paris	578
Mézières	260
	1,024

N° 988. D'AUCH à MONTAUBAN.

Montauban	83ᵏ

N° 989. D'AUCH à MONTBRISON.

Monbrison	530ᵏ

N° 990. D'AUCH à MONT-DE-MARSAN.

Mont-de-Marsan	112ᵏ

N° 991. D'AUCH à MONTPELLIER.

Toulouse	77ᵏ
Montpellier	248
	325

N° 992. D'AUCH à MOULINS.

Moulins	526ᵏ

N° 993. D'AUCH à NANCY.

Lyon	551ᵏ
Nancy	389
	940

N° 994. D'AUCH à NANTES.

Bordeaux	186ᵏ
Nantes	539
	725

N° 995. D'AUCH à NAPOLÉON-VENDÉE.

Bordeaux	186ᵏ
Napoléon-Vendée	276
	462

N° 996. D'AUCH à NEVERS.

Nevers	592ᵏ

N° 997. D'AUCH à NIMES.

Toulouse	77ᵏ
Nîmes	298
	375

N° 998. D'AUCH à NIORT.

Bordeaux	186ᵏ
Niort	315
	501

N° 999. D'AUCH à ORLÉANS.

Bordeaux	186ᵏ
Orléans	459
	645

N° 1000. D'AUCH à PARIS.

Bordeaux	186ᵏ
Paris	578
	764

N° 1001. D'AUCH à PAU.

Pau	111ᵏ

N° 1002. D'AUCH à PÉRIGUEUX.

Périgueux	209ᵏ

N° 1003. D'AUCH à PERPIGNAN.

Toulouse	77ᵏ
Perpignan	213
	290

N° 1004. D'AUCH à POITIERS.

Bordeaux	186
Poitiers	246
	432

N° 1005. D'AUCH à PRIVAS.

Toulouse	77ᵏ
Cette	220
Privas	192
	489

1006. D'AUCH au PUY.

Le Puy 417ᵏ

1007. D'AUCH à QUIMPER.

Bordeaux 186ᵏ
Nantes 539
Quimper 231
_____
956

1008. D'AUCH à RENNES.

Bordeaux 186ᵏ
Le Mans 446
Rennes 163
_____
795

1009. D'AUCH à ROCHEFORT.

Bordeaux 186ᵏ
Rochefort 379
_____
565

1010. D'AUCH à LA ROCHELLE.

Bordeaux 186ᵏ
La Rochelle 382
_____
568

1011. D'AUCH à RODEZ.

Rodez 213ᵏ

1012. D'AUCH à ROUEN.

Bordeaux 186ᵏ
Paris 578
Rouen 137
_____
901

1013. D'AUCH à SAINT-BRIEUC.

Bordeaux 184ᵏ
Le Mans 446
Rennes 163
Saint-Brieuc 100
_____
895

1014. D'AUCH à SAINT-ÉTIENNE.

Saint-Étienne 494ᵏ

1015. D'AUCH à SAINT-GERMAIN.

Bordeaux 186ᵏ
Paris 578
Saint-Germain 23
_____
787

1016. D'AUCH à SAINT-LO.

Bordeaux 186ᵏ
Saint-Lô 623
_____
809

N° 1017. D'AUCH à SAINT-OMER.

Bordeaux 186ᵏ
Paris 578
Saint-Omer 330
_____
1,094

N° 1018. D'AUCH à SARREGUEMINES.

Lyon 551ᵏ
Sarreguemines 522
_____
1,073

N° 1019. D'AUCH à SAUMUR.

Bordeaux 186ᵏ
Saumur 410
_____
596

N° 1020. D'AUCH à SCHELESTADT.

Lyon 551ᵏ
Schelestadt 458
_____
1,009

N° 1021. D'AUCH à STRASBOURG.

Lyon 551ᵏ
Strasbourg 504
_____
1,055

N° 1022. D'AUCH à TARBES.

Tarbes 74ᵏ

N° 1023. D'AUCH à THIONVILLE.

Lyon 551ᵏ
Thionville 480
_____
1,031

N° 1024. D'AUCH à TOULON.

Toulouse 77ᵏ
Marseille 424
Toulon 60
_____
561

N° 1025. D'AUCH à TOULOUSE.

Toulouse 77ᵏ

N° 1026. D'AUCH à TOURS.

Angoulême 186ᵏ
Tours 347
_____
533

N° 1027. D'AUCH à TROYES.

Bordeaux 186ᵏ
Paris 578
Troyes 168
_____
931

N° 1028. D'AUCH à TULLE.

Tulle 278ᵏ

N° 1029. D'AUCH à VALENCE.

Toulouse 77ᵏ
Valence 471
_____
548

N° 1030. D'AUCH à VALENCIENNES.

Bordeaux 186ᵏ
Paris 578
Valenciennes 268
_____
1,032

N° 1031. D'AUCH à VANNES.

Bordeaux 186ᵏ
Nantes 539
Vannes 108
_____
833

N° 1032. D'AUCH à VERDUN.

Bordeaux 186ᵏ
Paris 578
Verdun 253
_____
1,017

N° 1033. D'AUCH à VERNON.

Bordeaux 186ᵏ
Paris 578
Vernon 80
_____
844

N° 1034. D'AUCH à VERSAILLES.

Bordeaux 186ᵏ
Paris 578
Versailles 17
_____
781

N° 1035. D'AUCH à VESOUL.

Lyon 551
Vesoul 297
_____
848

AURILLAC.

N° 1836. D'AURILLAC à AUXERRE.

Auxerre 414

N° 1037. D'AURILLAC à AVIGNON.

Avignon 356

N° **1038.** D'AURILLAC à BAR-LE-DUC.

Clermont.	157
Paris.	446
Bar-le-Duc.	254
	857

N° **1039.** D'AURILLAC à BARÉGES.

Montauban.	177
Tarbes.	155
Baréges.	57
	389

N° **1040.** D'AURILLAC à BAYONNE.

Bordeaux.	317
Bayonne.	198
	515

N° **1041.** D'AURILLAC à BEAUVAIS.

Clermont.	157
Paris.	446
Beauvais.	105
	708

N° **1042.** D'AURILLAC à BELFORT.

Lyon.	321^k
Belfort.	346
	667

N° **1043.** D'AURILLAC à BESANÇON.

Lyon.	321^k
Besançon.	250
	571

N° **1044.** D'AURILLAC à BLOIS.

Clermont.	157^k
Blois.	382
	539

N° **1045.** D'AURILLAC à BORDEAUX.

Périgueux.	187^k
Bordeaux.	130
	317

N° **1046.** D'AURILLAC à BOULOGNE.

Lyon.	321^k
Paris.	446
Boulogne.	271
	874

N° **1047.** D'AURILLAC à BOURBONNE.

Lyon.	321^k
Dijon.	197
Bourbonne.	108
	626

N° **1048.** D'AURILLAC à BOURG.

Lyon.	321^k
Bourg..	75
	396

N° **1049.** D'AURILLAC à BOURGES.

Clermont.	157^k
Bourges.	212
	369

N° **1050.** D'AURILLAC à BREST.

Nantes.	599^k
Brest.	323
	922

N° **1051.** D'AURILLAC à BRIANÇON.

Lyon.	321^k
Grenoble.	150
Briançon.	119
	590

N° **1052.** D'AURILLAC à CAEN.

Clermont.	157^k
Paris.	446
Caen.	239
	842

N° **1053.** D'AURILLAC à CAHORS.

Cahors.	161^k

N° **1054.** D'AURILLAC à CALAIS.

Clermont.	157^k
Paris..	446
Calais.	372
	975

N° **1055.** D'AURILLAC à CAMBRAI.

Clermont.	157^k
Paris.	446
Cambrai.	223
	826

N° **1056.** D'AURILLAC à CARCASSONNE.

Carcassonne.	289^k

N° **1057.** D'AURILLAC à CETTE.

Cette..	324^k

N° **1058.** D'AURILLAC à CHALONS-SUR-MARNE.

Clermont..	157^k
Paris.	446
Châlons-sur-Marne. . .	173
	776

N° **1059.** D'AURILLAC à CHALON-SUR-SAONE.

Lyon.	321^k
Chalon-sur-Saône. . . .	130
	451

N° **1060.** D'AURILLAC à CHARTRES.

Clermont.	157^k
Paris.	446
Chartres.	88
	691

N° **1061.** D'AURILLAC à CHATEAUROUX.

Clermont.	157^k
Châteauroux.	306
	463

N° **1062.** D'AURILLAC à CHERBOURG.

Clermont.	157^k
Paris..	446
Cherbourg.	370
	973

N° **1063.** D'AURILLAC à CLERMONT.

Clermont.	157^k

N° **1064.** D'AURILLAC à COLMAR.

Lyon.	321^k
Colmar.	436
	757

N° **1065.** D'AURILLAC à COMPIÈGNE.

Clermont..	157^k
Paris..	446
Compiègne.	101
	704

N° **1066.** D'AURILLAC à DIGNE.

Avignon.	356^k
Digne.	152
	508

N° **1067.** D'AURILLAC à DIJON.

Lyon.	321^k
Dijon.	197
	518

N° **1068.** D'AURILLAC à DOUAI.

Clermont.	157^k
Paris..	446
Douai.	235
	838

1069. D'AURILLAC à DRAGUIGNAN.

Aix	431ᵏ
Draguignan	108
	539

1070. D'AURILLAC à DUNKERQUE.

Clermont	157ᵏ
Paris	446
Dunkerque	351
	954

1071. D'AURILLAC à ÉPINAL.

Lyon	321ᵏ
Besançon	250
Épinal	123
	694

1072. D'AURILLAC à ÉVREUX.

Clermont	157ᵏ
Paris	446
Évreux	108
	711

1073. D'AURILLAC à LA FÈRE.

Clermont	157ᵏ
Paris	446
La Fère	153
	756

1074. D'AURILLAC à FOIX.

Toulouse	228ᵏ
Foix	82
	310

1075. D'AURILLAC à FONTAINEBLEAU

Clermont	157ᵏ
Paris	446
Fontainebleau	59
	662

1076. D'AURILLAC à GAP.

Gap	546ᵏ

1077. D'AURILLAC à GIVET.

Clermont	157ᵏ
Paris	446
Givet	327
	930

1078. D'AURILLAC à GRENOBLE.

Lyon	321ᵏ
Grenoble	150
	471

N° 1079. D'AURILLAC à GUÉRET.

Limoges	174ᵏ
Guéret	84
	258

N° 1080. D'AURILLAC à HAGUENAU.

Lyon	321ᵏ
Haguenau	546
	867

N° 1081. D'AURILLAC à LANGRES.

Lyon	321ᵏ
Dijon	197
Langres	66
	584

N° 1082. D'AURILLAC à LAON.

Clermont	157ᵏ
Paris	446
Laon	175
	778

N° 1083. D'AURILLAC à LAVAL.

Laval	585ᵏ

N° 1084. D'AURILLAC à LILLE.

Clermont	157ᵏ
Paris	446
Lille	268
	871

N° 1085. D'AURILLAC à LIMOGES.

Limoges	174ᵏ

N° 1086. D'AURILLAC à LONS-LE-SAUNIER.

Lyon	321ᵏ
Lons-le-Saunier	124
	445

N° 1087. D'AURILLAC à LORIENT.

Nantes	599ᵏ
Lorient	164
	763

N° 1088. D'AURILLAC à LUNÉVILLE.

Lyon	321ᵏ
Lunéville	416
	737

N° 1089. D'AURILLAC à LYON.

Lyon	321ᵏ

N° 1090. D'AURILLAC à MACON.

Lyon	321ᵏ
Mâcon	72
	393

N° 1091. D'AURILLAC AU MANS.

Le Mans	569ᵏ

N° 1092. D'AURILLAC à MARSEILLE.

Marseille	435ᵏ

N° 1093. D'AURILLAC à MAUBEUGE.

Clermont	157ᵏ
Paris	446
Maubeuge	246
	849

N° 1094. D'AURILLAC à MELUN.

Clermont	157ᵏ
Paris	446
Melun	45
	648

N° 1095. D'AURILLAC à MENDE.

Mende	160ᵏ

N° 1096. D'AURILLAC à METZ.

Lyon	321ᵏ
Metz	446
	767

N° 1097. D'AURILLAC à MÉZIÈRES.

Clermont	157ᵏ
Paris	446
Mézières	260
	863

N° 1098. D'AURILLAC à MONTAUBAN.

Montauban	177ᵏ

N° 1099. D'AURILLAC à MONTBRISON.

Clermont	157ᵏ
Montbrison	113
	270

N° 1100. D'AURILLAC à MONT-DE-MARSAN.

Mont-de-Marsan	364ᵏ

N° 1101. D'AURILLAC à MONTPELLIER.

Montpellier	296ᵏ

5

N° 1102. D'AURILLAC à MOULINS.

Clermont	157^k
Moulins	106
	263

N° 1103. D'AURILLAC à NANCY.

Lyon	321^k
Nancy	389
	710

N° 1104. D'AURILLAC à NANTES.

Nantes	599^k

N° 1105. D'AURILLAC à NAPOLÉON-VENDÉE.

Niort	336^k
Napoléon-Vendée	87
	423

N° 1106. D'AURILLAC à NEVERS.

Clermont	157^k
Nevers	159
	316

N° 1107. D'AURILLAC à NIMES.

Nîmes	308^k

N° 1108. D'AURILLAC à NIORT.

Niort	336^k

N° 1109. D'AURILLAC à ORLÉANS.

Clermont	157^k
Orléans	325
	482

N° 1110. D'AURILLAC à PARIS.

Clermont	157^k
Paris	446
	603

N° 1111. D'AURILLAC à PAU.

Montauban	177^k
Pau	194
	371

N° 1112. D'AURILLAC à PÉRIGUEUX.

Périgueux	187^k

N° 1113. D'AURILLAC à PERPIGNAN.

Perpignan	411^k

N° 1114. D'AURILLAC à POITIERS.

Poitiers	303^k

N° 1115. D'AURILLAC à PRIVAS

Valence	360^k
Privas	39
	399

N° 1116. D'AURILLAC au PUY.

Le Puy	187^k

N° 1117. D'AURILLAC à QUIMPER.

Nantes	599^k
Quimper	231
	830

N° 1118. D'AURILLAC à RENNES.

Rennes	636^k

N° 1119. D'AURILLAC à ROCHEFORT.

Angoulème	273^k
Rochefort	246
	519

N° 1120. D'AURILLAC à LA ROCHELLE.

Angoulème	273^k
La Rochelle	243
	516

N° 1121. D'AURILLAC à RODEZ.

Rodez	103^k

N° 1122. D'AURILLAC à ROUEN.

Clermont	157^k
Paris	446
Rouen	137
	740

N° 1123. D'AURILLAC à SAINT-BRIEUC.

Rennes	636^k
Saint-Brieuc	100
	736

N° 1124. D'AURILLAC à ST-ÉTIENNE.

Le Puy	187^k
Saint-Etienne	77
	264

N° 1125. D'AURILLAC à ST-GERMAIN.

Clermont	157^k
Paris	446
Saint-Germain	23
	626

N° 1126. D'AURILLAC à SAINT-LO.

Clermont	157^k
Paris	446
Saint-Lô	314
	917

N° 1127. D'AURILLAC à SAINT-OMER.

Clermont	157^k
Paris	446
Saint-Omer	330
	933

N° 1128. D'AURILLAC à SARREGUE-MINES.

Lyon	321^k
Sarreguemines	522
	843

N° 1129. D'AURILLAC à SAUMUR.

Saumur	468^k

N° 1130. D'AURILLAC à SCHELESTADT.

Lyon	321^k
Schelestadt	458
	779

N° 1131. D'AURILLAC à STRASBOURG.

Lyon	321^k
Strasbourg	504
	825

N° 1132. D'AURILLAC à TARBES.

Montauban	177^k
Tarbes	157
	334

N° 1133. D'AURILLAC à THIONVILLE.

Lyon	321^k
Thionville	480
	801

N° 1134. D'AURILLAC à TOULON.

Marseille	435^k
Toulon	60
	495

N° 1135. D'AURILLAC à TOULOUSE.

Toulouse	228^k

N° 1136. D'AURILLAC à TOURS.

Tours	587^k

1137. D'AURILLAC à TROYES.

Lyon . . . . 321^k
Troyes 343
——
664

1138. D'AURILLAC à TULLE.

Tulle . . . . 85^k

1139. D'AURILLAC à VALENCE.

Valence . . . . 300^k

1140. D'AURILLAC à VALENCIENNES.

Clermont . . . . . . 157^k
Paris 446
Valenciennes 268
——
871

1141. D'AURILLAC à VANNES.

Nantes . . . . 599^k
Vannes 108
——
707

1142. D'AURILLAC à VERDUN.

Lyon . . . . 321^k
Verdun 436
——
757

1143. D'AURILLAC à VERNON.

Clermont . . . . . . 157^k
Paris 446
Vernon 80
——
683

1144. D'AURILLAC à VERSAILLES.

Clermont . . . . . . 157^k
Paris 446
Versailles 17
——
620

1145. D'AURILLAC à VESOUL.

Lyon . . . . 321^k
Vesoul 297
——
618

AUXERRE.

1146. D'AUXERRE à AVIGNON.

Avignon . . . . . (fer) 606^k

1147. D'AUXERRE à BAR-LE-DUC.

Bar-le-Duc . . . . . . 197^k

1148. D'AUXERRE à BARÉGES.

Bordeaux . . . . . . 611^k
Tarbes 230
Baréges 57
——
898

1149. D'AUXERRE à BAYONNE.

Bordeaux . . . . . . 611^k
Bayonne 198
——
809

1150. D'AUXERRE à BEAUVAIS.

Paris . . . . 175^k
Beauvais 105
——
(fer) 280

1151. D'AUXERRE à BELFORT.

Belfort . . . . . (fer) 367^k

1152. D'AUXERRE à BESANÇON.

Besançon . . . . (fer) 271^k

1153. D'AUXERRE à BLOIS.

Blois . . . . 207^k

1154. D'AUXERRE à BORDEAUX.

Bordeaux . . . . . . 611^k

1155. D'AUXERRE à BOULOGNE.

Paris . . . . 175^k
Boulogne 271
——
(fer) 446

1156. D'AUXERRE à BOURBONNE.

Bourbonne . . . . . . 198^k

1157. D'AUXERRE à BOURG.

Mâcon . . . . 305^k
Bourg 83
——
(fer) 343

1158. D'AUXERRE à BOURGES.

Bourges . . . . 142^k

1159. D'AUXERRE à BREST.

Paris . . . . 175^k
Rennes 373
Brest 245
——
793

1160. D'AUXERRE à BRIANÇON.

Lyon . . . . 376^k
Grenoble 150
Briançon 119
——
645

1161. D'AUXERRE à CAEN.

Paris . . . . 175^k
Caen 239
——
(fer) 414

1162. D'AUXERRE à CAHORS.

Cahors . . . . 558^k

1163. D'AUXERRE à CALAIS.

Paris . . . . 175^k
Calais 372
——
(fer) 547

1164. D'AUXERRE à CAMBRAI.

Paris . . . . 175^k
Cambrai 223
——
(fer) 398

1165. D'AUXERRE à CARCASSONNE.

Cette . . . . 732^k
Carcassonne 129
——
(fer) 861

1166. D'AUXERRE à CETTE.

Cette . . . . . . (fer) 732^k

1167. D'AUXERRE à CHALONS-SUR-MARNE.

Châlons-sur-Marne . . . 156^k

1168. D'AUXERRE à CHALON-SUR-SAONE.

Chalon-sur-Saône . (fer) 218^k
(par la Roche).

1169. D'AUXERRE à CHARTRES.

Paris . . . . 175^k
Chartres 88
——
(fer) 263

1170. D'AUXERRE à CHATEAUROUX.

Châteauroux . . . . . 237^k

1171. D'AUXERRE à CHERBOURG.

Paris . . . . 175^k
Cherbourg 370
——
(fer) 545

N° 1172. D'AUXERRE à CLERMONT.

Clermont . . . . 257^k

N° 1173. D'AUXERRE à COLMAR.

Colmar . . . . . (fer) 458^k

N° 1174. D'AUXERRE à COMPIÈGNE.

Paris . . . . 175^k
Compiègne 101
_____
(fer) 276

N° 1175. D'AUXERRE à DIGNE.

Lyon . . . . 376^k
Digne 296
_____
672

N° 1176. D'AUXERRE à DIJON.

Dijon . . . . . . (fer) 179^k

N° 1177. D'AUXERRE à DOUAI.

Paris . . . . 175^k
Douai 235
_____
(fer) 410

N° 1178. D'AUXERRE à DRAGUIGNAN.

Avignon . . . . 606^k
Draguignan 186
_____
792

N° 1179. D'AUXERRE à DUNKERQUE.

Paris . . . . 175^k
Dunkerque 351
_____
(fer) 526

N° 1180. D'AUXERRE à ÉPINAL.

Épinal . . . . 271^k

N° 1181. D'AUXERRE à ÉVREUX.

Paris . . . . 175^k
Évreux 108
_____
(fer) 283

N° 1182. D'AUXERRE à LA FÈRE.

Paris . . . . 175^k
La Fère 153
_____
(fer) 328

N° 1183. D'AUXERRE à FOIX.

Cette . . . . 732^k
Carcassonne 129
Foix 98
_____
(fer) 959

N° 1184. D'AUXERRE à FONTAINEBLEAU.

Fontainebleau . . (fer) 116^k

N° 1185. D'AUXERRE à GAP.

Lyon . . . . 376^k
Grenoble 150
Gap 101
_____
627

N° 1186. D'AUXERRE à GIVET.

Givet . . . . 373^k

N° 1187. D'AUXERRE à GRENOBLE.

Lyon . . . . 376^k
Grenoble 150
_____
(fer) 526

N° 1188. D'AUXERRE à GUÉRET.

Guéret . . . . 275^k

N° 1189. D'AUXERRE à HAGUENAU.

Châlons-sur-Marne . . 156^k
Haguenau 345
_____
(fer) 501

N° 1190. D'AUXERRE à LANGRES.

Langres . . . . 156^k

N° 1191. D'AUXERRE à LAON.

Paris . . . . 175^k
Laon 175
_____
(fer) 350

N° 1192. D'AUXERRE à LAVAL.

Paris . . . . 175^k
Laval 301
_____
(fer) 476

N° 1193. D'AUXERRE à LILLE.

Paris . . . . 175^k
Lille 268
_____
(fer) 443

N° 1194. D'AUXERRE à LIMOGES.

Bourges . . . . 142^k
Limoges 225
_____
367

N° 1195. D'AUXERRE à LONS-LE-SAUNIER.

Chalon-sur-Saône . . . . 248^k
Lons-le-Saunier 64
_____
312

N° 1196. D'AUXERRE à LORIENT.

Paris . . . . 175^k
Rennes 373
Lorient 160
_____
708

N° 1197. D'AUXERRE à LUNÉVILLE.

Châlons-sur-Marne . . . 156^k
Lunéville 213
_____
369

N° 1198. D'AUXERRE à LYON.

Lyon . . . . . . (fer) 376^k

N° 1199. D'AUXERRE à MACON.

Mâcon . . . . . (fer) 305^k

N° 1200. D'AUXERRE au MANS.

Paris . . . . 175^k
Le Mans 211
_____
(fer) 386

N° 1201. D'AUXERRE à MARSEILLE.

Marseille . . . . . (fer) 727

N° 1202. D'AUXERRE à MAUBEUGE.

Paris . . . . 175^k
Maubeuge 246
_____
(fer) 421

N° 1203. D'AUXERRE à MELUN.

Melun . . . . . (fer) 131^k

N° 1204. D'AUXERRE à MENDE.

Mende . . . . 443^k

N° 1205. D'AUXERRE à METZ.

Châlons-sur-Marne . . . 156^k
Metz 220
_____
376

N° 1206. D'AUXERRE à MÉZIÈRES.

Châlons-sur-Marne . . . 156^k
Mézières 150
_____
306

N° 1207. D'AUXERRE à MONTAUBAN.

Bordeaux . . . . 611^k
Montauban 206
_____
817

N° 1208. D'AUXERRE à MONTBRISON.

Montbrison . . . . . 322^k

1209. D'AUXERRE à MONT-DE-MARSAN.

Bordeaux	611^k
Mont-de-Marsan	148
	759

1210. D'AUXERRE à MONTPELLIER.

Montpellier	(fer) 705^k

1211. D'AUXERRE à MOULINS.

Moulins	162^k

1212. D'AUXERRE à NANCY.

Châlons-sur-Marne	156^L
Nancy	181
	337

1213. D'AUXERRE à NANTES.

Paris	175^k
Nantes	427
	(fer) 602

1214. D'AUXERRE à NAPOLÉON-VENDÉE.

Napoléon-Vendée	461^L

1215. D'AUXERRE à NEVERS.

Nevers	109^k

1216. D'AUXERRE à NIMES.

Nimes	(fer) 655^k

1217. D'AUXERRE à NIORT.

Niort	441

1218. D'AUXERRE à ORLÉANS.

Orléans	149^k

1219. D'AUXERRE à PARIS.

Paris	(fer) 175^k

1220. D'AUXERRE à PAU.

Bordeaux	611^k
Pau	213
	824

1221. D'AUXERRE à PÉRIGUEUX.

Périgueux	456^k

1222. D'AUXERRE à PERPIGNAN.

Perpignan	868^k

1223. D'AUXERRE à POITIERS.

Poitiers	365^k

N° 1224. D'AUXERRE à PRIVAS.

Lyon	376^k
Privas	144
	520

N° 1225. D'AUXERRE au PUY.

Le Puy	391^k

N° 1226. D'AUXERRE à QUIMPER.

Paris	175^L
Rennes	373
Quimper	227
	775

N° 1227. D'AUXERRE à RENNES.

Paris	175^L
Rennes	373
	(fer) 548

N° 1228. D'AUXERRE à ROCHEFORT.

Rochefort	502^k

N° 1229. D'AUXERRE à LA ROCHELLE.

La Rochelle	504^k

N° 1230. D'AUXERRE à RODEZ.

Rodez	482^k

N° 1231. D'AUXERRE à ROUEN.

Paris	175^k
Rouen	137
	(fer) 312

N° 1232. D'AUXERRE à SAINT-BRIEUC.

Paris	175^k
Rennes	373
Saint-Brieuc	100
	648

N° 1233. D'AUXERRE à SAINT-ÉTIENNE.

Lyon	376^k
Saint-Étienne	56
	(fer) 432

N° 1234. D'AUXERRE à SAINT-GERMAIN.

Paris	175^k
Saint-Germain	23
	(fer) 198

N° 1235. D'AUXERRE à SAINT-LO.

Paris	175^L
Saint-Lô	314
	(fer) 489

N° 1236. D'AUXERRE à SAINT-OMER.

Paris	175^k
Saint-Omer	330
	(fer) 505

N° 1237. D'AUXERRE à SARREGUEMINES.

Châlons-sur-Marne	156^k
Sarreguemines	297
	453

N° 1238. D'AUXERRE à SAUMUR.

Saumur	328^k

N° 1239. D'AUXERRE à SCHELESTADT.

Schelestadt	(fer) 481^k

N° 1240. D'AUXERRE à STRASBOURG.

Châlons-sur-Marne	156^k
Strasbourg	330
	486

N° 1241. D'AUXERRE à TARBES.

Bordeaux	611^k
Tarbes	230
	841

N° 1242. D'AUXERRE à THIONVILLE.

Châlons-sur-Marne	156^k
Thionville	246
	402

N° 1243. D'AUXERRE à TOULON.

Marseille	727^k
Toulon	60
	787

N° 1244. D'AUXERRE à TOULOUSE.

Bordeaux	611^k
Toulouse	257
	868

N° 1245. D'AUXERRE à TOURS.

Tours	264^k

N° 1246. D'AUXERRE à TROYES.

Troyes	77^k

N° 1247. D'AUXERRE à TULLE.

Tulle	400^k

N° 1248. D'AUXERRE à VALENCE.

Valence	(fer) 482^k

N° 1249. D'AUXERRE à VALENCIENNES.

Paris	175^k
Valenciennes	268
(fer)	443

N° 1250. D'AUXERRE à VANNES.

Paris	175^k
Rennes	373
Vannes	103
	651

N° 1251. D'AUXERRE à VERDUN.

Verdun	237^k

N° 1252. D'AUXERRE à VERNON.

Paris	175^k
Vernon	80
(fer)	255

N° 1253. D'AUXERRE à VERSAILLES.

Paris	175^k
Versailles	17
(fer)	192

N° 1254. D'AUXERRE à VESOUL.

Vesoul	230^k

AVIGNON.

N° 1255. D'AVIGNON à BAR-LE-DUC.

Dijon	428^k
Bar-le-Duc	228
	656

N° 1256. D'AVIGNON à BARÉGES.

Toulouse	346^k
Tarbes	151
Baréges	57
	554

N° 1257. D'AVIGNON à BAYONNE.

Toulouse	346^k
Bayonne	297
	643

N° 1258. D'AVIGNON à BEAUVAIS.

Paris	742^k
Beauvais	105
(fer)	847

N° 1259. D'AVIGNON à BELFORT.

Lyon	231^k
Belfort	346
	577

N° 1260. D'AVIGNON à BESANÇON.

Lyon	231^k
Besançon	250
	481

N° 1261. D'AVIGNON à BLOIS.

Lyon	231^k
Blois	479
	710

N° 1262. D'AVIGNON à BORDEAUX.

Bordeaux . . . . (fer)	602^k

N° 1263. D'AVIGNON à BOULOGNE.

Paris	762^k
Boulogne	271
(fer)	1,013

N° 1264. D'AVIGNON à BOURBONNE.

Dijon	428^k
Bourbonne	108
	536

N° 1265. D'AVIGNON à BOURG.

Lyon	231^k
Bourg	75
(fer)	306

N° 1266. D'AVIGNON à BOURGES.

Lyon	231^k
Bourges	308
	539

N° 1267. D'AVIGNON à BREST.

Lyon	231^k
Nantes	717
Brest	323
	1,271

N° 1268. D'AVIGNON à BRIANÇON.

Gap	187^k
Briançon	91
	278

N° 1269. D'AVIGNON à CAEN.

Paris	742^k
Caen	239
(fer)	981

N° 1270. D'AVIGNON à CAHORS.

Montauban	397^k
Cahors	62
	459

N° 1271. D'AVIGNON à CALAIS.

Paris	742^k
Calais	372
(fer)	1,114

N° 1272. D'AVIGNON à CAMBRAI.

Paris	742^k
Cambrai	223
(fer)	965

N° 1273. D'AVIGNON à CARCASSONNE.

Carcassonne . . . (fer)	255^k

N° 1274. D'AVIGNON à CETTE.

Cette . . . . . . (fer)	126^k

N° 1275. D'AVIGNON à CHALONS-SUR-MARNE.

Dijon	428^k
Châlons-sur-Marne	236
	664

N° 1276. D'AVIGNON à CHALON-SUR-SAONE.

Chalon-sur-Saône. (fer)	361^k

N° 1277. D'AVIGNON à CHARTRES.

Paris	742^k
Chartres	88
(fer)	830

N° 1278. D'AVIGNON à CHATEAUROUX.

Lyon	231^k
Châteauroux	389
	620

N° 1279. D'AVIGNON à CHERBOURG.

Paris	742^k
Cherbourg	370
(fer)	1,112

N° 1280. D'AVIGNON à CLERMONT.

Clermont	340^k

N° 1281. D'AVIGNON à COLMAR.

Lyon	231^k
Colmar	436
	667

1282. D'AVIGNON à COMPIÈGNE.

Paris 742ᵏ
Compiègne 101

(fer) 843

1283. D'AVIGNON à DIGNE.

Digne 152ᵏ

1284. D'AVIGNON à DIJON.

Dijon . . . . . . (fer) 428ᵏ

1285. D'AVIGNON à DOUAI.

Paris 742ᵏ
Douai 235

(fer) 977

1286. D'AVIGNON à DRAGUIGNAN.

Draguignan 186ᵏ

1287. D'AVIGNON à DUNKERQUE.

Paris 742ᵏ
Dunkerque 351

(fer) 1,093

1288. D'AVIGNON à ÉPINAL.

Lyon 231ᵏ
Besançon 250
Épinal 123

604

1289. D'AVIGNON à ÉVREUX.

Paris 742ᵏ
Évreux 108

(fer) 850

1290. D'AVIGNON à LA FÈRE.

Paris 742
La Fère 153

(fer) 895

1291. D'AVIGNON à FOIX.

Carcassonne 255ᵏ
Foix 98

353

1292. D'AVIGNON à FONTAINEBLEAU.

Fontainebleau 683ᵏ

1293. D'AVIGNON à GAP.

Gap 187ᵏ

N° 1294. D'AVIGNON à GIVET.

Dijon 428ᵏ
Châlons-sur-Marne . . . 236
Givet 217

881

N° 1295. D'AVIGNON à GRENOBLE.

Valence 125ᵏ
Grenoble 94

219

N° 1296. D'AVIGNON à GUÉRET.

Guéret 470ᵏ

N° 1297. D'AVIGNON à HAGUENAU.

Lyon 231ᵏ
Haguenau 546

777

N° 1298. D'AVIGNON à LANGRES.

Dijon 428ᵏ
Langres 66

494

N° 1299. D'AVIGNON à LAON.

Paris 742ᵏ
Laon 175

(fer) 917

N° 1300. D'AVIGNON à LAVAL.

Lyon 231ᵏ
Le Mans 636
Laval 90

957

N° 1301. D'AVIGNON à LILLE.

Paris 742ᵏ
Lille 268

(fer) 1,010

N° 1302. D'AVIGNON à LIMOGES.

Limoges 519ᵏ

N° 1303. D'AVIGNON à LONS-LE-SAUNIER.

Lyon 231ᵏ
Lons-le-Saunier 124

355

N° 1304. D'AVIGNON à LORIENT.

Lyon 231ᵏ
Nantes 717
Lorient 164

1,112

N° 1305. D'AVIGNON à LUNÉVILLE.

Dijon 428ᵏ
Lunéville 219

647

N° 1306. D'AVIGNON à LYON.

Lyon . . . . . . (fer) 231ᵏ

N° 1307. D'AVIGNON à MACON.

Mâcon . . . . . . (fer) 302ᵏ

N° 1308. D'AVIGNON au MANS.

Lyon 231ᵏ
Le Mans 636

867

N° 1309. D'AVIGNON à MARSEILLE.

Marseille . . . . (fer) 121ᵏ

N° 1310. D'AVIGNON à MAUBEUGE.

Paris 742ᵏ
Maubeuge 246

(fer) 988

N° 1311. D'AVIGNON à MELUN.

Melun . . . . . . (fer) 698ᵏ

N° 1312. D'AVIGNON à MENDE.

Mende 195ᵏ

N° 1313. D'AVIGNON à METZ.

Dijon 428ᵏ
Metz 249

677

N° 1314. D'AVIGNON à MÉZIÈRES.

Dijon 428ᵏ
Châlons-sur-Marne . . . 236
Mézières 150

814

N° 1315. D'AVIGNON à MONTAUBAN.

Montauban . . . . (fer) 397ᵏ

N° 1316. D'AVIGNON à MONTBRISON.

Valence 125ᵏ
Montbrison 132

257

N° 1317. D'AVIGNON à MONT-DE-MARSAN.

Agen 466ᵏ
Mont-de-Marsan 109

575

N° **1318.** D'AVIGNON à MONTPELLIER.

Montpellier . . . (fer) 93ᵏ

N° **1319.** D'AVIGNON à MOULINS.

Lyon 231ᵏ
Moulins , ... 186
_____
417

N° **1320.** D'AVIGNON à NANCY.

Dijon 428ᵏ
Nancy. 192
_____
620

N° **1321.** D'AVIGNON à NANTES.

Lyon 231ᵏ
Nantes. 717
_____
948

N° **1322.** D'AVIGNON à NAPOLÉON-VENDÉE.

Bordeaux 602ᵏ
Napoléon-Vendée. . . . 276
_____
878

N° **1323.** D'AVIGNON à NEVERS.

Lyon 231ᵏ
Nevers. 239
_____
470

N° **1324.** D'AVIGNON à NIMES.

Nîmes . . . . . . (fer) 49ᵏ

N° **1325.** D'AVIGNON à NIORT.

Bordeaux 602
Niort 315
_____
(fer) 917

N° **1326.** D'AVIGNON à ORLÉANS.

Lyon 231ᵏ
Orléans 420
_____
651

N° **1327.** D'AVIGNON à PARIS.

Paris . . . . . . (fer) 742ᵏ

N° **1328.** D'AVIGNON à PAU.

Toulouse 346ᵏ
Pau 190
_____
536

N° **1329.** D'AVIGNON à PÉRIGUEUX.

Agen 466ᵏ
Périgueux. 136
_____
602

N° **1330.** D'AVIGNON à PERPIGNAN.

Perpignan . . . . (fer) 260ᵏ

N° **1331.** D'AVIGNON à POITIERS.

Bordeaux 602ᵏ
Poitiers 246
_____
(fer) 848

N° **1332.** D'AVIGNON à PRIVAS.

Privas. 109ᵏ

N° **1333.** D'AVIGNON au PUY.

Le Puy 206ᵏ

N° **1334.** D'AVIGNON à QUIMPER.

Lyon 231ᵏ
Nantes 717
Quimper. 231
_____
1,179

N° **1335.** D'AVIGNON à RENNES.

Lyon 231ᵏ
Le Mans. 636
Rennes 163
_____
1,030

N° **1336.** D'AVIGNON à ROCHEFORT.

Bordeaux 602ᵏ
Rochefort 379
_____
(fer) 981

N° **1337.** D'AVIGNON à LA ROCHELLE.

Bordeaux 602ᵏ
La Rochelle 382
_____
(fer) 984

N° **1338.** D'AVIGNON à RODEZ.

Rodez. 283ᵏ

N° **1339.** D'AVIGNON à ROUEN.

Paris 742ᵏ
Rouen. 137
_____
(fer) 879

N° **1340.** D'AVIGNON à SAINT-BRIEUC.

Lyon 231ᵏ
Le Mans. 636
Rennes 163
Saint-Brieuc 100
_____
1,130

N° **1341.** D'AVIGNON à SAINT-ÉTIENNE

Valence 125ᵏ
Saint-Étienne 97
_____
222

N° **1342.** D'AVIGNON à SAINT-GERMAIN

Paris 742ᵏ
Saint-Germain. 23
_____
(fer) 765

N° **1343.** D'AVIGNON à SAINT-LO.

Paris 742ᵏ
Saint-Lô. 314
_____
(fer) 1,056

N° **1344.** D'AVIGNON à SAINT-OMER.

Paris 742ᵏ
Saint-Omer 330
_____
(fer) 1,072

N° **1345.** D'AVIGNON à SARREGUEMINES.

Dijon 428ᵏ
Sarreguemines 325
_____
753

N° **1346.** D'AVIGNON à SAUMUR.

Lyon 231ᵏ
Saumur. 596
_____
827

N° **1347.** D'AVIGNON à SCHELESTADT.

Lyon 231ᵏ
Schelestadt 458
_____
689

N° **1348.** D'AVIGNON à STRASBOURG.

Lyon 231ᵏ
Strasbourg 504
_____
735

N° **1349.** D'AVIGNON à TARBES.

Toulouse 346ᵏ
Tarbes 151
_____
497

N° **1350.** D'AVIGNON à THIONVILLE.

Dijon 428ᵏ
Thionville. 275
_____
703

N° **1351.** D'AVIGNON à TOULON.

Marseille 121ᵏ
Toulon. 60
_____
181

N° **1352.** D'AVIGNON à TOULOUSE.

Toulouse . . . . (fer) 346ᵏ

1353. D'AVIGNON à TOURS.

Lyon . . . . 231^k
Tours 532
_____
763

1354. D'AVIGNON à TROYES.

Lyon . . . . 231^k
Troyes 343
_____
574

1355. D'AVIGNON à TULLE.

Tulle . . . . 444^k

1356. D'AVIGNON à VALENCE.

Valence . . . . . (fer) 125^k

1357. D'AVIGNON à VALENCIENNES.

Paris . . . . 742^k
Valenciennes 268
_____
(fer) 1,010

1358. D'AVIGNON à VANNES.

Lyon . . . . 231^k
Nantes 717
Vannes 108
_____
1,056

1359. D'AVIGNON à VERDUN.

Dijon . . . . 428^k
Verdun 239
_____
667

1360. D'AVIGNON à VERNON.

Paris . . . . 742^k
Vernon 80
_____
(fer) 822

1361. D'AVIGNON à VERSAILLES.

Paris . . . . 742^k
Versailles 17
_____
(fer) 759

1362. D'AVIGNON à VESOUL.

Lyon . . . . 231^k
Bezançon 250
Vesoul 47
_____
528

BAR-LE-DUC.

N° 1363. DE BAR-LE-DUC à BARÉGES.

Paris . . . . 254^k
Bordeaux 578
Tarbes 230
Baréges 57
_____
1,119

N° 1364. DE BAR-LE-DUC à BAYONNE.

Paris 254
Bordeaux 578
Bayonne 198
_____
(fer) 1,030

N° 1365. DE BAR-LE-DUC à BEAUVAIS.

Paris 254
Beauvais 105
_____
359

N° 1366. DE BAR-LE-DUC à BELFORT.

Belfort . . . . . . (fer) 386^k

N° 1367. DE BAR-LE-DUC à BESANCON.

Langres 160
Besançon 99
_____
(fer) 259

N° 1368. DE BAR-LE-DUC à BLOIS.

Paris . . . . 254^k
Blois 178
_____
(fer) 432

N° 1369. DE BAR-LE-DUC à BORDEAUX.

Paris . . . . 254^k
Bordeaux 578
_____
(fer) 832

N° 1370. DE BAR-LE-DUC à BOULOGNE.

Paris . . . . 254^k
Boulogne 271
_____
(fer) 525

N° 1371. DE BAR-LE-DUC à BOURBONNE

Bourbonne . . . . . . 208^k

N° 1372. DE BAR-LE-DUC à BOURG.

Dijon . . . . 228^k
Mâcon 126
Bourg 38
_____
392

N° 1373. DE BAR-LE-DUC à BOURGES.

Paris . . . . 254^k
Bourges 232
_____
(fer) 486

N° 1374. DE BAR-LE-DUC à BREST.

Paris . . . . 254^k
Rennes 373
Brest 245
_____
872

N° 1375. DE BAR-LE-DUC à BRIANÇON.

Dijon . . . . 201^k
Lyon . . . . 197^k
Grenoble 150
Briançon 119
_____
667

N° 1376. DE BAR-LE-DUC à CAEN.

Paris . . . . 254^k
Caen 239
_____
(fer) 493

N° 1377. DE BAR-LE-DUC à CAHORS.

Paris . . . . 254^k
Cahors 597
_____
851

N° 1378. DE BAR-LE-DUC à CALAIS.

Paris . . . . 254^k
Calais 372
_____
(fer) 626

N° 1379. DE BAR-LE-DUC à CAMBRAI.

Cambrai . . . . . . (fer) 300^k

N° 1380. DE BAR-LE-DUC à CARCASSONNE.

Dijon 228
Carcassonne 682
_____
910

N° 1381. DE BAR-LE-DUC à CETTE.

Dijon . . . . 228^k
Cette 554
_____
782

N° 1382. DE BAR-LE-DUC à CHALONS-SUR-MARNE.

Châlons-sur-Marne . (fer) 82^k

N° 1383. DE BAR-LE-DUC à CHALON-SUR-SAONE.

Dijon	228ᵏ
Chalon-sur-Saône	69
	297

N° 1384. DE BAR-LE-DUC à CHARTRES.

Paris	254ᵏ
Chartres	88
(fer)	342

N° 1385. DE BAR-LE-DUC à CHATEAU-ROUX.

Paris	244ᵏ
Châteauroux	263
(fer)	517

N° 1386. DE BAR-LE-DUC à CHERBOURG

Paris	254ᵏ
Cherbourg	370
(fer)	624

N° 1387. DE BAR-LE-DUC à CLERMONT.

Paris	254ᵏ
Clermont	446
fer	700

N° 1388. DE BAR-LE-DUC à COLMAR.

Colmar (fer)	314ᵏ

N° 1389. DE BAR-LE-DUC à COMPIÈGNE.

Paris	254ᵏ
Compiègne	101
(fer)	355

N° 1390. DE BAR-LE-DUC à DIGNE.

Dijon	228ᵏ
Lyon	197
Digne	296
	721

N° 1391. DE BAR-LE-DUC à DIJON.

Dijon	228ᵏ

N° 1392. DE BAR-LE-DUC à DOUAI.

Cambrai	300ᵏ
Douai	41
(fer)	341

N° 1393. DE BAR-LE-DUC à DRAGUI-GNAN.

Dijon	228ᵏ
Lyon	197
Draguignan	391
	816

N° 1394. DE BAR-LE-DUC à DUNKERQUE

Cambrai	300ᵏ
Dunkerque	156
(fer)	456

N° 1395. DE BAR-LE-DUC à ÉPINAL.

Epinal (fer)	173ᵏ

N° 1396. DE BAR-LE-DUC à ÉVREUX.

Paris	254ᵏ
Évreux	108
(fer)	362

N° 1397. DE BAR-LE-DUC à LA FÈRE.

La Fère (fer)	219ᵏ

N° 1398. DE BAR-LE-DUC à FOIX.

Dijon	228ᵏ
Carcassonne	682
Foix	98
	1,008

N° 1399. DE BAR-LE-DUC à FONTAI-NEBLEAU.

Paris	254ᵏ
Fontainebleau	59ᵏ
(fer)	313

N° 1400. DE BAR-LE-DUC à GAP.

Dijon	228ᵏ
Lyon	197
Grenoble	150
Gap	101
	676

N° 1401. DE BAR-LE-DUC à GIVET.

Mézières	232ᵏ
Givet	67ᵏ
	299

N° 1402. DE BAR-LE-DUC à GRENOBLE.

Dijon	228ᵏ
Lyon	197
Grenoble	150
	575

N° 1403. DE BAR-LE-DUC à GUÉRET.

Paris	254ᵏ
Guéret	374
	628

N° 1404. DE BAR-LE-DUC à HAGUENAU.

Haguenau (fer)	264ᵏ

N° 1405. DE BAR-LE-DUC à LANGRES.

Langres (fer)	160ᵏ

N° 1406. DE BAR-LE-DUC à LAON.

Laon (fer)	196ᵏ

N° 1407. DE BAR-LE-DUC à LAVAL.

Paris	254ᵏ
Laval	301
(fer)	555

N° 1408. DE BAR-LE-DUC à LILLE.

Cambrai	300ᵏ
Lille	74
(fer)	374

N° 1409. DE BAR-LE-DUC à LIMOGES.

Paris	254ᵏ
Limoges	400
(fer)	654

N° 1410. DE BAR-LE-DUC à LONS-SAUNIER.

Dijon	228ᵏ
Lons-le-Saunier	124
	352

N° 1411. DE BAR-LE-DUC à LORIENT.

Paris	254ᵏ
Rennes	373
Lorient	160
	787

N° 1412. DE BAR-LE-DUC à LUNÉVILLE.

Lunéville (fer)	132ᵏ

N° 1413. DE BAR-LE-DUC à LYON.

Dijon	228ᵏ
Lyon	197
	425

N° 1414. DE BAR-LE-DUC à MACON.

Dijon	228ᵏ
Mâcon	126
	354

N° 1415. DE BAR-LE-DUC au MANS.

Paris	254^k
Le Mans	211
(fer)	465

N° 1416. DE BAR-LE-DUC à MARSEILLE.

Dijon	228^k
Marseille	549
(fer)	777

N° 1417. DE BAR-LE-DUC à MAUBEUGE.

Laon	196^k
Maubeuge	126
(fer)	322

N° 1418. DE BAR-LE-DUC à MELUN.

Paris	254^k
Melun	45
(fer)	299

N° 1419. DE BAR-LE-DUC à MENDE.

Dijon	228
Lyon	197
Mende	223
	648

N° 1420. DE BAR-LE-DUC à METZ.

Metz	(fer) 138^k

N° 1421. DE BAR-LE-DUC à MÉZIÈRES.

Mézières	(fer) 232^k

N° 1422. DE BAR-LE-DUC à MONTAUBAN

Paris	254^k
Bordeaux	578
Montauban	206
(fer)	1,038

N° 1423. DE BAR-LE-DUC à MONTBRISON

Dijon	228^k
Lyon	197
Montbrison	101
	526

N° 1424. DE BAR-LE-DUC à MONT-DE-MARSAN.

Paris	254^k
Bordeaux	578
Mont-de-Marsan	148
(fer)	980

N° 1425. DE BAR-LE-DUC à MONTPELLIER

Dijon	228^k
Montpellier	525
	753

N° 1426. DE BAR-LE-DUC à MOULINS.

Paris	254^k
Moulins	340
(fer)	594

N° 1427. DE BAR-LE-DUC à NANCY.

Nancy	(fer) 100^k

N° 1428. DE BAR-LE-DUC à NANTES.

Paris	254
Nantes	427^k
(fer)	681

N° 1429. DE BAR-LE-DUC à NAPOLÉON-VENDÉE.

Paris	254^k
Napoléon-Vendée	433
	687

N° 1430. DE BAR-LE-DUC à NEVERS.

Paris	254^k
Nevers	301
(fer)	555

N° 1431. DE BAR-LE-DUC à NIMES.

Dijon	228^k
Nimes	476
	704

N° 1432 DE BAR-LE-DUC à NIORT.

Paris	254^k
Niort	410
(fer)	664

N° 1433. DE BAR-LE-DUC à ORLÉANS.

Paris	254^k
Orléans	121
(fer)	375

N° 1434. DE BAR-LE-DUC à PARIS.

Paris	(fer) 254^k

N° 1435. DE BAR-LE-DUC à PAU.

Paris	254^k
Bordeaux	578
Pau	213
	1,045

N° 1436. DE BAR-LE-DUC à PÉRIGUEUX.

Paris	254^k
Périgueux	495
	749

N° 1437. DE BAR-LE-DUC à PERPIGNAN.

Dijon	228^k
Perpignan	688
	916

N° 1438. DE BAR-LE-DUC à POITIERS.

Paris	254^k
Poitiers	332
(fer)	586

N° 1439. DE BAR-LE-DUC à PRIVAS.

Dijon	228^k
Lyon	197
Privas	144
	569

N° 1440. DE BAR-LE-DUC au PUY.

Dijon	228^k
Lyon	197
Le Puy	134
	559

N° 1441. DE BAR-LE-DUC à QUIMPER.

Paris	254^k
Rennes	373
Quimper	227
	854

N° 1442. DE BAR-LE-DUC à RENNES.

Paris	254
Rennes	373
(fer)	627

N° 1443. DE BAR-LE-DUC à ROCHEFORT.

Paris	254^k
Rochefort	474
(fer)	728

N° 1444. DE BAR-LE-DUC à LA ROCHELLE.

Paris	254^k
La Rochelle	477
(fer)	731

N° 1445. DE BAR-LE-DUC à RODEZ.

Paris	254^k
Clermont	446
Rodez	225
	925

N° 1446. DE BAR-LE-DUC à ROUEN.

Paris	254^k
Rouen	137
(fer)	391

N° 1447. DE BAR-LE-DUC à ST-BRIEUC.

Paris	254ᵏ
Rennes	373
Saint-Brieuc	100
	727

N° 1448. DE BAR-LE-DUC à ST-ÉTIENNE.

Dijon	228ᵏ
Lyon	197
Saint-Étienne	56
	481

N° 1449. DE BAR-LE-DUC à ST-GERMAIN.

Paris	254ᵏ
Saint-Germain	23
(fer)	277

N° 1450. DE BAR-LE-DUC à SAINT-LO.

Paris	254ᵏ
Saint-Lô	314
(fer)	568

N° 1451. DE BAR-LE-DUC à ST-OMER.

Cambrai	300ᵏ
Saint-Omer	136
(fer)	436

N° 1452. DE BAR-LE-DUC à SARREGUE-MINES.

Sarreguemines	214ᵏ

N° 1453. DE BAR-LE-DUC à SAUMUR.

Paris	254ᵏ
Saumur	295
(fer)	549

N° 1454. DE BAR-LE-DUC à SCHELESTADT

Schelestadt	(fer) 292ᵏ

N° 1455. DE BAR-LE-DUC à STRASBOURG.

Strasbourg	(fer) 249ᵏ

N° 1456. DE BAR-LE-DUC à TARBES.

Paris	254ᵏ
Bordeaux	578
Tarbes	230
	1,062

N° 1457. DE BAR-LE-DUC à THIONVILLE.

Thionville	(fer) 165ᵏ

N° 1458. DE BAR-LE-DUC à TOULON.

Dijon	228ᵏ
Marseille	549
Toulon	60
	837

N° 1459. DE BAR-LE-DUC à TOULOUSE.

Dijon	228
Cette	554
Toulouse	220
	1,002

N° 1460. LE BAR-LE-DUC à TOURS.

Paris	254ᵏ
Tours	234
(fer)	488

N° 1461. DE BAR-LE-DUC à TROYES.

Troyes	(fer) 221ᵏ

N° 1462. DE BAR-LE-DUC à TULLE.

Paris	254ᵏ
Clermont	446
Tulle	143
	843

N° 1463. DE BAR-LE-DUC à VALENCE.

Dijon	228ᵏ
Valence	303
	531

N° 1464. DE BAR-LE-DUC à VALEN-CIENNES.

Cambrai	300ᵏ
Valenciennes	46
(fer)	346

N° 1465. DE BAR-LE-DUC à VANNES.

Paris	254ᵏ
Rennes	373
Vannes	103
	730

N° 1466. DE BAR-LE-DUC à VERDUN.

Verdun	69ᵏ

N° 1467. DE BAR-LE-DUC à VERNON.

Paris	254ᵏ
Vernon	80
(fer)	334

N° 1468. DE BAR-LE-DUC à VERSAILLES.

Paris	254ᵏ
Versailles	17
(fer)	271

N° 1469. DE BAR-LE-DUC à VESOUL.

Vesoul	(fer) 245ᵏ

BARÉGES.

N° 1470. DE BARÉGES à BAYONNE.

Tarbes	57ᵏ
Bayonne	146
	203

N° 1471. DE BARÉGES à BEAUVAIS.

Tarbes	57ᵏ
Bordeaux	230
Paris	578
Beauvais	105
	970

N° 1472. DE BARÉGES à BELFORT.

Tarbes	57ᵏ
Toulouse	151
Lyon	577
Belfort	346
	1,131

N° 1473. DE BARÉGES à BESANÇON.

Tarbes	57ᵏ
Toulouse	151
Lyon	577
Besançon	250
	1,035

N° 1474. DE BARÉGES à BLOIS.

Tarbes	57ᵏ
Bordeaux	230
Blois	401
	688

N° 1475. DE BARÉGES à BORDEAUX.

Tarbes	57ᵏ
Bordeaux	230
	287

N° 1476. DE BARÉGES à BOULOGNE.

Tarbes	57ᵏ
Bordeaux	230
Paris	578
Boulogne	271
	1,136

N° 1477. DE BARÉGES à BOURBONNE.

Tarbes	57ᵏ
Toulouse	151
Lyon	577
Dijon	107
Bourbonne	168
	1,060

1478. DE BARÉGES à BOURG.

Tarbes	57^k
Toulouse	151
Lyon	577
Bourg	75
	860

1479. DE BARÉGES à BOURGES.

Tarbes	57^k
Bordeaux	230
Bourges	571
	858

1480. DE BARÉGES à BREST.

Tarbes	57^k
Bordeaux	230
Nantes	539
Brest	323
	1,149

1481. DE BARÉGES à BRIANÇON.

Tarbes	57^k
Toulouse	151
Avignon	346
Briançon	278
	832

1482. DE BARÉGES à CAEN.

Tarbes	57^k
Bordeaux	230
Le Mans	446
Caen	157
	890

1483. DE BARÉGES à CAHORS.

Tarbes	57^k
Cahors	217
	274

1484. DE BARÉGES à CALAIS.

Tarbes	57^k
Bordeaux	230
Paris	578
Calais	372
	1,237

1485. DE BARÉGES à CAMBRAI.

Tarbes	57^k
Bordeaux	230
Paris	578
Cambrai	323
	1,088

N° 1486. DE BARÉGES à CARCASSONNE.

Tarbes	57^k
Toulouse	151
Carcassonne	91
	299

N° 1487. DE BARÉGES à CETTE.

Tarbes	57^k
Toulouse	151
Cette	220
	428

N° 1488. DE BARÉGES à CHALONS-SUR-MARNE.

Tarbes	57^k
Bordeaux	230
Paris	578
Châlons-sur-Marne	173
	1,038

N° 1489. DE BARÉGES à CHALON-SUR-SAONE.

Tarbes	57^k
Toulouse	151
Lyon	577
Chalon-sur-Saône	130
	915

N° 1490. DE BARÉGES à CHARTRES.

Tarbes	57^k
Bordeaux	230
Le Mans	446
Chartres	124
	857

N° 1491. DE BARÉGES à CHATEAUROUX.

Tarbes	57^k
Châteauroux	499
	556

N° 1492. DE BARÉGES à CHERBOURG.

Tarbes	57^k
Bordeaux	230
Le Mans	446
Cherbourg	288
	1,021

N° 1493. DE BARÉGES à CLERMONT.

Tarbes	57^k
Clermont	491
	548

N° 1494. DE BARÉGES à COLMAR.

Tarbes	57^k
Toulouse	151
Lyon	577
Colmar	436
	1,221

N° 1495. DE BARÉGES à COMPIÈGNE.

Tarbes	57^k
Bordeaux	230
Paris	578
Compiègne	101
	966

N° 1496. DE BARÉGES à DIGNE.

Tarbes	57^k
Toulouse	151
Avignon	346
Digne	152
	706

N° 1497. DE BARÉGES à DIJON.

Tarbes	57^k
Toulouse	151
Lyon	577
Dijon	197
	982

N° 1498. DE BARÉGES à DOUAI.

Tarbes	57^k
Bordeaux	230
Paris	578
Douai	235
	1.100

N° 1499. DE BARÉGES à DRAGUIGNAN.

Tarbes	57^k
Toulouse	151
Aix	421
Draguignan	108
	737

N° 1500. DE BARÉGES à DUNKERQUE.

Tarbes	57^k
Bordeaux	230
Paris	578
Dunkerque	351
	1,216

N° 1501. DE BARÉGES à ÉPINAL.

Tarbes	57^k
Toulouse	151
Lyon	577
Besançon	250
Épinal	123
	1,158

N° **1502.** DE BARÉGES à ÉVREUX.

Tarbes.	57ᵏ
Bordeaux	230
Paris	578
Évreux	168
	1,033

N° **1503.** DE BARÉGES à LA FÈRE.

Tarbes.	57
Bordeaux	230
Paris	578
La Fère	153
	1,018

N° **1504.** DE BARÉGES à FOIX.

Tarbes.	57ᵏ
Toulouse	151
Foix.	82
	290

N° **1505.** DE BARÉGES à FONTAINE-BLEAU.

Tarbes.	57ᵏ
Bordeaux	230
Paris	578
Fontainebleau	59
	924

N° **1506.** DE BARÉGES à GAP.

Tarbes.	57ᵏ
Toulouse	151
Avignon.	346
Gap	187
	741

N° **1507.** DE BARÉGES à GIVET.

Tarbes.	57ᵏ
Bordeaux	230
Paris	578
Givet	327
	1,192

N° **1508.** DE BARÉGES à GRENOBLE.

Tarbes.	57ᵏ
Toulouse	151
Valence.	471
Grenoble	94
	773

N° **1509.** DE BARÉGES à GUÉRET.

Tarbes.	57ᵏ
Guéret	460
	517

N° **1510.** DE BARÉGES à HAGUENAU.

Tarbes.	57ᵏ
Toulouse.	151
Lyon	577
Haguenau.	546
	1,331

N° **1511.** DE BARÉGES à LANGRES.

Tarbes.	57ᵏ
Toulouse	151
Lyon	577
Dijon	197
Langres.	66
	1,048

N° **1512.** DE BARÉGES à LAON.

Tarbes.	57ᵏ
Bordeaux	230
Paris	578
Laon	175
	1,040

N° **1513.** DE BARÉGES à LAVAL.

Tarbes.	57ᵏ
Bordeaux	230
Le Mans.	446
Laval	90
	823

N° **1514.** DE BARÉGES à LILLE.

Tarbes.	57ᵏ
Bordeaux	230
Paris	578
Lille.	268
	1,133

N° **1515.** DE BARÉGES à LIMOGES.

Tarbes.	57ᵏ
Limoges.	376
	433

N° **1516.** DE BARÉGES à LONS-LE-SAUNIER.

Tarbes.	57ᵏ
Toulouse	151
Lyon	577
Lons-le-Saunier	124
	909

N° **1517.** DE BARÉGES à LORIENT.

Tarbes.	57
Bordeaux	230
Nantes	539
Lorient	164
	990

N° **1518.** DE BARÉGES à LUNÉVILLE.

Tarbes.	57ᵏ
Toulouse	151
Lyon	577
Lunéville	416
	1,201

N° **1519.** DE BARÉGES à LYON.

Tarbes.	57ᵏ
Toulouse	151
Lyon	577
	785

N° **1520.** DE BARÉGES à MACON.

Tarbes.	57ᵏ
Toulouse	151
Lyon	577
Mâcon.	72
	857

N° **1521.** DE BARÉGES au MANS.

Tarbes.	57
Bordeaux	230
Le Mans.	446
	733

N° **1522.** DE BARÉGES à MARSEILLE.

Tarbes.	57ᵏ
Toulouse	151
Marseille	424
	632

N° **1523.** DE BARÉGES à MAUBEUGE.

Tarbes.	57ᵏ
Bordeaux	230
Paris	578
Maubeuge	246
	1,111

N° **1524.** DE BARÉGES à MELUN.

Tarbes.	57ᵏ
Bordeaux	230
Paris	578
Melun	45
	910

N° **1525.** DE BARÉGES à MENDE.

Tarbes.	57ᵏ
Rodez	285
Mende.	115
	457

N° 1526. DE BARÉGES à METZ.

Tarbes.	57ᵏ
Toulouse	151
Lyon	577
Dijon	197
Metz.	349
	1,231

N° 1527. DE BARÉGES à MÉZIÈRES.

Tarbes.	57ᵏ
Bordeaux	230
Paris	578
Mézières.	260
	1,125

N° 1528. DE BARÉGES à MONTAUBAN.

Tarbes.	57ᵏ
Montauban	157
	214

N° 1529. DE BARÉGES à MONTBRISON.

Tarbes.	57ᵏ
Montbrison	604
	661

N° 1530. DE BARÉGES à MONT-DE-MARSAN.

Tarbes.	57ᵏ
Mont-de-Marsan	99
	156

N° 1531. DE BARÉGES à MONTPELLIER

Tarbes.	57ᵏ
Toulouse	151
Montpellier	248
	456

N° 1532. DE BARÉGES à MOULINS.

Tarbes.	57ᵏ
Moulins	597
	654

N° 1533. DE BARÉGES à NANCY.

Tarbes.	57ᵏ
Toulouse	151
Lyon	577
Nancy.	389
	1,174

N° 1534. DE BARÉGES à NANTES.

Tarbes.	57
Bordeaux	230
Nantes	539
	826

N° 1535. DE BARÉGES à NAPOLÉON-VENDÉE.

Tarbes.	57ᵏ
Bordeaux	230
Napoléon-Vendée.	276
	563

N° 1536. DE BARÉGES à NEVERS.

Tarbes.	57ᵏ
Nevers	706
	763

N° 1537. DE BARÉGES à NIMES.

Tarbes.	57ᵏ
Toulouse	151
Nimes.	298
	506

N° 1538. DE BARÉGES à NIORT.

Tarbes.	57ᵏ
Bordeaux	230
Niort	315
	602

N° 1539. DE BARÉGES à ORLÉANS.

Tarbes.	57ᵏ
Bordeaux	230
Orléans	459
	746

N° 1540. DE BARÉGES à PARIS.

Tarbes.	57ᵏ
Bordeaux	230
Paris	578
	865

N° 1541. DE BARÉGES à PAU.

Tarbes.	57ᵏ
Pau	39
	96

N° 1542. DE BARÉGES à PÉRIGUEUX.

Tarbes.	57ᵏ
Périgueux	282
	339

N° 1543. DE BARÉGES à PERPIGNAN.

Tarbes.	57ᵏ
Toulouse	151
Perpignan	213
	421

N° 1544. DE BARÉGES à POITIERS.

Tarbes.	57ᵏ
Bordeaux	230
Poitiers	246
	533

N° 1545. DE BARÉGES à PRIVAS.

Tarbes.	57ᵏ
Toulouse	151
Nimes.	298
Privas.	115
	621

N° 1546. DE BARÉGES au PUY.

Tarbes.	57ᵏ
Le Puy	491
	548

N° 1547. DE BARÉGES à QUIMPER.

Tarbes.	57ᵏ
Bordeaux	230
Nantes	539
Quimper.	231
	1,057

N° 1548. DE BARÉGES à RENNES.

Tarbes.	57ᵏ
Bordeaux	230
Le Mans.	446
Rennes	163
	896

N° 1549. DE BARÉGES à ROCHEFORT.

Tarbes.	57ᵏ
Bordeaux	230
Rochefort	379
	666

N° 1550. DE BARÉGES à LA ROCHELLE.

Tarbes.	57ᵏ
Bordeaux	230
La Rochelle	382
	669

N° 1551. DE BARÉGES à RODEZ.

Tarbes.	57ᵏ
Rodez.	285
	342

N° 1552. DE BARÉGES à ROUEN.

Tarbes.	57ᵏ
Bordeaux	230
Paris	578
Rouen.	137
	1,002

N° 1553. DE BARÉGES à SAINT-BRIEUC

Tarbes.	57ᵏ
Bordeaux	230
Le Mans.	446
Rennes	163
Saint-Brieuc.	100
	996

N° 1554. DE BARÉGES à SAINT-ÉTIENNE.

Tarbes.	57ᵏ
Montauban.	157
Saint-Étienne	471
	685

N° 1555. DE BARÉGES à SAINT-GERMAIN.

Tarbes.	57ᵏ
Bordeaux	230
Paris	578
Saint-Germain. . . .	23
	888

N° 1556. DE BARÉGES à SAINT-LO.

Tarbes.	57ᵏ
Bordeaux	230
Le Mans.	446
Saint-Lô.	194
	927

N° 1557. DE BARÉGES à SAINT-OMER.

Tarbes	57ᵏ
Bordeaux	230
Paris	578
Saint-Omer	330
	1,195

N° 1558. DE BARÉGES à SARREGUEMINES.

Tarbes.	57ᵏ
Toulouse.	151
Lyon	577
Sarreguemines. . . .	522
	1,307

N° 1559. DE BARÉGES à SAUMUR.

Tarbes.	57ᵏ
Bordeaux	230
Saumur.	410
	697

N° 1560. DE BARÉGES à SCHELESTADT.

Tarbes	57ᵏ
Toulouse	151
Lyon	577
Schelestadt	458
	1,243

N° 1561. DE BARÉGES à STRASBOURG.

Tarbes.	57ᵏ
Toulouse	151
Lyon	577
Strasbourg.	504
	1,289

N° 1562. DE BARÉGES à TARBES.

Tarbes.	57ᵏ

N° 1563. DE BARÉGES à THIONVILLE.

Tarbes.	57ᵏ
Toulouse	151
Lyon	577
Thionville.	480
	1,265

N° 1564. DE BARÉGES à TOULON.

Tarbes.	57ᵏ
Toulouse.	151
Marseille.	424
Toulon.	60
	692

N° 1565. DE BARÉGES à TOULOUSE.

Tarbes.	57ᵏ
Toulouse.	151
	208

N° 1566. DE BARÉGES à TOURS.

Tarbes.	57ᵏ
Bordeaux	230
Tours	347
	634

N° 1567. DE BARÉGES à TROYES.

Tarbes.	57ᵏ
Bordeaux	230
Paris	578
Troyes.	167
	1,032

N° 1568. DE BARÉGES à TULLE.

Tarbes.	57ᵏ
Tulle	350
	407

N° 1569. DE BARÉGES à VALENCE.

Tarbes.	57ᵏ
Toulouse	151
Valence.	471
	679

N° 1570. DE BARÉGES à VALENCIENNES

Tarbes.	57
Bordeaux	230
Paris	578
Valenciennes	268
	1,133

N° 1571. DE BARÉGES à VANNES.

Tarbes.	57ᵏ
Bordeaux	230
Nantes	539
Vannes	108
	934

N° 1572. DE BARÉGES à VERDUN.

Tarbes.	57ᵏ
Bordeaux	230
Paris	578
Verdun	253
	1,118

N° 1573. DE BARÉGES à VERNON.

Tarbes.	57ᵏ
Bordeaux	230
Paris	578
Vernon	80
	945

N° 1574. DE BARÉGES à VERSAILLES.

Tarbes.	57ᵏ
Bordeaux	230
Paris	578
Versailles	17
	882

N° 1575. DE BARÉGES à VESOUL.

Tarbes.	57ᵏ
Toulouse	151
Lyon	577
Vesoul.	297
	1,082

BAYONNE.

N° 1576. DE BAYONNE à BEAUVAIS.

Bordeaux	198ᵏ
Paris	578
Beauvais	105
(fer)	881

N° 1577. DE BAYONNE à BELFORT.

Bordeaux	198ᵏ
Lyon	549
Belfort	346
	1,093

N° 1578. DE BAYONNE à BESANÇON.

Bordeaux	198ᵏ
Lyon	549
Besançon	250
	997

N° 1579. DE BAYONNE à BLOIS.

Bordeaux	198ᵏ
Blois	401
(fer)	599

N° 1580. DE BAYONNE à BORDEAUX.

Bordeaux .... (fer)	198ᵏ

N° 1581. DE BAYONNE à BOULOGNE.

Bordeaux	198ᵏ
Paris	578
Boulogne	271
(fer)	1,047

N° 1582. DE BAYONNE à BOURBONNE.

Bordeaux	198ᵏ
Lyon	549
Dijon	197
Bourbonne	108
	1,052

N° 1583. DE BAYONNE à BOURG.

Bordeaux	198ᵏ
Lyon	549
Bourg	75
	822

N° 1584. DE BAYONNE à BOURGES.

Bordeaux	198ᵏ
Bourges	422ᵏ
(fer)	620

N° 1585 DE BAYONNE à BREST.

Bordeaux	198ᵏ
Nantes	539
Brest	323
	1,060

N° 1586. DE BAYONNE à BRIANÇON.

Toulouse	297ᵏ
Avignon	346
Briançon	278
	921

N° 1587. DE BAYONNE à CAEN.

Bordeaux	198ᵏ
Le Mans	446
Caen	157
	801

N° 1588. DE BAYONNE à CAHORS.

Mont-de-Marsan	99ᵏ
Cahors	203
	302

N° 1589. DE BAYONNE à CALAIS.

Bordeaux	198ᵏ
Paris	578
Calais	372
(fer)	1,148

N° 1590. DE BAYONNE à CAMBRAI.

Bordeaux	198ᵏ
Paris	578
Cambrai	223
(fer)	999

N° 1591. DE BAYONNE à CARCASSONNE

Toulouse	297ᵏ
Carcassonne	91
	388

N° 1592. DE BAYONNE à CETTE.

Toulouse	297ᵏ
Cette	220
	517

N° 1593. DE BAYONNE à CHALONS-SUR-MARNE.

Bordeaux	198ᵏ
Paris	578
Châlons-sur-Marne	173
(fer)	949

N° 1594. DE BAYONNE à CHALON-SUR-SAONE.

Bordeaux	198ᵏ
Lyon	549
Chalon-sur-Saône	130
	877

N° 1595. DE BAYONNE à CHARTRES.

Bordeaux	198ᵏ
Le Mans	446
Chartres	124
	768

N° 1596. DE BAYONNE à CHATEAUROUX

Bordeaux	198ᵏ
Châteauroux	363
	561

N° 1597. DE BAYONNE à CHERBOURG.

Bordeaux	198ᵏ
Le Mans	446
Cherbourg	288
	932

N° 1598. DE BAYONNE à CLERMONT.

Bordeaux	198ᵏ
Clermont	366
	564

N° 1599. DE BAYONNE à COLMAR.

Bordeaux	198ᵏ
Lyon	549
Colmar	436
	1,183

N° 1600. DE BAYONNE à COMPIÈGNE.

Bordeaux	198ᵏ
Paris	578
Compiègne	101
(fer)	877

N° 1601. DE BAYONNE à DIGNE.

Toulouse	297ᵏ
Avignon	346
Digne	152
	795

N° 1602. DE BAYONNE à DIJON.

Bordeaux	198ᵏ
Lyon	549
Dijon	197
	944

N° 1603. DE BAYONNE à DOUAI.

Bordeaux	198ᵏ
Paris	578
Douai	235
(fer)	1,011

N° 1604. DE BAYONNE à DRAGUIGNAN.

Toulouse	297ᵏ
Aix	421
Draguignan	108
	826

N° 1605. DE BAYONNE à DUNKERQUE.

Bordeaux	198ᵏ
Paris	578
Dunkerque	351
(fer)	1,127

7

N° 1606. DE BAYONNE à ÉPINAL.

Bordeaux . . . . . . 198^k
Lyon 549
Épinal 373

(fer) 1,120

N° 1607. DE BAYONNE à ÉVREUX.

Bordeaux . . . . . . 198^k
Paris 578
Évreux 108

(fer) 884

N° 1608. DE BAYONNE à LA FÈRE.

Bordeaux . . . ' . . . 198^k
Paris 578
La Fère 153

(fer) 929

N° 1609. DE BAYONNE à FOIX.

Toulouse . . . . 297^k
Foix 82

379

N° 1610. DE BAYONNE à FONTAINEBLEAU

Bordeaux . . . . . . 198^k
Paris 578
Fontainebleau 59

(fer) 835

N° 1611. DE BAYONNE à GAP.

Toulouse . . . . 297^k
Avignon 346
Gap 187

830

N° 1612. DE BAYONNE à GIVET.

Bordeaux . . . . . . 198^k
Paris 578
Givet 327

1,103

N° 1613. DE BAYONNE à GRENOBLE.

Toulouse . . . . . . 297^k
Valence 471
Grenoble 94

862

N° 1614. DE BAYONNE à GUÉRET.

Bordeaux . . . . 198^k
Limoges 225
Guéret 84

507

N° 1615. DE BAYONNE à HAGUENAU.

Bordeaux . . . . . . 198^k
Paris 578
Haguenau 517

(fer) 1,293

N° 1616. DE BAYONNE à LANGRES.

Bordeaux . . . . . . 198^k
Lyon 549
Langres 263

1,010

N° 1617. DE BAYONNE à LAON.

Bordeaux . . . . . . 198^k
Paris 578
Laon 175

(fer) 951

N° 1618. DE BAYONNE à LAVAL.

Bordeaux . . . . . . 198^k
Le Mans 446
Laval 90

(fer) 734

N° 1619. DE BAYONNE à LILLE.

Bordeaux . . . . . . 198^k
Paris 578
Lille 268

(fer) 1,044

N° 1620. DE BAYONNE à LIMOGES.

Bordeaux . . . . . . 198^k
Limoges 225

423

N° 1621. DE BAYONNE à LONS-LE-SAUNIER.

Bordeaux . . . . . . 198^k
Lyon 549
Lons-le-Saunier 124

871

N° 1622. DE BAYONNE à LORIENT.

Bordeaux . . . . . . 198^k
Nantes 539
Lorient 164

901

N° 1623. DE BAYONNE à LUNÉVILLE.

Bordeaux . . . . . . 198^k
Paris 578
Lunéville 386

(fer) 1,162

N° 1624. DE BAYONNE à LYON.

Bordeaux . . . . . . 198^k
Lyon 549

747

N° 1625. DE BAYONNE à MACON.

Bordeaux . . . . . . 198^k
Lyon 549
Mâcon 72

819

N° 1626. DE BAYONNE au MANS.

Bordeaux . . . . . . 198^k
Le Mans 446

(fer) 644

N° 1627. DE BAYONNE à MARSEILLE.

Toulouse . . . . 297^k
Marseille 424

721

N° 1628. DE BAYONNE à MAUBEUGE.

Bordeaux 198
Paris 578
Maubeuge 246

(fer) 1,022

N° 1629. DE BAYONNE à MELUN.

Bordeaux . . . . . . 198^k
Paris 578
Melun 45

(fer) 821

N° 1630. DE BAYONNE à MENDE.

Auch . . . . 220^k
Rodez 213
Mende 115

548

N° 1631. DE BAYONNE à METZ.

Bordeaux . . . . . . 198^k
Paris 578
Metz 392

(fer) 1,168

N° 1632. DE BAYONNE à MÉZIÈRES.

Bordeaux 198
Paris 578
Mézières 260

1,036

N° 1633. DE BAYONNE à MONTAUBAN.

Montauban . . . . . . 308^k

N° 1634. DE BAYONNE à MONTBRISON.

Bordeaux	198ᵏ
Clermont	366
Montbrison	113
	677

N° 1635. DE BAYONNE à MONT-DE-MARSAN.

Mont-de-Marsan. . (fer)	129

N° 1636. DE BAYONNE à MONTPELLIER.

Toulouse	297ᵏ
Montpellier	248
	545

N° 1637. DE BAYONNE à MOULINS.

Bordeaux	198ᵏ
Moulins	438
	636

N° 1638. DE BAYONNE à NANCY.

Bordeaux	198ᵏ
Paris	578
Nancy	353
(fer)	1,129

N° 1639. DE BAYONNE à NANTES.

Bordeaux	198
Nantes	539
(fer)	737

N° 1640. DE BAYONNE à NAPOLÉON-VENDÉE.

Bordeaux	198ᵏ
Napoléon-Vendée	276
	474

N° 1641. DE BAYONNE à NEVERS.

Bordeaux	198ᵏ
Nevers	476
	674

N° 1642. DE BAYONNE à NIMES.

Toulouse	297ᵏ
Nimes	298
	595

N° 1643. DE BAYONNE à NIORT.

Bordeaux	198ᵏ
Niort	315
(fer)	513

N° 1644. DE BAYONNE à ORLÉANS.

Bordeaux	198ᵏ
Orléans	459
(fer)	657

N° 1645. DE BAYONNE à PARIS.

Bordeaux	198ᵏ
Paris	578
(fer)	776

N° 1646. DE BAYONNE à PAU.

Pau	107ᵏ

N° 1647. DE BAYONNE à PÉRIGUEUX.

Bordeaux	198ᵏ
Périgueux	130
(fer)	328

N° 1648. DE BAYONNE à PERPIGNAN.

Toulouse	297ᵏ
Perpignan	213
	510

N° 1649. DE BAYONNE à POITIERS.

Bordeaux	198ᵏ
Poitiers	246
(fer)	444

N° 1650. DE BAYONNE à PRIVAS.

Toulouse	297ᵏ
Nimes	298
Privas	115
	710

N° 1651. DE BAYONNE au PUY.

Montauban	308ᵏ
Le Puy	334
	642

N° 1652. DE BAYONNE à QUIMPER.

Bordeaux	198ᵏ
Nantes	539
Quimper	231
	968

N° 1653. DE BAYONNE à RENNES.

Bordeaux	198ᵏ
Le Mans	446
Rennes	163
(fer)	807

N° 1654. DE BAYONNE à ROCHEFORT.

Bordeaux	198ᵏ
Rochefort	379
(fer)	577

N° 1655. DE BAYONNE à LA ROCHELLE.

Bordeaux	198ᵏ
La Rochelle	382
(fer)	580

N° 1656. DE BAYONNE à RODEZ.

Montauban	308
Rodez	130
	438

N° 1657. DE BAYONNE à ROUEN.

Bordeaux	198ᵏ
Paris	578
Rouen	137
(fer)	913

N° 1658. DE BAYONNE à SAINT-BRIEUC.

Bordeaux	198
Le Mans	446
Rennes	163
Saint-Brieuc	100
	907

N° 1659. DE BAYONNE à SAINT-ÉTIENNE.

Toulouse	297ᵏ
Valence	471
Saint-Etienne	97
	865

N° 1660. DE BAYONNE à SAINT-GERMAIN

Bordeaux	198ᵏ
Paris	578
Saint-Germain	23
(fer)	799

N° 1661. DE BAYONNE à SAINT-LO.

Bordeaux	198ᵏ
Le Mans	446
Saint-Lô	194
	838

N° 1662. DE BAYONNE à SAINT-OMER.

Bordeaux	198ᵏ
Paris	578
Saint-Omer	330
(fer)	1,106

N° 1663. DE BAYONNE À SARREGUE-
MINES.

Bordeaux . . . . 198^k
Paris 578
Sarreguemines 469
_____
1,245

N° 1664. DE BAYONNE À SAUMUR.

Bordeaux . . . . 198^k
Saumur 410
_____
(fer) 608

N° 1665. DE BAYONNE À SCHELESTADT.

Bordeaux . . . . 198^k
Lyon 549
Schelestadt 458
_____
1,205

N° 1666. DE BAYONNE À STRASBOURG.

Bordeaux . . . . 198^k
Lyon 549
Strasbourg 504
_____
1,251

N° 1667. DE BAYONNE À TARBES.

Tarbes . . . . 146^k

N° 1668. DE BAYONNE À THIONVILLE.

Bordeaux . . . . 198^k
Paris 578
Thionville 419
_____
(fer) 1,195

N° 1669. DE BAYONNE À TOULON.

Toulouse . . . . 297^k
Marseille 424
Toulon 60
_____
781

N° 1670. DE BAYONNE À TOULOUSE.

Toulouse . . . . 297^k

N° 1671. DE BAYONNE À TOURS.

Bordeaux . . . . 198^k
Tours 347
_____
(fer) 515

N° 1672. DE BAYONNE À TROYES.

Bordeaux . . . . 198^k
Paris 578
Troyes 167
_____
(fer) 943

N° 1673. DE BAYONNE À TULLE.

Bordeaux . . . . 198^k
Tulle 223
_____
421

N° 1674. DE BAYONNE À VALENCE.

Toulouse . . . . 297^k
Valence 471
_____
768

N° 1675. DE BAYONNE À VALENCIENNES.

Bordeaux . . . . 198^k
Paris 578
Valenciennes 268
_____
(fer) 1,044

N° 1676. DE BAYONNE À VANNES.

Bordeaux . . . . 198^k
Nantes 539
Vannes 108
_____
845

N° 1677. DE BAYONNE À VERDUN.

Bordeaux . . . . 198^k
Paris 578
Verdun 253
_____
1,029

N° 1678. DE BAYONNE À VERNON.

Bordeaux . . . . 198^k
Paris 578
Vernon 80
_____
(fer) 856

N° 1679. DE BAYONNE À VERSAILLES.

Bordeaux . . . . 198^k
Paris 578
Versailles 17
_____
(fer) 793

N° 1680. DE BAYONNE À VESOUL.

Bordeaux . . . . 198^k
Lyon 549
Vesoul 297
_____
1,044

BEAUVAIS.

N° 1681. DE BEAUVAIS À BELFORT.

Paris . . . . 105^k
Belfort 443
_____
(fer) 548

N° 1682. DE BEAUVAIS À BESANÇON.

Paris . . . . 105^k
Besançon 406
_____
(fer) 511

N° 1683. DE BEAUVAIS À BLOIS.

Paris . . . . 105^k
Blois 178
_____
(fer) 283

N° 1684. DE BEAUVAIS À BORDEAUX.

Paris . . . . 105^k
Bordeaux 578
_____
(fer) 683

N° 1685. DE BEAUVAIS À BOULOGNE.

Boulogne . . . . . (fer) 241^k

N° 1686. DE BEAUVAIS À BOURBONNE.

Paris . . . . 105^k
Bourbonne 345
_____
450

N° 1687. DE BEAUVAIS À BOURG.

Paris . . . . 105^k
Mâcon 441
Bourg 37
_____
(fer) 584

N° 1688. DE BEAUVAIS À BOURGES.

Paris . . . . 105^k
Bourges 232
_____
(fer) 337

N° 1689. DE BEAUVAIS À BREST.

Paris . . . . 105^k
Rennes 373
Brest 245
_____
723

N° 1690. DE BEAUVAIS À BRIANÇON.

Paris . . . . 105^k
Lyon 512
Grenoble 150
Briançon 117
_____
880

N° 1691. DE BEAUVAIS À CAEN.

Paris 405
Caen 233
_____
(fer) 344

N° 1692. DE BEAUVAIS à CAHORS.

Paris.	105^k
Cahors.	597^k
	702

N° 1693. DE BEAUVAIS à CALAIS.

Calais. . . . . . (fer)	342^k

N° 1694. DE BEAUVAIS à CAMBRAI.

Cambrai. . . . . (fer)	193^k

N° 1695. DE BEAUVAIS à CARCASSONNE.

Paris.	105^k
Bordeaux	578
Carcassonne. . . .	348
(fer)	1,031

N° 1696. DE BEAUVAIS à CETTE.

Paris.	105^k
Cette.	868
(fer)	973

N° 1697. DE BEAUVAIS à CHALONS-SUR-MARNE.

Laon.	145^k
Châlons-sur-Marne. . .	114
(fer)	259

N° 1698. DE BEAUVAIS à CHALON-SUR-SAONE.

Paris.	105
Chalon-sur-Saône. . . .	283
(fer)	488

N° 1699. DE BEAUVAIS à CHARTRES.

Paris.	105^k
Chartres.	88
(fer)	193

N° 1700. DE BEAUVAIS à CHATEAUROUX.

Paris.	105
Châteauroux.	263
(fer)	368

N° 1701. DE BEAUVAIS à CHERBOURG.

Paris.	105^k
Cherbourg.	370
(fer)	475

N° 1702. DE BEAUVAIS à CLERMONT.

Paris.	105^k
Clermont.	446
(fer)	551

N° 1703. DE BEAUVAIS à COLMAR.

Châlons-sur-Marne. . .	259^k
Colmar.	396
(fer)	655

N° 1704. DE BEAUVAIS à COMPIÈGNE.

Compiègne. . . . . (fer)	71^k

N° 1705. DE BEAUVAIS à DIGNE.

Paris.	105^k
Lyon.	512
Digne.	296
	913

N° 1706. DE BEAUVAIS à DIJON.

Paris.	105^k
Dijon.	315
(fer)	420

N° 1707. DE BEAUVAIS à DOUAI.

Douai. . . . . . (fer)	205^k

N° 1708. DE BEAUVAIS à DRAGUIGNAN.

Paris.	105^k
Lyon.	512
Draguignan.	391
	1,008

N° 1709. DE BEAUVAIS à DUNKERQUE.

Dunkerque. . . . . (fer)	320^k

N° 1710. DE BEAUVAIS à ÉPINAL.

Châlons-sur-Marne. . .	259^k
Épinal.	255^k
(fer)	514

N° 1711. DE BEAUVAIS à ÉVREUX.

Évreux.	99^k

N° 1712. DE BEAUVAIS à LA FÈRE.

La Fère . . . . (fer)	123

N° 1713. DE BEAUVAIS à FOIX.

Paris.	105^k
Bordeaux.	578
Toulouse.	257
Foix.	82
	1,022

N° 1714. DE BEAUVAIS à FONTAINE-BLEAU.

Paris.	105
Fontainebleau.	59
(fer)	164

N° 1715. DE BEAUVAIS à GAP.

Paris.	105^k
Lyon.	512
Grenoble.	150
Gap.	101
	868

N° 1716. DE BEAUVAIS à GIVET.

Laon.	145
Givet.	196
	340

N° 1717. DE BEAUVAIS à GRENOBLE.

Paris.	105
Lyon.	512
Grenoble.	150
(fer)	767

N° 1718. DE BEAUVAIS à GUÉRET.

Paris.	105^k
Guéret. . . . . . *. . .	374
	479

N° 1719. DE BEAUVAIS à HAGUENAU.

Châlons-sur-Marne. . .	259^k
Haguenau.	345
(fer)	604

N° 1720. DE BEAUVAIS à LANGRES.

Paris.	105^k
Langres.	297
(fer)	402

N° 1721. DE BEAUVAIS à LAON.

Laon. . . . . . (fer)	145^k

N° 1722. DE BEAUVAIS à LAVAL.

Paris.	105^k
Laval.	301
(fer)	406

N° 1723. DE BEAUVAIS à LILLE.

Lille. . . . . . . (fer)	238^k

N° 1724. DE BEAUVAIS à LIMOGES.

Paris.	105^k
Limoges.	400
(fer)	505

N° 1725. DE BEAUVAIS à LONS-LE-SAUNIER.

Paris.	105^k
Lons-le-Saunier.. . . .	447
	552

N° 1726. DE BEAUVAIS à LORIENT.

Paris	105
Rennes	373
Lorient	160
	638

N° 1727. DE BEAUVAIS à LUNÉVILLE.

Châlons-sur-Marne	259^k
Lunéville	213
(fer)	472

N° 1728. DE BEAUVAIS à LYON.

Paris	105^k
Lyon	512
(fer)	617

N° 1729. DE BEAUVAIS à MACON.

Paris	105^k
Mâcon	441^k
(fer)	546

N° 1730. DE BEAUVAIS au MANS.

Paris	105^k
Le Mans	211
(fer)	316

N° 1731. DE BEAUVAIS à MARSEILLE.

Paris	105^k
Marseille	863
(fer)	968

N° 1732. DE BEAUVAIS à MAUBEUGE.

Maubeuge	(fer) 216^k

N° 1733. DE BEAUVAIS à MELUN.

Paris	105^k
Melun	45
(fer)	150

N° 1734. DE BEAUVAIS à MENDE.

Paris	105^k
Clermont	446
Mende	186
	737

N° 1735. DE BEAUVAIS à METZ.

Châlons-sur-Marne	259^k
Metz	220
(fer)	479

N° 1736. DE BEAUVAIS à MÉZIÈRES.

Laon	145^k
Mézières	128
(fer)	273

N° 1737. DE BEAUVAIS à MONTAUBAN.

Paris	105^k
Bordeaux	578
Montauban	286
(fer)	889

N° 1738. DE BEAUVAIS à MONTBRISON.

Paris	105
Montbrison	500
	605

N° 1739. DE BEAUVAIS à MONT-DE-MARSAN.

Paris	105
Bordeaux	578
Mont-de-Marsan	148
(fer)	831

N° 1740. DE BEAUVAIS à MONTPELLIER.

Paris	105
Montpellier	840
(fer)	915

N° 1741. DE BEAUVAIS à MOULINS.

Paris	105
Moulins	340
(fer)	445

N° 1742. DE BEAUVAIS à NANCY.

Châlons-sur-Marne	259
Nancy	181
(fer)	440

N° 1743. DE BEAUVAIS à NANTES.

Paris	105
Nantes	427
(fer)	532

N° 1744. DE BEAUVAIS à NAPOLÉON-VENDÉE.

Paris	105
Napoléon	433
	538

N° 1745. DE BEAUVAIS à NEVERS.

Paris	105
Nevers	301
(fer)	406

N° 1746. DE BEAUVAIS à NIMES.

Paris	105
Nîmes	791
(fer)	896

N° 1747. DE BEAUVAIS à NIORT.

Paris	105
Niort	410
(fer)	515

N° 1748. DE BEAUVAIS à ORLÉANS.

Paris	105
Orléans	121
(fer)	226

N° 1749. DE BEAUVAIS à PARIS.

Paris	(fer) 105

N° 1750. DE BEAUVAIS à PAU.

Paris	105
Bordeaux	578
Pau	213
	896

N° 1751. DE BEAUVAIS à PÉRIGUEUX.

Paris	105
Périgueux	495
	600

N° 1752. DE BEAUVAIS à PERPIGNAN.

Paris	105
Cette	868
Perpignan	134
(fer)	1,107

N° 1753. DE BEAUVAIS à POITIERS.

Paris	105^k
Poitiers	332
(fer)	437

N° 1754. DE BEAUVAIS à PRIVAS.

Paris	105^k
Lyon	512
Privas	144
	761

N° 1755. DE BEAUVAIS au PUY.

Paris	105^k
Clermont	446
Le Puy	134
	685

N° 1756. DE BEAUVAIS à QUIMPER.

Paris	105^k
Rennes	373
Quimper	227
	705

N° 1757. DE BEAUVAIS à RENNES.

Paris	105^k
Rennes	373
(fer)	478

N° 1758. DE BEAUVAIS à ROCHEFORT.

Paris	105^k
Rochefort	474
(fer)	579

N° 1759. DE BEAUVAIS à LA ROCHELLE.

Paris	105^k
La Rochelle	477
(fer)	582

N° 1760. DE BEAUVAIS à RODEZ.

Paris	105^k
Rodez	671
	776

N° 1761. DE BEAUVAIS à ROUEN.

Rouen	80^k

N° 1762. DE BEAUVAIS à SAINT-BRIEUC.

Paris	105^k
Rennes	373
Saint-Brieuc	100
	578

N° 1763. DE BEAUVAIS à ST-ÉTIENNE.

Paris	105^k
Saint-Étienne	530
(fer)	635

N° 1764. DE BEAUVAIS à ST-GERMAIN.

Paris	105^k
Saint-Germain	23
(fer)	128

N° 1765. DE BEAUVAIS à SAINT-LO.

Paris	105^k
Saint-Lô	314
(fer)	419

N° 1766. DE BEAUVAIS à SAINT-OMER.

Saint-Omer	(fer) 300^k

N° 1767. DE BEAUVAIS à SARREGUE-MINES.

Châlons-sur-Marne	259^k
Sarreguemines	297
	556

N° 1768. DE BEAUVAIS à SAUMUR.

Paris	105^k
Saumur	295
(fer)	400

N° 1769. DE BEAUVAIS à SCHELESTADT.

Châlons-sur-Marne	259^k
Schelestadt	373
(fer)	632

N° 1770. DE BEAUVAIS à STRASBOURG.

Châlons-sur-Marne	259^k
Strasbourg	330
(fer)	589

N° 1771. DE BEAUVAIS à TARBES.

Paris	105^k
Bordeaux	578
Tarbes	230
	913

N° 1772. DE BEAUVAIS à THIONVILLE.

Châlons-sur-Marne	259^k
Thionville	246
(fer)	505

N° 1773. DE BEAUVAIS à TOULON.

Paris	105^k
Marseille	863
Toulon	60
	1,028

N° 1774. DE BEAUVAIS à TOULOUSE.

Paris	105^k
Bordeaux	578
Toulouse	257
(fer)	940

N° 1775. DE BEAUVAIS à TOURS.

Paris	105^k
Tours	234
(fer)	339

N° 1776. DE BEAUVAIS à TROYES.

Paris	105^k
Troyes	167
(fer)	272

N° 1777. DE BEAUVAIS à TULLE.

Paris	105^k
Limoges	400
Tulle	89
	594

N° 1778. DE BEAUVAIS à VALENCE.

Paris	105^k
Valence	618
(fer)	723

N° 1779. DE BEAUVAIS à VALENCIENNES.

Valenciennes	(fer) 237^k

N° 1780. DE BEAUVAIS à VANNES.

Paris	105^k
Rennes	373
Vannes	103
	581

N° 1781. DE BEAUVAIS à VERDUN.

Paris	105^k
Verdun	253
	358

N° 1782. DE BEAUVAIS à VERNON.

Vernon	67^k

N° 1783. DE BEAUVAIS à VERSAILLES.

Paris	105^k
Versailles	17
(fer)	122

N° 1784. DE BEAUVAIS à VESOUL.

Paris	105^k
Vesoul	381
	486

BELFORT.

N° 1785. DE BELFORT à BESANÇON.

Besançon	(fer) 96^k

N° 1786. DE BELFORT à BLOIS.

Paris	443^k
Blois	178
(fer)	621

N° 1787. DE BELFORT à BORDEAUX.

Bordeaux	895^k

N° 1788. DE BELFORT à BOULOGNE.

Paris	443^k
Boulogne	271
(fer)	714

N° 1789. DE BELFORT à BOURBONNE.

Bourbonne	124^k

N° 1790. DE BELFORT à BOURG.

Mâcon . . . . 274^k
Bourg 38

(fer) 312

N° 1791. DE BELFORT à BOURGES.

Bourges . . . . 427^k

N° 1792. DE BELFORT à BREST.

Paris . . . . 443^k
Rennes 373
Brest 245

1,061

N° 1793. DE BELFORT à BRIANÇON.

Lyon . . . . 346^k
Grenoble 150
Briançon 119

615

N° 1794. DE BELFORT à CAEN.

Paris . . . . 443^k
Caen 239

(fer) 682

N° 1795. DE BELFORT à CAHORS.

Lyon . . . . 346^k
Cahors 455

801

N° 1796. DE BELFORT à CALAIS.

Châlons-sur-Marne . . . 316^k
Calais 335

(fer) 711

N° 1797. DE BELFORT à CAMBRAI.

Châlons-sur-Marne . . . 316^k
Cambrai 218

(fer) 534

N° 1798. DE BELFORT à CARCASSONNE.

Lyon . . . . 316^k
Carcassonne 486

832

N° 1799. DE BELFORT à CETTE.

Lyon . . . . 346^k
Cette 357

703

N° 1800. DE BELFORT à CHALONS-SUR-MARNE.

Châlons-sur-Marne (fer) 316^k

N° 1801. DE BELFORT à CHALON-SUR-SAONE.

Chalon-sur-Saône. (fer) 216^k

N° 1802. DE BELFORT à CHARTRES.

Paris . . . . 443^k
Chartres 88

(fer) 531

N° 1803. DE BELFORT à CHÂTEAUROUX.

Châteauroux . . . . . 521^k

N° 1804. DE BELFORT à CHERBOURG.

Paris . . . . 443^k
Cherbourg 370

(fer) 813

N° 1805. DE BELFORT à CLERMONT.

Clermont . . . . 442^k

N° 1806. DE BELFORT à COLMAR.

Colmar . . . . . (fer) 91^k

N° 1807. DE BELFORT à COMPIÈGNE.

Paris . . . . 443^k
Compiègne 101

(fer) 544

N° 1808. DE BELFORT à DIGNE.

Lyon . . . . 346^k
Digne 296

642

N° 1809. DE BELFORT à DIJON.

Dijon . . . . . . (fer) 188^k

N° 1810. DE BELFORT à DOUAI.

Châlons-sur-Marne . . . 316^k
Douai 258

(fer) 574

N° 1811. DE BELFORT à DRAGUIGNAN.

Lyon . . . . 346^k
Draguignan 391

737

N° 1812. DE BELFORT à DUNKERQUE.

Paris . . . . 316^k
Dunkerque 373

(fer) 689

N° 1813. DE BELFORT à ÉPINAL.

Épinal . . . . . (fer) 97^k

N° 1814. DE BELFORT à ÉVREUX.

Paris . . . . 443^k
Évreux 108

(fer) 551

N° 1815. DE BELFORT à LA FÈRE.

Châlons-sur-Marne . . . 316^k
La Fère 137

(fer) 453

N° 1816. DE BELFORT à FOIX.

Lyon . . . . 346^k
Carcassonne 486
Foix 98

930

N° 1817. DE BELFORT à FONTAINEBLEAU.

Fontainebleau . . (fer) 443^k

N° 1818. DE BELFORT à GAP.

Lyon . . . . 346^k
Grenoble 150
Gap 101

597

N° 1819. DE BELFORT à GIVET.

Châlons-sur-Marne . . . 316^k
Givet 217

533

N° 1820. DE BELFORT à GRENOBLE.

Lyon . . . . 346^k
Grenoble 150

496

N° 1821. DE BELFORT à GUÉRET.

Guéret . . . . 493^k

N° 1822. DE BELFORT à HAGUENAU.

Haguenau . . . . (fer) 191

N° 1823. DE BELFORT à LANGRES.

Langres . . . . . (fer) 146^k

N° 1824. DE BELFORT à LAON.

Châlons-sur-Marne . . . 316^k
Laon 114

(fer) 430

N° 1825. DE BELFORT à LAVAL.

Paris . . . . 443^k
Laval 301

(fer) 744

N° 1826. DE DELFORT à LILLE.

Châlons-sur-Marne . . . 316^k
Lille. 291

(fer) 607

N° 1827. DE BELFORT à LIMOGES.

Limoges. . . . . . . 574^k

N° 1828. DE BELFORT à LONS-LE-
SAUNIER.

Lons-le-Saunier . . . . 186^k

N° 1829. DE BELFORT à LORIENT.

Paris . . . . 443^k
Rennes 373
Lorient 160

976

N° 1830. DE BELFORT à LUNÉVILLE.

Lunéville . . . . (fer) 157^k

N° 1831. DE BELFORT à LYON.

Lyon . . . . 346^k

N° 1832. DE BELFORT à MACON.

Mâcon. . . . . 274^k

N° 1833. DE BELFORT au MANS.

Paris . . . . 443^k
Le Mans. 211

(fer) 654

N° 1834. DE BELFORT à MARSEILLE.

Lyon . . . . 346^k
Marseille 352

698

N° 1835. DE BELFORT à MAUBEUGE.

Châlons-sur-Marne. . . 316^k
Maubeuge. 240

(fer) 556

N° 1836. DE BELFORT à MELUN.

Melun. . . . . . (fer) 458^k

N° 1837. DE BELFORT à MENDE.

Lyon . . . . 346^k
Le Puy 134
Mende. 89

569

N° 1838. DE BELFORT à METZ.

Metz. . . . . . . (fer) 229^k

N° 1839. DE BELFORT à MÉZIÈRES.

Châlons-sur-Marne. . . 316^k
Mézières. 150

(fer) 466

N° 1840. DE BELFORT à MONTAUBAN.

Lyon . . . . 346^k
Montauban 468

814

N° 1841. DE BELFORT à MONTBRISON.

Lyon . . . . 346^k
Montbrison 101

447

N° 1842. DE BELFORT à MONT-DE-
MARSAN.

Lyon . . . . 346^k
Bordeaux 549
Mont-de-Marsan 148

1,043

N° 1843. DE BELFORT à MONTPELLIER

Lyon . . . . 346^k
Montpellier 329

675

N° 1844. DE BELFORT à MOULINS.

Moulins . . . . 355^k

N° 1845. DE BELFORT à NANCY.

Nancy. . . . . 171^k

N° 1846. DE BELFORT à NANTES.

Paris . . . . 443^k
Nantes 427

(fer) 870

N° 1847. DE BELFORT à NAPOLÉON-
VENDÉE.

Auxerre. . . . . 443^k
Napoléon-Vendée. . . . 433

873

N° 1848. DE BELFORT à NEVERS.

Nevers. . . . . 358^k

N° 1849. DE BELFORT à NIMES.

Lyon. . . . . 346^k
Nîmes. 279

625

N° 1850. DE BELFORT à NIORT.

Paris . . . . 443^k
Niort 410

(fer) 853

N° 1851. DE BELFORT à ORLÉANS.

Orléans . . . . 441^k

N° 1852. DE BELFORT à PARIS.

Paris. . . . . . . (fer) 443^k

N° 1853. DE BELFORT à PAU.

Lyon. . . . . 346^k
Toulouse. 577
Pau 190

1,113

N° 1854. DE BELFORT à PÉRIGUEUX.

Périgueux. . . . . . . 672^k

N° 1855. D'ALENÇON à PERPIGNAN.

Lyon . . . . 346^k
Perpignan. 491

837

N° 1856. DE BELFORT à POITIERS.

Paris. . . . . 443^k
Poitiers 332

(fer) 775

N° 1857. DE BELFORT à PRIVAS.

Lyon. . . . . 346^k
Privas. 144

490

N° 1858. DE BELFORT au PUY.

Lyon. . . . . 346^k
Le Puy. 134

480

N° 1859. DE BELFORT à QUIMPER.

Paris. . . . . 443^k
Rennes. 373
Quimper. 227

1,043

N° 1860. DE BELFORT à RENNES.

Paris. . . . . 443^k
Rennes 373

(fer) 816

N° 1861. DE BELFORT à ROCHEFORT.

Paris . . . . 443^k
Rochefort 474

(fer) 917

8

N° 1862. DE BELFORT À LA ROCHELLE.

Paris . . . . 443^k
La Rochelle. 477
_____
(fer) 920

N° 1863. DE BELFORT À RODEZ.

Lyon. . . . . 346^k
Le Puy 134
Rodez 204
_____
684

N° 1864. DE BELFORT À ROUEN.

Paris. . . . . 443^k
Rouen 137
_____
(fer) 580

N° 1865. DE BELFORT À SAINT-BRIEUC.

Paris. . . . . 443^k
Rennes. 373
Saint-Brieuc. 100
_____
916

N° 1866. DE BELFORT À SAINT-ÉTIENNE.

Lyon. . . . . 346^k
Saint-Étienne. 56
_____
402

N° 1867. DE BELFORT À SAINT-GERMAIN

Paris. . . . . 443^k
Saint-Germain. 23
_____
(fer) 466

N° 1868. DE BELFORT À SAINT-LO.

Paris. . . . . 443^k
Saint-Lô. 314
_____
(fer) 757

N° 1869. DE BELFORT À SAINT-OMER.

Châlons-sur-Marne. . . 316^k
Saint-Omer. 353
_____
(fer) 669

N° 1870. DE BELFORT À SARREGUEMINES

Strasbourg. . . . . . 159^k
Sarreguemines. 104
_____
263

N° 1871. DE BELFORT À SAUMUR.

Paris . . . . 443^k
Saumur 295
_____
(fer) 738

N° 1872. DE BELFORT À SCHELESTADT.

Schelestadt. . . . (fer) 114^k

N° 1873. DE BELFORT À STRASBOURG.

Strasbourg . . . . (fer) 159^k

N° 1774. DE BELFORT À TARBES.

Lyon . . . . 346^k
Tarbes. 625
_____
971

N° 1875. DE BELFORT À THIONVILLE.

Thionville . . . . (fer) 263^k

N° 1876. DE BELFORT À TOULON.

Lyon . . . . 346^k
Marseille. 352
Toulon. 60
_____
758

N° 1877. DE BELFORT À TOULOUSE.

Lyon . . . . 346^k
Toulouse. 577
_____
923

N° 1878. DE BELFORT À TOURS.

Paris. . . . . 443^k
Tours 234
_____
(fer) 677

N° 1879. DE BELFORT À TROYES.

Troyes. . . . . 276^k

N° 1880. DE BELFORT À TULLE.

Tulle . . . . 585^k

N° 1881. DE BELFORT À VALENCE.

Lyon. . . . . 346^k
Valence 106
_____
452

N° 1882. DE BELFORT À VALENCIENNES.

Châlons-sur-Marne. . . 316^k
Valenciennes 264
_____
(fer) 580

N° 1883. DE BELFORT À VANNES.

Paris . . . . 443^k
Rennes 373
Vannes 103
_____
919

N° 1884. DE BELFORT À VERDUN.

Nancy. . . . . 171^k
Verdun 98
_____
269

N° 1885. DE BELFORT À VERNON.

Paris. . . . . 443^k
Vernon 80
_____
(fer) 523

N° 1886. DE BELFORT À VERSAILLES.

Paris . . . . 443^k
Versailles 17
_____
(fer) 460

N° 1887. DE BELFORT À VESOUL.

Vesoul. . . . . . (fer) 62^k

BESANÇON.

N° 1888. DE BESANÇON À BLOIS.

Paris. . . . . 406^k
Blois 178
_____
(fer) 584

N° 1889. DE BESANÇON À BORDEAUX.

Bordeaux. . . . . . . 799^k

N° 1890. DE BESANÇON À BOULOGNE.

Paris. . . . . 406^k
Boulogne. 271
_____
(fer) 677

N° 1891. DE BESANÇON À BOURBONNE.

Bourbonne. . . . . . 109^k

N° 1892. DE BESANÇON À BOURG.

Bourg . . . . . . (fer) 216^k

N° 1893. DE BESANÇON À BOURGES.

Bourges. . . . . . . 351^k

N° 1894. DE BESANÇON À BREST.

Paris. . . . . 406^k
Rennes. 373
Brest. 245
_____
1,024

1895. DE BESANÇON à BRIANÇON.

Lyon 250ᵏ
Grenoble 150
Briançon 119
———
519

1896. DE BESANÇON à CAEN.

Paris 406ᵏ
Caen 239
———
(fer) 645

1897. DE BESANÇON à CAHORS.

Lyon 250ᵏ
Cahors 455
———
705

1898. DE BESANÇON à CALAIS.

Châlons-sur-Marne . . . 323ᵏ
Calais 395
———
(fer) 718

1899. DE BESANÇON à CAMBRAI.

Châlons-sur-Marne . . . 323ᵏ
Cambrai 218
———
(fer) 541

1900. DE BESANÇON à CARCASSONNE.

Lyon 250ᵏ
Carcassonne 486
———
736

1901. DE BESANÇON à CETTE.

Lyon 250ᵏ
Cette 357
———
607

1902. DE BESANÇON à CHALONS-SUR-MARNE.

Châlons-sur-Marne.(fer) 323ᵏ

1903. DE BESANÇON à CHALON-SUR-SAONE.

Chalon-sur-Saône . . . 120ᵏ

1904. DE BESANÇON à CHARTRES.

Paris 406ᵏ
Chartres 88
———
(fer) 494

1905. DE BESANÇON à CHATEAUROUX

Châteauroux 445ᵏ

N° 1906. DE BESANÇON à CHERBOURG.

Paris 406ᵏ
Cherbourg 370
———
(fer) 776

N° 1907. DE BESANÇON à CLERMONT.

Clermont 344ᵏ

N° 1908. DE BESANÇON à COLMAR.

Colmar . . . . . (fer) 187ᵏ

N° 1909. DE BESANÇON à COMPIÈGNE.

Paris 406ᵏ
Compiègne 101
———
(fer) 507

N° 1910. DE BESANÇON à DIGNE.

Lyon 250ᵏ
Digne 296
———
546

N° 1911. DE BESANÇON à DIJON.

Dijon . . . . . . (fer) 92ᵏ

N° 1912. DE BESANÇON à DOUAI.

Châlons-sur-Marne . . . 323ᵏ
Douai . . . . 258.
———
(fer) 581

N° 1913. DE BESANÇON à DRAGUIGNAN.

Lyon 250ᵏ
Draguignan 391
———
641

N° 1914. DE BESANÇON à DUNKERQUE.

Châlons-sur-Marne . . . 323ᵏ
Dunkerque 373
———
(fer) 696

N° 1915. DE BESANÇON à ÉPINAL.

Épinal 123ᵏ

N° 1916. DE BESANÇON à ÉVREUX.

Paris 406ᵏ
Évreux 108
———
(fer) 514

N° 1917. DE BESANÇON à LA FÈRE.

Châlons-sur-Marne . . . 323ᵏ
La Fère 137
———
(fer) 460

N° 1918. DE BESANÇON à FOIX.

Lyon 250ᵏ
Carcassonne 486
Foix 98
———
834

N° 1919. DE BESANÇON à FONTAINE-BLEAU.

Fontainebleau . . (fer) 347ᵏ

N° 1920. DE BESANÇON à GAP.

Lyon 250ᵏ
Grenoble 150
Gap 101
———
501

N° 1921. DE BESANÇON à GIVET.

Châlons-sur-Marne . . . 323ᵏ
Givet 217
———
540

N° 1922. DE BESANÇON à GRENOBLE.

Lyon 250ᵏ
Grenoble 150
———
400

N° 1923. DE BESANÇON à GUÉRET.

Guéret 395ᵏ

N° 1924. DE BESANÇON à HAGUENAU.

Haguenau . . . . (fer) 287ᵏ

N° 1925. DE BESANÇON à LANGRES.

Langres 99ᵏ

N° 1926. DE BESANÇON à LAON.

Châlons-sur-Marne . . . 323ᵏ
Laon 114
———
(fer) 457

N° 1927. DE BESANÇON à LAVAL.

Paris 406ᵏ
Laval 301
———
(fer) 707

N° 1928. DE BESANÇON à LILLE.

Châlons-sur-Marne . . . 323ᵏ
Lille 291
———
(fer) 614

N° 1929. DE BESANÇON à LIMOGES.

Limoges 498ᵏ

N° 1930. DE BESANÇON à LONS-LE-SAUNIER.

Lons-le-Saunier 89ᵏ

Nº 1931. DE BESANÇON à LORIENT.

Paris	406ᵏ
Rennes	373
Lorient	160
	939

Nº 1932. DE BESANÇON à LUNÉVILLE.

Lunéville	188ᵏ

Nº 1933. DE BESANÇON à LYON.

Lyon	250ᵏ

Nº 1934. DE BESANÇON à MACON.

Mâcon	(fer) 178ᵏ

Nº 1935. DE BESANÇON au MANS.

Paris	406ᵏ
Le Mans	211
	(fer) 617

Nº 1936. DE BESANÇON à MARSEILLE.

Lyon	250ᵏ
Marseille	352
	602

Nº 1937. DE BESANÇON à MAUBEUGE.

Châlons-sur-Marne	323ᵏ
Maubeuge	240
	(fer) 563

Nº 1938. DE BESANÇON à MELUN.

Melun	(fer) 362ᵏ

Nº 1939. DE BESANÇON à MENDE.

Lyon	250ᵏ
Le Puy	134
Mende	89
	473

Nº 1940. DE BESANÇON à METZ.

Metz	255ᵏ

Nº 1941. DE BESANÇON à MÉZIÈRES.

Châlons-sur-Marne	323ᵏ
Mézières	150
	473

Nº 1942. DE BÉSANÇO à MONTAUBAN.

Lyon	250ᵏ
Montauban	468
	718

Nº 1943. DE BESANÇON à MONTBRISON.

Lyon	250ᵏ
Montbrison	101
	351

Nº 1944. DE BESANÇON à MONT-DE-MARSAN.

Lyon	250ᵏ
Bordeaux	549
Mont-de-Marsan	148
	947

Nº 1945. DE BESANÇON à MONTPELLIER.

Lyon	250ᵏ
Montpellier	329
	579

Nº 1946. DE BESANÇON à MOULINS.

Moulins	257ᵏ

Nº 1947. DE BESANÇON à NANCY.

Nancy	197ᵏ

Nº 1948. DE BESANÇON à NANTES.

Paris	406ᵏ
Nantes	427
	(fer) 833

Nº 1949. DE BESANÇON à NAPOLÉON-VENDÉE.

Paris	406ᵏ
Napoléon-Vendée	433
	839

Nº 1950. DE BESANÇON à NEVERS.

Nevers	282ᵏ

Nº 1951. DE BESANÇON à NIMES.

Lyon	250ᵏ
Nîmes	279
	529

Nº 1952. DE BESANÇON à NIORT.

Paris	406ᵏ
Niort	410
	(fer) 816

Nº 1953. DE BESANÇON à ORLÉANS.

Orléans	306ᵏ

Nº 1954. DE BESANÇON à PARIS.

Paris	(fer) 406ᵏ

Nº 1955. DE BESANÇON à PAU.

Lyon	250
Pau	662
	912

Nº 1956. DE BESANÇON à PÉRIGUEUX.

Périgueux	574ᵏ

Nº 1957. DE BESANÇON à PERPIGNAN.

Lyon	250ᵏ
Perpignan	491
	741

Nº 1958. DE BESANÇON à POITIERS.

Paris	406ᵏ
Poitiers	332
	(fer) 788

Nº 1959. DE BESANÇON à PRIVAS.

Lyon	250ᵏ
Privas	144
	394

Nº 1960. DE BESANÇON au PUY.

Lyon	250ᵏ
Le Puy	134
	384

Nº 1961. DE BESANÇON à QUIMPER.

Paris	406ᵏ
Rennes	373
Quimper	227
	1,006

Nº 1962. DE BESANÇON à RENNES.

Paris	406ᵏ
Rennes	373
	(fer) 779

Nº 1963. DE BESANÇON à ROCHEFORT.

Paris	406ᵏ
Rochefort	474
	(fer) 880

Nº 1964. DE BESANÇON à LA ROCHELLE.

Paris	406ᵏ
La Rochelle	477
	(fer) 883

Nº 1965. DE BESANÇON à RODEZ.

Lyon	250ᵏ
Rodez	338
	588

N° 1966. DE BESANÇON à ROUEN.

Paris 406ᵏ
Rouen 137
(fer) 543

N° 1967. DE BESANÇON à SAINT-BRIEUC.

Paris 406ᵏ
Rennes 373
Saint-Brieuc 100
879

N° 1968. DE BESANÇON à ST-ÉTIENNE.

Lyon 250ᵏ
Saint Etienne 56
306

N° 1969. DE BESANÇON à ST-GERMAIN.

Paris 406ᵏ
Saint-Germain 23
(fer) 429

N° 1970. DE BESANÇON à SAINT-LO.

Paris 406ᵏ
Saint-Lô 314
(fer) 720

N° 1971. DE BESANÇON à SAINT-OMER.

Châlons-sur-Marne . . . 323ᵏ
Saint-Omer 353
(fer) 676

N° 1972. DE BESANÇON à SARREGUE-MINES.

Sarreguemines 350ᵏ

N° 1973. DE BESANÇON à SAUMUR.

Paris 406ᵏ
Saumur 295
(fer) 701

N° 1974. DE BESANÇON à SCHELESTADT

Schelestadt 210ᵏ

N° 1975. DE BESANÇON à STRASBOURG.

Strasbourg 255ᵏ

N° 1976. DE BESANÇON à TARBES.

Lyon 250ᵏ
Tarbes 625
875

N° 1977. DE BESANÇON à THIONVILLE.

Thionville 289ᵏ

N° 1978. DE BESANÇON à TOULON.

Lyon 250ᵏ
Marseille 352
Toulon 60
662

N° 1979. DE BESANÇON à TOULOUSE.

Lyon 250ᵏ
Toulouse 577
827

N° 1980. DE BESANÇON à TOURS.

Paris 406ᵏ
Tours 234
(fer) 640

N° 1981. DE BESANÇON à TROYES.

Troyes 230ᵏ

N° 1982. DE BESANÇON à TULLE.

Tulle 487ᵏ

N° 1983. DE BESANÇON à VALENCE.

Lyon 250ᵏ
Valence 106
356

N° 1984. DU BESANÇON à VALENCIENNES

Châlons-sur-Marne . . . 323ᵏ
Valenciennes 264
(fer) 587

N° 1985. DE BESANÇON à VANNES.

Paris 406ᵏ
Rennes 373
Vannes 103
882

N° 1986. DE BESANÇON à VERDUN.

Verdun 280ᵏ

N° 1987. DE BESANÇON à VERNON.

Paris 406ᵏ
Vernon 80
(fer) 486

N° 1988. DE BESANÇON à VERSAILLES.

Paris 406ᵏ
Versailles 17
(fer) 423

N° 1989. DE BESANÇON à VESOUL.

Vesoul 47ᵏ

BLOIS.

N° 1990. DE BLOIS à BORDEAUX.

Bordeaux . . . . (fer) 401ᵏ

N° 1991. DE BLOIS à BOULOGNE.

Paris 178ᵏ
Boulogne 271
(fer) 449

N° 1992. DE BLOIS à BOURBONNE.

Bourbonne 405ᵏ

N° 1993. DE BLOIS à BOURG.

Bourg 450ᵏ

N° 1994. DE BLOIS à BOURGES.

Bourges . . . . . (fer) 171ᵏ

N° 1995. DE BLOIS à BREST.

Le Mans 156ᵏ
Rennes 163
Brest 245
564

N° 1996. DE BLOIS à BRIANÇON.

Lyon 479ᵏ
Grenoble 150
Briançon 119
748

N° 1997. DE BLOIS à CAEN.

Caen 313ᵏ

N° 1998. DE BLOIS à CAHORS.

Cahors 537ᵏ

N° 1999. DE BLOIS à CALAIS.

Paris 178ᵏ
Calais 372
(fer) 550

N° 2000. DE BLOIS à CAMBRAI.

Paris 178ᵏ
Cambrai 223
(fer) 401

N° 2001. DE BLOIS à CARCASSONNE.

Bordeaux 401ᵏ
Carcassonne 348
(fer) 749

N° 2002. DE BLOIS à CETTE.

Lyon	479^k
Cette	337
	836

N° 2003. DE BLOIS à CHALONS-SUR-MARNE.

Paris	178^k
Châlons-sur-Marne	173
(fer)	351

N° 2004. DE BLOIS à CHALON-SUR-SAONE.

Chalon-sur-Saône	428^k

N° 2005. DE BLOIS à CHARTRES.

Chartres	131^k

N° 2006. DE BLOIS à CHATEAUROUX.

Châteauroux	(fer) 202^k

N° 2007 DE BLOIS à CHERBOURG.

Cherbourg	444^k

N° 2008 DE BLOIS à CLERMONT.

Clermont	382^k

N° 2009. DE BLOIS à COLMAR.

Paris	178^k
Colmar	568
(fer)	746

N° 2010. DE BLOIS à COMPIÈGNE.

Paris	178^k
Compiègne	101
(fer)	279

N° 2011. DE BLOIS à DIGNE.

Lyon	479^k
Digne	296
	775

N° 2012. DE BLOIS à DIJON.

Dijon	361^k

N° 2013. DE BLOIS à DOUAI.

Paris	178^k
Douai	235
(fer)	413

N° 2014. DE BLOIS à DRAGUIGNAN.

Lyon	479^k
Draguignan	391
	870

N° 2015. DE BLOIS à DUNKERQUE.

Paris	178^k
Dunkerque	351
(fer)	529

N° 2016. DE BLOIS à ÉPINAL.

Paris	178^k
Épinal	427
(fer)	605

N° 2017. DE BLOIS à ÉVREUX.

Paris	178^k
Évreux	108
(fer)	286

N° 2018. DE BLOIS à LA FÈRE.

Paris	178^k
La Fère	153
(fer)	331

N° 2019. DE BLOIS à FOIX.

Bordeaux	401^k
Toulouse	257
Foix	82
	740

N° 2020. DE BLOIS à FONTAINEBLEAU.

Paris	178^k
Fontainebleau	59
(fer)	237

N° 2021. DE BLOIS à GAP.

Lyon	479^k
Grenoble	150
Gap	101
	730

N° 2022. DE BLOIS à GIVET.

Paris	178^k
Givet	327
	505

N° 2023. DE BLOIS à GRENOBLE.

Lyon	479^k
Grenoble	150
	629

N° 2024. DE BLOIS à GUÉRET.

Guéret	314^k

N° 2025. DE BLOIS à HAGUENAU.

Paris	178^k
Haguenau	517
(fer)	695

N° 2026. DE BLOIS à LANGRES.

Paris	178^k
Langres	297
(fer)	475

N° 2027. DE BLOIS à LAON.

Paris	178^k
Laon	175
(fer)	353

N° 2028. DE BLOIS à LAVAL.

Le Mans	156^k
Laval	90
(fer)	246

N° 2029. DE BLOIS à LILLE.

Paris	178^k
Lille	268
(fer)	446

N° 2030. DE BLOIS à LIMOGES.

Limoges	(fer) 339^k

N° 2031. DE BLOIS à LONS-LE-SAUNIER.

Lons-le-Saunier	492^k

N° 2032. DE BLOIS à LORIENT.

Nantes	249^k
Lorient	164
	413

N° 2033. DE BLOIS à LUNÉVILLE.

Paris	178^k
Lunéville	386
(fer)	564

N° 2034. DE BLOIS à LYON.

Lyon	479^k

N° 2035. DE BLOIS à MACON.

Mâcon	416^k

N° 2036. DE BLOIS au MANS.

Le Mans	(fer) 156^k

N° 2037. DE BLOIS à MARSEILLE.

Lyon	479^k
Marseille	352
	831

N° 2038. DE BLOIS à MAUBEUGE.

Paris	178^k
Maubeuge	246
(fer)	424

N° 2039. DE BLOIS à MELUN.

Paris . . . . 178^k
Melun 45

(fer) 223

N° 2040. DE BLOIS à MENDE.

Clermont . . . . 382^k
Mende 186

568

N° 2041. DE BLOIS à METZ.

Paris . . . . 178^k
Metz 392

(fer) 570

N° 2042. DE BLOIS à MÉZIÈRES.

Paris . . . . 178^k
Mézières 260

438

N° 2043. DE BLOIS à MONTAUBAN.

Bordeaux . . . . 401^k
Montauban 206

(fer) 607

N° 2044. DE BLOIS à MONTBRISON.

Montbrison . . . . . . 440^k

N° 2045. DE BLOIS à MONT-DE-MARSAN.

Bordeaux . . . . 401^k
Mont-de-Marsan 148

(fer) 549

N° 2046. DE BLOIS à MONTPELLIER.

Lyon . . . . 479^k
Montpellier 329

808

N° 2047. DE BLOIS à MOULINS.

Moulins . . . . 280^k

N° 2048. DE BLOIS à NANCY.

Paris . . . . 178^k
Nancy 353

(fer) 531

N° 2049. DE BLOIS à NANTES.

Nantes . . . . . . (fer) 249^k

N° 2050. DE BLOIS à NAPOLÉON-VENDÉE.

Napoléon-Vendée . . . . 253^k

N° 2051. DE BLOIS à NEVERS.

Nevers . . . . . (fer) 240^k

N° 2052. DE BLOIS à NIMES.

Lyon . . . . 479^k
Nimes 279

758

N° 2053. DE BLOIS à NIORT.

Niort . . . . . . (fer) 233^k

N° 2054. DE BLOIS à ORLÉANS.

Orléans . . . . . (fer) 59^k

N° 2055. DE BLOIS à PARIS.

Paris . . . . . . (fer) 178^k

N° 2056. DE BLOIS à PAU.

Bordeaux . . . . 401^k
Pau 213

614

N° 2057. DE BLOIS à PÉRIGUEUX.

Périgueux . . . . 422^k

N° 2058. DE BLOIS à PERPIGNAN.

Bordeaux . . . . 401^k
Perpignan 470

(fer) 871

N° 2059. DE BLOIS à POITIERS.

Poitiers . . . . . (fer) 155^k

N° 2060. DE BLOIS à PRIVAS.

Lyon . . . . 479^k
Privas 144

623

N° 2061. DE BLOIS au PUY.

Clermont . . . . 382^k
Le Puy 134

516

N° 2062. DE BLOIS à QUIMPER.

Nantes . . . . 249^k
Quimper 231

480

N° 2063. DE BLOIS à RENNES.

Le Mans . . . . 156^k
Rennes 163

(fer) 319

N° 2064. DE BLOIS à ROCHEFORT.

Rochefort . . . . (fer) 256^k

N° 2065. DE BLOIS à LA ROCHELLE.

La Rochelle . . . (fer) 299^k

N° 2066. DE BLOIS à RODEZ.

Rodez . . . . 604^k

N° 2067. DE BLOIS à ROUEN.

Paris . . . . 178^k
Rouen 137

(fer) 315

N° 2068. DE BLOIS à SAINT-BRIEUC.

Le Mans . . . . 156^k
Rennes 163
Saint-Brieuc 100

419

N° 2069. DE BLOIS à SAINT-ÉTIENNE.

Saint-Étienne . . . . . 468^k

N° 2070. DE BLOIS à SAINT-GERMAIN.

Paris . . . . 178^k
Saint-Germain 23

(fer) 201

N° 2071. DE BLOIS à SAINT-LO.

Saint-Lô . . . . 350^k

N° 2072. DE BLOIS à SAINT-OMER.

Paris . . . . 178^k
Saint-Omer 330

(fer) 508

N° 2073. DE BLOIS à SARREGUEMINES.

Paris . . . . 178^k
Sarreguemines 469

647

N° 2074. DE BLOIS à SAUMUR.

Saumur . . . . . (fer) 118^k

N° 2075. DE BLOIS à SCHELESTADT.

Paris . . . . 178^k
Schelestadt 546

(fer) 724

N° 2076. DE BLOIS à STRASBOURG.

Paris . . . . 178^k
Strasbourg 502

(fer) 680

N° 2077. DE BLOIS à TARBES.

Bordeaux . . . . 401^k
Tarbes 230

631

N° 2078. DE BLOIS à THIONVILLE.

Paris	178^k
Thionville	419
(fer)	597

N° 2079. DE BLOIS à TOULON.

Lyon	479^k
Marseille	352
Toulon	60
	891

N° 2080. DE BLOIS à TOULOUSE.

Bordeaux	401^k
Toulouse	257
(fer)	658

N° 2081. DE BLOIS à TOURS.

Tours . . . . . (fer)	57^k

N° 2082. DE BLOIS à TROYES.

Paris	178^k
Troyes	167
(fer)	345

N° 2083. DE BLOIS à TULLE.

Limoges	339^k
Tulle	89
	428

N° 2084. DE BLOIS à VALENCE.

Lyon	479^k
Valence	106
(fer)	585

N° 2085. DE BLOIS à VALENCIENNES.

Paris	178^k
Valenciennes	268
(fer)	446

N° 2086. DE BLOIS à VANNES.

Nantes	249^k
Vannes	108
	357

N° 2087. DE BLOIS à VERDUN.

Paris	178^k
Verdun	253
	431

N° 2088. DE BLOIS à VERNON.

Paris	178^k
Vernon	80
(fer)	258

N° 2089. DE BLOIS à VERSAILLES.

Paris	178^k
Versailles	17
(fer)	195

N° 2090. DE BLOIS à VESOUL.

Paris	178^k
Vesoul	381
(fer)	559

BORDEAUX.

N° 2091. DE BORDEAUX à BOULOGNE.

Paris	578^k
Boulogne	271
(fer)	849

N° 2092. DE BORDEAUX à BOURBONNE.

Bourbonne	772^k

N° 2093. DE BORDEAUX à BOURG.

Lyon	549^k
Bourg	75
	624

N° 2094. DE BORDEAUX à BOURGES.

Bourges	422^k

N° 2095. DE BORDEAUX à BREST.

Nantes	539^k
Brest	323
	862

N° 2096. DE BORDEAUX à BRIANÇON.

Lyon	549^k
Grenoble	150
Briançon	119
	818

N° 2097. DE BORDEAUX à CAEN.

Le Mans	446^k
Caen	157
	603

N° 2098. DE BORDEAUX à CAHORS.

Cahors	212^k

N° 2099. DE BORDEAUX à CALAIS.

Paris	578^k
Calais	372
(fer)	950

N° 2100. DE BORDEAUX à CAMBRAI.

Paris	578^k
Cambrai	223
(fer)	801

N° 2101. DE BORDEAUX à CARCASSONNE.

Carcassonne . . . (fer)	348^k

N° 2102. DE BORDEAUX à CETTE.

Cette . . . . . (fer)	476^k

N° 2103. DE BORDEAUX à CHALONS-SUR-MARNE.

Paris	578^k
Châlons-sur-Marne . . .	173
(fer)	751

N° 2104. DE BORDEAUX à CHALON-SUR-SAONE.

Chalon-sur-Saône	586^k

N° 2105. DE BORDEAUX à CHARTRES.

Le Mans	446^k
Chartres	124
(fer)	570

N° 2106. DE BORDEAUX à CHATEAUROUX.

Châteauroux . . . (fer)	363^k

N° 2107. DE BORDEAUX à CHERBOURG.

Le Mans	446^k
Cherbourg	288
	734

N° 2108. BORDEAUX à CLERMONT.

Clermont	366^k

N° 2109. DE BORDEAUX à COLMAR.

Lyon	549^k
Colmar	436
	985

N° 2110. DE BORDEAUX à COMPIÈGNE.

Paris	578^k
Compiègne	101
(fer)	679

N° 2111. DE BORDEAUX à DIGNE.

Avignon	602^k
Digne	152
	754

N° **2112.** DE BORDEAUX à DIJON.

Dijon . . . . 621^k

N° **2113.** DE BORDEAUX à DOUAI.

Paris . . . . 578^k
Douai 235

(fer) 813

N° **2114.** DE BORDEAUX à DRAGUIGNAN.

Aix . . . . 677^k
Draguignan 108

785

N° **2115.** DE BORDEAUX à DUNKERQUE.

Paris . . . . 578^k
Dunkerque 351

(fer) 929

N° **2116.** DE BORDEAUX à ÉPINAL.

Lyon . . . . 549^k
Épinal. 373

922

N° **2117.** DE BORDEAUX à ÉVREUX.

Paris. . . . . 578^k
Évreux. 108

(fer) 686

N° **2118.** DE BORDEAUX à LA FÈRE.

Paris . . . . 578^k
La Fère 153

(fer) 731

N° **2119.** DE BORDEAUX à FOIX.

Toulouse. . . . . . . 257^k
Foix. 82

339

N° **2120.** DE BORDEAUX à FONTAINE-BLEAU.

Paris . . . . 578^k
Fontainebleau. 59

(fer) 637

N° **2121.** DE BORDEAUX à GAP.

Avignon. . . . . 602^k
Gap. 187

789

N° **2122.** DE BORDEAUX à GIVET.

Paris . . . . 578^k
Givet. 327

905

N° **2123.** DE BORDEAUX à GRENOBLE.

Grenoble. . . . . . . 699^k

N° **2124.** DE BORDEAUX à GUÉRET.

Limoges. . . . . 225^k
Guéret. 93

318

N° **2125.** DE BORDEAUX à HAGUENAU.

Paris . . . . 578^k
Haguenau. 517

(fer) 1,095

N° **2126.** DE BORDEAUX à LANGRES.

Lyon . . . . 549^k
Langres. 263

812

N° **2127.** DE BORDEAUX à LAON.

Paris . . . . 578^k
Laon. 175

(fer) 753

N° **2128.** DE BORDEAUX à LAVAL.

Le Mans . . . . 446^k
Laval. 90

(fer) 536

N° **2129.** DE BORDEAUX à LILLE.

Paris . . . . 578^k
Lille. 268

(fer) 816

N° **2130.** DE BORDEAUX à LIMOGES.

Limoges. . . . . 225^k

N° **2131.** DE BORDEAUX à LONS-LE-SAUNIER

Lyon. . . . . 549^k
Lons-le-Saunier.. . . . 124

673

N° **2132.** DE BORDEAUX à LORIENT.

Nantes . . . . 539^k
Lorient. 164

703

N° **2133.** DE BORDEAUX à LUNÉVILLE.

Paris. . . . . 578^k
Lunéville. 386

(fer) 964

N° **2134.** DE BORDEAUX à LYON.

Lyon . . . . 549^k

N° **2135.** DE BORDEAUX à MACON.

Mâcon. . . . . 543^k

N° **2136.** DE BORDEAUX au MANS.

Le Mans. . . . . . .(fer) 446^k

N° **2137.** DE BORDEAUX à MARSEILLE.

Marseille. . . . . (fer) 680^k

N° **2138.** DE BORDEAUX à MAUBEUGE.

Paris . . . . 578^k
Maubeuge. 246

(fer) 824

N° **2139.** DE BORDEAUX à MELUN.

Paris . . . . 578^k
Melun. 45

(fer) 623

N° **2140.** DE BORDEAUX à MENDE.

Cahors. . . . . 212^k
Mende. 232

444

N° **2141.** DE BORDEAUX à METZ.

Paris . . . . 578^k
Metz 392

(fer) 970

N° **2142.** DE BORDEAUX à MÉZIÈRES.

Paris . . . . 578^k
Mézières. 260

838

N° **2143.** DE BORDEAUX à MONTAUBAN.

Montauban . . . (fer) 206^k

N° **2144.** DE BORDEAUX à MONTBRISON.

Clermont . . . . 366^k
Montbrison 113

479

N° **2145.** DE BORDEAUX à MONT-DE-MARSAN.

Mont-de-Marsan . (fer) 148^k

N° **2146.** DE BORDEAUX à MONTPELLIER

Montpellier . . . (fer) 504^k

N° **2147.** DE BORDEAUX à MOULINS.

Moulins . . . . 428^k

N° 2148. DE BORDEAUX à NANCY.

Paris . . . . 578^k
Nancy. 353

(fer) 931

N° 2149. DE BORDEAUX à NANTES.

Nantes. . . . . . (fer) 539^k

N° 2150. DE BORDEAUX à NAPOLÉON-
VENDÉE.

Napoléon-Vendée. . . . 276^k

N° 2151. DE BORDEAUX à NEVERS.

Nevers. . . . . 476^k

N° 2152. DE BORDEAUX à NIMES.

Nimes. . . . . . (fer) 554^k

N° 2153. DE BORDEAUX à NIORT.

Niort . . . .(fer) 315^k

N° 2154. DE BORDEAUX à ORLÉANS.

Orléans . . . . (fer) 459^k

N° 2155. DE BORDEAUX à PARIS.

Paris . . . . . . (fer) 578^k

N° 2156. DE BORDEAUX à PAU.

Pau. . . . . 213^k

N° 2157. DE BORDEAUX à PÉRIGUEUX.

Périgueux. . . . .(fer) 130^k

N° 2158. DE BORDEAUX à PERPIGNAN.

Perpignan. . . . (fer) 470^k

N° 2159. DE BORDEAUX à POITIERS.

Poitiers. . . . . (fer) 246^k

N° 2160. DE BORDEAUX à PRIVAS.

Cette . . . . 476^k
Privas. 192

668

N° 2161. DE BORDEAUX au PUY.

Clermont. . . . . . . 366^k
Le Puy. 134

500

N° 2162. DE BORDEAUX à QUIMPER.

Nantes . . . . 539^k
Quimper 231

770

N° 2163. DE BORDEAUX à RENNES.

Nantes . . . . 539^k
Rennes 107

(fer) 646

N° 2164. DE BORDEAUX à ROCHEFORT.

Rochefort . . . . .(fer) 379^k

N° 2165. DE BORDEAUX à LA ROCHELLE

La Rochelle. . . .(fer) 382^k

N° 2166. DE BORDEAUX à RODEZ.

Cahors. . . . . 212^k
Rodez. 117

329

N° 2167. DE BORDEAUX à ROUEN.

Paris . . . . 578^k
Rouen 137

(fer) 715

N° 2168. DE BORDEAUX à SAINT-BRIEUC

Nantes . . . . 539^k
Saint-Brieuc. 207

746

N° 2169. DE BORDEAUX à ST-ÉTIENNE.

Lyon . . . . 549^k
Saint-Étienne 56

605

N° 2170. DE BORDEAUX à ST-GERMAIN.

Paris . . . . 578^k
Saint-Germain. . . . 23

(fer) 601

N° 2171. DE BORDEAUX à SAINT-LO.

Saint-Lô. . . . . . . 623^k

N° 2172. DE BORDEAUX à SAINT-OMER.

Paris . . . . 578^k
Saint-Omer 330

(fer) 908

N° 2173. DE BORDEAUX à SARREGUE-
MINES.

Paris. . . . . 578^k
Sarreguemines. . . . 469

1,047

N° 2174. DE BORDEAUX à SAUMUR.

Saumur . . . . (fer) 410^k

N° 2175. DE BORDEAUX à SCHELESTADT

Lyon . . . . 549^k
Schelestadt 456

1,005

N° 2176. DE BORDEAUX à STRASBOURG.

Lyon . . . . 549^k
Strasbourg 504

1,053

N° 2177. DE BORDEAUX à TARBES.

Tarbes. . . . . 230^k

N° 2178. DE BORDEAUX à THIONVILLE.

Paris . . . . 578^k
Thionville 419

(fer) 997

N° 2179. DE BORDEAUX à TOULON.

Marseille . . . . . . 680^k
Toulon 60

740

N° 2180. DE BORDEAUX à TOULOUSE.

Toulouse . . . (fer) 257^k

N° 2181. DE BORDEAUX à TOURS.

Tours . . . . . (fer) 347^k

N° 2182. DE BORDEAUX à TROYES.

Paris. . . . . 578^k
Troyes 167

(fer, 745

N° 2183. DE BORDEAUX à TULLE.

Tulle . . . . 232^k

N° 2184. DE BORDEAUX à VALENCE.

Valence . . . . (fer) 727^k

N° 2185. DE BORDEAUX à VALEN-
CIENNES.

Paris. . . . . 578^k
Valenciennes 208

(fer) 846

N° 2186. DE BORDEAUX à VANNES.

Nantes. . . . . 539^k
Vannes. 108

647

N° 2187. DE BORDEAUX à VERDUN.

Paris. . . . . 578^k
Verdun 253

831

N° 2188. DE BORDEAUX à VERNON.

Paris 578ᵏ
Vernon 80

(fer) 658

N° 2189. DE BORDEAUX à VERSAILLES.

Paris 578ᵏ
Versailles 17

(fer) 595

N° 2190. DE BORDEAUX à VESOUL.

Lyon 549ᵏ
Vesoul 297

816

BOULOGNE.

N° 2191. DE BOULOGNE à BOURBONNE.

Paris 271ᵏ
Bourbonne 345

616

N° 2192. DE BOULOGNE à BOURG.

Paris 271ᵏ
Mâcon 441
Bourg 38

(fer) 750

N° 2193. DE BOULOGNE à BOURGES.

Paris 271ᵏ
Bourges 232

(fer) 503

N° 2194. DE BOULOGNE à BREST.

Paris 271ᵏ
Rennes 373
Brest 245

889

N° 2195. DE BOULOGNE à BRIANÇON.

Paris 271ᵏ
Lyon 512
Grenoble 150
Briançon 119

1,052

N° 2196. DE BOULOGNE à CAEN.

Paris 271ᵏ
Caen 239

(fer) 510

N° 2197. DE BOULOGNE à CAHORS.

Paris 271ᵏ
Cahors 597

868

N° 2198. DE BOULOGNE à CALAIS.

Calais 35ᵏ

N° 2199. DE BOULOGNE à CAMBRAI.

Cambrai . . . . . (fer) 254ᵏ

N° 2200. DE BOULOGNE à CARCASSONNE

Paris 271ᵏ
Toulouse 578
Carcassonne 348

(fer) 1,197

N° 2201. DE BOULOGNE à CETTE.

Paris 271ᵏ
Cette 868

(fer) 1,139

N° 2202. DE BOULOGNE à CHALONS-SUR-
MARNE.

Paris 271ᵏ
Châlons-sur-Marne . . . 173

(fer) 444

N° 2203. DE BOULOGNE à CHALON-SUR-
SAONE.

Paris 271ᵏ
Chalon-sur Saône 383

(fer) 654

N° 2204. DE BOULOGNE à CHARTRES.

Paris 271ᵏ
Chartres 88

(fer) 359

N° 2205. DE BOULOGNE à CHATEAU-
ROUX.

Paris 271ᵏ
Châteauroux 263

(fer) 534

N° 2206. DE BOULOGNE à CHERBOURG.

Paris 271ᵏ
Cherbourg 370

(fer) 641

N° 2207. DE BOULOGNE à CLERMONT.

Paris 271ᵏ
Clermont 446

(fer) 717

N° 2208. DE BOULOGNE à COLMAR.

Paris 271ᵏ
Colmar 569

(fer) 810

N° 2209. DE BOULOGNE à COMPIÈGNE.

Compiègne . . . . (fer) 237ᵏ

N° 2210. DE BOULOGNE à DIGNE

Paris 271ᵏ
Lyon 512
Digne 296

1,079

N° 2211. DE BOULOGNE à DIJON.

Paris 271ᵏ
Dijon 315

(fer) 586

N° 2212. DE BOULOGNE à DOUAI.

Douai . . . . . . (fer) 217ᵏ

N° 2213. DE BOULOGNE à DRAGUIGNAN.

Paris 271ᵏ
Lyon 512
Draguignan 391

1,174

N° 2214. DE BOULOGNE à DUNKERQUE.

Dunkerque 133ᵏ

N° 2215. DE BOULOGNE à ÉPINAL.

Paris 271ᵏ
Épinal 427

(fer) 698

N° 2216. DE BOULOGNE à ÉVREUX.

Paris 271ᵏ
Évreux 108

(fer) 379

N° 2217. DE BOULOGNE à LA FÈRE.

La Fère . . . . . (fer) 289ᵏ

N° 2218. DE BOULOGNE à FOIX.

Paris 271ᵏ
Bordeaux 578
Toulouse 257
Foix 82

1,188

N° 2219. DE BOULOGNE à FONTAINE-
BLEAU.

Paris	271^k
Fontainebleau.	59
(fer)	330

N° 2220. DE BOULOGNE à GAP.

Paris	271^k
Lyon	512
Grenoble	150
Gap	101
	1,034

N° 2221. DE BOULOGNE à GIVET.

Givet	412^k

N° 2222. DE BOULOGNE à GRENOBLE.

Paris	271^k
Lyon	512
Grenoble	150
(fer)	933

N° 2223. DE BOULOGNE à GUÉRET.

Paris	271^k
Guéret.	374
	645

N° 2224. DE BOULOGNE à HAGUENAU.

Paris	271^k
Haguenau	517
(fer)	788

N° 2225. DE BOULOGNE à LANGRES.

Paris.	271^k
Langres.	297
(fer)	568

N° 2226. DE BOULOGNE à LAON.

Laon. . . . . . (fer)	311^k

N° 2227. DE BOULOGNE à LAVAL.

Paris	271^k
Laval.	301
(fer)	572

N° 2228. DE BOULOGNE à LILLE.

Lille.	103^k

N° 2229. DE BOULOGNE à LIMOGES.

Paris.	271^k
Limoges.	400
(fer)	671

N° 2230. DE BOULOGNE à LONS-LE-
SAUNIER.

Paris	271^k
Chalon-sur-Saône . . .	383
Lons-le-Saunier	64
	718

N° 2231. DE BOULOGNE à LORIENT.

Paris	271^k
Rennes.	160
Lorient	373
	804

N° 2232. DE BOULOGNE à LUNÉVILLE.

Paris	271^k
Lunéville	386
(fer)	657

N° 2233. DE BOULOGNE à LYON.

Paris	271^k
Lyon.	512
(fer)	783

N° 2234. DE BOULOGNE à MACON.

Paris	271^k
Mâcon.	441
(fer)	712

N° 2235. DE BOULOGNE au MANS.

Paris.	271^k
Le Mans.	211
(fer)	482

N° 2236. DE BOULOGNE à MARSEILLE.

Paris.	271^k
Marseille	863
(fer)	1,134

N° 2237. DE BOULOGNE à MAUBEUGE.

Maubeuge . . . . (fer)	327^k

N° 2238. DE BOULOGNE à MELUN.

Paris	271^k
Melun.	45
(fer)	316

N° 2239. DE BOULOGNE à MENDE.

Paris.	271^k
Clermont.	446
Mende.	186
	903

N° 2240. DE BOULOGNE à METZ.

Paris.	271^k
Metz.	392
(fer)	663

N° 2241. DE BOULOGNE à MÉZIÈRES.

Laon.	311^k
Mézières.	128
	439

N° 2242. DE BOULOGNE à MONTAUBAN.

Paris	271^k
Bordeaux.	578
Montauban.	206
(fer)	1,055

N° 2243. DE BOULOGNE à MONT-
BRISON.

Paris.	271^k
Montbrison.	500
	771

N° 2244. DE BOULOGNE à MONT-DE-
MARSAN.

Paris.	271^k
Bordeaux.	578
Mont de-Marsan.. . . .	148
(fer)	997

N° 2245. DE BOULOGNE à MONTPEL-
LIER.

Paris	271^k
Montpellier.	840
(fer)	1,111

N° 2246. DE BOULOGNE à MOULINS.

Paris	271^k
Moulins.	340
(fer)	611

N° 2247. DE BOULOGNE à NANCY.

Paris	271^k
Nancy.	353
(fer)	624

N° 2248. DE BOULOGNE à NANTES.

Paris	271^k
Nantes	427
(fer)	698

N° 2249. DE BOULOGNE à NAPOLÉON-
VENDÉE.

Paris.	271^k
Napoléon-Vendée. . . .	433
	704

N° 2250. DE BOULOGNE à NEVERS.

Paris	271^k
Nevers	301
(fer)	572

N° 2251. DE BOULOGNE à NIMES.

Paris	271^k
Nimes	791
(fer)	1,062

N° 2252. DE BOULOGNE à NIORT.

Paris	271^k
Niort	410
(fer)	681

N° 2253. DE BOULOGNE à ORLÉANS.

Paris	271^k
Orléans	121
(fer)	392

N° 2254. DE BOULOGNE à PARIS.

Paris	(fer) 271^k

N° 2255. DE BOULOGNE à PAU.

Paris	271^k
Bordeaux	578
Pau	213
	1,062

N° 2256. DE BOULOGNE à PÉRIGUEUX.

Paris	271^k
Périgueux	495
	766

N° 2257. DE BOULOGNE à PERPIGNAN.

Paris	271^k
Cette	868
Perpignan	134
(fer)	1,273

N° 2258. DE BOULOGNE à POITIERS.

Paris	271^k
Poitiers	332
(fer)	603

N° 2259. DE BOULOGNE à PRIVAS.

Paris	271^k
Lyon	512
Privas	144
	927

N° 2260. DE BOULOGNE au PUY.

Paris	271^k
Clermont	446
Le Puy	134
	851

N° 2261. DE BOULOGNE à QUIMPER.

Paris	271^k
Rennes	373
Quimper	227
	871

N° 2262. DE BOULOGNE à RENNES.

Paris	271^k
Rennes	373
(fer)	644

N° 2263. DE BOULOGNE à ROCHEFORT.

Paris	271^k
Rochefort	474
(fer)	745

N° 2264. DE BOULOGNE à LA ROCHELLE.

Paris	271^k
La Rochelle	482
(fer)	753

N° 2265. DE BOULOGNE à RODEZ.

Paris	271^k
Rodez	671
	942

N° 2266. DE BOULOGNE à ROUEN.

Rouen	237^k

N° 2267. DE BOULOGNE à ST-BRIEUC.

Paris	271^k
Rennes	373
Saint-Brieuc	100
	744

N° 2268. DE BOULOGNE à ST-ÉTIENNE.

Paris	271^k
Saint-Étienne	530
(fer)	801

N° 2269. DE BOULOGNE à ST-GERMAIN.

Paris	271^k
Saint-Germain	23
(fer)	294

N° 2270. DE BOULOGNE à SAINT-LO.

Paris	271^k
Saint-Lô	314
(fer)	585

N° 2271. DE BOULOGNE à ST-OMER.

Saint-Omer	78^k

N° 2272. DE BOULOGNE à SARREGUE-MINES.

Paris	271^k
Sarreguemines	469
	740

N° 2273. DE BOULOGNE à SAUMUR.

Paris	271^k
Saumur	295
(fer)	566

N° 2274. DE BOULOGNE à SCHELESTADT.

Paris	271^k
Schelestadt	556
(fer)	817

N° 2275. DE BOULOGNE à STRASBOURG.

Paris	271^k
Strasbourg	502
(fer)	773

N° 2276. DE BOULOGNE à TARBES.

Paris	271^k
Bordeaux	578
Tarbes	230
	1,079

N° 2277. DE BOULOGNE à THIONVILLE.

Paris	271^k
Thionville	419
(fer)	690

N° 2278. DE BOULOGNE à TOULON.

Paris	271^k
Marseille	863
Toulon	60
	1,194

N° 2279. DE BOULOGNE à TOULOUSE.

Paris	271^k
Bordeaux	578
Toulouse	257
(fer)	1,106

N° 2280. DE BOULOGNE à TOURS.

Paris	271ᵏ
Tours	234
(fer)	505

N° 2281. DE BOULOGNE à TROYES.

Paris	271ᵏ
Troyes	167
(fer)	438

N° 2282. DE BOULOGNE à TULLE.

Paris	271ᵏ
Limoges	400
Tulle	89
	760

N° 2283. DE BOULOGNE à VALENCE.

Paris	271ᵏ
Valence	618
(fer)	889

N° 2284. DE BOULOGNE à VALEN-CIENNES.

Valenciennes	(fer) 249ᵏ

N° 2285. DE BOULOGNE à VANNES.

Paris	271ᵏ
Rennes	373
Vannes	103
	747

N° 2286. DE BOULOGNE à VERDUN.

Paris	271ᵏ
Verdun	253
	524

N° 2287. DE BOULOGNE à VERNON.

Paris	271ᵏ
Vernon	80
(fer)	351

N° 2288. DE BOULOGNE à VERSAILLES.

Paris	271ᵏ
Versailles	17
(fer)	288

N° 2289. DE BOULOGNE à VESOUL.

Paris	271ᵏ
Vesoul	381
(fer)	652

BOURBONNE.

N° 2290. DE BOURBONNE à BOURG.

Dijon	108ᵏ
Mâcon	126
Bourg	38
	272

N° 2291. DE BOURBONNE à BOURGES.

Bourges	340ᵏ

N° 2292. DE BOURBONNE à BREST.

Paris	345ᵏ
Rennes	373
Brest	245
	963

N° 2293. DE BOURBONNE à BRIANÇON.

Dijon	108ᵏ
Lyon	197
Grenoble	150
Briançon	119
	574

N° 2294. DE BOURBONNE à CAEN.

Paris	345ᵏ
Caen	239
	584

N° 2295. DE BOURBONNE à CAHORS.

Cahors	704ᵏ

N° 2296. DE BOURBONNE à CALAIS.

Châlons-sur-Marne	218ᵏ
Calais	372
	590

N° 2297. DE BOURBONNE à CAMBRAI.

Châlons-sur-Marne	218ᵏ
Cambrai	210
	428

N° 2298. DE BOURBONNE à CARCAS-SONNE.

Dijon	108ᵏ
Carcassonne	682
	790

N° 2299. DE BOURBONNE à CETTE.

Dijon	108ᵏ
Cette	554
	662

N° 2300. DE BOURBONNE à CHALONS-SUR-MARNE.

Châlons-sur-Marne	218ᵏ

N° 2301. DE BOURBONNE à CHALON-SUR-SAONE.

Dijon	108ᵏ
Chalon-sur-Saône	68
	176

N° 2302. DE BOURBONNE à CHARTRES.

Paris	345ᵏ
Chartres	88
	433

N° 2303. DE BOURBONNE à CHATEAU-ROUX.

Châteauroux	434ᵏ

N° 2304. DE BOURBONNE à CHERBOURG.

Paris	345ᵏ
Cherbourg	370
	715

N° 2305. DE BOURBONNE à CLERMONT.

Clermont	386ᵏ

N° 2306. DE BOURBONNE à COLMAR.

Colmar	215ᵏ

N° 2307. DE BOURBONNE à COMPIÈGNE.

Paris	345ᵏ
Compiègne	101
	446

N° 2308. DE BOURBONNE à DIGNE.

Dijon	108ᵏ
Lyon	197
Digne	296
	601

N° 2309. DE BOURBONNE à DIJON.

Dijon	108ᵏ

N° 2310. DE BOURBONNE à DOUAI.

Châlons-sur-Marne	218ᵏ
Douai	235
	453

N° 2311. DE BOURBONNE à DRAGUI-GNAN.

Dijon	108ᵏ
Lyon	197
Draguignan	391
	696

N° 2312. DE BOURBONNE à DUNKERQUÉ.

Châlons-sur-Marne. . .	218ᵏ
Dunkerque.	373
	591

N° 2313. DE BOURBONNE à ÉPINAL.

Épinal.	73ᵏ

N° 2314. DE BOURBONNE à ÉVREUX.

Paris	345ᵏ
Évreux	108
	453

N° 2315. DE BOURBONNE à LA FÈRE.

Châlons-sur-Marne. . .	218ᵏ
La Fère.	137
	355

N° 2316. DE BOURBONNE à FOIX.

Dijon	108ᵏ
Carcassonne.	682
Foix.	18
	888

N° 2317. DE BOURBONNE à FONTAINEBLEAU.

Fontainebleau	266ᵏ

N° 2318. DE BOURBONNE à GAP.

Dijon	108ᵏ
Lyon.	197
Grenoble	150
Gap	101
	556

N° 2319. DE BOURBONNE à GIVET.

Châlons-sur-Marne. . .	218ᵏ
Givet..	217
	435

N° 2320. DE BOURBONNE à GRENOBLE.

Dijon	108ᵏ
Lyon	197
Grenoble.	150
	455

N° 2321. DE BOURBONNE à GUÉRET.

Guéret.	429ᵏ

N° 2322. DE BOURBONNE à HAGUENAU.

Haguenau.	265ᵏ

N° 2323. DE BOURBONNE à LANGRES.

Langres.	42ᵏ

N° 2324. DE BOURBONNE à LAON.

Châlons-sur-Marne. . .	218ᵏ
Laon.	114
	332

N° 2325. DE BOURBONNE à LAVAL.

Paris	345ᵏ
Laval	301
	646

N° 2326. DE BOURBONNE à LILLE.

Châlons-sur-Marne . .	218ᵏ
Lille	291
	509

N° 2327. DE BOURBONNE à LIMOGES.

Limoges.	513ᵏ

N° 2328. DE BOURBONNE à LONS-LE-SAUNIER.

Lons-le-Saunier	197ᵏ

N° 2329. DE BOURBONNE à LORIENT.

Paris	345ᵏ
Rennes	373
Lorient	160
	878

N° 2330. DE BOURBONNE à LUNÉVILLE.

Lunéville..	133ᵏ

N° 2331. DE BOURBONNE à LYON.

Dijon	108ᵏ
Lyon.	197
	305

N° 2332. DE BOURBONNE à MACON.

Dijon	108ᵏ
Mâcon.	126
	234

N° 2333. DE BOURBONNE au MANS.

Paris	345ᵏ
Le Mans.	211
	556

N° 2334. DE BOURBONNE à MARSEILLE.

Dijon	108ᵏ
Marseille.	549
	657

N° 2335. DE BOURBONNE à MAUBEUGE.

Châlons-sur-Marne. . .	218ᵏ
Maubeuge	240
	458

N° 2336. DE BOURBONNE à MELUN.

Melun.	281ᵏ

N° 2337. DE BOURBONNE à MENDE.

Dijon	108ᵏ
Lyon	197
Mende.	223
	528

N° 2338. DE BOURBONNE à METZ.

Nancy.	101ᵏ
Metz.	58
	162

N° 2339. DE BOURBONNE à MÉZIÈRES.

Châlons-sur-Marne. . .	218ᵏ
Mézières.	150
	368

N° 2340. DE BOURBONNE à MONTAUBAN.

Dijon	108ᵏ
Lyon	197
Montauban.	468
	773

N° 2341. DE BOURBONNE à MONTBRISON.

Dijon	108ᵏ
Lyon	196
Montbrison	101
	406

N° 2342. DE BOURBONNE à MONT-DE-MARSAN.

Bordeaux	748ᵏ
Mont-de-Marsan . . .	148
	896

N° 2343. DE BOURBONNE à MONTPELLIER.

Dijon	108ᵏ
Montpellier	526
	634

N° 2344. DE BOURBONNE à MOULINS.

Moulins	291ᵏ

N° 2345. DE BOURBONNE à NANCY.

Nancy.	104ᵏ

Nᵒ 2346. DE BOURBONNE à NANTES.

Paris	345ᵏ
Nantes	427
	772

Nᵒ 2347. DE BOURBONNE à NAPOLÉON-VENDÉE.

Paris	345ᵏ
Napoléon-Vendée	433
	778

Nᵒ 2348. DE BOURBONNE à NEVERS.

Nevers	207ᵏ

Nᵒ 2349. DE BOURBONNE à NIMES.

Dijon	108ᵏ
Nimes	476
	584

Nᵒ 2350. DE BOURBONNE à NIORT.

Paris	345ᵏ
Niort	410
	755

Nᵒ 2351. DE BOURBONNE à ORLÉANS.

Paris	345ᵏ
Orléans	121
	466

Nᵒ 2352. DE BOURBONNE à PARIS.

Paris	345ᵏ

Nᵒ 2353. DE BOURBONNE à PAU.

Dijon	108ᵏ
Lyon	197
Pau	602
	907

Nᵒ 2354. DE BOURBONNE à PÉRIGUEUX.

Périgueux	654ᵏ

Nᵒ 2355. DE BOURBONNE à PERPIGNAN.

Dijon	108ᵏ
Perpignan	688
	796

Nᵒ 2356. DE BOURBONNE à POITIERS.

Paris	345ᵏ
Poitiers	332
	677

Nᵒ 2357. DE BOURBONNE à PRIVAS.

Dijon	108ᵏ
Lyon	197
Privas	144
	449

Nᵒ 2358. DE BOURBONNE au PUY.

Dijon	108ᵏ
Lyon	197
Le Puy	134
	439

Nᵒ 2359. DE BOURBONNE à QUIMPER.

Paris	345ᵏ
Rennes	373
Quimper	227
	945

Nᵒ 2360. DE BOURBONNE à RENNES.

Paris	345ᵏ
Rennes	373
	718

Nᵒ 2361. DE BOURBONNE à ROCHEFORT.

Paris	345ᵏ
Rochefort	474
	819

Nᵒ 2362. DE BOURBONNE à LA ROCHELLE.

Paris	345ᵏ
La Rochelle	482
	827

Nᵒ 2363. DE BOURBONNE à RODEZ.

Rodez	611ᵏ

Nᵒ 2364. DE BOURBONNE à ROUEN.

Paris	345ᵏ
Rouen	137
	482

Nᵒ 2365. DE BOURBONNE à ST-BRIEUC.

Paris	345ᵏ
Rennes	373
Saint-Brieuc	100
	818

Nᵒ 2366. DE BOURBONNE à ST-ÉTIENNE.

Lyon	305ᵏ
Saint-Étienne	56
	361

Nᵒ 2367. DE BOURBONNE à ST-GERMAIN.

Paris	345ᵏ
Saint-Germain	23
	368

Nᵒ 2368. DE BOURBONNE à SAINT-LO.

Paris	345ᵏ
Saint-Lô	314
	659

Nᵒ 2369. DE BOURBONNE à ST-OMER.

Paris	345ᵏ
Saint-Omer	330
	675

Nᵒ 2370. DE BOURBONNE à SARREGUEMINES.

Metz	162ᵏ
Sarreguemines	76
	238

Nᵒ 2371. DE BOURBONNE à SAUMUR.

Paris	345ᵏ
Saumur	295
	640

Nᵒ 2372. DE BOURBONNE à SCHELESTADT.

Schelestadt	174ᵏ

Nᵒ 2373. DE BOURBONNE à STRASBOURG.

Strasbourg	214ᵏ

Nᵒ 2374. DE BOURBONNE à TARBES.

Dijon	108ᵏ
Lyon	197
Tarbes	625
	930

Nᵒ 2375. DE BOURBONNE à THIONVILLE.

Thionville	196ᵏ

Nᵒ 2376. DE BOURBONNE à TOULON.

Dijon	108ᵏ
Marseille	549
Toulon	60
	717

Nᵒ 2377. DE BOURBONNE à TOULOUSE.

Dijon	108ᵏ
Lyon	197
Toulouse	577
	882

N° 2378. DE BOURBONNE à TOURS.

Paris	345^k
Tours	234
	579

N° 2379. DE BOURBONNE à TROYES.

Troyes	179

N° 2380. DE BOURBONNE à TULLE.

Tulle	529

N° 2381 DE BOURBONNE à VALENCE.

Dijon	108^k
Valence	303
	411

N° 2382. DE BOURBONNE à VALENCIENNES.

Châlons-sur-Marne	218^k
Valenciennes	264
	482

N° 2383. DE BOURBONNE à VANNES.

Paris	345^k
Rennes	373
Vannes	103
	821

N° 2384. DE BOURBONNE à VERDUN.

Verdun	237

N° 2385. DE BOURBONNE à VERNON.

Paris	345^k
Vernon	80
	425

N° 2386. DE BOURBONNE à VERSAILLES

Paris	345^k
Versailles	17
	362

N° 2387. DE BOURBONNE à VESOUL.

Vesoul	62

BOURG.

N° 2388. DE BOURG à BOURGES.

Mâcon	38^k
Bourges	245
	283

N° 2389. DE BOURG à BREST.

Mâcon	38^k
Paris	441
Rennes	373
Brest	245
	1,097

N° 2390. DE BOURG à BRIANÇON.

Lyon	75^k
Grenoble	150
Briançon	119
	344

N° 2391. DE BOURG à CAEN.

Mâcon	38^k
Paris	441
Caen	239
(fer)	718

N° 2392. DE BOURG à CAHORS.

Lyon	75^k
Cahors	455
	530

N° 2393. DE BOURG à CALAIS.

Mâcon	38^k
Paris	441
Calais	372
(fer)	851

N° 2394. DE BOURG à CAMBRAI.

Mâcon	38^k
Paris	441
Cambrai	223
(fer)	702

N° 2395. DE BOURG à CARCASSONNE.

Lyon	75^k
Carcassonne	486
(fer)	561

N° 2396. DE BOURG à CETTE.

Lyon	75^k
Cette	357
(fer)	432

N° 2397. DE BOURG à CHÂLONS-SUR-MARNE.

Mâcon	38^k
Dijon	126
Châlons-sur-Marne	236
	400

N° 2398. DE BOURG à CHALON-SUR-SAONE.

Mâcon	38^k
Chalon-sur-Saône	59
(fer)	97

N° 2399. DE BOURG à CHARTRES.

Mâcon	38^k
Paris	441
Chartres	88
(fer)	567

N° 2400. DE BOURG à CHATEAUROUX.

Mâcon	38^k
Châteauroux	339
	377

N° 2401. DE BOURG à CHERBOURG.

Mâcon	38^k
Paris	441
Cherbourg	370
(fer)	849

N° 2402. DE BOURG à CLERMONT.

Mâcon	38^k
Clermont	177
	215

N° 2403. DE BOURG à COLMAR.

Mâcon	38^k
Belfort	274
Colmar	91
	403

N° 2404. DE BOURG à COMPIÈGNE.

Mâcon	38^k
Paris	441
Compiègne	101
(fer)	580

N° 2405. DE BOURG à DIGNE.

Lyon	75^k
Digne	296
	371

N° 2406. DE BOURG à DIJON.

Mâcon	38^k
Dijon	126
(fer)	164

N° 2407. DE BOURG à DOUAI.

Mâcon	38^k
Paris	441
Douai	235
(fer)	714

10

N° 2408. DE BOURG à DRAGUIGNAN.

Lyon	75^k
Draguignan	391
	466

N° 2409. DE BOURG à DUNKERQUE.

Mâcon	38^k
Paris	441
Dunkerque	351
(fer)	830

N° 2410. DE BOURG à ÉPINAL.

Besançon	216^k
Épinal	123
	339

N° 2411. DE BOURG à ÉVREUX.

Mâcon	38^k
Paris	441
Évreux	108
(fer)	587

N° 2412. DE BOURG à LA FÈRE.

Mâcon	38^k
Dijon	126
Châlons-sur-Marne	236
La Fère	137
(fer)	537

N° 2413. DE BOURG à FOIX.

Lyon	75^k
Carcassonne	486
Foix	98
	659

N° 2414. DE BOURG à FONTAINEBLEAU.

Mâcon	38^k
Fontainebleau	382
(fer)	420

N° 2415. DE BOURG à GAP.

Lyon	75^k
Grenoble	150
Gap	101
	326

N° 2416. DE BOURG à GIVET.

Mâcon	38^k
Dijon	126
Châlons-sur-Marne	236
Givet	217
	617

N° 2417. DE BOURG à GRENOBLE.

Lyon	75^k
Grenoble	150
(fer)	225

N° 2418. DE BOURG à GUÉRET.

Mâcon	38^k
Guéret	274
	312

N° 2419. DE BOURG à HAGUENAU.

Mâcon	38^k
Belfort	274
Haguenau	191
	503

N° 2420. DE BOURG à LANGRES.

Mâcon	38^k
Lyon	126
Langres	66
	230

N° 2421. DE BOURG à LAON.

Mâcon	38^k
Dijon	126
Châlons-sur-Marne	236
Laon	114
(fer)	514

N° 2422. DE BOURG à LAVAL.

Mâcon	38^k
Paris	441
Laval	301
(fer)	780

N° 2423. DE BOURG à LILLE.

Mâcon	38^k
Dijon	126
Châlons-sur-Marne	236
Lille	291
(fer)	691

N° 2424. DE BOURG à LIMOGES.

Mâcon	38^k
Limoges	356
	394

N° 2425. DE BOURG à LONS-LE-SAUNIER

Lons-le-Saunier	62^k

N° 2426. DE BOURG à LORIENT.

Lyon	75^k
Nantes	717
Lorient	164
	956

N° 2427. DE BOURG à LUNÉVILLE.

Mâcon	38^k
Dijon	126
Lunéville	219
	383

N° 2428. DE BOURG à LYON.

Lyon	(fer) 75^k

N° 2429. DE BOURG à MACON.

Mâcon	(fer) 38^k

N° 2430. DE BOURG au MANS.

Mâcon	38^k
Paris	441
Le Mans	211
(fer)	690

N° 2431. DE BOURG à MARSEILLE.

Lyon	75^k
Marseille	352
(fer)	427

N° 2432. DE BOURG à MAUBEUGE.

Mâcon	38^k
Dijon	126
Châlons-sur-Marne	236
Maubeuge	240
(fer)	640

N° 2433. DE BOURG à MELUN.

Mâcon	38^k
Melun	396
(fer)	434

N° 2434. DE BOURG à MENDE.

Lyon	75^k
Le Puy	134
Mende	89
	298

N° 2435. DE BOURG à METZ.

Mâcon	38^k
Dijon	126
Metz	249
	413

N° 2436. DE BOURG à MÉZIÈRES.

Mâcon	38^k
Dijon	126
Châlons-sur-Marne	236
Mézières	150
(fer)	550

N° 2437. DE BOURG à MONTAUBAN.

Lyon	75ᵏ
Montauban	468
(fer)	543

N° 2438. DE BOURG à MONTBRISON.

Lyon	75ᵏ
Montbrison	101
	176

N° 2439. DE BOURG à MONT-DE-MARSAN.

Lyon	75ᵏ
Bordeaux	549
Mont-de-Marsan	148
	772

N° 2440 DE BOURG à MONTPELLIER.

Lyon	75ᵏ
Montpellier	329
(fer)	404

N° 2441. DE BOURG à MOULINS.

Mâcon	38ᵏ
Moulins	136
	174

N° 2442. DE BOURG à NANCY.

Mâcon	38ᵏ
Dijon	126
Nancy	192
	356

N° 2443. DE BOURG à NANTES.

Lyon	75ᵏ
Nantes	717
	792

N° 2444. DE BOURG à NAPOLÉON-VENDÉE.

Lyon	75ᵏ
Napoléon-Vendée	729
	804

N° 2445. DE BOURG à NEVERS.

Mâcon	38ᵏ
Nevers	189
	227

N° 2446. DE BOURG à NIMES.

Lyon	75ᵏ
Nimes	279
(fer)	354

N° 2447. DE BOURG à NIORT.

Mâcon	38ᵏ
Niort	515
	553

N° 2448. DE BOURG à ORLÉANS.

Mâcon	38ᵏ
Orléans	367
	405

N° 2449. DE BOURG à PARIS.

Mâcon	38ᵏ
Paris	441
(fer)	479

N° 2450. DE BOURG à PAU.

Lyon	75ᵏ
Pau	662
	737

N° 2451. DE BOURG à PÉRIGUEUX.

Mâcon	38ᵏ
Périgueux	422
	460

N° 2452. DE BOURG à PERPIGNAN.

Lyon	75ᵏ
Perpignan	491
(fer)	566

N° 2453. DE BOURG à POITIERS.

Mâcon	38ᵏ
Poitiers	439
	477

N° 2454. DE BOURG à PRIVAS.

Lyon	75ᵏ
Privas	144
	219

N° 2455. DE BOURG au PUY.

Lyon	75ᵏ
Le Puy	134
	209

N° 2456. DE BOURG à QUIMPER.

Lyon	75ᵏ
Nantes	717
Quimper	231
	1,023

N° 2457. DE BOURG à RENNES.

Mâcon	38ᵏ
Paris	441
Rennes	373
(fer)	852

N° 2458. DE BOURG à ROCHEFORT.

Mâcon	38ᵏ
Rochefort	576
	614

N° 2459. DE BOURG à LA ROCHELLE.

Mâcon	38ᵏ
La Rochelle	578
	616

N° 2460. DE BOURG à RODEZ.

Lyon	75ᵏ
Rodez	338
	413

N° 2461. DE BOURG à ROUEN.

Mâcon	38ᵏ
Paris	441
Rouen	137
(fer)	616

N° 2462. DE BOURG à SAINT-BRIEUC.

Mâcon	38ᵏ
Paris	441
Rennes	373
Saint-Brieuc	100
	952

N° 2463. DE BOURG à SAINT-ÉTIENNE.

Lyon	75ᵏ
Saint-Étienne	56
(fer)	131

N° 2464. DE BOURG à SAINT-GERMAIN.

Mâcon	38ᵏ
Paris	441
Saint-Germain	23
(fer)	502

N° 2465. DE BOURG à SAINT-LO.

Mâcon	38ᵏ
Paris	441
Saint-Lô	314
(fer)	793

Nº 2466. DE BOURG à SAINT-OMER.

Mâcon.	38ᵏ
Dijon	126
Châlons-sur-Marne. . .	236
Saint-Omer.	353
(fer)	753

Nº 2467. DE BOURG à SARREGUEMINES.

Mâcon.	38ᵏ
Dijon	126
Metz.	249
Sarreguemines.	76
	489

Nº 2468. DE BOURG à SAUMUR.

Mâcon.	38ᵏ
Saumur	546
	584

Nº 2469. DE BOURG à SCHELESTADT.

Mâcon.	38ᵏ
Belfort.	274
Schelestadt	114
(fer)	426

Nº 2470. DE BOURG à STRASBOURG.

Mâcon.	38ᵏ
Belfort	274
Strasbourg.	59
(fer)	471

Nº 2471. DE BOURG à TARBES.

Lyon	75ᵏ
Tarbes.	625
	700

Nº 2472. DE BOURG à THIONVILLE.

Mâcon.	38ᵏ
Dijon	126
Thionville.	283
	447

Nº 2473. DE BOURG à TOULON.

Lyon.	75ᵏ
Marseille.	352
Toulon	60
	487

Nº 2474. DE BOURG à TOULOUSE.

Lyon.	75ᵏ
Toulouse.	577
(fer)	652

Nº 2475. DE BOURG à TOURS.

Mâcon.	38
Tours	482
	520

Nº 2476. DE BOURG à TROYES.

Mâcon.	38ᵏ
Dijon	126
Troyes.	197
	361

Nº 2477. DE BOURG à TULLE.

Mâcon.	38ᵏ
Tulle.	320
	358

Nº 2478. DE BOURG à VALENCE.

Lyon.	75ᵏ
Valence.	106
(fer)	181

Nº 2479. DE BOURG à VALENCIENNES.

Mâcon.	38ᵏ
Dijon	126
Châlons-sur-Marne. . .	236
Valenciennes.	264
(fer)	664

Nº 2480. DE BOURG à VANNES.

Lyon	75ᵏ
Nantes.	717
Vannes.	108
	900

Nº 2481. DE BOURG à VERDUN.

Mâcon.	38ᵏ
Verdun.	365
	403

Nº 2482. DE BOURG à VERNON.

Mâcon.	38ᵏ
Paris	441
Vernon.	80
(fer)	559

Nº 2583. DE BOURG à VERSAILLES.

Mâcon.	38ᵏ
Paris.	441
Versailles.	17
(fer)	496

Nº 2484. DE BOURG à VESOUL.

Besançon.	216ᵏ
Vesoul.	47
	263

BOURGES.

Nº 2485. DE BOURGES à BREST.

Le Mans.	326ᵏ
Rennes	163
Brest	245
	734

Nº 2486. DE BOURGES à BRIANÇON.

Lyon	308ᵏ
Grenoble	150
Briançon.	119
	577

Nº 2487. DE BOURGES à CAEN.

Paris.	232ᵏ
Caen.	239
(fer)	471

Nº 2488. DE BOURGES à CAHORS.

Cahors.	422ᵏ

Nº 2489. DE BOURGES à CALAIS.

Paris.	232ᵏ
Calais.	372
(fer)	604

Nº 2490. DE BOURGES à CAMBRAI.

Paris.	232ᵏ
Cambrai.	223
	455

Nº 2491. DE BOURGES à CARCASSONNE.

Carcassonne.	621ᵏ

Nº 2492. DE BOURGES à CETTE.

Cette.	579ᵏ

Nº 2493. DE BOURGES à CHALONS-SUR-MARNE.

Paris.	232ᵏ
Châlons-sur-Marne. . .	173
(fer)	405

Nº 2494. DE BOURGES à CHALON-SUR-SAONE.

Chalon-sur-Saône. . . .	223ᵏ

Nº 2495. DE BOURGES à CHARTRES.

Paris.	232ᵏ
Chartres.	88
(fer)	320

Nº 2496. DE BOURGES à CHATEAUROUX.

Châteauroux. . . (fer)	88ᵏ

N° 2497. DE BOURGES à CHERBOURG.
Paris. 232k
Cherbourg 370
(fer) 602

N° 2498. DE BOURGES à CLERMONT.
Clermont. 212k

N° 2499. DE BOURGES à COLMAR.
Colmar. 507k

N° 2500. DE BOURGES à COMPIÈGNE.
Paris. 232k
Compiègne. 101
(fer) 333

N° 2501. DE BOURGES à DIGNE.
Lyon 308k
Digne 296
604

N° 2502. DE BOURGES à DIJON.
Dijon 258k

N° 2503. DE BOURGES à DOUAI.
Paris. 232k
Douai 235
(fer) 467

N° 2504. DE BOURGES à DRAGUIGNAN.
Lyon 308k
Draguignan . . . . . . 391'
699

N° 2505. DE BOURGES à DUNKERQUE.
Paris. 232
Dunkerque. 351
(fer) 583

N° 2506. DE BOURGES à ÉPINAL.
Épinal. 413k

N° 2507. DE BOURGES à ÉVREUX.
Paris 232k
Évreux . . . , ... 108
(fer) 340

N° 2508. DE BOURGES à LA FÈRE.
Paris 232k
La Fère. 153
(fer) 385

N° 2509. DE BOURGES à FOIX.
Foix 609k

N° 2510. DE BOURGES à FONTAINEBLEAU.
Paris. 232k
Fontainebleau. 59k
(fer) 291

N° 2511. DE BOURGES à GAP.
Lyon. 308k
Grenoble 150
Gap. 101
559

N° 2512. DE BOURGES à GIVET.
Paris 232k
Givet 327k
559

N° 2513. DE BOURGES à GRENOBLE.
Lyon 308k
Grenoble. 150
458

N° 2514. DE BOURGES à GUÉRET.
Guéret(parlaSouterraine) 199k

N° 2515. DE BOURGES à HAGUENAU.
Paris. 232k
Haguenau 517
(fer) 749

N° 2516. DE BOURGES à LANGRES.
Langres. 298k

N° 2517. DE BOURGES à LAON.
Paris 232k
Laon 175
(fer) 407

N° 2518. DE BOURGES à LAVAL.
Le Mans. 326k
Laval 90
(fer) 416

N° 2519. DE BOURGES à LILLE.
Paris 232k
Lille 268
(fer) 500

N° 2520. DE BOURGES à LIMOGES.
Limoges. . . . . (fer) 225k

N° 2521. DE BOURGES à LONS-LE-
-SAUNIER.
Lons-le-Saunier 287k

N° 2522. DE BOURGES à LORIENT.
Nantes 420k
Lorient 164
584

N° 2523. DE BOURGES à LUNÉVILLE.
Paris 232k
Lunéville 383
(fer) 618

N° 2524. DE BOURGES à LYON.
Lyon 308k

N° 2525. DE BOURGES à MACON.
Mâcon. 245k

N° 2526. DE BOURGES au MANS.
Le Mans. . . . . (fer) 326k

N° 2527. DE BOURGES à MARSEILLE.
Lyon 308k
Marseille. 352
660

N° 2528. DE BOURGES à MAUBEUGE.
Paris 232k
Maubeuge. 246
(fer) 478

N° 2529. DE BOURGES à MELUN.
Paris 232k
Melun. 45
(fer) 277

N° 2530. DE BOURGES à MENDE.
Clermont. 212k
Mende. 186
398

N° 2531. DE BOURGES à METZ.
Paris. 232k
Metz 392
(fer) 624

N° 2532. DE BOURGES à MÉZIÈRES.
Paris 232k
Mézières. 260
492

N° 2533. DE BOURGES À MONTAUBAN.

Montauban . . . . 484^k

N° 2534. DE BOURGES À MONTBRISON.

Le Guétin . . . . 58^k
Montbrison 211

260

N° 2535. DE BOURGES À MONT-DE-MARSAN.

Bordeaux . . . . 422^k
Mont-de-Marsan 148

570

N° 2536. DE BOURGES À MONTPELLIER.

Montpellier . . . . . . 552^k

N° 2537. DE BOURGES À MOULINS.

Moulins . . . . 109^k

N° 2538. DE BOURGES À NANCY.

Paris . . . . 232^k
Nancy 353

(fer) 585

N° 2539. DE BOURGES À NANTES.

Nantes . . . . . (fer) 420^k

N° 2540. DE BOURGES À NAPOLÉON-VENDÉE.

Napoléon-Vendée. . . . 421^k

N° 2541. DE BOURGES À NEVERS.

Nevers . . . . 69^k

N° 2542. DE BOURGES À NIMES.

Nimes . . . . 527^k

N° 2543. DE BOURGES À NIORT.

Niort . . . .(fer) 403^k

N° 2544. DE BOURGES À ORLÉANS.

Orléans . . . . . (fer) 112^k

N° 2545. DE BOURGES À PARIS.

Paris . . . . (fer) 232^k

N° 2546. DE BOURGES À PAU.

Bordeaux . . . . 422^k
Pau 213

635

N° 2547. DE BOURGES À PÉRIGUEUX.

Périgueux . . . . 320^k

N° 2548. DE BOURGES À PERPIGNAN.

Lyon . . . . 308^k
Perpignan 491

799

N° 2549. DE BOURGES À POITIERS.

Poitiers . . . . . .(fer) 325^k

N° 2550. DE BOURGES À PRIVAS.

Lyon . . . . 308^k
Privas 114

452

N° 2551. DE BOURGES AU PUY.

Clermont . . . . 212^k
Le Puy 134

346

N° 2552. DE BOURGES À QUIMPER.

Nantes . . . . 420^k
Quimper 231

651

N° 2553. DE BOURGES À RENNES.

Le Mans . . . . 326^k
Rennes 163

(fer) 489

N° 2554. DE BOURGES À ROCHEFORT.

Rochefort . . . . .(fer) 467^k

N° 2555. DE BOURGES À LA ROCHELLE.

La Rochelle . . . .(fer) 470^k

N° 2556. DE BOURGES À RODEZ.

Rodez . . . . 437^k

N° 2557. DE BOURGES À ROUEN.

Paris . . . . 232^k
Rouen 137

(fer) 369

N° 2558. DE BOURGES À SAINT-BRIEUC.

Le Mans . . . . 326^k
Rennes 163
Saint-Brieuc 100

589

N° 2559. DE BOURGES À SAINT-ÉTIENNE.

Saint-Étienne . . . . 295^k

N° 2560. DE BOURGES À SAINT-GERMAIN

Paris . . . . 232^k
Saint-Germain 23

(fer) 255

N° 2561. DE BOURGES À SAINT-LO.

Paris . . . . 232^k
Saint Lô 314

(fer) 546

N° 2562. DE BOURGES À SAINT-OMER.

Paris . . . . 232^k
Saint-Omer 330

(fer) 562

N° 2563. DE BOURGES À SARREGUEMINES

Paris . . . . 232^k
Sarreguemines 469

701

N° 2564. DE BOURGES À SAUMUR.

Saumur . . . . (fer) 268^k

N° 2565. DE BOURGES À SCHELESTADT.

Schelestadt . . . . . 530^k

N° 2566. DE BOURGES À STRASBOURG.

Paris . . . . 232^k
Strasbourg 502

(fer) 735

N° 2567. DE BOURGES À TARBES.

Bordeaux . . . . 422^k
Tarbes 230

652

N° 2568. DE BOURGES À THIONVILLE.

Paris . . . . 232^k
Thionville 419

(fer) 651

N° 2569. DE BOURGES À TOULON.

Lyon . . . . 308^k
Marseille 352
Toulon 60

720

N° 2570. DE BOURGES À TOULOUSE.

Toulouse . . . . 533^k

N° 2571. DE BOURGES À TOURS.

Tours . . . . . . (fer) 227^k

N° 2572. DE BOURGES À TROYES.

Troyes . . . . 219^k

N° 2573. DE BOURGES À TULLE.

Limoges . . . . 225^k
Tulle 89

314

N° 2574. DE BOURGES à VALENCE.

Lyon 308k
Valence 106
————
474

N° 2575. DE BOURGES à VALENCIENNES.

Paris 232
Valenciennes 268
————
(fer) 500

N° 2576. DE BOURGES à VANNES.

Nantes 420k
Vannes 108
————
528

N° 2577. DE BOURGES à VERDUN.

Paris 232k
Verdun 253
————
485

N° 2578. DE BOURGES à VERNON.

Paris 232
Vernon 80
————
(fer) 312

N° 2579. DE BOURGES à VERSAILLES.

Paris 222
Versailles 17
————
(fer) 249

N° 2580. DE BOURGES à VESOUL.

Vesoul 365

BREST.

N° 2581. DE BREST à BRIANÇON.

Rennes 245k
Le Mans 163
Lyon 636
Grenoble 150
Briançon 119
————
1,313

N° 2582. DE BREST à CAEN.

Caen 391

N° 2583. DE BREST à CAHORS.

Nantes 323k
Bordeaux 530
Cahors 212
————
1,074

N° 2584. DE BREST à CALAIS.

Rennes 245k
Paris 373
Calais 372
————
990

N° 2585. DE BREST à CAMBRAI.

Rennes 245k
Paris 373
Cambrai 223
————
841

N° 2586. DE BREST à CARCASSONNE.

Nantes 323k
Bordeaux 539
Carcassonne 348
————
1,210

N° 2587. DE BREST à CETTE.

Nantes 323k
Bordeaux 539
Cette 476
————
1,338

N° 2588. DE BREST à CHALONS-SUR-MARNE.

Rennes 245k
Paris 373
Châlons-sur-Marne . . . 172
————
790

N° 2589. DE BREST à CHALON-SUR-SAONE.

Rennes 245k
Paris 373
Chalon-sur-Saône 383
————
1,001

N° 2590. DE BREST à CHARTRES.

Rennes 245k
Chartres 285
————
530

N° 2591. DE BREST à CHÂTEAUROUX.

Rennes 245k
Le Mans 163
Châteauroux 357
————
765

N° 2592. DE BREST à CHERBOURG.

Saint-Brieuc 145k
Saint-Lô 183
Cherbourg 77
————
405

N° 2593. DE BREST à CLERMONT.

Rennes 245k
Clermont 663
————
908

N° 2594. DE BREST à COLMAR.

Rennes 245k
Paris 373
Colmar 568
————
1,186

N° 2595. DE BREST à COMPIÈGNE.

Rennes 245k
Paris 373
Compiègne 101
————
719

N° 2596. DE BREST à DIGNE.

Rennes 245k
Le Mans 163
Lyon 636
Digne 296
————
1,340

N° 2597. DE BREST à DIJON.

Rennes 245k
Paris 373
Dijon 311
————
933

N° 2598. DE BREST à DOUAI.

Rennes 245k
Paris 373
Douai 235
————
853

N° 2599. DE BREST à DRAGUIGNAN.

Rennes 245k
Le Mans 163
Lyon 636
Draguignan 391
————
1,435

N° 2600. DE BREST à DUNKERQUE.

Rennes 245k
Paris 373
Dunkerque 351
————
969

N° 2601. DE BREST à ÉPINAL.

Rennes 245k
Paris 373
Épinal 427
————
1,045

N° 2602. DE BREST à ÉVREUX.

Saint-Brieuc . . . . . 145^k
Évreux 370

515

N° 2603. DE BREST à LA FÈRE.

Rennes . . . . 245^k
Paris 373
La Fère 153

771

N° 2604. DE BREST à FOIX.

Nantes . . . . 523^k
Bordeaux 539
Toulouse 257
Foix 82

1 201

N° 2605. DE BREST à FONTAINEBLEAU.

Rennes . . . . 245^k
Paris 373
Fontainebleau 59

677

N° 2606. DE BREST à GAP.

Rennes . . . . 245^k
Le Mans 163
Lyon 636
Grenoble 150
Gap 101

1,295

N° 2607. DE BREST à GIVET.

Rennes . . . . 245^k
Paris 373
Givet 327

945

N° 2608. DE BREST à GRENOBLE.

Rennes . . . . 245^k
Le Mans 163
Lyon 636
Grenoble 150

1,194

N° 2609. DE BREST à GUÉRET.

Rennes . . . . 245^k
Le Mans 163
Guéret 469

877

N° 2610. DE BREST à HAGUENAU.

Rennes . . . . 245^k
Paris 373
Haguenau 517

1135

N° 2611. DE BREST à LANGRES.

Rennes . . . . 245^k
Paris 373
Langres 297

915

N° 2612. DE BREST à LAON.

Rennes . . . . 245^k
Paris 373
Laon 175

793

N° 2613. DE BREST à LAVAL.

Rennes . . . . 245^k
Laval 74

319

N° 2614. DE BREST à LILLE.

Rennes . . . . 245^k
Paris 373
Lille 268

886

N° 2615. DE BREST à LIMOGES.

Rennes . . . . 245^k
Le Mans 163
Limoges 394

902

N° 2616. DE BREST à LONS-LE-SAUNIER

Rennes . . . . 245^k
Paris 373
Chalon-sur-Saône . . . 383
Lons-le-Saunier 64

1,065

N° 2617. DE BREST à LORIENT.

Lorient . . . . 159^k

N° 2618. DE BREST à LUNÉVILLE.

Rennes . . . . 245^k
Paris 373
Lunéville 386

1,004

N° 2619. DE BREST à LYON.

Rennes . . . . 245^k
Le Mans 163
Lyon 636

1,044

N° 2620. DE BREST à MACON.

Rennes . . . . 245^k
Paris 373
Mâcon 441

1,059

N° 2621. DE BREST au MANS.

Rennes . . . . 245^k
Le Mans 163

408

N° 2622. DE BREST à MARSEILLE.

Rennes . . . . 245^k
Le Mans 163
Lyon 636
Marseille 352

1,396

N° 2623. DE BREST à MAUBEUGE.

Rennes . . . . 245^k
Paris 373
Maubeuge 246

864

N° 2624. DE BREST à MELUN.

Rennes . . . . 245^k
Paris 373
Melun 45

663

N° 2625. DE BREST à MENDE.

Rennes . . . . 245^k
Clermont 663
Mende 186

1,094

N° 2626. DE BREST à METZ.

Rennes . . . . 245^k
Paris 373
Metz 392

1,010

N° 2627. DE BREST à MÉZIÈRES.

Rennes . . . . 245^k
Paris 373
Mézières 253

871

N° 2628. DE BREST à MONTAUBAN.

Nantes . . . . 323^k
Bordeaux 539
Montauban 206

1,068

N° 2629. DE BREST à MONTBRISON.

Rennes	245ᵏ
Le Mans	163
Montbrison	548
	956

N° 2630. DE BREST à MONT-DE-MARSAN

Nantes	323ᵏ
Bordeaux	539
Mont-de-Marsan	148
	1,010

N° 2631. DE BREST à MONTPELLIER.

Nantes	323ᵏ
Bordeaux	539
Montpellier	504
	1,366

N° 2632. DE BREST à MOULINS.

Rennes	245ᵏ
Le Mans	163
Moulins	388
	796

N° 2633. DE BREST à NANCY.

Rennes	245ᵏ
Paris	373
Nancy	353
	971

N° 2634. DE BREST à NANTES.

Nantes	323ᵏ

N° 2635. DE BREST à NAPOLÉON-VENDÉE.

Nantes	323ᵏ
Napoléon-Vendée	71
	394

N° 2636. DE BREST à NEVERS.

Rennes	245ᵏ
Le Mans	163
Nevers	335
	743

N° 2637. DE BREST à NIMES.

Rennes	245ᵏ
Le Mans	163
Lyon	636
Nimes	279
	1,323

N° 2638. DE BREST à NIORT.

Nantes	323ᵏ
Niort	374
	697

N° 2639. DE BREST à ORLÉANS.

Rennes	245ᵏ
Le Mans	163
Orléans	214
	622

N° 2640. DE BREST à PARIS.

Rennes	245ᵏ
Paris	373
	618

N° 2641. DE BREST à PAU.

Nantes	323ᵏ
Bordeaux	539
Pau	213
	1,075

N° 2642. DE BREST à PÉRIGUEUX.

Nantes	323ᵏ
Périgueux	495
	818

N° 2643. DE BREST à PERPIGNAN.

Nantes	323ᵏ
Bordeaux	539
Perpignan	470
	1,332

N° 2644. DE BREST à POITIERS.

Rennes	245ᵏ
Le Mans	163
Poitiers	200
	608

N° 2645. DE BREST à PRIVAS.

Rennes	245ᵏ
Le Mans	163
Lyon	636
Privas	144
	1 188

N° 2646. DE BREST au PUY.

Rennes	245ᵏ
Clermont	663
Le Puy	134
	1,042

N° 2647. DE BREST à QUIMPER.

Quimper	92ᵏ

N° 2648. DE BREST à RENNES.

Rennes	245ᵏ

N° 2649. DE BREST à ROCHEFORT.

Nantes	323ᵏ
Rochefort	438
	761

N° 2650. DE BREST à LA ROCHELLE.

Nantes	323ᵏ
La Rochelle	441
	764

N° 2651. DE BREST à RODEZ.

Rennes	245ᵏ
Rodez	888
	1,133

N° 2652. DE BREST à ROUEN.

Rouen	521ᵏ

N° 2653. DE BREST à SAINT-BRIEUC.

Saint-Brieuc	145ᵏ

N° 2654. DE BREST à SAINT-ÉTIENNE.

Rennes	245ᵏ
Le Mans	163
Saint-Étienne	621
	1,029

N° 2655. DE BREST à SAINT-GERMAIN.

Rennes	245ᵏ
Versailles	356
Saint-Germain	13
	614

N° 2656. DE BREST à SAINT-LO.

Saint-Lô	328ᵏ

N° 2657. DE BREST à SAINT-OMER.

Rennes	245ᵏ
Paris	373
Saint-Omer	330
	948

N° 2658. DE BREST à SARREGUEMINES.

Rennes	245ᵏ
Paris	373
Sarreguemines	469
	1,087

N° 2659. DE BREST à SAUMUR.

Rennes	245ᵏ
Saumur	169
	414

N° 2660. DE BREST à SCHELESTADT.

Rennes	245ᵏ
Paris	373
Schelestadt	546
	1,164

N° 2661. DE BREST à STRASBOURG.

Rennes	245ᵏ
Paris	373
Strasbourg	502
	1,120

N° 2662. DE BREST à TARBES.

Nantes	323ᵏ
Bordeaux	539
Tarbes	230
	1,092

N° 2663. DE BREST à THIONVILLE.

Rennes	245ᵏ
Paris	373
Thionville	419
	1,037

N° 2664. DE BREST à TOULON.

Rennes	245ᵏ
Le Mans	163
Lyon	636
Marseille	352
Toulon	60
	1,456

N° 2665. DE BREST à TOULOUSE.

Nantes	323ᵏ
Bordeaux	539
Toulouse	257
	1,119

N° 2666. DE BREST à TOURS.

Rennes	245ᵏ
Le Mans	163
Tours	99
	507

N° 2667. DE BREST à TROYES.

Rennes	245ᵏ
Paris	373
Troyes	167
	785

N° 2668. DE BREST à TULLE.

Rennes	245ᵏ
Le Mans	163
Limoges	494
Tulle	89
	991

N° 2669. DE BREST à VALENCE.

Rennes	245ᵏ
Le Mans	163
Lyon	636
Valence	106
	1,150

N° 2670. DE BREST à VALENCIENNES.

Rennes	245ᵏ
Paris	373
Valenciennes	268
	886

N° 2671. DE BREST à VANNES.

Vannes	215ᵏ

N° 2672. DE BREST à VERDUN.

Rennes	245ᵏ
Paris	373
Verdun	253
	871

N° 2673. DE BREST à VERNON.

Rennes	245ᵏ
Vernon	312
	557

N° 2674. DE BREST à VERSAILLES.

Rennes	245ᵏ
Versailles	356
	601

N° 2675. DE BREST à VESOUL.

Rennes	245ᵏ
Paris	373
Vesoul	381
	999

BRIANÇON.

N° 2676. DE BRIANÇON à CAEN.

Grenoble	119ᵏ
Lyon	150
Paris	512
Caen	239
	1,020

N° 2677. DE BRIANÇON à CAHORS.

Avignon	278ᵏ
Cahors	459
	737

N° 2678. DE BRIANÇON à CALAIS.

Grenoble	119ᵏ
Lyon	150
Paris	512
Calais	372
	1,153

N° 2679. DE BRIANÇON à CAMBRAI.

Grenoble	119ᵏ
Lyon	150
Paris	512
Cambrai	223
	1,004

N° 2680. DE BRIANÇON à CARCASSONNE.

Avignon	278ᵏ
Carcassonne	255
	533

N° 2681. DE BRIANÇON à CETTE.

Avignon	278ᵏ
Cette	126
	404

N° 2682. DE BRIANÇON à CHALONS-SUR-MARNE.

Grenoble	119ᵏ
Lyon	150
Dijon	197
Châlons-sur-Marne	236
	702

N° 2683. DE BRIANÇON à CHALON-SUR-SAONE.

Grenoble	119ᵏ
Lyon	150
Chalon-sur-Saône	130
	399

N° 2684. DE BRIANÇON à CHARTRES.

Grenoble	119ᵏ
Lyon	150
Paris	512
Chartres	88
	869

N° 2685. DE BRIANÇON à CHATEAUROUX.

Grenoble	119ᵏ
Lyon	150
Châteauroux	389
	658

2686. DE BRIANÇON à CHERBOURG.

Grenoble	119^k
Lyon	150
Paris	512
Cherbourg	370
	1,151

2687. DE BRIANÇON à CLERMONT.

Grenoble	119^k
Lyon	150
Clermont	184
	463

2688. DE BRIANÇON à COLMAR.

Grenoble	119^k
Lyon	150
Colmar	436
	705

2689. DE BRIANÇON à COMPIÈGNE.

Grenoble	119^k
Lyon	150
Paris	512
Compiègne	101
	882

2690. DE BRIANÇON à DIGNE.

Digne	178^k

2691. DE BRIANÇON à DIJON.

Grenoble	119^k
Lyon	150
Dijon	197
	466

2692. DE BRIANÇON à DOUAI.

Grenoble	119^k
Lyon	150
Paris	512
Douai	235
	1,016

2693. DE BRIANÇON à DRAGUIGNAN.

Digne	178^k
Draguignan	95
	273

2694. DE BRIANÇON à DUNKERQUE.

Grenoble	119^k
Lyon	150
Paris	512
Dunkerque	351
	1,132

N° 2695. DE BRIANÇON à ÉPINAL.

Grenoble	119^k
Lyon	150
Besançon	250
Épinal	123
	642

N° 2696. DE BRIANÇON à ÉVREUX.

Grenoble	119^k
Lyon	150
Paris	512
Évreux	108
	889

N° 2697. DE BRIANÇON à LA FÈRE.

Grenoble	119^k
Lyon	150
Paris	512
La Fère	153
	934

N° 2698. DE BRIANÇON à FOIX.

Avignon	278^k
Carcassonne	255
Foix	98
	631

N° 2699. DE BRIANÇON à FONTAINE-BLEAU.

Grenoble	119^k
Lyon	150
Fontainebleau	453
	722

N° 2700. DE BRIANÇON à GAP.

Gap	91^k

N° 2701. DE BRIANÇON à GIVET.

Grenoble	119^k
Lyon	150
Givet	609
	878

N° 2702. DE BRIANÇON à GRENOBLE.

Grenoble	119^k

N° 2703. DE BRIANÇON à GUÉRET.

Grenoble	119^k
Lyon	150
Clermont	184
Guéret	130
	583

N° 2704. DE BRIANÇON à HAGUENAU.

Grenoble	119^k
Lyon	150
Haguenau	546
	815

N° 2705. DE BRIANÇON à LANGRES.

Grenoble	119^k
Lyon	150
Dijon	197
Langres	66
	532

N° 2706. DE BRIANÇON à LAON.

Grenoble	119^k
Lyon	150
Paris	512
Laon	175
	956

N° 2707. DE BRIANÇON à LAVAL.

Grenoble	119^k
Lyon	150
Le Mans	636
Laval	90
	995

N° 2708. DE BRIANÇON à LILLE.

Grenoble	119^k
Lyon	150
Paris	512
Lille	268
	1,049

N° 2709. DE BRIANÇON à LIMOGES.

Grenoble	119^k
Lyon	150
Limoges	363
	632

N° 2710. DE BRIANÇON à LONS-LE-SAUNIER.

Grenoble	119^k
Lyon	150
Lons-le-Saunier	124
	393

N° 2711. DE BRIANÇON à LORIENT.

Grenoble	119^k
Lyon	150
Nantes	717
Lorient	164
	1,150

N° **2712.** DE BRIANÇON à LUNÉVILLE.

Grenoble	119^k
Lyon	150
Lunéville	416
	685

N° **2713.** DE BRIANÇON à LYON,

Grenoble	119^k
Lyon	150
	269

N° **2714.** DE BRIANÇON à MACON.

Grenoble	119^k
Lyon	150
Mâcon	72
	341

N° **2715.** DE BRIANÇON au MANS.

Grenoble	119^k
Lyon	150
Le Mans	636
	905

N° **2716.** DE BRIANÇON à MARSEILLE.

Gap	91^k
Aix	149
Marseille	53
	293

N° **2717.** DE BRIANÇON à MAUBEUGE.

Grenoble	119^k
Lyon	150
Paris	512
Maubeuge	246
	1,027

N° **2718.** DE BRIANÇON à MELUN.

Grenoble	119^k
Lyon	150
Melun	468
	737

N° **2719.** DE BRIANÇON à MENDE.

Grenoble	119^k
Lyon	150
Le Puy	134
Mende	89
	492

N° **2720.** DE BRIANÇON à METZ.

Grenoble	119^k
Lyon	150
Dijon	197
Metz	249
	715

N° **2721.** DE BRIANÇON à MÉZIÈRES.

Grenoble	119^k
Lyon	150
Mézières	546
	815

N° **2722.** DE BRIANÇON à MONTAUBAN.

Avignon	278^k
Montauban	397
	675

N° **2723.** DE BRIANÇON à MONTBRISON.

Grenoble	119^k
Lyon	150
Montbrison	101
	370

N° **2724.** DE BRIANÇON à MONT-DE-MARSAN.

Avignon	278^k
Toulouse	466
Mont-de-Marsan	109
	853

N° **2725.** DE BRIANÇON à MONTPELLIER

Avignon	278^k
Montpellier	99
	377

N° **2726.** DE BRIANÇON à MOULINS.

Grenoble	119^k
Lyon	150
Moulins	186
	455

N° **2727.** DE BRIANÇON à NANCY.

Grenoble	119^k
Lyon	150
Dijon	197
Nancy	192
	658

N° **2728.** DE BRIANÇON à NANTES.

Grenoble	119^k
Lyon	150
Nantes	717
	986

N° **2729.** DE BRIANÇON à NAPOLÉON-VENDÉE.

Grenoble	119^k
Lyon	150
Napoléon-Vendée	729
	998

N° **2730.** DE BRIANÇON à NEVERS.

Grenoble	119^k
Lyon	150
Nevers	239
	508

N° **2731.** DE BRIANÇON à NIMES.

Avignon	278^k
Nimes	49
	327

N° **2732.** DE BRIANÇON à NIORT.

Grenoble	119^k
Lyon	150
Niort	565
	834

N° **2733.** DE BRIANÇON à ORLÉANS.

Grenoble	119^k
Lyon	150
Orléans	420
	689

N° **2734.** DE BRIANÇON à PARIS.

Grenoble	119^k
Lyon	150
Paris	512
	781

N° **2735.** DE BRIANÇON à PAU.

Avignon	278^k
Toulouse	346
Pau	190
	814

N° **2736.** DE BRIANÇON à PÉRIGUEUX.

Grenoble	119^k
Lyon	150
Périgueux	429
	698

N° **2737.** DE BRIANÇON à PERPIGNAN.

Avignon	278^k
Perpignan	260
	538

N° **2738.** DE BRIANÇON à POITIERS.

Grenoble	119^k
Lyon	150
Poitiers	489
	758

N° 2739. DE BRIANÇON à PRIVAS.

Grenoble	119^k
Valence	94
Privas	39
	252

N° 2740. DE BRIANÇON au PUY.

Grenoble	119^k
Lyon	150
Le Puy	134
	403

N° 2741. DE BRIANÇON à QUIMPER.

Grenoble	119^k
Lyon	150
Nantes	717
Quimper	231
	1,217

N° 2742. DE BRIANÇON à RENNES.

Grenoble	119^k
Lyon	150
Le Mans	636
Rennes	163
	1,068

N° 2743. DE BRIANÇON à ROCHEFORT.

Grenoble	119^k
Lyon	150
Rochefort	626
	895

N° 2744. DE BRIANÇON à LA ROCHELLE.

Grenoble	119^k
Lyon	150
La Rochelle	628
	897

N° 2745. DE BRIANÇON à RODEZ.

Avignon	278^k
Nîmes	49
Rodez	232
	559

N° 2746. DE BRIANÇON à ROUEN.

Grenoble	119^k
Lyon	150
Paris	512
Rouen	137
	918

N° 2747. DE BRIANÇON à ST-BRIEUC.

Grenoble	119^k
Lyon	150
Le Mans	636
Rennes	163
Saint-Brieuc	100
	1,168

N° 2748. DE BRIANÇON à ST-ÉTIENNE.

Valence	213^k
Saint-Etienne	94
	307

N° 2749. DE BRIANÇON à ST-GERMAIN.

Grenoble	119^k
Lyon	150
Paris	512
Saint-Germain	23
	804

N° 2750. DE BRIANÇON à SAINT-LO.

Grenoble	119^k
Lyon	150
Paris	512
Saint-Lô	314
	1,095

N° 2751. DE BRIANÇON à SAINT-OMER.

Grenoble	119^k
Lyon	150
Paris	512
Saint-Omer	330
	1,111

N° 2752. DE BRIANÇON à SARREGUE-MINES.

Grenoble	119^k
Lyon	150
Dijon	197
Sarreguemines	325
	791

N° 2753. DE BRIANÇON à SAUMUR.

Grenoble	119^k
Lyon	150
Saumur	596
	865

N° 2754. DE BRIANÇON à SCHELESTADT.

Grenoble	119^k
Lyon	150
Schelestadt	458
	727

N° 2755. DE BRIANÇON à STRASBOURG.

Grenoble	119^k
Lyon	150
Strasbourg	504
	773

N° 2756. DE BRIANÇON à TARBES.

Avignon	278^k
Toulouse	346
Tarbes	151
	775

N° 2757. DE BRIANÇON à THIONVILLE.

Grenoble	119^k
Lyon	150
Dijon	197
Thionville	275
	741

N° 2758. DE BRIANÇON à TOULON.

Gap	91^k
Aix	149
Toulon	80
	320

N° 2759. DE BRIANÇON à TOULOUSE.

Avignon	278^k
Toulouse	346
	624

N° 2760. DE BRIANÇON à TOURS.

Grenoble	119^k
Lyon	150
Tours	537
	806

N° 2761. DE BRIANÇON à TROYES.

Grenoble	119^k
Lyon	150
Troyes	343
	612

N° 2762. DE BRIANÇON à TULLE.

Grenoble	119^k
Lyon	150
Clermont	184
Tulle	143
	596

N° 2763. DE BRIANÇON à VALENCE.

Grenoble	119^k
Valence	94
	213

N° 2764. DE BRIANÇON à VALEN-
CIENNES.

Grenoble	119^k
Lyon	150
Paris	512
Valenciennes	268
	1,049

N° 2765. DE BRIANÇON à VANNES.

Grenoble	119^k
Lyon	150
Nantes	717
Vannes	108
	1,094

N° 2766. DE BRIANÇON à VERDUN.

Grenoble	119^k
Lyon	150
Dijon	197
Verdun	239
	705

N° 2767. DE BRIANÇON à VERNON.

Grenoble	119^k
Lyon	150
Paris	512
Vernon	80
	861

N° 2768. DE BRIANÇON à VERSAILLES.

Grenoble	119^k
Lyon	150
Paris	512
Versailles	17
	798

N° 2769. DE BRIANÇON à VESOUL.

Grenoble	119^k
Lyon	150
Besançon	250
Vesoul	47
	576

CAEN.

N° 2770. DE CAEN à CAHORS.

Le Mans	157^k
Angoulême	313
Cahors	229
	699

N° 2771. DE CAEN à CALAIS.

Paris	239^k
Calais	372
(fer)	611

N° 2772. DE CAEN à CAMBRAI.

Paris	239^k
Cambrai	223
(fer)	462

N° 2773. DE CAEN à CARCASSONNE.

Le Mans	157^k
Bordeaux	446
Carcassonne	348
	951

N° 2774. DE CAEN à CETTE.

Le Mans	157^k
Bordeaux	456
Cette	476
	1,079

N° 2775. DE CAEN à CHALONS-SUR-
MARNE.

Paris	239^k
Châlons-sur-Marne	173
(fer)	412

N° 2776. DE CAEN à CHALON-SUR-
SAONE.

Paris	239^k
Chalon-sur-Saône	383
(fer)	622

N° 2777. DE CAEN à CHARTRES.

Le Mans	157^k
Chartres	124
	281

N° 2778. DE CAEN à CHATEAUROUX.

Paris	239^k
Châteauroux	265
(fer)	504

N° 2779. DE CAEN à CHERBOURG.

Cherbourg . . . (fer)	131^k

N° 2780. DE CAEN à CLERMONT.

Paris	239^k
Clermont	446
(fer)	685

N° 2781. DE CAEN à COLMAR.

Paris	239^k
Colmar	568
(fer)	807

N° 2782. DE CAEN à COMPIÈGNE.

Paris	239^k
Compiègne	101
(fer)	340

N° 2783. DE CAEN à DIGNE.

Paris	239^k
Lyon	512
Digne	296
	1,047

N° 2784. DE CAEN à DIJON.

Paris	239^k
Dijon	315
(fer)	554

N° 2785. DE CAEN à DOUAI.

Paris	239^k
Douai	235
(fer)	474

N° 2786. DE CAEN à DRAGUIGNAN.

Paris	239^k
Lyon	512
Draguignan	391
	1,142

N° 2787. DE CAEN à DUNKERQUE.

Paris	239^k
Dunkerque	351
(fer)	590

N° 2788. DE CAEN à ÉPINAL.

Paris	239^k
Épinal	427
(fer)	666

N° 2789. DE CAEN à ÉVREUX.

Évreux . . . . . . (fer)	131^k

N° 2790. DE CAEN à LA FÈRE.

Paris	239^k
La Fère	153
(fer)	392

N° 2791. DE CAEN à FOIX.

Le Mans	157^k
Bordeaux	446
Toulouse	257
Foix	82
	942

N° 2792. DE CAEN à FONTAINEBLEAU.

Paris	239^k
Fontainebleau	59
(fer)	298

N° 2793. DE CAEN à GAP.

Paris	239^k
Lyon	512
Grenoble	150
Gap	101
	1,002

N° 2794. DE CAEN à GIVET.

Paris	239^k
Givet	327
	566

N° 2795. DE CAEN à GRENOBLE.

Paris	239^k
Lyon	512
Grenoble	150
(fer)	901

N° 2796. DE CAEN à GUÉRET.

Paris	239^k
Guéret	374
(fer)	613

N° 2797. DE CAEN à HAGUENAU.

Paris	239^k
Haguenau	517
(fer)	756

N° 2798. DE CAEN à LANGRES.

Paris	239^k
Langres	297
(fer)	536

N° 2799. DE CAEN à LAON.

Paris	239^k
Laon	175
(fer)	414

N° 2800. DE CAEN à LAVAL.

Laval	247^k

N° 2801. DE CAEN à LILLE.

Paris	239^k
Lille	268
(fer)	507

N° 2802. DE CAEN à LIMOGES.

Paris	239^k
Limoges	400
(fer)	639

N° 2803. DE CAEN à LONS-LE-SAUNIER.

Paris	239^k
Lons-le-Saunier	447
	686

N° 2804. DE CAEN à LORIENT.

Rennes	173^k
Lorient	160
	333

N° 2805. DE CAEN à LUNÉVILLE.

Paris	239^k
Lunéville	386
(fer)	625

N° 2806. DE CAEN à LYON.

Paris	239^k
Lyon	512
(fer)	751

N° 2807. DE CAEN à MACON.

Paris	239^k
Mâcon	441
(fer)	680

N° 2808. DE CAEN AU MANS.

Le Mans	157^k

N° 2809. DE CAEN à MARSEILLE.

Paris	239^k
Marseille	863
(fer)	1,002

N° 2810. DE CAEN à MAUBEUGE.

Paris	239^k
Maubeuge	246
(fer)	485

N° 2811. DE CAEN à MELUN.

Paris	239^k
Melun	45
(fer)	284

N° 2812. DE CAEN à MENDE.

Paris	239^k
Clermont	446
Mende	186
	871

N° 2813. DE CAEN à METZ.

Paris	239^k
Metz	392
(fer)	631

N° 2814. DE CAEN à MÉZIÈRES.

Paris	239^k
Mézières	260
	499

N° 2815. DE CAEN à MONTAUBAN.

Le Mans	157^k
Bordeaux	446
Montauban	206
	809

N° 2816. DE CAEN à MONTBRISON.

Paris	239^k
Montbrison	500
	739

N° 2817. DE CAEN à MONT-DE-MARSAN.

Le Mans	157^k
Bordeaux	446
Mont-de-Marsan	148
	751

N° 2818. DE CAEN à MONTPELLIER.

Paris	239^k
Montpellier	840
(fer)	1,079

N° 2819. DE CAEN à MOULINS.

Paris	239^k
Moulins	340
(fer)	579

N° 2820. DE CAEN à NANCY.

Paris	239^k
Nancy	353
(fer)	592

N° 2821. DE CAEN à NANTES.

Nantes	280^k

N° 2822. DE CAEN à NAPOLÉON-VENDÉ

Napoléon-Vendée	342^k

N° 2823.   DE CAEN à NEVERS.

Paris . . . . 289^k
Nevers. 301

(fer) 540

N° 2824.   DE CAEN à NIMES.

Paris . . . . 239^k
Nimes. 791

(fer) 1,030

N° 2825.   DE CAEN à NIORT.

Le Mans. . . . . . . 157^k
Niort 278

435

N° 2826.   DE CAEN à ORLÉANS.

Paris . . . . 239^k
Orléans . . . . , . . . 121

(fer) 360

N° 2827.   DE CAEN à PARIS.

Paris . . . . . (fer) 239^k

N° 2828.   DE CAEN à PAU.

Le Mans. . . . . . . 157^k
Bordeaux 446
Pau. 213

816

N° 2829.   DE CAEN à PÉRIGUEUX.

Le Mans. . . . . . . 157^k
Périgueux. 399

556

N° 2830.   DE CAEN à PERPIGNAN.

Le Mans. . . . . . . 157^k
Bordeaux 446
Perpignan. 470

1,073

N° 2831.   DE CAEN à POITIERS.

Le Mans. . . . . . . 157^k
Poitiers 200

357

N° 2832.   DE CAEN à PRIVAS.

Paris . . . . 239^k
Lyon 512
Privas. 144

895

N° 2833.   DE CAEN au PUY.

Paris . . . . 239^k
Clermont 446
Le Puy 134

819

N° 2834.   DE CAEN à QUIMPER.

Rennes . . . . 173^k
Quimper. 227

400

N° 2835.   DE CAEN à RENNES.

Rennes . . . . 173^k

N° 2836.   DE CAEN à ROCHEFORT.

Le Mans. . . . . . . 157^k
Rochefort 342

499

N° 2837.   DE CAEN à LA ROCHELLE.

Le Mans. . . . . . . 157^k
La Rochelle. 345

502

N° 2838.   DE CAEN à RODEZ.

Rodez . . . . 744^k

N° 2839.   DE CAEN à ROUEN.

Rouen. . . . . 133^k

N° 2840.   DE CAEN à SAINT-BRIEUC.

Saint-Lô. . . . . . . 63^k
Saint-Brieuc. 183

246

N° 2841.   DE CAEN à SAINT-ÉTIENNE.

Paris . . . . 239^k
Saint-Étienne 530

769

N° 2842.   DE CAEN à SAINT-GERMAIN.

Paris . . . . 239^k
Saint-Germain. 23

(fer) 262

N° 2843.   DE CAEN à SAINT-LÔ.

Saint-Lô. . . . . . . 63^k

N° 2844.   DE CAEN à SAINT-OMER.

Paris . . . . 239^k
Saint-Omer.. 330

(fer) 569

N° 2845.   DE CAEN à SARREGUEMINES.

Paris . . . . 239^k
Sarreguemines. 469

708

N° 2846.   DE CAEN à SAUMUR.

Saumur . . . . 243^k

N° 2847.   DE CAEN à SCHELESTADT.

Paris . . . . 239^k
Schelestadt 546

(fer) 785

N° 2848.   DE CAEN à STRASBOURG.

Paris . . . . 239^k
Strasbourg 502

(fer) 741

N° 2849.   DE CAEN à TARBES.

Le Mans. . . . . . . 157^k
Bordeaux 446
Tarbes. 230

833

N° 2850.   DE CAEN à THIONVILLE.

Paris . . . . 239^k
Thionville. 246

(fer) 658

N° 2851.   DE CAEN à TOULON.

Paris . . . . 239^k
Marseille. 863
Toulon 60

1,162

N° 2852.   DE CAEN à TOULOUSE.

Le Mans. . . . . . . 157^k
Bordeaux 446
Toulouse. 257

860

N° 2853.   DE CAEN à TOURS.

Tours. . . . . 216^k

N° 2854.   DE CAEN à TROYES.

Paris 239
Troyes. 167

(fer) 406

N° 2855.   DE CAEN à TULLE.

Paris . . . . 239^k
Limoges. 400
Tulle.. 89

728

N° 2856. DE CAEN à VALENCE.

Paris	239^k
Lyon	512
Valence	106
(fer)	857

N° 2857. DE CAEN à VALENCIENNES.

Paris	239^k
Valenciennes	268
(fer)	507

N° 2858. DE CAEN à VANNES.

Vannes	173^k
Rennes	103
	276

N° 2859. DE CAEN à VERDUN.

Paris	239
Verdun	253
	492

N° 2860. DE CAEN à VERNON.

Vernon	159^k

N° 2861. DE CAEN à VERSAILLES.

Paris	239^k
Versailles	17
(fer)	256

N° 2862. DE CAEN à VESOUL.

Paris	239^k
Vesoul	381
(fer)	620

CAHORS.

N° 2863. DE CAHORS à CALAIS.

Paris	597^k
Calais	372
	969

N° 2864. DE CAHORS à CAMBRAI.

Paris	597^k
Cambrai	223
	820

N° 2865. DE CAHORS à CARCASSONNE.

Montauban	62^k
Carcassonne	142
	204

N° 2866. DE CAHORS à CETTE.

Montauban	62^k
Cette	271
	333

N° 2867. DE CAHORS à CHALONS-SUR-MARNE.

Paris	597^k
Châlons-sur-Marne	173
	770

N° 2868. DE CAHORS à CHALON-SUR-SAONE.

Chalon-sur-Saône	567^k

N° 2869. DE CAHORS à CHARTRES.

Chartres	539^k

N° 2870. DE CAHORS à CHATEAUROUX.

Châteauroux	335^k

N° 2871. DE CAHORS à CHERBOURG.

Cherbourg	967^k

N° 2872. DE CAHORS à CLERMONT.

Tulle	133^k
Clermont	143
	276

N° 2873. DE CAHORS à COLMAR.

Lyon	455^k
Colmar	436
	891

N° 2874. DE CAHORS à COMPIÈGNE.

Paris	597^k
Compiègne	101
	698

N° 2875. DE CAHORS à DIGNE.

Montauban	62
Avignon	397
Digne	152
	611

N° 2876. DE CAHORS à DIJON.

Lyon	455^k
Dijon	197
	652

N° 2877. DE CAHORS à DOUAI.

Paris	597^k
Douai	235
	832

N° 2878. DE CAHORS à DRAGUIGNAN.

Montauban	62^k
Aix	471
Draguignan	108
	641

N° 2879. DE CAHORS à DUNKERQUE.

Paris	597^k
Dunkerque	351
	948

N° 2880. DE CAHORS à ÉPINAL.

Épinal	783^k

N° 2881. DE CAHORS à ÉVREUX.

Paris	597^k
Evreux	108
	705

N° 2882. DE CAHORS à LA FÈRE.

Paris	597^k
La Fère	153
	750

N° 2883. DE CAHORS à FOIX.

Montauban	62^k
Toulouse	51
Foix	82
	195

N° 2884. DE CAHORS à FONTAINEBLEAU

Fontainebleau	554^k

N° 2885. DE CAHORS à GAP.

Montauban	62^k
Avignon	397
Gap	187
	646

N° 2886. DE CAHORS à GIVET.

Paris	578^k
Givet	327
	924

N° 2887. DE CAHORS à GRENOBLE.

Montauban	62^k
Valence	521
Grenoble	91
	677

N° 2888. DE CAHORS à GUÉRET.

Limoges	197^k
Guéret	93
	290

12

N° 2889. DE CAHORS à HAGUENAU.

Lyon.	455
Haguenau.	546
	1,001

N° 2890. DE CAHORS à LANGRES.

Lyon.	455^k
Dijon	197
Langres	66
	718

N° 2891. DE CAHORS à LAON.

Paris.	597^k
Laon.	175
	772

N° 2892. DE CAHORS à LAVAL.

Angoulême.	229^k
Le Mans.	313
Laval.	90
	632

N° 2893. DE CAHORS à LILLE.

Paris.	597
Lille.	268
	865

N° 2894. DE CAHORS à LIMOGES.

Limoges.	197^k

N° 2895. DE CAHORS à LONS-LE-SAU-NIER.

Lyon.	455^k
Lons-le-Saunier. . . .	124
	679

N° 2896. DE CAHORS à LORIENT.

Angoulême.	229^k
Nantes	409
Lorient.	164
	802

N° 2897. DE CAHORS à LUNÉVILLE.

Lyon.	455^k
Lunéville.	416
	871

N° 2898. DE CAHORS à LYON.

Lyon.	455^k

N° 2899. DE CAHORS à MACON.

Lyon.	455
Mâcon.	72
	527

N° 2900. DE CAHORS au MANS.

Angoulême.	229^k
Le Mans.	313
	542

N° 2901. DE CAHORS à MARSEILLE.

Montauban.	62^k
Marseille.	475
	537

N° 2902. DE CAHORS à MAUBEUGE.

Paris.	597^k
Maubeuge.	246
	843

N° 2903. DE CAHORS à MELUN.

Melun.	569^k

N° 2904. DE CAHORS à MENDE.

Mende.	232^k

N° 2905. DE CAHORS à METZ.

Lyon.	455^k
Metz.	446
	901

N° 2906. DE CAHORS à MÉZIÈRES.

Paris.	597^k
Mézières.	260
	857

N° 2907. DE CAHORS à MONTAUBAN.

Montauban.	62^k

N° 2908. DE CAHORS à MONTBRISON.

Tulle.	133^k
Clermont.	143
Montbrison	113
	389

N° 2909. DE CAHORS à MONT-DE-MARSAN.

Mont-de-Marsan. . . .	203^k

N° 2910. DE CAHORS à MONTPELLIER.

Montauban.	62^k
Montpellier.	299
	361

N° 2911. DE CAHORS à MOULINS.

Limoges.	197^k
Moulins.	234
	431

N° 2912. DE CAHORS à NANCY.

Lyon.	455^k
Nancy.	389
	844

N° 2913. DE CAHORS à NANTES.

Angoulême.	229^k
Nantes.	409
	638

N° 2914. DE CAHORS à NAPOLÉON-VENDÉE.

Angoulême.	229^k
Niort.	182
Napoléon-Vendée. . . .	87
	498

N° 2915. DE CAHORS à NEVERS.

Limoges.	197^k
Nevers.	288
	485

N° 2916. DE CAHORS à NIMES.

Montauban	62^k
Nimes.	349
	411

N° 2917. DE CAHORS à NIORT.

Angoulême	229^k
Niort	182
	411

N° 2918. DE CAHORS à ORLÉANS.

Orléans	476^k

N° 2919. DE CAHORS à PARIS.

Paris	597^k

N° 2920. DE CAHORS à PAU.

Auch	145^k
Pau	111
	256

N° 2921. DE CAHORS à PÉRIGUEUX.

Périgueux.	143^k

N° 2922. DE CAHORS à PERPIGNAN.

Montauban	62^k
Perpignan.	265
	327

N° 2923. DE CAHORS à POITIERS.

Angoulême	229k
Poitiers	113
	342

N° 2924. DE CAHORS à PRIVAS.

Montauban	62k
Montpellier	271
Privas	192
	525

N° 2925 DE CAHORS au PUY.

Rodez	117k
Mende	115
Le Puy	89
	321

N° 2926. DE CAHORS à QUIMPER.

Angoulême	229k
Nantes	409
Quimper	231
	869

N° 2927. DE CAHORS à RENNES.

Angoulême	229k
Le Mans	313
Rennes	163
	705

N° 2928. DE CAHORS à ROCHEFORT.

Angoulême	229k
Rochefort	246
	475

N° 2929. DE CAHORS à LA ROCHELLE.

Angoulême	229k
La Rochelle	243
	472

N° 2930. DE CAHORS à RODEZ.

Rodez	117k

N° 2931. DE CAHORS à ROUEN.

Paris	597k
Rouen	137
	734

N° 2932. DE CAHORS à SAINT-BRIEUC.

Angoulême	229k
Le Mans	313
Rennes	163
Saint-Brieuc	100
	805

N° 2933. DE CAHORS à SAINT-ÉTIENNE.

Saint-Étienne	398k

N° 2934. DE CAHORS à SAINT-GERMAIN.

Paris	597k
Saint-Germain	23
	620

N° 2935. DE CAHORS à SAINT-LO.

Angoulême	229k
Tours	313
Saint-Lô	194
	736

N° 2936. DE CAHORS à SAINT-OMER.

Paris	597k
Saint-Omer	330
	927

N° 2937. DE CAHORS à SARREGUEMINES.

Lyon	455k
Sarreguemines	522
	977

N° 2938. DE CAHORS à SAUMUR.

Angoulême	229k
Saumur	277
	506

N° 2939. DE CAHORS à SCHELESTADT.

Limoges	455k
Schelestadt	458
	913

N° 2940. DE CAHORS à STRASBOURG.

Lyon	455k
Strasbourg	504
	959

N° 2941. DE CAHORS à TARBES.

Tarbes	217k

N° 2942. DE CAHORS à THIONVILLE.

Lyon	455k
Thionville	480
	935

N° 2943. DE CAHORS à TOULON.

Montauban	62k
Marseille	475
Toulon	60
	597

N° 2944. DE CAHORS à TOULOUSE.

Toulouse	111k

N° 2945. DE CAHORS à TOURS.

Angoulême	229k
Tours	214
	443

N° 2946. DE CAHORS à TROYES.

Troyes	635k

N° 2947. DE CAHORS à TULLE.

Tulle	133k

N° 2948. DE CAHORS à VALENCE.

Montauban	62k
Valence	521
	583

N° 2949. DE CAHORS à VALENCIENNES.

Paris	597k
Valenciennes	268
	865

N° 2950. DE CAHORS à VANNES.

Angoulême	229k
Nantes	409
Vannes	108
	746

N° 2951. DE CAHORS à VERDUN.

Paris	597k
Verdun	253
	850

N° 2952. DE CAHORS à VERNON.

Paris	597k
Vernon	80
	677

N° 2953. DE CAHORS à VERSAILLES.

Paris	597k
Versailles	17
	614

N° 2954. DE CAHORS à VESOUL.

Vesoul	709k

CALAIS.

N° 2955. DE CALAIS à CAMBRAI.

Cambrai . . . . (fer) 187 ·

N° 2956. DE CALAIS à CARCASSONNE.

Paris 372ᵏ
Bordeaux 578
Carcassonne 348

(fer) 1,298

N° 2957. DE CALAIS à CETTE.

Paris 372ᵏ
Cette 868

(fer) 240

N° 2958. DE CALAIS à CHALONS-SUR-MARNE.

Châlons-sur-Marne. (fer) 395ᵏ

N° 2959. DE CALAIS à CHALON-SUR-SAONE.

Paris 372ᵏ
Chalon-sur-Saône 383

(fer) 755

N° 2960. DE CALAIS à CHARTRES.

Paris 372ᵏ
Chartres 88

(fer) 460

N° 2961. DE CALAIS à CHATEAUROUX.

Paris 372ᵏ
Châteauroux 263

(fer) 635

N° 2962. DE CALAIS à CHERBOURG.

Paris 372ᵏ
Cherbourg 370

(fer) 742

N° 2963. DE CALAIS à CLERMONT.

Paris 372ᵏ
Clermont 446

(fer) 818

N° 2964. DE CALAIS à COLMAR.

Châlons-sur-Marne . . . 395ᵏ
Colmar 396

(fer) 791

N° 2965. DE CALAIS à COMPIÈGNE.

Compiègne . . . . (fer) 300ᵏ

N° 2966. DE CALAIS à DIGNE.

Paris 372ᵏ
Lyon 512
Digne 296

1,180

N° 2967. DE CALAIS à DIJON.

Paris 372ᵏ
Dijon 315

(fer) 687

N° 2968. DE CALAIS à DOUAI.

Douai . . . . . (fer) 137ᵏ

N° 2969. DE CALAIS à DRAGUIGNAN.

Paris 372ᵏ
Lyon 512
Draguignan 391

1,275

N° 2970. DE CALAIS à DUNKERQUE.

Dunkerque 103ᵏ

N° 2971. DE CALAIS à ÉPINAL.

Châlons-sur-Marne . . . 395ᵏ
Épinal 255

650

N° 2972. DE CALAIS à ÉVREUX.

Paris 372ᵏ
Évreux 108

(fer) 480

N° 2973. DE CALAIS à LA FÈRE.

La Fère . . . . . (fer) 259ᵏ

N° 2974. DE CALAIS à FOIX.

Paris 372ᵏ
Bordeaux 578
Toulouse 257
Foix 82

1,289

N° 2975. DE CALAIS à FONTAINEBLEAU.

Paris 372ᵏ
Fontainebleau 59

(fer) 431

N° 2976. DE CALAIS à GAP.

Paris 372ᵏ
Lyon 512
Grenoble 150
Gap . . . . 101 ·

1,135

N° 2977. DE CALAIS à GIVET.

Givet 377ᵏ

N° 2978. DE CALAIS à GRENOBLE.

Paris 372ᵏ
Lyon 512
Grenoble 150

(fer) 1,034

N° 2979. DE CALAIS à GUÉRET.

Paris 372ᵏ
Guéret 374

746

N° 2980. DE CALAIS à HAGUENAU.

Châlons-sur-Marne . . . 395ᵏ
Haguenau 345

(fer) 740

N° 2981. DE CALAIS à LANGRES.

Châlons-sur-Marne . . . 395ᵏ
Langres 170

(fer) 565

N° 2982. DE CALAIS à LAON.

Laon . . . . . . (fer) 281ᵏ

N° 2983. DE CALAIS à LAVAL.

Paris 372ᵏ
Laval 301

(fer) 673

N° 2984. DE CALAIS à LILLE.

Lille . . . . . . (fer) 106ᵏ

N° 2985. DE CALAIS à LIMOGES.

Paris 372ᵏ
Limoges 400

(fer) 772

N° 2986. DE CALAIS à LONS-LE-SAUNIER.

Paris 372ᵏ
Lons-le-Saunier 447

819

N° 2987. DE CALAIS à LORIENT.

Paris 372ᵏ
Rennes 373
Lorient 160

905

N° 2988. DE CALAIS à LUNÉVILLE.

Châlons-sur-Marne . . . 395^k
Lunéville 213

(fer) 608

N° 2989. DE CALAIS à LYON.

Paris . . . . 372^k
Lyon 512

(fer) 884

N° 2990. DE CALAIS à MACON.

Paris . . . . 372^k
Mâcon 441

(fer) 813

N° 2991. DE CALAIS au MANS.

Paris . . . . 372^k
Le Mans 211

(fer) 583

N° 2992. DE CALAIS à MARSEILLE.

Paris . . . . 372^k
Marseille 863

(fer) 1,235

N° 2993. DE CALAIS à MAUBEUGE.

Maubeuge . . . . . (fer) 251^k

N° 2994. DE CALAIS à MELUN.

Paris 372
Melun 45

(fer) 417

N° 2995. DE CALAIS à MENDE.

Paris . . . . 372^k
Clermont 446
Mende 186

1,004

N° 2996. DE CALAIS à METZ.

Châlons-sur-Marne . . 395^k
Metz 220

(fer) 615

N° 2997. DE CALAIS à MÉZIÈRES.

Laon . . . . 281^k
Mézières 128

409

N° 2998. DE CALAIS à MONTAUBAN.

Paris . . . . 372^k
Bordeaux 578
Montauban 206

(fer) 1,156

N° 2999. DE CALAIS à MONTBRISON.

Paris . . . . 372^k
Montbrison 500

872

N° 3000. DE CALAIS à MONT-DE-MARSAN.

Paris . . . . 372^k
Bordeaux 578
Mont-de-Marsan 148

(fer) 1,098

N° 3001. DE CALAIS à MONTPELLIER.

Paris . . . . 372^k
Montpellier 810

(fer) 1,212

N° 3002. DE CALAIS à MOULINS.

Paris . . . . 372^k
Moulins 340

(fer) 712

N° 3003. DE CALAIS à NANCY.

Châlons-sur-Marne . . . 395^k
Nancy 181

(fer) 576

N° 3004. DE CALAIS à NANTES.

Paris . . . . 372^k
Nantes 427

(fer) 799

N° 3005. DE CALAIS à NAPOLÉON-VENDÉE.

Paris . . . . 372^k
Napoléon-Vendée 433

805

N° 3006. DE CALAIS à NEVERS.

Paris . . . . 372^k
Nevers 301

(fer) 673

N° 3007. DE CALAIS à NIMES.

Paris . . . . 372^k
Nimes 791

(fer) 1,163

N° 3008. DE CALAIS à NIORT.

Paris . . . . 372^k
Niort 410

(fer) 782

N° 3009. DE CALAIS à ORLÉANS.

Paris . . . . 372^k
Orléans 121

(fer) 493

N° 3010. DE CALAIS à PARIS.

Paris . . . . . (fer) 372^k

N° 3011. DE CALAIS à PAU.

Paris . . . . 372^k
Bordeaux 578
Pau 213

1,163

N° 3012. DE CALAIS à PÉRIGUEUX.

Paris . . . . 372^k
Périgueux 495

867

N° 3013. DE CALAIS à PERPIGNAN.

Paris . . . . 372^k
Cette 868
Perpignan 134

(fer) 1,374

N° 3014. DE CALAIS à POITIERS.

Paris . . . . 372^k
Poitiers 332

(fer) 704

N° 3015. DE CALAIS à PRIVAS.

Paris . . . . 372^k
Lyon 512
Privas 144

1,028

N° 3016. DE CALAIS au PUY.

Paris . . . . 372^k
Clermont 446
Le Puy 134

952

N° 3017. DE CALAIS à QUIMPER.

Paris . . . . 372^k
Rennes 373
Quimper 227

972

N° 3018. DE CALAIS à RENNES.

Paris . . . . 372^k
Rennes 373

(fer) 745

N° 3019. DE CALAIS à ROCHEFORT.

Paris . . . . 372^k
Rochefort 474

(fer) 846

N° 3020. DE CALAIS à LA ROCHELLE.

Paris . . . . 372^k
La Rochelle 477

(fer) 849

N° 3021. DE CALAIS à RODEZ.

Paris . . . . 372^k
Rodez 671

1,043

N° 3022. DE CALAIS à ROUEN.

Amiens . . . . 231^k
Rouen 113

344

N° 3023. DE CALAIS à ST-BRIEUC.

Paris . . . . 372^k
Rennes 373
Saint-Brieuc 100

845

N° 3024. DE CALAIS à ST-ÉTIENNE.

Paris . . . . 372^k
Saint-Étienne 530

902

N° 3025. DE CALAIS à ST-GERMAIN.

Paris . . . . 372^k
Saint-Germain 23

(fer) 395

N° 3026. DE CALAIS à SAINT-LO.

Paris . . . . 372^k
Saint-Lô 314

(fer) 686

N° 3027. DE CALAIS à ST-OMER.

Saint-Omer . . . (fer) 42^k

N° 3028. DE CALAIS à SARREGUE-
MINES.

Châlons-sur-Marne . . . 395^k
Sarreguemines 297

692

N° 3029. DE CALAIS à SAUMUR.

Paris . . . . 372^k
Saumur 295

(fer) 677

N° 3030. DE CALAIS à SCHELESTADT.

Châlons sur-Marne . . . 395^k
Schelestadt 373

(fer) 708

N° 3031. DE CALAIS à STRASBOURG.

Châlons-sur-Marne . . . 395^k
Strasbourg 330

(fer) 725

N° 3032. DE CALAIS à TARBES.

Paris . . . . 372^k
Bordeaux 578
Tarbes 230

1,180

N° 3033. DE CALAIS à THIONVILLE.

Châlons-sur-Marne . . . 395^k
Thionville 246

(fer) 641

N° 3034. DE CALAIS à TOULON.

Paris . . . . 372^k
Marseille 863
Toulon 60

1,295

N° 3035. DE CALAIS à TOULOUSE.

Paris . . . . 372^k
Bordeaux 578
Toulouse 257

(fer) 1,207

N° 3036. LE CALAIS à TOURS.

Paris . . . . 372^k
Tours 234

(fer) 606

N° 3037. DE CALAIS à TROYES.

Paris . . . . 372^k
Troyes 167

(fer) 539

N° 3038. DE CALAIS à TULLE.

Paris . . . . 372^k
Limoges 400
Tulle 89

861

N° 3039. DE CALAIS à VALENCE.

Paris . . . . 372^k
Valence 618

(fer) 990

N° 3040. DE CALAIS à VALENCIENNES.

Valenciennes . . (fer) 173^k

N° 3041. DE CALAIS à VANNES.

Paris . . . . 372^k
Rennes 373
Vannes 103

848

N° 3042. DE CALAIS à VERDUN.

Châlons-sur-Marne . . . 395^k
Verdun 81

476

N° 3043. DE CALAIS à VERNON.

Paris . . . . 372^k
Vernon 80

(fer) 452

N° 3044. DE CALAIS à VERSAILLES.

Paris . . . . 372^k
Versailles 17

(fer) 389

N° 3045. DE CALAIS à VESOUL.

Châlons-sur-Marne . . . 395^k
Vesoul 247

642

CAMBRAI.

N° 3046. DE CAMBRAI à CARCASSONNE.

Paris . . . . 223^k
Bordeaux 578
Carcassonne 348

(fer) 1,149

N° 3047. DE CAMBRAI à CETTE.

Paris . . . . 223^k
Cette 868

(fer) 1,091

N° 3048. DE CAMBRAI à CHALONS-SUR-
MARNE.

Châlons-sur-Marne (fer) 218^k

N° 3049. DE CAMBRAI à CHALON-SUR-
SAONE.

Paris . . . . 223^k
Chalon-sur-Saône . . . 383

(fer) 606

N° **3050.** DE CAMBRAI à CHARTRES.

Paris . . . . 223^k
Chartres. 88

(fer) 311

N° **3051.** DE CAMBRAI à CHATEAUROUX.

Paris. . . . . 223^k
Châteauroux. 263

(fer) 486

N° **3052.** DE CAMBRAI à CHERBOURG.

Paris . . . . 223^k
Cherbourg. 370

(fer) 593

N° **3053.** DE CAMBRAI à CLERMONT.

Paris . . . . 223^k
Clermont 446

(fer) 669

N° **3054.** DE CAMBRAI à COLMAR.

Châlons-sur-Marne. . . 218^k
Colmar 396

(fer) 614

N° **3055.** DE CAMBRAI à COMPIÈGNE.

Compiègne. . . . (fer) 123^k

N° **3056.** DE CAMBRAI à DIGNE.

Paris. . . . . 223^k
Lyon 512
Digne. 296

1,031

N° **3057.** DE CAMBRAI à DIJON.

Paris . . . . 223^k
Dijon 315

(fer) 538

N° **3058.** DE CAMBRAI à DOUAI.

Douai . . . . . . (fer) 41^k

N° **3059.** DE CAMBRAI à DRAGUIGNAN.

Paris. . . . . 223^k
Lyon 512
Draguignan 391

1,126

N° **3060.** DE CAMBRAI à DUNKERQUE.

Dunkerque . . . fer) 156^k

N° **3061.** DE CAMBRAI à ÉPINAL.

Châlons-sur-Marne. . . 218^k
Épinal. 255

(fer) 473

N° **3062.** DE CAMBRAI à ÉVREUX.

Paris. . . . . 223^k
Évreux 108

(fer) 331

N° **3063.** DE CAMBRAI à LA FÈRE.

La Fère . . . . . (fer) 82^k

N° **3064.** DE CAMBRAI à FOIX.

Paris . . . . 223^k
Bordeaux 578
Toulouse 257
Foix. 82

1,140

N° **3065.** DE CAMBRAI à FONTAINE-BLEAU.

Paris . . . . 223^k
Fontainebleau 59

(fer) 282

N° **3066.** DE CAMBRAI à GAP.

Paris . . . . 223^k
Lyon 512
Grenoble. 150
Gap 101

986

N° **3067.** DE CAMBRAI à GIVET.

Mézières. . . . . . . 147^k
Givet 67

214

N° **3068.** DE CAMBRAI à GRENOBLE.

Paris . . . . 223^k
Lyon 512
Grenoble 150

(fer) 885

N° **3069.** DE CAMBRAI à GUÉRET.

Paris . . . . 223^k
Guéret 274

597

N° **3070.** DE CAMBRAI à HAGUENAU.

Châlons-sur-Marne. . . 218^k
Haguenau. 345

(fer) 563

N° **3071.** DE CAMBRAI à LANGRES.

Châlons-sur-Marne. . . 118^k
Langres. 170

(fer) 388

N° **3072.** DE CAMBRAI à LAON.

Laon . . . . . (fer) 104^k

N° **3073.** DE CAMBRAI à LAVAL.

Paris . . . . 223^k
Laval 301

(fer) 524

N° **3074.** DE CAMBRAI à LILLE.

Lille. . . . . . . (fer) 74^k

N° **3075.** DE CAMBRAI à LIMOGES.

Paris. . . . . 223^k
Limoges. 400

(fer) 623

N° **3076.** DE CAMBRAI à LONS-LE-SAUNIER.

Paris. . . . . 223^k
Lons-le-Saunier 447

670

N° **3077.** DE CAMBRAI à LORIENT.

Paris. . . . . 223^k
Rennes. 373
Lorient. 160

756

N° **3078.** DE CAMBRAI à LUNÉVILLE.

Châlons-sur-Marne. . . 218^k
Lunéville. 213

(fer) 431

N° **3079.** DE CAMBRAI à LYON.

Paris. . . . . 223^k
Lyon. 512

(fer) 735

N° **3080.** DE CAMBRAI à MACON.

Paris . . . . 223^k
Mâcon. 441

(fer) 664

N° **3081.** DE CAMBRAI au MANS.

Paris. . . . . 223^k
Le Mans. 211

(fer) 434

N° **3082.** DE CAMBRAI à MARSEILLE.

Paris . . . . 223^k
Marseille. 863

(fer) 1,086

N° 3083. DE CAMBRAI à MAUBEUGE.

Maubeuge. . . . (fer)   74

N° 3084. DE CAMBRAI à MELUN.

Paris. 223ᵏ
Melun.   45
(fer)   268

N° 3085. DE CAMBRAI à MENDE.

Paris 223ᵏ
Clermont   446
Mende.   186
855

N° 3086. DE CAMBRAI à METZ.

Châlons-sur-Marne. . .   218ᵏ
Metz.   220
(fer)   438

N° 3087. DE CAMBRAI à MÉZIÈRES.

Mézières. 147ᵏ

N° 3088. DE CAMBRAI à MONTAUBAN.

Paris 223ᵏ
Bordeaux   578
Montauban   206
(fer) 1,007

N° 3089. DE CAMBRAI à MONTBRISON.

Paris 223ᵏ
Montbrison   500
723

N° 3090. DE CAMBRAI à MONT-DE-MARSAN.

Paris. 223ᵏ
Bordeaux   578
Mont-de-Marsan . . .   148
(fer) 949

N° 3091. DE CAMBRAI à MONTPELLIER.

Paris 223ᵏ
Montpellier   840
(fer) 1,063

N° 3092. DE CAMBRAI à MOULINS.

Paris 223ᵏ
Moulins   340
(fer) 563

N° 3093. DE CAMBRAI à NANCY.

Châlons-sur-Marne . .   218ᵏ
Nancy.   181
(fer) 399

N° 3094. DE CAMBRAI à NANTES.

Paris 223ᵏ
Nantes   427
(fer) 650

N° 3095. DE CAMBRAI à NAPOLÉON-VENDÉE.

Paris 223ᵏ
Napoléon-Vendée. . . .   433
656

N° 3096. DE CAMBRAI à NEVERS.

Paris 223ᵏ
Nevers   301
(fer) 524

N° 3097. DE CAMBRAI à NIMES.

Paris 223ᵏ
Nimes.   791
(fer) 1,014

N° 3098. DE CAMBRAI à NIORT.

Paris 223ᵏ
Niort   410
(fer) 633

N° 3099. DE CAMBRAI à ORLÉANS.

Paris 2:3ᵏ
Orléans   121
(fer) 344

N° 3100. DE CAMBRAI à PARIS.

Paris . . . . .   (fer) 223ᵏ

N° 3101. DE CAMBRAI à PAU.

Paris 223ᵏ
Bordeaux   578
Pau . . . . , .   213
1,014

N° 3102. DE CAMBRAI à PÉRIGUEUX.

Paris 223ᵏ
Périgueux.   495
718

N° 3103. DE CAMBRAI à PERPIGNAN.

Paris 223ᵏ
Cette   868
Perpignan.   134
(fer) 1,225

N° 3104. DE CAMBRAI à POITIERS.

Paris 223ᵏ
Poitiers   332
(fer) 555

N° 3105. DE CAMBRAI à PRIVAS.

Paris 223ᵏ
Lyon   512
Privas.   144
876

N° 3106. DE CAMBRAI au PUY.

Paris 223ᵏ
Clermont   446
Le Puy   134
803

N° 3107. DE CAMBRAI à QUIMPER.

Paris 223ᵏ
Rennes   373
Quimper.   227
823

N° 3108. DE CAMBRAI à RENNES.

Paris 223ᵏ
Rennes   373
(fer) 596

N° 3109. DE CAMBRAI à ROCHEFORT.

Paris 223ᵏ
Rochefort   474
(fer) 627

N° 3110. DE CAMBRAI à LA ROCHELLE.

Paris 223ᵏ
La Rochelle   477
(fer) 700

N° 3111. DE CAMBRAI à RODEZ.

Paris 223ᵏ
Rodez   671
894

N° 3112. DE CAMBRAI à ROUEN.

Amiens 131ᵏ
Rouen.   113
244

N° 3113. DE CAMBRAI à ST-BRIEUC.

Paris 223ᵏ
Rennes   373
Saint-Brieuc.   100
696

N° 3114. DE CAMBRAI à ST-ÉTIENNE.

Paris 223ᵏ
Saint-Etienne   530
(fer) 753

N° 3115. DE CAMBRAI à ST-GERMAIN.

Paris.	223^k
Saint-Germain	23
(fer)	246

N° 3116. DE CAMBRAI à SAINT-LO.

Paris	223^k
Saint-Lô	314
(fer)	537

N° 3117. DE CAMBRAI à SAINT-OMER.

Saint-Omer . . . . (fer)	136^k

N° 3118. DE CAMBRAI à SARREGUE-MINES.

Châlons-sur-Marne. . .	218^k
Sarreguemines	297
	515

N° 3119. DE CAMBRAI à SAUMUR.

Paris	223^k
Saumur	295
(fer)	518

N° 3120. DE CAMBRAI à SCHELESTADT.

Châlons-sur-Marne. . .	218^k
Schelestadt	373
(fer)	591

N° 3121. DE CAMBRAI à STRASBOURG.

Châlons-sur-Marne. . .	218^k
Strasbourg	330
(fer)	548

N° 3122. DE CAMBRAI à TARBES.

Paris	223^k
Bordeaux	578
Tarbes	230
	1,031

N° 3123. DE CAMBRAI à THIONVILLE.

Châlons-sur-Marne. . .	223^k
Thionville	246
(fer)	469

N° 3124. DE CAMBRAI à TOULON.

Paris.	223^k
Marseille	863
Toulon	60
	1,146

N° 3125. DE CAMBRAI à TOULOUSE.

Paris	223^k
Bordeaux	578
Toulouse	257
(fer)	1,058

N° 3126. DE CAMBRAI à TOURS.

Paris.	223^k
Tours	234
(fer)	457

N° 3127. DE CAMBRAI à TROYES.

Châlons-sur-Marne. . .	223^k
Troyes	167
(fer)	390

N° 3128. DE CAMBRAI à TULLE.

Paris.	223^k
Limoges	400
Tulle	89
	712

N° 3129. DE CAMBRAI à VALENCE.

Paris	223^k
Valence	618
(fer)	841

N° 3130. DE CAMBRAI à VALENCIENNES

Valenciennes . . (fer)	46^k

N° 3131. DE CAMBRAI à VANNES.

Paris	223^k
Rennes.	373
Vannes	103
	699

N° 3132. DE CAMBRAI à VERDUN.

Mézières.	147^k
Verdun.	102
	249

N° 3133. DE CAMBRAI à VERNON.

Paris.	223^k
Vernon.	80
(fer)	303

N° 3134. DE CAMBRAI à VERSAILLES.

Paris.	223^k
Versailles.	17
(fer)	240

N° 3135. DE CAMBRAI à VESOUL.

Vesoul.	465^k

CARCASSONNE.

N° 3136. DE CARCASSONNE à CETTE.

Cette. . . . . . (fer)	129^k

N° 3137. DE CARCASSONNE à CHALONS-SUR-MARNE.

Dijon.	682^k
Châlons-sur-Marne. . .	236
	918

N° 3138. DE CARCASSONNE à CHALON-SUR-SAONE.

Chalon-sur-Saône. (fer)	616^k

N° 3139. DE CARCASSONNE à CHARTRES

Bordeaux.	348^k
Le Mans	446
Chartres.	124
(fer)	918

N° 3140. DE CARCASSONNE à CHATEAU-ROUX.

Châteauroux.	525^k

N° 3141. DE CARCASSONNE à CHER-BOURG.

Bordeaux	348^k
Le Mans.	446
Cherbourg	288
	1,082

N° 3142. DE CARCASSONNE à CLER-MONT.

Clermont	411^k

N° 3143. DE CARCASSONNE à COLMAR.

Lyon	486^k
Colmar	436
	922

N° 3144. DE CARCASSONNE à COM-PIÈGNE.

Bordeaux	348^k
Paris	578
Compiègne	101
(fer)	1,027

N° 3145. DE CARCASSONNE à DIGNE.

Avignon.	255^k
Digne.	152
	407

N° 3146. DE CARCASSONNE à DIJON.

Dijon. . . . . (fer)	682^k

N° 3147. DE CARCASSONNE à DOUAI.

Bordeaux	348^k
Paris	578
Douai	235
(fer)	1,161

13

N° 3148. DE CARCASSONNE À DRA-GUIGNAN.

Aix	329ᵏ
Draguignan	108
	437

N° 3149. DE CARCASSONNE À DUN-KERQUE.

Bordeaux	348ᵏ
Paris	578
Dunkerque	351
(fer)	**1,277**

N° 3150. DE CARCASSONNE À ÉPINAL.

Lyon	486ᵏ
Epinal	373
	859

N° 3151. DE CARCASSONNE À ÉVREUX.

Bordeaux	348ᵏ
Paris	578
Evreux	108
(fer)	**1,034**

N° 3152. DE CARCASSONNE À LA FÈRE.

Dijon	682ᵏ
Châlons-sur-Marne	236
La Fère	137
	1,055

N° 3153. DE CARCASSONNE À FOIX.

Foix	98ᵏ

N° 3154. DE CARCASSONNE À FONTAI-NEBLEAU.

Lyon	486ᵏ
Fontainebleau	453
(fer)	**939**

N° 3155. DE CARCASSONNE À GAP.

Avignon	255ᵏ
Gap	187
	442

N° 3156. DE CARCASSONNE À GIVET.

Lyon	486ᵏ
Givet	609
	1,095

N° 3157. DE CARCASSONNE À GRENOBLE.

Valence	380ᵏ
Grenoble	94
	474

N° 3158. DE CARCASSONNE À GUÉRET.

Guéret	527ᵏ

N° 3159. DE CARCASSONNE À HAGUENAU.

Lyon	486ᵏ
Haguenau	546
	1,032

N° 3160. DE CARCASSONNE À LANGRES.

Dijon	682ᵏ
Langres	66
	748

N° 3161. DE CARCASSONNE À LAON.

Dijon	682ᵏ
Châlons-sur-Marne	236
Laon	114
	1,032

N° 3162. DE CARCASSONNE À LAVAL.

Bordeaux	348ᵏ
Le Mans	446
Laval	90
(fer)	**884**

N° 3163. DE CARCASSONNE À LILLE.

Bordeaux	348ᵏ
Paris	578
Lille	268
(fer)	**1,194**

N° 3164. DE CARCASSONNE À LIMOGES.

Limoges	402ᵏ

N° 3165. DE CARCASSONNE À LONS-LE-SAUNIER.

Lyon	486ᵏ
Lons-le-Saunier	124
	610

N° 3166. DE CARCASSONNE À LORIENT.

Bordeaux	348ᵏ
Nantes	539
Lorient	164
	1,051

N° 3167. DE CARCASSONNE À LUNÉ-VILLE.

Lyon	486ᵏ
Lunéville	416
	902

N° 3168. DE CARCASSONNE À LYON.

Lyon	(fer) 486ᵏ

N° 3169. DE CARCASSONNE À MACON.

Mâcon	(fer) 558ᵏ

N° 3170. DE CARCASSONNE AU MANS.

Bordeaux	348ᵏ
Le Mans	446
(fer)	**794**

N° 3171. DE CARCASSONNE À MAR-SEILLE.

Marseille	(fer) 333ᵏ

N° 3172. DE CARCASSONNE À MAU-BEUGE.

Bordeaux	348ᵏ
Paris	578
Maubeuge	246
(fer)	**1,172**

N° 3173. DE CARCASSONNE À MELUN.

Melun	(fer) 952ᵏ

N° 3174. DE CARCASSONNE À MENDE.

Rodez	186ᵏ
Mende	115
	301

N° 3175. DE CARCASSONNE À METZ.

Dijon	682ᵏ
Metz	249
	931

N° 3176. DE CARCASSONNE À MÉZIÈRES.

Dijon	682ᵏ
Mézières	349
	1,031

N° 3177. DE CARCASSONNE À MON-TAUBAN.

Montauban	(fer) 142ᵏ

N° 3178. DE CARCASSONNE À MONT-BRISON.

Montbrison	476ᵏ

N° 3179. DE CARCASSONNE À MONT-DE-MARSAN.

Agen	212ᵏ
Mont-de-Marsan	109
	321

N° 3180. DE CARCASSONNE À MONT-PELLIER.

Montpellier	(fer) 157ᵏ

3181. DE CARCASSONNE à MOULINS.

Moulins. . . . . 506^k

3182. DE CARCASSONNE à NANCY.

Dijon . . . . 682^k
Nancy. 192

874

3183. DE CARCASSONNE à NANTES.

Bordeaux . . . . 348^k
Nantes. 539

(fer) 887

3184. DE CARCASSONNE à NAPO-
LÉON-VENDÉE.

Bordeaux . . . . 348^k
Napoléon-Vendée. . . . 276

624

3185. DE CARCASSONNE à NEVERS.

Nevers. . . . . 559^k

3186. DE CARCASSONNE à NIMES.

Nîmes. . . . . . (fer) 207

3187. DE CARCASSONNE à NIORT.

Bordeaux. . . . . 348^k
Niort. 315

(fer) 663

3188. DE CARCASSONNE à ORLÉANS.

Bordeaux. . . . . 348^k
Orléans 459

(fer) 807

3189. DE CARCASSONNE à PARIS.

Bordeaux. . . . . 348^k
Paris. 578

(fer) 926

3190. DE CARCASSONNE à PAU.

Toulouse. . . . . 91^k
Tarbes. 151
Pau 39

281

3191. DE CARCASSONNE à PÉRI-
GUEUX.

Périgueux. . . . . . . 348^k

3192. DE CARCASSONNE à PERPI-
GNAN.

Perpignan. . . . (fer) 122^k

N° 3193. DE CARCASSONNE à POITIERS.

Bordeaux . . . . 348^k
Poitiers 246

(fer) 594

N° 3194. DE CARCASSONNE à PRIVAS.

Montpellier . . . . . . 129^k
Privas. 192

321

N° 3195. DE CARCASSONNE au PUY.

Le Puy . . . . 363^k

N° 3196. DE CARCASSONNE à QUIMPER.

Bordeaux . . . . 348^k
Nantes. 539
Quimper. 231

1,118

N° 3197. DE CARCASSONNE à RENNES.

Bordeaux. . . . . 348^k
Le Mans. 446
Rennes. 163

(fer) 957

N° 3198. DE CARCASSONNE à ROCHE-
FORT.

Bordeaux. . . . . 348^k
Rochefort 379

(fer) 727

N° 3199 DE CARCASSONNE à LA RO-
CHELLE.

Bordeaux . . . . 348^k
La Rochelle.. 382

(fer) 730

N° 3200. DE CARCASSONNE à RODEZ.

Rodez. . . . . 186^k

N° 3201. DE CARCASSONNE à ROUEN.

Bordeaux . . . . 348^k
Paris. 578
Rouen. 137

(fer) 1,063

N° 3202. DE CARCASSONNE à SAINT-
BRIEUC.

Bordeaux . . . . 348^k
Le Mans. 446
Rennes 163
Saint-Brieuc. 100

1,057

N° 3203. DE CARCASSONNE à SAINT-
ÉTIENNE.

Valence . . . . 389^k
Saint-Étienne. 97

477

N° 3204. DE CARCASSONNE à SAINT-
GERMAIN.

Bordeaux . . . . 348^k
Paris 578
Saint-Germain. 23

(fer) 949

N° 3205 DE CARCASSONNE à SAINT-LO.

Bordeaux . . . . 348^k
Le Mans. 447
Saint-Lô. 194

988

N° 3206. DE CARCASSONNE à SAINT-
OMER.

Bordeaux.. . . . . . . 348^k
Paris. 578
Saint-Omer.. 330

(fer) 1,256

N° 3207. DE CARCASSONNE à SARREGUE-
MINES.

Dijon. . . . . 682^k
Sarreguemines. 325

1,007

N° 3208. DE CARCASSONNE à SAUMUR.

Bordeaux . . . . 348^k
Saumur. 410

(fer) 758

N° 3209. DE CARCASSONNE à SCHELES-
TADT.

Lyon . . . . 486^k
Schelestadt 458

944

N° 3210. DE CARCASSONNE à STRAS-
BOURG.

Lyon . . . . 486^k
Strasbourg. 504

990

N° 3211. DE CARCASSONNE à TARBES.

Toulouse . . . . 91^k
Tarbes. 151

242

Nº **3212.** DE CARCASSONNE à THION-
VILLE.

Dijon	682ᵏ
Thionville	275
	957

Nº **3213.** DE CARCASSONNE à TOULON.

Marseille	333ᵏ
Toulon	60
	393

Nº **3214.** DE CARCASSONNE à TOULOUSE

Toulouse ... , (fer)	91ᵏ

Nº **3215.** DE CARCASSONNE à TOURS.

Bordeaux	348ᵏ
Tours	347
(fer)	695

Nº **3216.** DE CARCASSONNE à TROYES.

Dijon	682ᵏ
Troyes	197
	879

Nº **3217.** DE CARCASSONNE à TULLE.

Cahors	205ᵏ
Tulle	133
	358

Nº **3218.** DE CARCASSONNE à VALENCE.

Valence	380ᵏ

Nº **3219.** DE CARCASSONNE à VALEN-
CIENNES.

Bordeaux	198ᵏ
Paris	578
Valenciennes	268
(fer)	1,194

Nº **3220.** DE CARCASSONNE à VANNES.

Bordeaux	348ᵏ
Nantes	539
Vannes	323
	995

Nº **3221.** DE CARCASSONNE à VERDUN.

Dijon	682ᵏ
Verdun	239
	921

Nº **3222.** DE CARCASSONNE à VERNON.

Bordeaux	348ᵏ
Paris	578
Vernon	80
(fer)	1,006

Nº **3223.** DE CARCASSONNE à VER-
SAILLES.

Bordeaux	348ᵏ
Paris	578
Versailles	17
(fer)	943

Nº **3224.** DE CARCASSONNE à VESOUL.

Lyon	486ᵏ
Besançon	250
Vesoul	47
	783

CETTE.

Nº **3225.** DE CETTE à CHALONS-SUR-
MARNE.

Dijon	554ᵏ
Châlons-sur-Marne	236
(fer)	790

Nº **3226.** DE CETTE à CHALON-SUR-
SAONE.

Chalon-sur-Saône. (fer)	487ᵏ

Nº **3227.** DE CETTE à CHARTRES.

Paris	868ᵏ
Chartres	88
(fer)	956

Nº **3228.** DE CETTE à CHATEAUROUX.

Châteauroux	695ᵏ

Nº **3229.** DE CETTE à CHERBOURG.

Bordeaux	476ᵏ
Le Mans	446
Cherbourg	228
	1,210

Nº **3230.** DE CETTE à CLERMONT.

Clermont	389ᵏ

Nº **3231.** DE CETTE à COLMAR.

Lyon	357ᵏ
Colmar	436
	793

Nº **3232.** DE CETTE à COMPIÈGNE.

Paris	868ᵏ
Compiègne	101
(fer)	969

Nº **3233.** DE CETTE à DIGNE.

Avignon	126ᵏ
Digne	152
	278

Nº **3234.** DE CETTE à DIJON.

Dijon	(fer) 554ᵏ

Nº **3235.** DE CETTE à DOUAI.

Paris	860ᵏ
Douai	235
(fer)	1,103

Nº **3236.** DE CETTE à DRAGUIGNAN.

Aix	201ᵏ
Draguignan	108
	309

Nº **3237.** DE CETTE à DUNKERQUE.

Paris	868ᵏ
Dunkerque	351
(fer)	1,219

Nº **3238.** DE CETTE à ÉPINAL.

Lyon	357ᵏ
Épinal	373
	730

Nº **3239.** DE CETTE à ÉVREUX.

Paris	868ᵏ
Evreux	108
(fer)	976

Nº **3240.** DE CETTE à LA FÈRE.

Dijon	554ᵏ
Châlons-sur-Marne	236
La Fère	137
(fer)	927

Nº **3241.** DE CETTE à FOIX.

Carcassonne	129ᵏ
Foix	98
	227

Nº **3242.** DE CETTE à FONTAINEBLEAU.

Fontainebleau. . (fer)	810ᵏ

Nº **3243.** DE CETTE à GAP.

Avignon	126ᵏ
Gap	187
	313

N° 3244. DE CETTE à GIVET.

Lyon	357k
Givet	609
	966

N° 3245. DE CETTE à GRENOBLE.

Valence	251k
Grenoble	94
	345

N° 3246. DE CETTE à GUÉRET.

Guéret	519k

N° 3247. DE CETTE à HAGUENAU.

Lyon	357k
Haguenau	546
	903

N° 3248. DE CETTE à LANGRES.

Dijon	554k
Langres	66
	620

N° 3249. DE CETTE à LAON.

Dijon	554k
Châlons-sur-Marne	236
Laon	114
(fer)	904

N° 3250. DE CETTE à LAVAL.

Bordeaux	476k
Tours	446
Laval	90
(fer)	1,012

N° 3251. DE CETTE à LILLE.

Paris	868k
Lille	268
(fer)	1,136

N° 3252. DE CETTE à LIMOGES.

Limoges	530k

N° 3253. DE CETTE à LONS-LE-SAUNIER.

Lyon	357k
Lons-le-Saunier	124
	481

N° 3254. DE CETTE à LORIENT.

Bordeaux	476k
Nantes	539
Lorient	164
	1,179

N° 3255. DE CETTE à LUNÉVILLE.

Lyon	357k
Lunéville	416
	773

N° 3256. DE CETTE à LYON.

Lyon	(fer) 357k

N° 3257. DE CETTE à MACON.

Mâcon	(fer) 423k

N° 3258. DE CETTE au MANS.

Bordeaux	476k
Le Mans	446
(fer)	922

N° 3259. DE CETTE à MARSEILLE.

Marseille	(fer) 204k

N° 3260. DE CETTE à MAUBEUGE.

Paris	868k
Maubeuge	246
(fer)	1,114

N° 3261. DE CETTE à MELUN.

Melun	(fer) 825k

N° 3262. DE CETTE à MENDE

Nîmes	78k
Mende	148
	226

N° 3263. DE CETTE à METZ.

Dijon	554k
Metz	249
	803

N° 3264. DE CETTE à MÉZIÈRES.

Dijon	554k
Mézières	349
	903

N° 3265. DE CETTE à MONTAUBAN.

Montauban	(fer) 271k

N° 3266. DE CETTE à MONTBRISON.

Montbrison	346k

N° 3267. DE CETTE à MONT-DE-MARSAN.

Agen	340k
Mont-de-Marsan	109
	449

N° 3268. DE CETTE à MONTPELLIER.

Montpellier	(fer) 28k

N° 3269. DE CETTE à MOULINS.

Moulins	495k

N° 3270. DE CETTE à NANCY.

Dijon	554k
Nancy	192
	746

N° 3271. DE CETTE à NANTES.

Bordeaux	476k
Nantes	539
(fer)	1,015

N° 3272. DE CETTE à NAPOLÉON-VENDÉE.

Bordeaux	476k
Napoléon-Vendée	276
	752

N° 3273. DE CETTE à NEVERS.

Nevers	548k

N° 3274. DE CETTE à NIMES.

Nîmes	(fer) 78k

N° 3275. DE CETTE à NIORT.

Bordeaux	476k
Niort	315
(fer)	791

N° 3276. DE CETTE à ORLÉANS.

Lyon	357k
Orléans	420
	777

N° 3277. DE CETTE à PARIS.

Paris	(fer) 868k

N° 3278. DE CETTE à PAU.

Toulouse	220k
Pau	190
	410

N° 3279. DE CETTE à PÉRIGUEUX.

Périgueux	476k

N° 3280. DE CETTE à PERPIGNAN.

Perpignan	(fer) 134k

N° 3281. DE CETTE à POITIERS.

Bordeaux	476k
Poitiers	246
(fer)	722

N° 3282. DE CETTE à PRIVAS.

Privas	192k

N° 3283. DE CETTE au PUY.

Le Puy	233k

N° 3284. DE CETTE à QUIMPER.

Bordeaux	476k
Nantes	539
Quimper	231
	1,246

N° 3285. DE CETTE à RENNES.

Bordeaux	476k
Le Mans	446
Rennes	163
(fer)	1,085

N° 3286. DE CETTE à ROCHEFORT.

Bordeaux	476k
Rochefort	379
(fer)	855

N° 3287. DE CETTE à LA ROCHELLE.

Bordeaux	476k
La Rochelle	382
(fer)	858

N° 3288. DE CETTE à RODEZ.

Montpellier	28k
Rodez	193
	221

N° 3289. DE CETTE à ROUEN.

Paris	868k
Rouen	137
	1,905

N° 3290. DE CETTE à SAINT-BRIEUC.

Bordeaux	476k
Le Mans	446
Rennes	163
Saint-Brieuc	100
	1,185

N° 3291. DE CETTE à ST-ÉTIENNE.

Valence	251k
Saint-Étienne	97
	348

N° 3292. DE CETTE à ST-GERMAIN.

Paris	868k
Saint-Germain	23
(fer)	891

N° 3293. DE CETTE à SAINT-LO.

Bordeaux	476k
Le Mans	446
Saint-Lô	194
	1,116

N° 3294. DE CETTE à SAINT-OMER.

Paris	868k
Saint-Omer	330
(fer)	1,198

N° 3295. DE CETTE à SARREGUEMINES.

Dijon	554k
Sarreguemines	325
	879

N° 3296. DE CETTE à SAUMUR.

Bordeaux	476k
Saumur	410
(fer)	886

N° 3297. DE CETTE à SCHELESTADT.

Lyon	357k
Schelestadt	458
	815

N° 3298. DE CETTE à STRASBOURG.

Lyon	357k
Strasbourg	504
	861

N° 3299. DE CETTE à TARBES.

Toulouse	220k
Tarbes	151
	371

N° 3300. DE CETTE à THIONVILLE.

Dijon	554k
Thionville	275
	829

N° 3301. DE CETTE à TOULON.

Marseille	204k
Toulon	60
	264

N° 3302. DE CETTE à TOULOUSE.

Toulouse (fer)	220k

N° 3303. DE CETTE à TOURS.

Bordeaux	476k
Tours	347
(fer)	813

N° 3304. DE CETTE à TROYES.

Lyon	357k
Troyes	343
	700

N° 3305. DE CETTE à TULLE.

Tulle	409k

N° 3306. DE CETTE à VALENCE.

Valence (fer)	251k

N° 3307. DE CETTE à VALENCIENNES.

Paris	868k
Valenciennes	268
(fer)	1,136

N° 3308. DE CETTE à VANNES.

Bordeaux	476k
Nantes	539
Vannes	108
	1,123

N° 3309. DE CETTE à VERDUN.

Dijon	554k
Verdun	239
	793

N° 3310. DE CETTE à VERNON.

Paris	868k
Vernon	80
(fer)	948

N° 3311. DE CETTE à VERSAILLES.

Paris	868k
Versailles	17
(fer)	885

N° 3312. DE CETTE à VESOUL.

Lyon	357k
Besançon	250
Vesoul	47
	654

CHALONS-SUR-MARNE.

3313. DE CHALONS-SUR-MARNE à
CHALON-SUR-SAONE.

Dijon . . . . 236^k
Chalon-sur-Saône. . . . 69

(fer) 305

3314. DE CHALONS-SUR-MARNE à
CHARTRES.

Paris . . . . 173^k
Chartres. 88

(fer) 261

3315. DE CHALONS-SUR-MARNE à
CHATEAUROUX.

Paris . . . . 173^k
Châteauroux. 263

(fer) 436

3316. DE CHALONS-SUR-MARNE à
CHERBOURG.

Paris . . . . 173^k
Cherbourg. 370

(fer) 543

3317. DE CHALONS-SUR-MARNE à
CLERMONT.

Clermont . . . . 413^k

3318. DE CHALONS-SUR-MARNE à
COLMAR.

Colmar. . . . . . (fer) 396^k

3319. DE CHALONS-SUR-MARNE à
COMPIÈGNE.

Laon. . . . . 114^k
Compiègne. 175

(fer) 189

3320. DE CHALONS-SUR-MARNE à
DIGNE.

Dijon . . . . 236^k
Lyon 197
Digne 296

729

3321. DE CHALONS-SUR-MARNE à
DIJON.

Dijon . . . . . . (fer) 236^k

3322. DE CHALONS-SUR-MARNE à
DOUAI.

Douai . . . . . . (fer) 258^k

N° 3323. DE CHALONS-SUR-MARNE à
DRAGUIGNAN.

Dijon . . . . 236^k
Lyon 197
Draguignan 391

824

N° 3324. DE CHALONS-SUR-MARNE à
DUNKERQUE.

Dunkerque . . . . . . 373^k

N° 3325. DE CHALONS-SUR-MARNE à
ÉPINAL.

Épinal. . . . . . (fer) 255^k

N° 3326. DE CHALONS-SUR-MARNE à
ÉVREUX.

Paris . . . . 173^k
Évreux 108

(fer) 281

N° 3327. DE CHALONS-SUR-MARNE à
LA FÈRE.

La Fère . . . . . (fer) 137^k

N° 3328. DE CHALONS-SUR-MARNE à
FOIX.

Dijon . . . . 236^k
Lyon 197
Carcassonne. 486
Foix. 98

1,017

N° 3329. DE CHALONS-SUR-MARNE à
FONTAINEBLEAU.

Paris . . . . 173^k
Fontainebleau 59

(fer) 232

N° 3330. DE CHALONS-SUR-MARNE à
GAP.

Dijon . . . . 236^k
Lyon 197
Grenoble. 150
Gap. 101

684

N° 3331. DE CHALONS-SUR-MARNE à
GIVET.

Givet. . . . . 217^k

N° 3332. DE CHALONS-SUR-MARNE à
GRENOBLE.

Dijon . . . . 236^k
Lyon 197
Grenoble 150

(fer) 583

N° 3333. DE CHALONS-SUR-MARNE à
GUÉRET.

Paris. . . . . 173^k
Guéret 374

547

N° 3334. DE CHALONS-SUR-MARNE à
HAGUENAU.

Haguenau . . . . (fer) 345^k

N° 3335. DE CHALONS-SUR-MARNE à
LANGRES.

Langres . . . . . (fer) 170^k

N° 3336. DE CHALONS-SUR-MARNE à
LAON.

Laon . . . .(fer) 141^k

N° 3337. DE CHALONS-SUR-MARNE à
LAVAL.

Paris . . . . 173^k
Laval 301

(fer) 474

N° 3338. DE CHALONS-SUR-MARNE à
LILLE.

Lille. . . . . . . (fer) 291^k

N° 3339. DE CHALONS-SUR-MARNE à
LIMOGES.

Paris . . . . 173^k
Limoges. 400

(fer) 573

N° 3340. DE CHALONS-SUR-MARNE à
LONS-LE-SAUNIER.

Dijon. . . . . 236^k
Lons-le-Saunier 99

335

N° 3341. DE CHALONS-SUR-MARNE à
LORIENT.

Paris. . . . . 173^k
Rennes. 373
Lorient 160

706

N° 3342. DE CHALONS-SUR-MARNE à
LUNÉVILLE.

Lunéville . . . . (fer) 213^k

N° 3343. DE CHALONS-SUR-MARNE à
LYON.

Dijon 236
Lyon 197

(fer) 433

N° 3344. DE CHALONS-SUR-MARNE à
MÂCON.

Dijon	236ᵏ
Mâcon	126
(fer)	362

N° 3345. DE CHALONS-SUR-MARNE au
MANS.

Paris	173ᵏ
Le Mans	211
(fer)	384

N° 3346. DE CHALONS-SUR-MARNE à
MARSEILLE.

Dijon	236ᵏ
Marseille	549
(fer)	785

N° 3347. DE CHALONS-SUR-MARNE à
MAUBEUGE.

Maubeuge	(fer) 240ᵏ

N° 3348. DE CHALONS-SUR-MARNE à
MELUN.

Paris	173ᵏ
Melun	45
(fer)	218

N° 3349. DE CHALONS-SUR-MARNE à
MENDE.

Clermont	413ᵏ
Mende	186
	599

N° 3350. DE CHALONS-SUR-MARNE à
METZ.

Metz	(fer) 220ᵏ

N° 3351. DE CHALONS-SUR-MARNE à
MÉZIÈRES.

Mézières	(fer) 150ᵏ

N° 3352. DE CHALONS-SUR-MARNE à
MONTAUBAN.

Paris	173ᵏ
Bordeaux	578
Montauban	206
(fer)	957

N° 3353. DE CHALONS-SUR-MARNE à
MONTBRISON.

Dijon	236ᵏ
Lyon	197
Montbrison	101
	534

N° 3354. DE CHALONS-SUR-MARNE à
MONT-DE-MARSAN.

Paris	173ᵏ
Bordeaux	578
Mont-de-Marsan	148
(fer)	899

N° 3355. DE CHALONS-SUR-MARNE à
MONTPELLIER.

Dijon	236ᵏ
Montpellier	526
(fer)	762

N° 3356. DE CHALONS-SUR-MARNE à
MOULINS.

Paris	173ᵏ
Moulins	340
(fer)	513

N° 3357. DE CHALONS-SUR-MARNE à
NANCY.

Nancy	(fer) 181ᵏ

N° 3358. DE CHALONS-SUR-MARNE à
NANTES.

Paris	173ᵏ
Nantes	427
(fer)	600

N° 3359. DE CHALONS-SUR-MARNE à
NAPOLÉON-VENDÉE.

Paris	173ᵏ
Napoléon-Vendée	433
	606

N° 3360. DE CHALONS-SUR-MARNE à
NEVERS.

Paris	173ᵏ
Nevers	301
(fer)	474

N° 3361. DE CHALONS-SUR-MARNE à
NIMES.

Dijon	236ᵏ
Nimes	476
(fer)	712

N° 3362. DE CHALONS-SUR-MARNE à
NIORT.

Paris	173ᵏ
Niort	410
(fer)	583

N° 3363. DE CHALONS-SUR-MARNE à
ORLÉANS.

Paris	173ᵏ
Orléans	121
(fer)	294

N° 3364. DE CHALONS-SUR-MARNE à
PARIS.

Paris	(fer) 173ᵏ

N° 3365. DE CHALONS-SUR-MARNE à
PAU.

Paris	173ᵏ
Bordeaux	578
Pau	213
	964

N° 3366. DE CHALONS-SUR-MARNE à
PERIGUEUX.

Paris	173ᵏ
Périgueux	495
	668

N° 3367. DE CHALONS-SUR-MARNE à
PERPIGNAN.

Dijon	236ᵏ
Perpignan	688
(fer)	924

N° 3368. DE CHALONS-SUR-MARNE à
POITIERS.

Paris	173ᵏ
Poitiers	332
(fer)	505

N° 3369. DE CHALONS-SUR-MARNE à
PRIVAS.

Dijon	236ᵏ
Lyon	197
Privas	144
	577

N° 3370. DE CHALONS-SUR-MARNE au
PUY.

Dijon	236ᵏ
Lyon	197
Le Puy	134
	567

N° 3371. DE CHALONS-SUR-MARNE à
QUIMPER.

Paris	173ᵏ
Rennes	373
Quimper	227
	773

337 2. DE CHALONS-SUR-MARNE à
RENNES.

Paris		173^k
Rennes		373
	(fer)	546

3373. DE CHALONS-SUR-MARNE à
ROCHEFORT.

Paris		173^k
Rochefort		474
	(fer)	647

3374. DE CHALONS-SUR-MARNE à
LA ROCHELLE.

Paris		173^k
La Rochelle		477
	(fer)	650

3375. DE CHALONS-SUR-MARNE à
RODEZ.

Rodez	628^k

3376. DE CHALONS-SUR-MARNE à
ROUEN.

Paris		173^k
Rouen		137
	(fer)	310

3377. DE CHALONS-SUR-MARNE à
SAINT-BRIEUC.

Paris		173^k
Rennes		373
Saint-Brieuc		100
		646

3378. DE CHALONS-SUR-MARNE à
SAINT-ÉTIENNE.

Dijon	236^k
Lyon	197
Saint-Étienne	56
	489

3379. DE CHALONS-SUR-MARNE à
SAINT-GERMAIN.

Paris		173^k
Saint-Germain		23*
	(fer)	196

3380. DE CHALONS-SUR-MARNE à
SAINT-LO.

Paris		173^k
Saint-Lô		314
	(fer)	487

N° 3381. DE CHALONS-SUR-MARNE à
SAINT-OMER.

Saint-Omer	(fer)	353^k

N° 3382. DE CHALONS-SUR-MARNE à
SARREGUEMINES.

Sarreguemines	297^k

N° 3383. DE CHALONS-SUR-MARNE à
SAUMUR.

Paris		173^k
Saumur		295
	(fer)	468

N° 3384. DE CHALONS-SUR-MARNE à
SCHELESTADT.

Schelestadt	(fer)	373^k

N° 3385. DE CHALONS-SUR-MARNE à
STRASBOURG.

Strasbourg	(fer)	330^k

N° 3386. DE CHALONS-SUR-MARNE à
TARBES.

Paris		173^k
Bordeaux		578
Tarbes		230
		981

N° 3387. DE CHALONS-SUR-MARNE à
THIONVILLE.

Thionville	(fer)	246^k

N° 3388. DE CHALONS-SUR-MARNE à
TOULON.

Dijon	236^k
Marseille	549
Toulon	60
	845

N° 3389. DE CHALONS-SUR-MARNE à
TOULOUSE.

Paris		173^k
Bordeaux		578
Toulouse		257
	(fer)	1,008

N° 3390. DE CHALONS-SUR-MARNE à
TOURS.

Paris		173^k
Tours		234
	(fer)	407

N° 3391. DE CHALONS-SUR-MARNE à
TROYES.

Troyes	(fer)	230^k

N° 3392. DE CHALONS-SUR-MARNE à
TULLE.

Tulle	556^k

N° 3393. DE CHALONS-SUR-MARNE à
VALENCE.

Dijon		236^k
Valence		303
	(fer)	539

N° 3394. DE CHALONS-SUR-MARNE à
VALENCIENNES.

Valenciennes	(fer)	264^k

N° 3395. DE CHALONS-SUR-MARNE à
VANNES.

Paris		173^k
Rennes		373
Vannes		103
		649

N° 3396. DE CHALONS-SUR-MARNE
VERDUN.

Verdun	81^k

N° 3397. DE CHALONS-SUR-MARNE à
VERNON.

Paris		173^k
Vernon		80
	(fer)	253

N° 3398. DE CHALONS-SUR-MARNE à
VERSAILLES.

Paris		173^k
Versailles		17
	(fer)	190

N° 3399. DE CHALONS-SUR-MARNE à
VESOUL.

Vesoul	247^k

CHALON-SUR-SAONE.

N° 3400. DE CHALON-SUR-SAONE à
CHARTRES.

Paris		383^k
Chartres		88
	(fer)	471

N° 3401. DE CHALON-SUR-SAONE à
CHATEAUROUX.

Châteauroux	351^k

44

N° 3402. DE CHALON-SUR-SAONE à
CHERBOURG.

Paris	383ᵏ
Cherbourg	370
(fer)	753

N° 3403. DE CHALON-SUR-SAONE à
CLERMONT.

Clermont	235ᵏ

N° 3404. DE CHALON-SUR SAONE à
COLMAR.

Colmar . . . . . (fer)	307ᵏ

N° 3405. DE CHALON-SUR-SAONE à
COMPIÈGNE.

Paris	383ᵏ
Compiègne	101
(fer)	484

N° 3406 DE CHALON-SUR-SAONE à
DIGNE.

Lyon	130ᵏ
Digne	296
	426

N° 3407. DE CHALON-SUR-SAONE à
DIJON.

Dijon . . . . . . (fer)	69ᵏ

N° 3408. DE CHALON-SUR-SAONE à
DOUAI.

Paris	383ᵏ
Douai	235
(fer)	618

N° 3409. DE CHALON-SUR-SAONE à
DRAGUIGNAN.

Lyon	130ᵏ
Draguignan	391
	521

N° 3410. DE CHALON-SUR-SAONE à
DUNKERQUE.

Paris	383ᵏ
Dunkerque	351
(fer)	734

N° 3411. DE CHALON-SUR-SAONE à
ÉPINAL.

Besançon	120ᵏ
Épinal	123
	243

N° 3412. DE CHALON-SUR-SAONE à
ÉVREUX.

Paris	383ᵏ
Évreux	108
(fer)	491

N° 3413. DE CHALON-SUR-SAONE à
LA FÈRE.

Paris	383ᵏ
La Fère	153
(fer)	536

N° 3414. DE CHALON-SUR-SAONE à
FOIX.

Cette	487ᵏ
Foix	227
	714

N° 3415. DE CHALON-SUR-SAONE à
FONTAINEBLEAU.

Fontainebleau . . (fer)	324ᵏ

N° 3416. DE CHALON-SUR-SAONE à
GAP.

Lyon	130ᵏ
Grenoble	150
Gap	101
(fer)	381

N° 3417. DE CHALON-SUR-SAONE à
GIVET.

Dijon	69ᵏ
Givet	453
	522

N° 3418. DE CHALON-SUR-SAONE à
GRENOBLE.

Lyon	130ᵏ
Grenoble	150
(fer)	280

N° 3419. DE CHALON-SUR-SAONE à
GUÉRET.

Guéret	286ᵏ

N° 3420. DE CHALON-SUR-SAONE à
HAGUENAU.

Haguenau	407

N° 3421. DE CHALON-SUR-SAONE à
LANGRES.

Langres	135ᵏ

N° 3422. DE CHALON-SUR-SAONE à
LAON.

Paris	383ᵏ
Laon	175
(fer)	558

N° 3423. DE CHALON-SUR-SAONE à
LAVAL.

Paris	383ᵏ
Laval	301
(fer)	684

N° 3424. DE CHALON-SUR-SAONE à
LILLE.

Paris	383ᵏ
Lille	268
(fer)	651

N° 3425. DE CHALON-SUR-SAONE à
LIMOGES.

Limoges	370ᵏ

N° 3426. DE CHALON-SUR-SAONE à
LONS-LE-SAUNIER.

Lons-le-Saunier	64ᵏ

N° 3427. DE CHALON-SUR-SAONE à
LORIENT.

Lorient	809ᵏ

N° 3428. DE CHALON-SUR-SAONE à
LUNÉVILLE.

Lunéville	303ᵏ

N° 3429. DE CHALON-SUR-SAONE à
LYON.

Lyon . . . . . . (fer)	130ᵏ

N° 3430. DE CHALON-SUR-SAONE à
MACON

Mâcon . . . . . . (fer)	59ᵏ

N° 3431. DE CHALON-SUR-SAONE au
MANS.

Le Mans	594ᵏ

N° 3432. DE CHALON-SUR-SAONE à
MARSEILLE.

Marseille . . . . (fer)	481ᵏ

N° 3433. DE CHALON-SUR-SAONE à
MAUBEUGE.

Maubeuge	476ᵏ

N° 3434. DE CHALON-SUR-SAONE à
MELUN.

Melun . . . . . . (fer)	339ᵏ

N° 3435. DE CHALON-SUR-SAONE à
MENDE.

Lyon	130ᵏ
Mende	223
	353

3436. DE CHALON-SUR-SAONE à
METZ.

Dijon. 69ᵏ
Metz. 249
_____
318

3437. DE CHALON-SUR-SAONE à
MÉZIÈRES.

Dijon 69ᵏ
Mézières. 349
_____
418

3438. DE CHALON-SUR-SAONE à
MONTAUBAN.

Montauban. 569ᵏ

3439. DE CHALON-SUR-SAONE à
MONTBRISON.

Lyon. 130ᵏ
Montbrison. 101
_____
231

3440. DE CHALON-SUR-SAONE à
MONT-DE-MARSAN.

Bordeaux 586ᵏ
Mont-de-Marsan 148
_____
734

3441. DE CHALON-SUR-SAONE à
MONTPELLIER.

Montpellier. 459ᵏ

3442. DE CHALON-SUR-SAONE à
MOULINS.

Moulins 148ᵏ

3443. DE CHALON-SUR-SAONE à
NANCY.

Dijon 69ᵏ
Nancy. 192
_____
261

3444. DE CHALON-SUR-SAONE à
NANTES.

Nantes. 645ᵏ

3445. DE CHALON-SUR-SAONE à
NAPOLÉON-VENDÉE.

Napoléon-Vendée. . . . 617ᵏ

3446. DE CHALON-SUR-SAONE à
NEVERS.

Nevers. 154ᵏ

3447. DE CHALON-SUR-SAONE à
NIMES.

Nîmes. . . . . . (fer) 409ᵏ

N° **3448.** DE CHALON-SUR-SAONE à
NIORT.

Niort. 527ᵏ

N° **3449.** DE CHALON-SUR-SAONE à
ORLÉANS.

Orléans. 336ᵏ

N° **3450.** DE CHALON-SUR-SAONE à
PARIS.

Paris. . . . . . . (fer) 383ᵏ

N° **3451.** DE CHALON-SUR-SAONE à
PAU.

Pau. 799ᵏ

N° **3452.** DE CHALON-SUR-SAONE à
PÉRIGUEUX.

Périgueux. 465ᵏ

N° **3453.** DE CHALON-SUR-SAONE à
PERPIGNAN.

Cette 487ᵏ
Perpignan. 134
_____
(fer) 621

N° **3454.** DE CHALON-SUR-SAONE à
POITIERS.

Poitiers. 451ᵏ

N° **3455.** DE CHALON-SUR-SAONE à
PRIVAS.

Lyon. 130ᵏ
Privas. 144
_____
274

N° **3456.** DE CHALON-SUR-SAONE au
PUY.

Lyon. 130ᵏ
Le Puy 134
_____
264

N° **3457.** DE CHALON-SUR-SAONE à
QUIMPER.

Paris. 383ᵏ
Rennes. 373
Quimper 227
_____
983

N° **3458.** DE CHALON-SUR-SAONE à
RENNES.

Paris. 383ᵏ
Rennes. 373
_____
(fer) 756

N° **3459.** DE CHALON-SUR-SAONE à
ROCHEFORT.

Rochefort. 588ᵏ

N° **3460.** DE CHALON-SUR-SAONE à
LA ROCHELLE.

La Rochelle. 590ᵏ

N° **3461.** DE CHALON-SUR-SAONE à
RODEZ.

Rodez. 460ᵏ

N° **3462.** DE CHALON-SUR-SAONE à
ROUEN.

Paris 383ᵏ
Rouen. 137
_____
(fer) 520

N° **3463.** DE CHALON-SUR-SAONE à
SAINT-BRIEUC.

Paris 383ᵏ
Rennes 373
Saint-Brieuc. 100
_____
856

N° **3464.** DE CHALON-SUR-SAONE à
SAINT-ÉTIENNE.

Lyon. 130ᵏ
Saint-Étienne 56
_____
(fer) 186

N° **3465.** DE CHALON-SUR-SAONE à
SAINT-GERMAIN.

Paris 383ᵏ
Saint-Germain. 23
_____
(fer) 406

N° **3466.** DE CHALON-SUR-SAONE à
SAINT-LO.

Paris 383ᵏ
Saint-Lô. 314
_____
(fer) 697

N° **3467.** DE CHALON-SUR-SAONE à
SAINT-OMER.

Paris 383ᵏ
Saint-Omer 330
_____
(fer) 713

N° **3468.** DE CHALON-SUR-SAONE à
SARREGUEMINES.

Dijon 69ᵏ
Metz. 249
Sarreguemines. 76
_____
394

Nº **3469.** DE CHALON-SUR-SAONE à
SAUMUR.

Saumur. 514ᵏ

Nº **3470.** DE CHALON-SUR-SAONE à
SCHELESTADT.

Schelestadt. 230ᵏ

Nº **3471.** DE CHALON-SUR-SAONE à
STRASBOURG.

Strasbourg. 375ᵏ

Nº **3472.** DE CHALON-SUR-SAONE à
TARBES.

Tarbes. 726ᵏ

Nº **3473.** DE CHALON-SUR-SAONE à
THIONVILLE.

Dijon. 69ᵏ
Metz. 249
Thionville. 31
                      ———
                      349

Nº **3474.** DE CHALON-SUR-SAONE à
TOULON.

Marseille 481ᵏ
Toulon. 60
                      ———
                      541

Nº **3475.** DE CHALON-SUR-SAONE à
TOULOUSE.

Toulouse. . . . . (fer) 707ᵏ

Nº **3476.** DE CHALON-SUR-SAONE à
TOURS.

Tours 450ᵏ

Nº **3477.** DE CHALON-SUR-SAONE à
TROYES.

Troyes . . . . . (fer) 266ᵏ

Nº **3478.** DE CHALON-SUR-SAONE à
TULLE.

Clermont. 235ᵏ
Tulle 143
                      ———
                      378

Nº **3479.** DE CHALON-SUR-SAONE à
VALENCE.

Valence . . . . . (fer) 236ᵏ

Nº **3480.** DE CHALON-SUR-SAONE à
VALENCIENNES.

Paris. 383ᵏ
Valenciennes 268
                      ———
                 (fer) 651

Nº **3481.** DE CHALON-SUR-SAONE à
VANNES.

Nantes. 645ᵏ
Vannes. 108
                      ———
                      753

Nº **3482.** DE CHALON-SUR-SAONE à
VERDUN.

Langres. 135ᵏ
Verdun 173
                      ———
                      308

Nº **3483.** DE CHALON-SUR-SAONE à
VERNON.

Paris. 383ᵏ
Vernon. 80
                      ———
                 (fer) 463

Nº **3484.** DE CHALON-SUR-SAONE à
VERSAILLES.

Paris. 383ᵏ
Versailles 17
                      ———
                 (fer) 400

Nº **3485.** DE CHALON-SUR-SAONE à
VESOUL.

Vesoul. 167ᵏ

CHARTRES.

Nº **3486.** DE CHARTRES à CHATEAU-
ROUX.

Châteauroux 217ᵏ

Nº **3487.** DE CHARTRES à CHERBOURG.

Cherbourg. 321ᵏ

Nº **3488.** DE CHARTRES à CLERMONT.

Clermont 397ᵏ

Nº **3489.** DE CHARTRES à COLMAR.

Paris 88ᵏ
Colmar 568
                      ———
                 (fer) 656

Nº **3490.** DE CHARTRES à COMPIÈGNE.

Paris 88ᵏ
Compiègne 101
                      ———
                 (fer) 189

Nº **3491.** DE CHARTRES à DIGNE.

Paris. 88ᵏ
Lyon 502
Digne. 206
                      ———
                      896

Nº **3492.** DE CHARTRES à DIJON.

Paris. 88ᵏ
Dijon 315
                      ———
                 (fer) 403

Nº **3493.** DE CHARTRES à DOUAI.

Paris. 88ᵏ
Douai. 235
                      ———
                 (fer) 323

Nº **3494.** DE CHARTRES à DRAGUIGNAN.

Paris 88ᵏ
Lyon 512
Draguignan 391
                      ———
                      991

Nº **3495.** DE CHARTRES à DUNKERQUE.

Paris 88ᵏ
Dunkerque. 351
                      ———
                 (fer) 439

Nº **3496.** DE CHARTRES à ÉPINAL.

Paris 88ᵏ
Épinal. 427
                      ———
                 (fer) 515

Nº **3497.** DE CHARTRES à ÉVREUX.

Évreux 76ᵏ

Nº **3498.** DE CHARTRES à LA FÈRE.

Paris 88ᵏ
La Fère. 153
                      ———
                 (fer) 241

Nº **3499.** DE CHARTRES à FOIX.

Le Mans. 124ᵏ
Bordeaux. 446
Toulouse 257
Foix. 82
                      ———
                      909

Nº **3500.** DE CHARTRES à FONTAINE-
BLEAU.

Paris 88ᵏ
Fontainebleau 59
                      ———
                 (fer) 147

3501. DE CHARTRES à GAP.

Paris . . . . 88^k
Lyon 512
Grenoble 150
Gap 101

851

3502. DE CHARTRES à GIVET.

Paris . . . . 88^k
Givet 327

415

3503. DE CHARTRES à GRENOBLE.

Paris . . . . 88^k
Lyon 512
Grenoble 150

(fer) 750

3504. DE CHARTRES à GUÉRET.

Guéret . . . . 308^k

3505. DE CHARTRES à HAGUENAU.

Paris . . . . 88^k
Haguenau 517

(fer) 605

3506. DE CHARTRES à LANGRES.

Paris . . . . 88^k
Langres 297

(fer) 385

3507. DE CHARTRES à LAON.

Paris . . . . 88^k
Laon 175

(fer) 263

3508. DE CHARTRES à LAVAL.

Laval . . . . . (fer) 213^k

3509. DE CHARTRES à LILLE.

Paris . . . . 88^k
Lille 268

(fer) 356

3510. DE CHARTRES à LIMOGES.

Orléans . . . . 73^k
Limoges 269

342

3511. DE CHARTRES à LONS-LE-SAUNIER

Paris . . . . 88^k
Lons-le-Saunier 447

535

N° **3512.** DE CHARTRES à LORIENT.

Rennes . . . . 287^k
Lorient 160

447

N° **3513.** DE CHARTRES à LUNÉVILLE.

Paris . . . . 88^k
Lunéville 386

(fer) 474

N° **3514.** DE CHARTRES à LYON.

Paris . . . . 88^k
Lyon 512

(fer) 600

N° **3515.** DE CHARTRES à MACON.

Paris . . . . 88^k
Mâcon 441

(fer) 529

N° **3516.** DE CHARTRES au MANS.

Le Mans . . . . . (fer) 124^k

N° **3517.** DE CHARTRES à MARSEILLE.

Paris . . . . 88^k
Marseille 863

(fer) 951

N° **3518.** DE CHARTRES à MAUBEUGE.

Paris . . . . 88^k
Maubeuge 246

(fer) 334

N° **3519.** DE CHARTRES à MELUN.

Paris . . . . 88^k
Melun 45

(fer) 133

N° **3520.** DE CHARTRES à MENDE.

Mende . . . . 583^k

N° **3521.** DE CHARTRES à METZ.

Paris . . . . 88^k
Metz 392

(fer) 480

N° **3522.** DE CHARTRES à MÉZIÈRES.

Paris . . . . 88^k
Mézières 260

348

N° **3523.** DE CHARTRES à MONTAUBAN.

Le Mans . . . . 124^k
Bordeaux 446
Montauban 206

(fer) 776

N° **3524.** DE CHARTRES à MONTBRISON.

Montbrison . . . . . . 464^k

N° **3525.** DE CHARTRES à MONT-DE-MARSAN.

Le Mans . . . . 124^k
Bordeaux 446
Mont-de-Marsan 148

(fer) 718

N° **3526.** DE CHARTRES à MONTPELLIER

Paris . . . . 88^k
Montpellier 840

(fer) 928

N° **3527.** DE CHARTRES à MOULINS.

Moulins . . . . 304^k

N° **3528.** DE CHARTRES à NANCY.

Paris . . . . 88^k
Nancy 353

(fer) 441

N° **3529.** DE CHARTRES à NANTES.

Nantes . . . . 299^k

N° **3530.** DE CHARTRES à NAPOLÉON-VENDÉE.

Napoléon-Vendée . . . . 336^k

N° **3531.** DE CHARTRES à NEVERS.

Nevers . . . . 255^k

N° **3532.** DE CHARTRES à NIMES.

Paris . . . . 88^k
Nimes 791

(fer) 879

N° **3533.** DE CHARTRES à NIORT.

Le Mans . . . . 124^k
Niort 278

(fer) 402

N° **3534.** DE CHARTRES à ORLÉANS.

Orléans . . . . 73^k

N° **3535.** DE CHARTRES à PARIS.

Paris . . . . . . (fer) 88^k

N° 3536. DE CHARTRES à PAU.

Le Mans.	124ᵏ
Bordeaux	446
Pau.	213
	783

N° 3537. DE CHARTRES à PÉRIGUEUX.

Périgueux.	437ᵏ

N° 3538. DE CHARTRES à PERPIGNAN.

Le Mans.	124ᵏ
Bordeaux	446
Perpignan	470
(fer)	1,040

N° 3539. DE CHARTRES à POITIERS.

Le Mans.	124ᵏ
Poitiers	200
(fer)	324

N° 3540. DE CHARTRES à PRIVAS.

Paris	88ᵏ
Lyon	512
Privas.	144
	744

N° 3541. DE CHARTRES au PUY.

Le Puy	531ᵏ

N° 3542. DE CHARTRES à QUIMPER.

Rennes	287ᵏ
Quimper.	227
	514

N° 3543. DE CHARTRES à RENNES.

Rennes	(fer) 287ᵏ

N° 3544. DE CHARTRES à ROCHEFORT.

Le Mans.	124ᵏ
Rochefort	342
(fer)	466

N° 3545. DE CHARTRES à LA ROCHELLE.

Orléans	124ᵏ
La Rochelle	345
(fer)	469

N° 3546. DE CHARTRES à RODEZ.

Rodez.	622ᵏ

N° 3547. DE CHARTRES à ROUEN.

Paris	88ᵏ
Rouen.	137
(fer)	225

N° 3548. DE CHARTRES à ST-BRIEUC.

Rennes	287ᵏ
Saint-Brieuc.	100
	387

N° 3549. DE CHARTRES à ST-ÉTIENNE.

Paris	88ᵏ
Saint-Étienne	530
(fer)	618

N° 3550. DE CHARTRES à ST-GERMAIN.

Saint-Germain	84ᵏ

N° 3551. DE CHARTRES à SAINT-LO.

Saint-Lô.	322ᵏ

N° 3552. DE CHARTRES à SAINT-OMER.

Paris.	88ᵏ
Saint-Omer	330
(fer)	418

N° 3553. DE CHARTRES à SARREGUE-MINES.

Paris	88ᵏ
Sarreguemines.	469
	557

N° 3554. DE CHARTRES à SAUMUR.

Le Mans.	124ᵏ
Saumur	143
(fer)	267

N° 3555. DE CHARTRES à SCHELESTADT.

Paris	88ᵏ
Schelestadt	546
(fer)	634

N° 3556. DE CHARTRES à STRASBOURG.

Paris	88ᵏ
Strasbourg.	502
(fer)	590

N° 3557. DE CHARTRES à TARBES.

Le Mans.	124ᵏ
Bordeaux	446
Tarbes.	230
	800

N° 3558. DE CHARTRES à THIONVILLE.

Paris	88ᵏ
Thionville.	419
(fer)	507

N° 3559. DE CHARTRES à TOULON.

Paris	88ᵏ
Marseille.	863
Toulon.	60
	1,011

N° 3560. DE CHARTRES à TOULOUSE.

Le Mans.	124ᵏ
Bordeaux	446
Toulouse.	257
(fer)	827

N° 3561. DE CHARTRES à TOURS.

Le Mans.	124ᵏ
Tours	99
(fer)	223

N° 3562. DE CHARTRES à TROYES.

Paris.	88ᵏ
Troyes.	167
(fer)	255

N° 3563. DE CHARTRES à TULLE.

Tulle	431ᵏ

N° 3564. DE CHARTRES à VALENCE.

Paris	88ᵏ
Valence.	618
(fer)	706

N° 3565. DE CHARTRES à VALEN-CIENNES.

Paris.	88ᵏ
Valenciennes	268
(fer)	356

N° 3566. DE CHARTRES à VANNES.

Rennes	287ᵏ
Vannes	103
	490

N° 3567. DE CHARTRES à VERDUN.

Paris	88ᵏ
Verdun	253
	341

N° 3568. DE CHARTRES à VERNON.

Vernon	108ᵏ

N° 3569. DE CHARTRES à VERSAILLES.

Versailles	(fer) 71ᵏ

N° 3570. DE CHARTRES à VESOUL.

Paris	88ᵏ
Vesoul.	381
(fer)	469

CHATEAUROUX.

3571. DE CHATEAUROUX à CHER-
BOURG.

Paris	263ᵏ
Cherbourg	370
(fer)	633

3572. DE CHATEAUROUX à CLER-
MONT.

Clermont	306ᵏ

3573. DE CHATEAUROUX à COLMAR.

Colmar	601ᵏ

3574. DE CHATEAUROUX à COM-
PIÈGNE.

Paris	263ᵏ
Compiègne	101
(fer)	364

3575. DE CHATEAUROUX à DIGNE.

Lyon	389ᵏ
Digne	296
	685

3576. DE CHATEAUROUX à DIJON.

Dijon	352ᵏ

3577. DE CHATEAUROUX à DOUAI.

Paris	263ᵏ
Douai	235
(fer)	498

3578. DE CHATEAUROUX à DRA-
GUIGNAN.

Lyon	389ᵏ
Draguignan	391
	780

3579. DE CHATEAUROUX à DUN-
KERQUE.

Paris	263ᵏ
Dunkerque	351
(fer)	614

3580. DE CHATEAUROUX à ÉPINAL.

Épinal	507ᵏ

3581. DE CHATEAUROUX à ÉVREUX.

Paris	263ᵏ
Évreux	108
(fer)	371

N° 3582. DE CHATEAUROUX à LA FÈRE.

Paris	263ᵏ
La Fère	153
(fer)	416

N° 3583. DE CHATEAUROUX à FOIX.

Toulouse	431ᵏ
Foix	82
	513

N° 3584. DE CHATEAUROUX à FONTAI-
NEBLEAU.

Paris	263ᵏ
Fontainebleau	59
(fer)	322

N° 3585. DE CHATEAUROUX à GAP.

Lyon	389ᵏ
Grenoble	150
Gap	101
	640

N° 3586. DE CHATEAUROUX à GIVET.

Givet	590ᵏ

N° 3587. DE CHATEAUROUX à GRE-
NOBLE.

Lyon	389ᵏ
Grenoble	150
	539

N° 3588. DE CHATEAUROUX à GUÉRET.

Guéret	111ᵏ

N° 3589. DE CHATEAUROUX à HAGUE-
NAU.

Paris	263ᵏ
Haguenau	517
(fer)	780

N° 3590. DE CHATEAUROUX à LAN-
GRES.

Langres	392ᵏ

N° 3591. DE CHATEAUROUX à LAON.

Paris	263ᵏ
Laon	175
(fer)	438

N° 3592. DE CHATEAUROUX à LAVAL.

Le Mans	357ᵏ
Laval	90
(fer)	447

N° 3593. DE CHATEAUROUX à LILLE.

Paris	263ᵏ
Lille	268
(fer)	531

N° 3594. DE CHATEAUROUX à LIMOGES.

Limoges	(fer) 138ᵏ

N° 3595. DE CHATEAUROUX à LONS-LE-
SAUNIER.

Lons-le-Saunier	381ᵏ

N° 3596. DE CHATEAUROUX à LORIENT.

Nantes	451ᵏ
Lorient	164
	615

N° 3597. DE CHATEAUROUX à LUNÉ-
VILLE.

Paris	263ᵏ
Lunéville	386
(fer)	649

N° 3598. DE CHATEAUROUX à LYON.

Lyon	389ᵏ

N° 3599. DE CHATEAUROUX à MACON.

Mâcon	339ᵏ

N° 3600. DE CHATEAUROUX au MANS.

Le Mans	(fer) 357ᵏ

N° 3601. DE CHATEAUROUX à MAR-
SEILLE.

Lyon	389ᵏ
Marseille	352
	741

N° 3602. DE CHATEAUROUX à MAU-
BEUGE.

Paris	263ᵏ
Maubeuge	246
(fer)	509

N° 3603. DE CHATEAUROUX à MELUN.

Paris	263ᵏ
Melun	45
(fer)	308

N° 3604. DE CHATEAUROUX à MENDE.

Clermont	306ᵏ
Mende	186
	492

N° 3605. DE CHATEAUROUX à METZ.

Paris 263ᵏ
Metz. 392

(fer) 655

N° 3606. DE CHATEAUROUX à MÉ-
ZIÈRES.

Paris 263ᵏ
Mézières. 260

523

N° 3607. DE CHATEAUROUX à MON-
TAUBAN.

Montauban. 397

N° 3608. DE CHATEAUROUX à MONT-
BRISON.

Montbrison 356ᵏ

N° 3609. DE CHATEAUROUX à MONT-
DE-MARSAN.

Bordeaux 363ᵏ
Mont-de-Marsan 148

(fer) 511

N° 3610. DE CHATEAUROUX à MONT-
PELLIER.

Montpellier. 646ᵏ

N° 3611. DE CHATEAUROUX à MOU-
LINS.

Moulins . . . . (fer) 193ᵏ

N° 3612. DE CHATEAUROUX à NANCY.

Paris 263ᵏ
Nancy. 353

(fer) 616

N° 3613. DE CHATEAUROUX à NANTES.

Nantes. . . . . (fer) 451ᵏ

N° 3614. DE CHATEAUROUX à NAPO-
LÉON-VENDÉE.

Saumur 315ᵏ
Napoléon-Vendée. . . . 133

448

N° 3615. DE CHATEAUROUX à NEVERS.

Nevers. . . . . (fer) 157ᵏ

N° 3616. DE CHATEAUROUX à NIMES.

Nimes. 618ᵏ

N° 3617. DE CHATEAUROUX à NIORT.

Niort . . . . . (fer) 434ᵏ

N° 3618. DE CHATEAUROUX à ORLÉANS

Orléans. . . . . (fer) 141ᵏ

N° 3619. DE CHATEAUROUX à PARIS.

Paris. . . . . . (fer) 263ᵏ

N° 3620. DE CHATEAUROUX à PAU.

Bordeaux 363ᵏ
Pau. 213

576

N° 3621. DE CHATEAUROUX à PÉRI-
GUEUX.

Périgueux. 233ᵏ

N° 3622. DE CHATEAUROUX à PER-
PIGNAN.

Toulouse 431ᵏ
Perpignan. 213

644

N° 3623. DE CHATEAUROUX à POITIERS

Poitiers. . . . . (fer) 356ᵏ

N° 3624. DE CHATEAUROUX à PRIVAS.

Lyon 389ᵏ
Privas 144

533

N° 3625. DE CHATEAUROUX au PUY.

Clermont 306ᵏ
Le Puy 134

410

N° 3626. DE CHATEAUROUX à QUIMPER

Nantes. 451ᵏ
Quimper. 231

662

N° 3627. DE CHATEAUROUX à RENNES.

Le Mans. 257ᵏ
Rennes 163

(fer) 520

N° 3628. DE CHATEAUROUX à ROCHE-
FORT.

Rochefort. . . . . (fer) 428ᵏ

N° 3629. DE CHATEAUROUX à LA RO-
CHELLE.

La Rochelle . . . (fer) 501ᵏ

N° 3630. DE CHATEAUROUX à RODEZ.

Clermont. 306ᵏ
Rodez. 225

531

N° 3631. DE CHATEAUROUX à ROUEN.

Paris. 263ᵏ
Rouen. 137

(fer) 400

N° 3632. DE CHATEAUROUX à SAINT-
BRIEUC.

Le Mans. 357ᵏ
Rennes. 163
Saint-Brieuc. 100

620

N° 3633. DE CHATEAUROUX à SAINT-
ÉTIENNE.

Saint-Étienne. 386ᵏ

N° 3634. DE CHATEAUROUX à SAINT-
GERMAIN.

Paris. 263ᵏ
Saint-Germain. . . . 23

(fer) 286

N° 3635. DE CHATEAUROUX à SAINT-LO.

Paris. 263ᵏ
Saint-Lô. 314

(fer) 577

N° 3636. DE CHATEAUROUX à SAINT-
OMER.

Paris. 263ᵏ
Saint-Omer. 330

(fer) 593

N° 3637. DE CHATEAUROUX à SARRE-
GUEMINES.

Paris 263ᵏ
Sarreguemines. 385

648

N° 3638. DE CHATEAUROUX à SAUMUR.

Saumur . . . . (fer) 315ᵏ

N° 3639. DE CHATEAUROUX à SCHE-
LESTADT.

Schelestadt 624ᵏ

N° 3640. DE CHATEAUROUX à STRAS-
BOURG.

Paris 263ᵏ
Strasbourg 502

(fer) 765

N° 3641. DE CHATEAUROUX à TARBES.

Tarbes. 499ᵏ

N° 3642. DE CHATEAUROUX à THION-VILLE.

Paris	263^k
Thionville	419
(fer)	682

N° 3643. DE CHATEAUROUX à TOULON.

Lyon	389^k
Marseille	352
Toulon	60
	801

N° 3644. DE CHATEAUROUX à TOU-LOUSE.

Toulouse	431^k

N° 3645. DE CHATEAUROUX à TOURS.

Tours (fer)	258^k

N° 3646. DE CHATEAUROUX à TROYES.

Troyes	282^k

N° 3647. DE CHATEAUROUX à TULLE.

Limoges	138^k
Tulle	89
	227

N° 3648. DE CHATEAUROUX à VA-LENCE.

Lyon	389^k
Valence	106
	495

N° 3649. DE CHATEAUROUX à VALEN-CIENNES.

Paris	263^k
Valenciennes	208
(fer)	531

N° 3650. DE CHATEAUROUX à VANNES.

Nantes	451^k
Vannes	108
	559

N° 3651. DE CHATEAUROUX à VERDUN.

Paris	263^k
Verdun	253
	516

N° 3652. DE CHATEAUROUX à VERNON.

Paris	263^k
Vernon	80
(fer)	343

N° 3653. DE CHATEAUROUX à VER-SAILLES.

Paris	263^k
Versailles	17
(fer)	280

N° 3654. DE CHATEAUROUX à VESOUL.

Vesoul	459^k

CHERBOURG.

N° 3655. DE CHERBOURG à CLERMONT.

Paris	370^k
Clermont	446
(fer)	816

N° 3656. DE CHERBOURG à COLMAR.

Paris	370^k
Colmar	568
(fer)	938

N° 3657. DE CHERBOURG à COMPIÈGNE.

Paris	370^k
Compiègne	101
(fer)	471

N° 3658. DE CHERBOURG à DIGNE.

Paris	370^k
Lyon	512
Digne	296
	1,178

N° 3659. DE CHERBOURG à DIJON.

Paris	370^k
Dijon	315
(fer)	685

N° 3660. DE CHERBOURG à DOUAI.

Paris	370^k
Douai	235
(fer)	605

N° 3661. DE CHERBOURG à DRAGUIGNAN

Paris	370^k
Lyon	512
Draguignan	391
	1,273

N° 3662. DE CHERBOURG à DUNKERQUE

Paris	370^k
Dunkerque	351
(fer)	721

N° 3663. DE CHERBOURG à ÉPINAL.

Paris	370^k
Épinal	427
(fer)	797

N° 3664. DE CHERBOURG à ÉVREUX.

Évreux (fer)	262^k

N° 3665. DE CHERBOURG à LA FÈRE.

Paris	370^k
La Fère	153
(fer)	523

N° 3666. DE CHERBOURG à FOIX.

Le Mans	288^k
Bordeaux	446
Toulouse	257
Foix	82
	1,073

N° 3667. DE CHERBOURG à FONTAINE-BLEAU.

Paris	370^k
Fontainebleau	59
(fer)	429

N° 3668. DE CHERBOURG à GAP.

Paris	370^k
Lyon	512
Grenoble	150
Gap	101
	1,133

N° 3669. DE CHERBOURG à GIVET.

Paris	370^k
Givet	327
	697

N° 3670. DE CHERBOURG à GRENOBLE.

Paris	370^k
Lyon	512
Grenoble	150
(fer)	1,032

N° 3671. DE CHERBOURG à GUÉRET.

Paris	370^k
Guéret	374
	744

N° 3672. DE CHERBOURG à HAGUENAU.

Paris	370^k
Haguenau	517
(fer)	887

N° 3673. DE CHERBOURG à LANGRES.

Paris	370ᵏ
Langres	297
(fer)	667

N° 3674. DE CHERBOURG à LAON.

Paris	370ᵏ
Laon	175
(fer)	545

N° 3675. DE CHERBOURG à LAVAL.

Laval	(fer) 378ᵏ

N° 3676. DE CHERBOURG à LILLE.

Paris	370ᵏ
Lille	268
(fer)	638

N° 3677. DE CHERBOURG à LIMOGES.

Paris	370ᵏ
Limoges	400
(fer)	770

N° 3678. DE CHERBOURG à LONS-LE-SAUNIER.

Paris	370ᵏ
Lons-le-Saunier	447
	817

N° 3679. DE CHERBOURG à LORIENT.

Saint-Lô	94ᵏ
Rennes	134
Lorient	160
	388

N° 3680. DE CHERBOURG à LUNÉVILLE.

Paris	370ᵏ
Lunéville	386
(fer)	756

N° 3681. DE CHERBOURG à LYON.

Paris	370ᵏ
Lyon	512
(fer)	882

N° 3682. DE CHERBOURG à MACON.

Paris	370ᵏ
Mâcon	441
(fer)	811

N° 3683. DE CHERBOURG au MANS.

Le Mans	288ᵏ

N° 3684. DE CHERBOURG à MARSEILLE.

Paris	370ᵏ
Marseille	863
(fer)	1,233

N° 3685. DE CHERBOURG à MAUBEUGE.

Paris	370ᵏ
Maubeuge	246
(fer)	616

N° 3686. DE CHERBOURG à MELUN.

Paris	370ᵏ
Melun	45
(fer)	415

N° 3687. DE CHERBOURG à MENDE.

Paris	370ᵏ
Clermont	446
Mende	186
	1.002

N° 3688. DE CHERBOURG à METZ.

Paris	370ᵏ
Metz	392
(fer)	762

N° 3689. DE CHERBOURG à MÉZIÈRES.

Paris	370ᵏ
Mézières	260
	630

N° 3690. DE CHERBOURG à MONTAUBAN.

Le Mans	288ᵏ
Bordeaux	446
Montauban	206
(fer)	940

N° 3691. DE CHERBOURG à MONTBRISON.

Paris	370ᵏ
Montbrison	500
	870

N° 3692. DE CHERBOURG à MONT-DE-MARSAN.

Le Mans	288ᵏ
Bordeaux	446
Mont-de-Marsan	148
(fer)	882

N° 3693. DE CHERBOURG à MONTPELLIER.

Paris	370ᵏ
Montpellier	840
(fer)	1,210

N° 3694. DE CHERBOURG à MOULINS.

Paris	370ᵏ
Moulins	349
(fer)	719

N° 3695. DE CHERBOURG à NANCY.

Paris	370ᵏ
Nancy	353
(fer)	723

N° 3696. DE CHERBOURG à NANTES.

Nantes	318ᵏ

N° 3697. DE CHERBOURG à NAPOLÉON-VENDÉE.

Napoléon-Vendée	389ᵏ

N° 3698. DE CHERBOURG à NEVERS.

Paris	370ᵏ
Nevers	301
(fer)	671

N° 3699. DE CHERBOURG à NIMES.

Paris	370ᵏ
Nimes	791
(fer)	1,161

N° 3700. DE CHERBOURG à NIORT.

Le Mans	288ᵏ
Niort	278
	566

N° 3701. DE CHERBOURG à ORLÉANS.

Paris	370ᵏ
Orléans	121
(fer)	491

N° 3702. DE CHERBOURG à PARIS.

Paris	(fer) 370ᵏ

N° 3703. DE CHERBOURG à PAU.

Le Mans	288ᵏ
Bordeaux	446
Pau	213
	947

N° 3704. DE CHERBOURG à PÉRIGUEUX.

Le Mans	288ᵏ
Périgueux	399
	687

N° 3705. DE CHERBOURG à PERPIGNAN.

Le Mans	288ᵏ
Bordeaux	446
Perpignan	470
	1,204

3706. DE CHERBOURG à POITIERS.

Le Mans	288^k
Poitiers	200
	488

3707. DE CHERBOURG à PRIVAS.

Paris	370^k
Lyon	512
Privas	144
	1,026

3708. DE CHERBOURG au PUY.

Paris	370^k
Clermont	446
Le Puy	134
	950

3709. DE CHERBOURG à QUIMPER.

Saint-Lô	94^k
Rennes	134
Quimper	227
	455

3710. DE CHERBOURG à RENNES.

Saint-Lô	94^k
Rennes	134
	228

3711. DE CHERBOURG à ROCHEFORT.

Le Mans	288^k
Rochefort	342
	630

3712. DE CHERBOURG à LA RO-CHELLE.

Le Mans	288^k
La Rochelle	345
	633

3713. DE CHERBOURG à RODEZ.

Rodez	881^k

3714. DE CHERBOURG à ROUEN.

Rouen	264^k

3715. DE CHERBOURG à ST-BRIEUC.

Saint-Lô	94^k
Saint-Brieuc	183
	277

3716. DE CHERBOURG à ST-ÉTIENNE.

Paris	370^k
Saint-Étienne	530
(fer)	900

N° 3717. DE CHERBOURG à ST-GERMAIN.

Paris	370^k
Saint-Germain	23
(fer)	393

N° 3718. DE CHERBOURG à SAINT-LO.

Saint-Lô	(fer) 91^k

N° 3719. DE CHERBOURG à ST-OMER.

Paris	370^k
Saint-Omer	330
(fer)	700

N° 3720. DE CHERBOURG à SARREGUE-MINES.

Paris	370^k
Sarreguemines	469
	839

N° 3721. DE CHERBOURG à SAUMUR.

Saumur	348^k

N° 3722. DE CHERBOURG à SCHELES-TADT.

Paris	370^k
Schelestadt	546
(fer)	916

N° 3723. DE CHERBOURG à STRAS-BOURG.

Paris	370^k
Strasbourg	502
(fer)	872

N° 3724. DE CHERBOURG à TARBES.

Le Mans	288^k
Bordeaux	446
Tarbes	230
	964

N° 3725. DE CHERBOURG à THIONVILLE

Paris	370^k
Thionville	419
(fer)	789

N° 3726. DE CHERBOURG à TOULON.

Paris	370^k
Marseille	863
Toulon	60
	1,293

N° 3727. DE CHERBOURG à TOULOUSE.

Le Mans	288^k
Bordeaux	446
Toulouse	257
	991

N° 3728. DE CHERBOURG à TOURS.

Tours	387^k

N° 3729. DE CHERBOURG à TROYES.

Paris	370^k
Troyes	167
(fer)	537

N° 3730. DE CHERBOURG à TULLE.

Paris	370^k
Limoges	400
Tulle	89
	859

N° 3731. DE CHERBOURG à VALENCE.

Paris	370^k
Valence	618
(fer)	988

N° 3732. DE CHERBOURG à VALEN-CIENNES.

Paris	370^k
Valenciennes	268
(fer)	638

N° 3733. DE CHERBOURG à VANNES.

Saint-Lô	94^k
Rennes	134
Vannes	103
	331

N° 3734. DE CHERBOURG à VERDUN.

Paris	370^k
Verdun	253
	623

N° 3735. DE CHERBOURG à VERNON.

Vernon	291^k

N° 3736. DE CHERBOURG à VERSAILLES.

Paris	370^k
Versailles	17
(fer)	387

N° 3737. DE CHERBOURG à VESOUL.

Paris	370^k
Vesoul	381
(fer)	751

CLERMONT.

N° 3738. DE CLERMONT à COLMAR.

Colmar . . . . 522^k

N° 3739. DE CLERMONT à COMPIÈGNE.

Paris . . . . 446^k
Compiègne 101

(fer) 547

N° 3740. DE CLERMONT à DIGNE.

Lyon . . . . 184^k
Digne 298

482

N° 3741. DE CLERMONT à DIJON.

Dijon . . . . 289^k

N° 3742. DE CLERMONT à DOUAI.

Paris . . . . 446^k
Douai 235

(fer) 681

N° 3743. DE CLERMONT à DRAGUIGNAN.

Aix . . . . 418^k
Draguignan 108

526

N° 3744. DE CLERMONT à DUNKERQUE.

Paris . . . . 446^k
Dunkerque 351

(fer) 797

N° 3745. DE CLERMONT à ÉPINAL.

Épinal . . . . 459^k

N° 3746. DE CLERMONT à ÉVREUX.

Paris . . . . 446^k
Évreux 108

(fer) 554

N° 3747. DE CLERMONT à LA FÈRE.

Paris . . . . 446^k
La Fère 153

(fer) 599

N° 3748. DE CLERMONT à FOIX.

Toulouse . . . . 380^k
Foix 82

462

N° 3749. DE CLERMONT à FONTAINE-BLEAU.

Paris . . . . 446^k
Fontainebleau 59

(fer) 505

N° 3750. DE CLERMONT à GAP.

Lyon . . . . 184^k
Grenoble 150
Gap 101

435

N° 3751. DE CLERMONT à GIVET.

Paris . . . . 446^k
Givet 327

773

N° 3752. DE CLERMONT à GRENOBLE.

Lyon . . . . 184^k
Grenoble 150

334

N° 3753. DE CLERMONT à GUÉRET.

Guéret . . . . 130^k

N° 3754. DE CLERMONT à HAGUENAU.

Haguenau . . . . . . 612^k

N° 3755. DE CLERMONT à LANGRES.

Langres . . . . 355^k

N° 3756. DE CLERMONT à LAON.

Paris . . . . 446^k
Laon 173

(fer) 621

N° 3757. DE CLERMONT à LAVAL.

Laval . . . . 579^k

N° 3758. DE CLERMONT à LILLE.

Paris . . . . 446^k
Lille 268

(fer) 714

N° 3759. DE CLERMONT à LIMOGES.

Limoges . . . . 179^k

N° 3760. DE CLERMONT à LONS-LE-SAUNIER.

Lons-le-Saunier . . . . 273^k

N° 3761. DE CLERMONT à LORIENT.

Nantes . . . . 634^k
Lorient 164

798

N° 3762. DE CLERMONT à LUNÉVILLE.

Lunéville . . . . . . 497^k

N° 3763. DE CLERMONT à LYON.

Lyon . . . . 184^k

N° 3764. DE CLERMONT à MACON.

Mâcon . . . . 177^k

N° 3765. DE CLERMONT au MANS.

Le Mans . . . . . (fer) 540^k

N° 3766. DE CLERMONT à MARSEILLE.

Marseille . . . . 439^k

N° 3767. DE CLERMONT à MAUBEUGE.

Paris . . . . 446^k
Maubeuge 246

(fer) 692

N° 3768. DE CLERMONT à MELUN.

Paris . . . . 446^k
Melun 45

(fer) 491

N° 3769. DE CLERMONT à MENDE.

Mende . . . . 186^k

N° 3770. DE CLERMONT à METZ.

Metz . . . . 527^k

N° 3771. DE CLERMONT à MÉZIÈRES.

Paris . . . . 446^k
Mézières 260

706

N° 3772. DE CLERMONT à MONTAUBAN.

Montauban . . . . . . 231^k

N° 3773. DE CLERMONT à MONTBRISON.

Montbrison . . . . . . 113^k

N° 3774. DE CLERMONT à MONT-DE-MARSAN.

Bordeaux . . . . . . 366^k
Mont-de-Marsan . . . 148

514

N° 3775. DE CLERMONT à MONTPELLIER.

Montpellier . . . . . . 340^k

N° 3776. DE CLERMONT à MOULINS.

Moulins . . . . . (fer) 106^k

N° 3777. DE CLERMONT à NANCY.

Nancy . . . . 470^k

N° 3778. DE CLERMONT à NANTES.

Nantes . . . . 634^k

N° 3779. DE CLERMONT à NAPOLÉON-
VENDÉE.

Napoléon-Vendée. . . . 428ᵏ

N° 3780. DE CLERMONT à NEVERS.

Nevers . . . . . (fer) 159ᵏ

N° 3781. DE CLERMONT à NIMES.

Nimes 312ᵏ

N° 3782. DE CLERMONT à NIORT.

Niort. 341ᵏ

N° 3783. DE CLERMONT à ORLÉANS.

Orléans 325ᵏ

N° 3784. DE CLERMONT à PARIS.

Paris . . . . . (fer) 446ᵏ

N° 3785. DE CLERMONT à PAU.

Pau 528ᵏ

N° 3786. DE CLERMONT à PÉRIGUEUX.

Périgueux. 245ᵏ

N° 3787. DE CLERMONT à PERPIGNAN.

Cette 389ᵏ
Perpignan. 134

523

N° 3788. DE CLERMONT à POITIERS.

Poitiers 277ᵏ

N° 3789. DE CLERMONT à PRIVAS.

Valence 245ᵏ
Privas. 39

284

N° 3790. DE CLERMONT au PUY.

Le Puy 134ᵏ

N° 3791. DE CLERMONT à QUIMPER.

Nantes. 634ᵏ
Quimper. 231

865

N° 3792. DE CLERMONT à RENNES.

Rennes 663ᵏ

N° 3793. DE CLERMONT à ROCHEFORT.

Rochefort. 391ᵏ

N° 3794. DE CLERMONT à LA ROCHELLE.

La Rochelle. 407ᵏ

N° 3795. DE CLERMONT à RODEZ.

Rodez. 225ᵏ

N° 3796. DE CLERMONT à ROUEN.

Paris 446ᵏ
Rouen. 137

(fer) 583

N° 3797. DE CLERMONT à ST-BRIEUC.

Rennes 663ᵏ
Saint-Brieuc 100

763

N° 3798. DE CLERMONT à ST-ÉTIENNE.

Saint-Étienne 168ᵏ

N° 3799. DE CLERMONT à ST-GERMAIN.

Paris 446ᵏ
Saint-Germain. . . . 23

(fer) 469

N° 3800. DE CLERMONT à SAINT-LO.

Paris 446ᵏ
Saint-Lô. 314

(fer) 760

N° 3801. DE CLERMONT à SAINT-OMER.

Paris 446ᵏ
Saint-Omer 330

(fer) 776

N° 3802. DE CLERMONT à SARREGUE-
MINES.

Sarreguemines 603ᵏ

N° 3803. DE CLERMONT à SAUMUR.

Saumur. . . . . (fer) 505ᵏ

N° 3804. DE CLERMONT à SCHELESTADT.

Schelestadt 545ᵏ

N° 3805. DE CLERMONT à STRASBOURG.

Strasbourg 590ᵏ

N° 3806. DE CLERMONT à TARBES.

Tarbes 491ᵏ

N° 3807. DE CLERMONT à THIONVILLE.

Thionville. 553ᵏ

N° 3808. DE CLERMONT à TOULON.

Marseille 439ᵏ
Toulon. 60

499

N° 3809. DE CLERMONT à TOULOUSE.

Toulouse 380ᵏ

N° 3810. DE CLERMONT à TOURS.

Tours. 439ᵏ

N° 3811. DE CLERMONT à TROYES.

Troyes. 334ᵏ

N° 3812. DE CLERMONT à TULLE.

Tulle. 143ᵏ

N° 3813. DE CLERMONT à VALENCE.

Valence 245ᵏ

N° 3814. DE CLERMONT à VALEN-
CIENNES.

Paris 446ᵏ
Valenciennes 268

(fer) 714

N° 3815. DE CLERMONT à VANNES.

Nantes. 634ᵏ
Vannes 108

742

N° 3816. DE CLERMONT à VERDUN.

Verdun 494ᵏ

N° 3817. DE CLERMONT à VERNON.

Paris. 446ᵏ
Vernon 80

(fer) 526

N° 3818. DE CLERMONT à VERSAILLES.

Paris 446ᵏ
Versailles. 17

(fer) 463

N° 3819. DE CLERMONT à VESOUL.

Vesoul 396ᵏ

COLMAR.

N° 3820. DE COLMAR à COMPIÈGNE.

Paris 568ᵏ
Compiègne 101

(fer) 669

N° 3821. DE COLMAR à DIGNE.

Lyon. 436ᵏ
Digne. 296

732

N° 3822. DE COLMAR à DIJON.

Dijon . . . . . . (fer) 279^k

N° 3823. DE COLMAR à DOUAI.

Châlons-sur-Marne. . . 396^k
Douai 258

(fer) 654

N° 3824. DE COLMAR à DRAGUIGNAN.

Lyon . . . . 436^k
Draguignan 296

732

N° 3825. DE COLMAR à DUNKERQUE.

Châlons-sur-Marne. . . 506^k
Dunkerque 373

(fer) 769

N° 3826. DE COLMAR à ÉPINAL.

Épinal . . . . . (fer) 242^k

N° 3827. DE COLMAR à ÉVREUX.

Paris . . . . 568^k
Évreux 108

(fer) 676

N° 3828. DE COLMAR à LA FÈRE.

Châlons-sur-Marne. . . 396^k
La Fère 137

(fer) 533

N° 3820. DE COLMAR à FOIX.

Lyon . . . . 436^k
Carcassonne 486
Foix 98

1,020

N° 3830. DE COLMAR à FONTAINE-
BLEAU.

Fontainebleau . . . . . 534^k

N° 3831. DE COLMAR à GAP.

Lyon . . . . 436^k
Grenoble 150
Gap 101

687

N° 3832. DE COLMAR à GIVET.

Nancy . . . . 215^k
Givet 267

482

N° 3833. DE COLMAR à GRENOBLE.

Lyon . . . . 436^k
Grenoble 150

586

N° 3834. DE COLMAR à GUÉRET.

Guéret . . . . 570^k

N° 3835. DE COLMAR à HAGUENAU.

Haguenau . . . . . . 100^k

N° 3836. DE COLMAR à LANGRES.

Langres . . . . 237^k

N° 3837. DE COLMAR à LAON.

Châlons-sur-Marne. . . 396^k
Laon 114

(fer) 510

N° 3838. DE COLMAR à LAVAL.

Paris . . . . 568^k
Laval 301

(fer) 869

N° 3839. DE COLMAR à LILLE.

Châlons-sur-Marne. . . 396^k
Lille 291

(fer) 687

N° 3840. DE COLMAR à LIMOGES.

Limoges . . . . 654^k

N° 3841. DE COLMAR à LONS-LE-
SAUNIER.

Lons-le-Saunier . . . . 266^k

N° 3842. DE COLMAR à LORIENT.

Paris . . . . 568^k
Rennes 373
Lorient 160

1,101

N° 3843. DE COLMAR à LUNÉVILLE.

Lunéville . . . . . (fer) 183^k

N° 3844. DE COLMAR à LYON.

Lyon . . . . 436^k

N° 3845. DE COLMAR à MACON.

Belfort . . . . 91^k
Mâcon 274

(fer) 365

N° 3846. DE COLMAR au MANS.

Paris . . . . 568^k
Le Mans 211

(fer) 779

N° 3847. DE COLMAR à MARSEILLE.

Lyon . . . . 436^k
Marseille 352

788

N° 3848. DE COLMAR à MAUBEUGE.

Nancy . . . . 215^k
Maubeuge 312

(fer) 527

N° 3849. DE COLMAR à MELUN.

Melun . . . . . (fer) 549^k

N° 3850. DE COLMAR à MENDE.

Lyon . . . . 436^k
Le Puy 134
Mende 89

659

N° 3851. DE COLMAR à METZ.

Metz . . . . 273^k

N° 3852. DE COLMAR à MÉZIÈRES.

Nancy . . . . 215^k
Mézières 200

415

N° 3853. DE COLMAR à MONTAUBAN.

Montauban . . . . . . 856^k

N° 3854. DE COLMAR à MONTBRISON.

Lyon . . . . 436^k
Montbrison 101

537

N° 3855. DE COLMAR à MONT-DE-
MARSAN.

Lyon . . . . 436^k
Bordeaux 549
Mont-de-Marsan . . . 148

1,132

N° 3856. DE COLMAR à MONTPELLIER.

Lyon . . . . 436^k
Montpellier 329

765

N° 3857. DE COLMAR à MOULINS.

Moulins . . . . 432^k

N° 3858. DE COLMAR à NANCY.

Nancy . . . . . (fer) 215^k

3859. DE COLMAR à NANTES.

Paris 568ᵏ
Nantes. 427

(fer) 995

3860. DE COLMAR à NAPOLÉON-VENDÉE.

Paris 568ᵏ
Napoléon-Vendée. . . . 433

1,001

3861. DE COLMAR à NEVERS.

Dijon 249ᵏ
Nevers. 189

438

3862. DE COLMAR à NIMES.

Lyon 436ᵏ
Nîmes. 279

715

3863. DE COLMAR à NIORT.

Paris. 568ᵏ
Niort 410

(fer) 978

3864. DE COLMAR à ORLÉANS.

Orléans 521ᵏ

3865. DE COLMAR à PARIS.

Paris . . . . . (fer) 568ᵏ

3866. DE COLMAR à PAU.

Lyon 436ᵏ
Toulouse. 577
Pau 190

1,203

3867. DE COLMAR à PÉRIGUEUX.

Périgueux. 749ᵏ

3868. DE COLMAR à PERPIGNAN.

Lyon 436ᵏ
Perpignan. 491

927

3869. DE COLMAR à POITIERS.

Paris 568ᵏ
Poitiers.. 332

(fer) 900

3870. DE COLMAR à PRIVAS.

Lyon 436ᵏ
Privas. 144

580

N° 3871. DE COLMAR au PUY.

Lyon 436ᵏ
Le Puy. 134

570

N° 3872. DE COLMAR à QUIMPER.

Paris 568ᵏ
Rennes 373
Quimper 227

1,168

N° 3873. DE COLMAR à RENNES.

Paris. 568ᵏ
Rennes 373

(fer) 941

N° 3874. DE COLMAR à ROCHEFORT.

Paris 568ᵏ
Rochefort 474

(fer) 1,042

N° 3875. DE COLMAR à LA ROCHELLE.

Paris 568ᵏ
La Rochelle 477

(fer) 1,045

N° 3876. DE COLMAR à RODEZ.

Lyon 436ᵏ
Rodez. 338

774

N° 3877. DE COLMAR à ROUEN.

Paris 568ᵏ
Rouen. 137

(fer) 705

N° 3878. DE COLMAR à SAINT-BRIEUC.

Paris. 568ᵏ
Rennes 373
Saint-Brieuc. 100

1,041

N° 3879. DE COLMAR à ST-ÉTIENNE.

Lyon 436ᵏ
Saint-Étienne 56

492

N° 3880. DE COLMAR à ST-GERMAIN.

Paris 568ᵏ
Saint-Germain. . . . 23

(fer) 591

N° 3881. DE COLMAR à SAINT-LO.

Paris 568ᵏ
Saint-Lô. 314

(fer) 882

N° 3882. DE COLMAR à SAINT-OMER.

Châlons sur-Marne. . . 396ᵏ
-Saint-Omer. 353

(fer) 749

N° 3883. DE COLMAR à SARREGUE-MINES.

Strasbourg. 68ᵏ
Sarreguemines. . . . 104

172

N° 3884. DE COLMAR à SAUMUR.

Paris. 568ᵏ
Saumur. 295

(fer) 863

N° 3885. DE COLMAR à SCHELESTADT.

Schelestadt . . . .(fer) 23ᵏ

N° 3886. DE COLMAR à STRASBOURG

Strasbourg . . . .(fer) 68ᵏ

N° 3887. DE COLMAR à TARBES.

Lyon 436ᵏ
Tarbes. 625

1,061

N° 3888. DE COLMAR à THIONVILLE.

Thionville . . . . .(fer) 299ᵏ

N° 3889. DE COLMAR à TOULON.

Lyon 436ᵏ
Marseille 352
Toulon 60

848

N° 3890. DE COLMAR à TOULOUSE.

Lyon 436ᵏ
Toulouse 577

1,013

N° 3891. DE COLMAR à TOURS.

Paris 568ᵏ
Tours 234

(fer) 802

N° 3892. DE COLMAR à TROYES.

Troyes. . . . . . .(fer) 367ᵏ

N° 3893. DE COLMAR à TULLE.

Tulle. 665ᵏ

N° 3894. DE COLMAR à VALENCE.

Lyon. 436ᵏ
Valence 106

542

N° 3895. DE COLMAR à VALEN-CIENNES.

Châlons-sur-Marne. . . 396ᵏ
Valenciennes. 264

(fer) 660

N° 3896. DE COLMAR à VANNES.

Paris. 568ᵏ
Nantes 427
Vannes. 108

1,103

N° 3897. DE COLMAR à VERDUN.

Nancy. 215ᵏ
Verdun 98

313

N° 3898. DE COLMAR à VERNON.

Paris. 568ᵏ
Vernon. 80

(fer) 618

N° 3899. DE COLMAR à VERSAILLES.

Paris. 568ᵏ
Versailles 17

(fer) 585

N° 3900. DE COLMAR à VESOUL.

Vesoul 153ᵏ

COMPIÈGNE.

N° 3901. DE COMPIÈGNE à DIGNE

Paris 101ᵏ
Lyon. 512
Digne. 296

909

N° 3902. DE COMPIÈGNE à DIJON.

Paris 101ᵏ
ʲion. 315

416

N° 3903. DE COMPIÈGNE à DOUAI.

Douai. . . . . . . (fer) 163ᵏ

N° 3904. DE COMPIÈGNE à DRAGUI-GNAN.

Paris. 101ᵏ
Lyon. 512
Draguignan 391

1,004

N° 3905. DE COMPIÈGNE à DUNKERQUE

Dunkerque. . . . .(fer) 278ᵏ

N° 3906. DE COMPIÈGNE à ÉPINAL.

Châlons-sur-Marne. . . 189ᵏ
Épinal. 255

(fer) 444

N° 3907. DE COMPIÈGNE à ÉVREUX.

Paris 101ᵏ
Évreux. 108

(fer) 209

N° 3908. DE COMPIÈGNE à LA FÈRE.

La Fère. . . . . (fer) 53ᵏ

N° 3909. DE COMPIÈGNE à FOIX.

Paris 101ᵏ
Bordeaux 578
Toulouse 257
Foix. 82

1,018

N° 3910. DE COMPIÈGNE à FONTAINE-BLEAU.

Paris. 101ᵏ
Fontainebleau 59

(fer) 160

N° 3911. DE COMPIÈGNE à GAP.

Paris 101ᵏ
Lyon 512
Grenoble 150
Gap. 101

864

N° 3912. DE COMPIÈGNE à GIVET.

Laon. 75ᵏ
Givet. 195

270

N° 3913. DE COMPIÈGNE à GRENOBLE.

Paris. 101ᵏ
Lyon 512
Grenoble. 150

(fer) 763

N° 3914. DE COMPIÈGNE à GUÉRET.

Paris. 101ᵏ
Guéret. 374

475

N° 3915. DE COMPIÈGNE à HAGUENAU.

Châlons-sur-Marne . . . 189ᵏ
Haguenau. 345

(fer) 534

N° 3916. DE COMPIÈGNE à LANGRES.

Châlons-sur-Marne. . . 189ᵏ
Langres. 170

(fer) 359

N° 3917. DE COMPIÈGNE à LAON.

Laon . . . .(fer) 75ᵏ

N° 3918. DE COMPIÈGNE à LAVAL.

Paris. 101ᵏ
Laval. 301

(fer) 402

N° 3919. DE COMPIÈGNE à LILLE.

Lille . . . .(fer) 196ᵏ

N° 3920. DE COMPIÈGNE à LIMOGES.

Paris 101ᵏ
Limoges. 400

(fer) 501

N° 3921. DE COMPIÈGNE à LONS-LE-SAUNIER.

Paris. 101ᵏ
Lons-le-Saunier 447

548

N° 3922. DE COMPIÈGNE à LORIENT.

Paris. 101ᵏ
Rennes 373
Lorient 160

634

N° 3923. DE COMPIÈGNE à LUNÉVILLE.

Châlons-sur-Marne. . . 189ᵏ
Lunéville 213

(fer) 402

N° 3924. DE COMPIÈGNE à LYON.

Paris. 101ᵏ
Lyon 512

(fer) 613

N° 3925. DE COMPIÈGNE à MACON.

Paris	101^k
Mâcon	441
(fer)	542

N° 3926. DE COMPIÈGNE au MANS.

Paris	101^k
Le Mans	211
(fer)	312

N° 3927. DE COMPIÈGNE à MARSEILLE.

Paris	101^k
Marseille	863
(fer)	964

N° 3928. DE COMPIÈGNE à MAUBEUGE.

Maubeuge (fer)	145^k

N° 3929. DE COMPIÈGNE à MELUN.

Paris	101^k
Melun	45
(fer)	146

N° 3930. DE COMPIÈGNE à MENDE.

Paris	101^k
Clermont	446
Mende	186
	733

N° 3931. DE COMPIÈGNE à METZ.

Châlons-sur-Marne	189^k
Metz	220
(fer)	409

N° 3932. DE COMPIÈGNE à MÉZIÈRES.

Laon	75^k
Mézières	128
(fer)	203

N° 3933. DE COMPIÈGNE à MONTAUBAN

Paris	101^k
Bordeaux	578
Montauban	206
(fer)	885

N° 3934. DE COMPIÈGNE à MONT-BRISON.

Paris	101^k
Montbrison	500
	601

N° 3935. DE COMPIÈGNE à MONT-DE-MARSAN.

Paris	101^k
Bordeaux	578
Mont-de-Marsan	148
(fer)	827

N° 3936. DE COMPIÈGNE à MONTPELLIER.

Paris	101^k
Montpellier	840
(fer)	941

N° 3937. DE COMPIÈGNE à MOULINS.

Paris	101^k
Moulins	340
(fer)	441

N° 3938. DE COMPIÈGNE à NANCY.

Châlons-sur-Marne	189^k
Nancy	181
(fer)	370

N° 3939. DE COMPIÈGNE à NANTES.

Paris	101^k
Nantes	427
(fer)	528

N° 3940. DE COMPIÈGNE à NAPOLÉON-VENDÉE.

Paris	101^k
Napoléon-Vendée	433
	534

N° 3941. DE COMPIÈGNE à NEVERS.

Paris	101^k
Nevers	301
(fer)	402

N° 3942. DE COMPIÈGNE à NIMES.

Paris	101^k
Nimes	791
(fer)	892

N° 3943. DE COMPIÈGNE à NIORT.

Paris	101^k
Niort	410
(fer)	511

N° 3944. DE COMPIÈGNE à ORLÉANS.

Paris	101^k
Orléans	121
(fer)	222

N° 3945. DE COMPIÈGNE à PARIS.

Paris (fer)	101^k

N° 3946. DE COMPIÈGNE à PAU.

Paris	101^k
Bordeaux	578
Pau	213
	892

N° 3947. DE COMPIÈGNE à PÉRIGUEUX.

Paris	101^k
Périgueux	495
	596

N° 3948. DE COMPIÈGNE à PERPIGNAN.

Paris	101^k
Cette	808
Perpignan	134
(fer)	1,103

N° 3949. DE COMPIÈGNE à POITIERS.

Paris	101^k
Poitiers	332
(fer)	433

N° 3950. DE COMPIÈGNE à PRIVAS.

Paris	101^k
Lyon	512
Privas	144
	757

N° 3951. DE COMPIÈGNE au PUY.

Paris	101^k
Clermont	446
Le Puy	134
	681

N° 3952. DE COMPIÈGNE à QUIMPER.

Paris	101^k
Rennes	373
Quimper	227
	701

N° 3953. DE COMPIÈGNE à RENNES.

Paris	101^k
Rennes	373
(fer)	474

N° 3954. DE COMPIÈGNE à ROCHEFORT.

Paris	101^k
Rochefort	474
(fer)	575

N° 3955. DE COMPIÈGNE A LA RO-
CHELLE.

Paris.	101ᵏ
La Rochelle	477
(fer)	578

N° 3956. DE COMPIÈGNE à RODEZ.

Paris	101ᵏ
Rodez	671
	772

N° 3957. DE COMPIÈGNE à ROUEN.

Paris	101ᵏ
Rouen.	137
(fer)	238

N° 3958. DE COMPIÈGNE à SAINT-
BRIEUC.

Paris	101ᵏ
Rennes	373
Saint-Brieuc.	100
	574

N° 3959. DE COMPIÈGNE à SAINT-
ÉTIENNE.

Paris..	101ᵏ
Saint-Étienne	530
(fer)	631

N° 3960. DE COMPIÈGNE à SAINT-
GERMAIN.

Paris.	101ᵏ
Saint-Germain. . . .	23
(fer)	124

N° 3961. DE COMPIÈGNE à SAINT-LO.

Paris.	101ᵏ
Saint-Lô.	314
(fer)	415

N° 3962. DE COMPIÈGNE à SAINT-OMER.

Saint-Omer . . .	(fer)	258ᵏ

N° 3963. DE COMPIÈGNE à SARREGUE-
MINES.

Châlons-sur-Marne. . .	189ᵏ
Sarreguemines.	297
	486

N° 3964. DE COMPIÈGNE à SAUMUR.

Paris.	101ᵏ
Saumur.	295
(fer)	396

N° 3965. DE COMPIÈGNE à SCHELE-
STADT.

Châlons-sur-Marne. . .	189ᵏ
Schelestadt	373
(fer)	562

N° 3966. DE COMPIÈGNE à STRAS-
BOURG.

Châlons-sur-Marne. . .	189ᵏ
Strasbourg	330
(fer)	519

N° 3967. DE COMPIÈGNE à TARBES.

Paris	101ᵏ
Bordeaux	578
Tarbes.	230
	909

N° 3968. DE COMPIÈGNE à THIONVILLE

Châlons-sur-Marne. . .	189ᵏ
Thionville	246
(fer)	435

N° 3969. DE COMPIÈGNE à TOULON.

Paris	101ᵏ
Marseille	863
Toulon	60
	1,024

N° 3970. DE COMPIÈGNE à TOULOUSE

Paris.	101ᵏ
Bordeaux.	578
Toulouse.	257
(fer)	936

N° 3971. DE COMPIÈGNE à TOURS.

Paris.	101ᵏ
Tours.	234
(fer)	335

N° 3972. DE COMPIÈGNE à TROYES.

Paris.	101ᵏ
Troyes.	167
(fer)	268

N° 3973. DE COMPIÈGNE à TULLE.

Paris	101ᵏ
Limoges.	400
Tulle.	89
	590

N° 3974. DE COMPIÈGNE à VALENCE.

Paris	101ᵏ
Valence..	618
(fer)	719

N° 3975. DE COMPIÈGNE à VALEN-
CIENNES.

Valenciennes. . .	(fer)	109ᵏ

N° 3976. DE COMPIÈGNE à VANNES.

Paris	101ᵏ
Rennes	373
Vannes.	103
	577

N° 3977. DE COMPIÈGNE à VERDUN.

Châlons-sur-Marne. . .	189ᵏ
Verdun	81
	270

N° 3978. DE COMPIÈGNE à VERNON.

Paris	101ᵏ
Vernon.	80
(fer)	181

N° 3979. DE COMPIÈGNE à VERSAILLES.

Paris	101ᵏ
Versailles	17
(fer)	118

N° 3980. DE COMPIÈGNE à VESOUL.

Châlons-sur-Marne . . .	189ᵏ
Vesoul.	247
(fer)	436

DIGNE.

N° 3981. DE DIGNE à DIJON.

Lyon	296ᵏ
Dijon	197
	493

N° 3982. DE DIGNE à DOUAI.

Lyon	296ᵏ
Paris..	512
Douai	235
	1,043

N° 3983. DE DIGNE à DRAGUIGNAN.

Draguignan	95ᵏ

N° 3984. DE DIGNE à DUNKERQUE.

Lyon	296ᵏ
Paris	512
Dunkerque	351
	1,159

N° 3985. DE DIGNE à ÉPINAL.

Lyon	296ᵏ
Besançon	250
Épinal	123
	669

N° 3986. DE DIGNE à ÉVREUX.

Lyon	296ᵏ
Paris	512
Évreux	108
	916

N° 3987. DE DIGNE à LA FÈRE.

Lyon	296ᵏ
Paris	512
La Fère	153
	961

N° 3988. DE DIGNE à FOIX.

Avignon	152ᵏ
Carcassonne	255
Foix	98
	505

N° 3989. DE DIGNE à FONTAINEBLEAU.

Lyon	296ᵏ
Fontainebleau	453
	749

N° 3990. DE DIGNE à GAP.

Gap	87ᵏ

N° 3991. DE DIGNE à GIVET.

Lyon	296ᵏ
Givet	609
	905

N° 3992. DE DIGNE à GRENOBLE.

Grenoble	188ᵏ

N° 3993. DE DIGNE à GUÉRET.

Lyon	296ᵏ
Guéret	314
	610

N° 3994. DE DIGNE à HAGUENAU.

Lyon	296ᵏ
Haguenau	546
	842

N° 3995. DE DIGNE à LANGRES.

Lyon	296ᵏ
Dijon	197
Langres	66
	559

N° 3996. DE DIGNE à LAON.

Lyon	296ᵏ
Paris	512
Laon	175
	983

N° 3997. DE DIGNE à LAVAL.

Lyon	296ᵏ
Le Mans	636
Laval	90
	1,022

N° 3998. DE DIGNE à LILLE.

Lyon	296ᵏ
Paris	512
Lille	268
	1,076

N° 3999. DE DIGNE à LIMOGES.

Lyon	296ᵏ
Limoges	363
	659

N° 4000. DE DIGNE à LONS-LE-SAUNIER.

Lyon	296ᵏ
Lons-le-Saunier	124
	420

N° 4001. DE DIGNE à LORIENT.

Lyon	296ᵏ
Nantes	717
Lorient	164
	1,177

N° 4002. DE DIGNE à LUNÉVILLE.

Lyon	296ᵏ
Lunéville	416
	712

N° 4003. DE DIGNE à LYON.

Lyon	296ᵏ

N° 4004. DE DIGNE à MACON.

Lyon	296ᵏ
Mâcon	72
	368

N° 4005. DE DIGNE au MANS.

Lyon	296ᵏ
Le Mans	636
	932

N° 4006. DE DIGNE à MARSEILLE.

Marseille	139ᵏ

N° 4007. DE DIGNE à MAUBEUGE.

Lyon	296ᵏ
Paris	512
Maubeuge	246
	1,054

N° 4008. DE DIGNE à MELUN.

Lyon	296ᵏ
Melun	468
	764

N° 4009. DE DIGNE à MENDE.

Nîmes	203ᵏ
Mende	148
	351

N° 4010. DE DIGNE à METZ.

Lyon	296ᵏ
Dijon	197
Metz	249
	742

N° 4011. DE DIGNE à MÉZIÈRES.

Lyon	296ᵏ
Mézières	546
	842

N° 4012. DE DIGNE à MONTAUBAN.

Avignon	152ᵏ
Montauban	397
	549

N° 4013. DE DIGNE à MONTBRISON.

Lyon	296ᵏ
Montbrison	101
	397

N° 4014. DE DIGNE à MONT-DE-MARSAN.

Avignon	152ᵏ
Agen	466
Mont-de-Marsan	109
	727

N° 4015. DE DIGNE à MONTPELLIER.

Avignon	152ᵏ
Montpellier	99
	251

N° 4016. DE DIGNE à MOULINS.

Lyon	296ᵏ
Moulins	186
	482

N° 4017. DE DIGNE à NANCY.

Lyon	296k
Dijon	197
Nancy	192
	685

N° 4018. DE DIGNE à NANTES.

Lyon	296k
Nantes	717
	1,013

N° 4019. DE DIGNE à NAPOLÉON-VENDÉE.

Lyon	296k
Napoléon-Vendée	729
	1,025

N° 4020. DE DIGNE à NEVERS.

Lyon	296k
Nevers	239
	535

N° 4021. DE DIGNE à NIMES.

Avignon	152k
Nimes	49
	201

N° 4022. DE DIGNE à NIORT.

Lyon	296k
Niort	565
	861

N° 4023. DE DIGNE à ORLÉANS.

Lyon	296k
Orléans	420
	716

N° 4024. DE DIGNE à PARIS.

Lyon	296k
Paris	512
	808

N° 4025. DE DIGNE à PAU.

Avignon	152k
Toulouse	346
Pau	190
	688

N° 4026. DE DIGNE à PÉRIGUEUX.

Avignon	152k
Agen	466
Périgueux	136
	754

N° 4027. DE DIGNE à PERPIGNAN.

Avignon	152k
Perpignan	260
	412

N° 4028. DE DIGNE à POITIERS.

Lyon	296k
Poitiers	489
	785

N° 4029. DE DIGNE à PRIVAS.

Avignon	152k
Privas	109
	261

N° 4030. DE DIGNE au PUY.

Avignon	152k
Le Puy	206
	358

N° 4031. DE DIGNE à QUIMPER.

Lyon	296k
Nantes	717
Quimper	231
	1,244

N° 4032. DE DIGNE à RENNES.

Lyon	296k
Le Mans	636
Rennes	163
	1 095

N° 4033. DE DIGNE à ROCHEFORT.

Lyon	296k
Rochefort	626
	922

N° 4034. DE DIGNE à LA ROCHELLE.

Lyon	296k
La Rochelle	628
	924

N° 4035. DE DIGNE à RODEZ.

Avignon	152k
Nimes	49
Rodez	232
	433

N° 4036. DE DIGNE à ROUEN.

Lyon	296k
Paris	512
Rouen	137
	945

N° 4037. DE DIGNE à SAINT-BRIEUC.

Lyon	296k
Le Mans	636
Rennes	163
Saint-Brieuc	100
	1,195

N° 4038. DE DIGNE à SAINT-ÉTIENNE.

Lyon	296k
Saint-Étienne	56
	352

N° 4039. DE DIGNE à SAINT-GERMAIN.

Lyon	296k
Paris	512
Saint-Germain	23
	831

N° 4040. DE DIGNE à SAINT-LO.

Lyon	296k
Paris	512
Saint-Lô	314
	1,122

N° 4041. DE DIGNE à SAINT-OMER.

Lyon	296k
Paris	512
Saint-Omer	330
	1,138

N° 4042. DE DIGNE à SARREGUEMINES.

Lyon	296k
Dijon	197
Sarreguemines	325
	818

N° 4043. DE DIGNE à SAUMUR.

Lyon	296k
Saumur	596
	892

N° 4044. DE DIGNE à SCHELESTADT.

Lyon	296k
Schelestadt	458
	754

N° 4045. DE DIGNE à STRASBOURG.

Lyon	296k
Strasbourg	504
	800

N° 4046. DE DIGNE à TARBES.

Avignon	152k
Toulouse	346
Tarbes	151
	649

4047. DE DIGNE À THIONVILLE.

Lyon	296k
Dijon	197
Thionville	275
	768

4048. DE DIGNE À TOULON.

Aix	110k
Toulon	75
	185

4049. DE DIGNE À TOULOUSE.

Avignon	152k
Toulouse	346
	498

4050. DE DIGNE À TOURS.

Lyon	296k
Tours	537
	833

4051. DE DIGNE À TROYES.

Lyon	296k
Troyes	343
	639

4052. DE DIGNE À TULLE.

Lyon	296k
Clermont	184
Tulle	143
	623

4053. DE DIGNE À VALENCE.

Avignon	152k
Valence	125
	277

4054. DE DIGNE À VALENCIENNES.

Lyon	296k
Paris	512
Valenciennes	268
	1,076

4055. DE DIGNE À VANNES.

Lyon	296k
Nantes	717
Vannes	108
	1.121

4056. DE DIGNE À VERDUN.

Lyon	296k
Dijon	197
Verdun	239
	732

N° 4057. DE DIGNE À VERNON.

Lyon	296k
Paris	512
Vernon	80
	888

N° 4058. DE DIGNE À VERSAILLES.

Lyon	296k
Paris	512
Versailles	17
	825

N° 4059. DE DIGNE À VESOUL.

Lyon	296k
Besançon	250
Vesoul	47
	593

DIJON.

N° 4060. DE DIJON À DOUAI.

Paris	315k
Douai	235
(fer)	550

N° 4061. DE DIJON À DRAGUIGNAN.

Lyon	197k
Draguignan	391
	588

N° 4062. DE DIJON À DUNKERQUE.

Paris	315k
Dunkerque	351
(fer)	666

N° 4063. DE DIJON À ÉPINAL.

Langres	66k
Épinal	115
	181

N° 4064. DE DIJON À ÉVREUX.

Paris	315k
Évreux	108
(fer)	423

N° 4065. DE DIJON À LA FÈRE.

Paris	315k
La Fère	153
(fer)	468

N° 4066. DE DIJON À FOIX.

Carcassonne	682k
Foix	98
	780

N° 4067. DE DIJON À FONTAINEBLEAU

Fontainebleau	(fer) 236k

N° 4068. DE DIJON À GAP.

Lyon	197k
Grenoble	150
Gap	101
	448

N° 4069. DE DIJON À GIVET.

Givet	453k

N° 4070. DE DIJON À GRENOBLE.

Lyon	197k
Grenoble	150
(fer)	347

N° 4071. DE DIJON À GUÉRET.

Guéret	321k

N° 4072. DE DIJON À HAGUENAU.

Besançon	92k
Haguenau	287
(fer)	379

N° 4073. DE DIJON À LANGRES.

Langres	(fer) 66k

N° 4074. DE DIJON À LAON.

Paris	315k
Laon	175
(fer)	490

N° 4075. DE DIJON À LAVAL.

Paris	315k
Laval	301
(fer)	616

N° 4076. DE DIJON À LILLE.

Paris	315k
Lille	268
(fer)	583

N° 4077. DE DIJON À LIMOGES.

Limoges	405k

N° 4078. DE DIJON À LONS-LE-SAUNIER.

Lons-le-Saunier	99k

N° 4079. DE DIJON à LORIENT.

Paris	315^k
Rennes	373
Lorient	160
	848

N° 4080. DE DIJON à LUNÉVILLE.

Lunéville	219^k

N° 4081. DE DIJON à LYON.

Lyon	(fer) 197^k

N° 4082. DE DIJON à MACON.

Mâcon	(fer) 126^k

N° 4083. DE DIJON au MANS.

Paris	315^k
Le Mans	211
	(fer) 526

N° 4084. DE DIJON à MARSEILLE.

Marseille	(fer) 519^k

N° 4085. DE DIJON à MAUBEUGE.

Châlons-sur-Marne	236^k
Maubeuge	240
	(fer) 476

N° 4086. DE DIJON à MELUN.

Melun	(fer) 270^k

N° 4087. DE DIJON à MENDE.

Lyon	197^k
Mende	223
	420

N° 4088. DE DIJON à METZ.

Metz	249^k

N° 4089. DE DIJON à MÉZIÈRES.

Mézières	349^k

N° 4090. DE DIJON à MONTAUBAN.

Montauban	612^k

N° 4091. DE DIJON à MONTBRISON.

Lyon	197^k
Montbrison	101
	298

N° 4092. DE DIJON à MONT-DE-MARSAN.

Bordeaux	621^k
Mont-de-Marsan	148
	769

N° 4093. DE DIJON à MONTPELLIER.

Montpellier	(fer) 526^k

N° 4094. DE DIJON à MOULINS.

Moulins	183^k

N° 4095. DE DIJON à NANCY.

Nancy	192^k

N° 4096. DE DIJON à NANTES.

Paris	315^k
Nantes	427
	(fer) 742

N° 4097. DE DIJON à NAPOLÉON-VENDÉE.

Napoléon-Vendée	615^k

N° 4098. DE DIJON à NEVERS.

Nevers	189^k

N° 4099. DE DIJON à NIMES.

Nîmes	(fer) 476^k

N° 4100. DE DIJON à NIORT.

Niort	595^k

N° 4101. DE DIJON à ORLÉANS.

Orléans	303^k

N° 4102. DE DIJON à PARIS.

Paris	(fer) 315^k

N° 4103. DE DIJON à PAU.

Pau	8 8^k

N° 4104. DE DIJON à PÉRIGUEUX.

Périgueux	500^k

N° 4105. DE DIJON à PERPIGNAN.

Perpignan	(fer) 688^k

N° 4106. DE DIJON à POITIERS.

Poitiers	519^k

N° 4107. DE DIJON à PRIVAS.

Lyon	197^k
Privas	144
	341

N° 4108. DE DIJON au PUY.

Lyon	197^k
Le Puy	134
	331

N° 4109. DE DIJON à QUIMPER.

Paris	315^k
Rennes	373
Quimper	227
	915

N° 4110. DE DIJON à RENNES.

Paris	315^k
Rennes	373
	(fer) 688

N° 4111. DE DIJON à ROCHEFORT.

Rochefort	656^k

N° 4112. DE DIJON à LA ROCHELLE.

La Rochelle	658^k

N° 4113. DE DIJON à RODEZ.

Rodez	535^k

N° 4114. DE DIJON à ROUEN.

Paris	315^k
Rouen	137
	(fer) 452

N° 4115. DE DIJON à SAINT-BRIEUC.

Paris	315^k
Rennes	373
Saint Brieuc	100
	788

N° 4116. DE DIJON à SAINT-ÉTIENNE.

Lyon	197^k
Saint-Étienne	56
	(fer) 253

N° 4117. DE DIJON à SAINT-GERMAIN.

Paris	315^k
Saint Germain	23
	(fer) 338

N° 4118. DE DIJON à SAINT-LO.

Paris	315^k
Saint-Lô	314
	(fer) 629

N° 4119. DE DIJON à SAINT-OMER.

Paris	315^k
Saint-Omer	330
	(fer) 645

N° 4120. DE DIJON à SARREGUEMINES.

Sarreguemines	325^k

N° 4121. DE DIJON à SAUMUR.

Saumur. . . . . 482^k

N° 4122. DE DIJON à SCHELESTADT.

Besançon. . . . . . . 92^k
Schelestadt. 210

(fer) 302

N° 4123. DE DIJON à STRASBOURG.

Besançon. . . . . 92^k
Strasbourg.!. 255

(fer) 347

N° 4124. DE DIJON à TARBES.

Tarbes . . . . 769^k

N° 4125. DE DIJON à THIONVILLE.

Thionville. . . . . . 275^k

N° 4126. DE DIJON à TOULON.

Marseille. . . . . 549^k
Toulon. 60

609

N° 4127. DE DIJON à TOULOUSE.

Toulouse . . . . .(fer) 774^k

N° 4128. DE DIJON à TOURS.

Tours . . . . 418^k

N° 4129. DE DIJON à TROYES.

Troyes. . . . . . .(fer) 197^k

N° 4130. DE DIJON à TULLE.

Tulle . . . . 421^k

N° 4131. DE DIJON à VALENCE.

Valence. . . . . .(fer) 303^k

N° 4132. DE DIJON à VALENCIENNES.

Paris. . . . . 315^k
Valenciennes. 268

(fer) 583

N° 4133. DE DIJON à VANNES.

Paris. . . . . 315^k
Rennes.. 373
Vannes 103

791

N° 4134. DE DIJON à VERDUN.

Verdun. . . . . 239^k

N° 4135. DE DIJON à VERNON.

Paris. . . . . 315^k
Vernon. 80

(fer) 395

N° 4136. DE DIJON à VERSAILLES.

Paris. . . . . 315^k
Versailles. 17

(fer) 332

N° 4137. DE DIJON à VESOUL.

Vesoul. . . . . 107^k

DOUAI.

N° 4138. DE DOUAI à DRAGUIGNAN.

Paris. . . . . 235^k
Lyon 512
Draguignan. 391

1,138

N° 4139. DE DOUAI à DUNKERQUE.

Dunkerque. . . . . . 116^k

N° 4140. DE DOUAI à ÉPINAL.

Châlons-sur-Marne. . . 258^k
Épinal. 255

(fer) 513

N° 4141. DE DOUAI à ÉVREUX.

Paris . . . . 235^k
Évreux 108

(fer) 343

N° 4142. DE DOUAI à LA FÈRE.

La Fère . . . . .(fer) 122^k

N° 4143. DE DOUAI à FOIX.

Paris . . . . 235^k
Bordeaux 578
Toulouse 257
Foix 82

1,152

N° 4144. DE DOUAI à FONTAINEBLEAU.

Paris. . . . . 235^k
Fontainebleau. . . . 59

(fer) 294

N° 4145. DE DOUAI à GAP.

Paris. . . . . 235^k
Lyon. 512
Grenoble 150
Gap. 101

998

N° 4146. DE DOUAI à GIVET.

Givet . . . . 240^k

N° 4147. DE DOUAI à GRENOBLE.

Paris . . . . 235^k
Lyon 512
Grenoble. 150

(fer) 897

N° 4148. DE DOUAI à GUÉRET.

Paris. . . . . 235^k
Guéret. 374

609

N° 4149. DE DOUAI à HAGUENAU.

Châlons-sur-Marne. . . 258^k
Haguenau. 345

(fer) 603

N° 4150. DE DOUAI à LANGRES.

Châlons-sur-Marne . . . 258^k
Langres. 170

(fer) 428

N° 4151. DE DOUAI à LAON.

Laon . . . . . .(fer) 144^k

N° 4152. DE DOUAI à LAVAL.

Paris . . . . 235^k
Laval. 301

(fer) 536

N° 4153. DE DOUAI à LILLE.

Lille. . . . . . .(fer) 34^k

N° 4154. DE DOUAI à LIMOGES.

Paris . . . . 235^k
Limoges. 400

(fer) 635

N° 4155. DE DOUAI à LONS-LE-SAUNIER.

Paris. . . . . 235^k
Lons-le-Saunier. 447

682

N° 4156. DE DOUAI à LORIENT.

Paris	235ᵏ
Rennes	373
Lorient	160
	768

N° 4157. DE DOUAI à LUNÉVILLE.

Châlons-sur-Marne	258ᵏ
Lunéville	213
(fer)	471

N° 4158. DE DOUAI à LYON.

Paris	235ᵏ
Lyon	512
(fer)	747

N° 4159. DE DOUAI à MACON.

Paris	235ᵏ
Mâcon	441
(fer)	676

N° 4160. DE DOUAI au MANS.

Paris	235ᵏ
Le Mans	211
(fer)	446

N° 4161. DE DOUAI à MARSEILLE.

Paris	235ᵏ
Marseille	863
(fer)	1,098

N° 4162. DE DOUAI à MAUBEUGE.

Maubeuge (fer)	114ᵏ

N° 4163. DE DOUAI à MELUN.

Paris	235ᵏ
Melun	45
(fer)	280

N° 4164. DE DOUAI à MENDE.

Paris	235ᵏ
Clermont	446
Mende	186
	867

N° 4165. DE DOUAI à METZ.

Châlons-sur-Marne	258ᵏ
Metz	220
(fer)	478

N° 4166. DE DOUAI à MÉZIÈRES.

Mézières	173ᵏ

N° 4167. DE DOUAI à MONTAUBAN.

Paris	235ᵏ
Bordeaux	578
Montauban	206
(fer)	1,019

N° 4168. DE DOUAI à MONTBRISON.

Paris	235ᵏ
Montbrison	500
	735

N° 4169. DE DOUAI à MONT-DE-MARSAN.

Paris	235ᵏ
Bordeaux	578
Mont-de-Marsan	148
(fer)	961

N° 4170. DE DOUAI à MONTPELLIER.

Paris	235ᵏ
Montpellier	840
(fer)	1,075

N° 4171. DE DOUAI à MOULINS.

Paris	235ᵏ
Moulins	340
(fer)	575

N° 4172. DE DOUAI à NANCY.

Châlons-sur-Marne	258ᵏ
Nancy	181
(fer)	439

N° 4173. DE DOUAI à NANTES.

Paris	235ᵏ
Nantes	427
(fer)	662

N° 4174. DE DOUAI à NAPOLÉON-VENDÉE.

Paris	235ᵏ
Napoléon-Vendée	433
	668

N° 4175. DE DOUAI à NEVERS.

Paris	235ᵏ
Nevers	301
(fer)	536

N° 4176. DE DOUAI à NIMES.

Paris	235ᵏ
Nimes	791
(fer)	1,026

N° 4177. DE DOUAI à NIORT.

Paris	235ᵏ
Niort	410
(fer)	645

N° 4178. DE DOUAI à ORLÉANS.

Paris	235ᵏ
Orléans	121
(fer)	356

N° 4179. DE DOUAI à PARIS.

Paris (fer)	235ᵏ

N° 4180. DE DOUAI à PAU.

Paris	235ᵏ
Bordeaux	578
Pau	213
	1,026

N° 4181. DE DOUAI à PÉRIGUEUX.

Paris	235ᵏ
Périgueux	495
	730

N° 4182. DE DOUAI à PERPIGNAN.

Paris	235ᵏ
Cette	808
Perpignan	134
(fer)	1,237

N° 4183. DE DOUAI à POITIERS.

Paris	235ᵏ
Poitiers	332
(fer)	567

N° 4184. DE DOUAI à PRIVAS.

Paris	235ᵏ
Lyon	512
Privas	144
	891

N° 4185. DE DOUAI au PUY.

Paris	235ᵏ
Clermont	446
Le Puy	134
	815

N° 4186. DE DOUAI à QUIMPER.

Paris	235ᵏ
Rennes	373
Quimper	227
	835

No **4187.** DE DOUAI à RENNES.

Paris	235ᵏ
Rennes	373
(fer)	608

No **4188.** DE DOUAI à ROCHEFORT.

Paris	235ᵏ
Rochefort	474
(fer)	709

No **4189.** DE DOUAI à LA ROCHELLE.

Paris	235ᵏ
La Rochelle	477
(fer)	712

No **4190.** DE DOUAI à RODEZ.

Paris	235ᵏ
Rodez	671
	906

No **4191.** DE DOUAI à ROUEN.

Paris	235ᵏ
Rouen	137
(fer)	372

No **4192.** DE DOUAI à SAINT-BRIEUC.

Paris	235ᵏ
Rennes	373
Saint-Brieuc	100
	7.8

No **4193.** DE DOUAI à ST-ÉTIENNE.

Paris	235ᵏ
Saint-Etienne	530
(fer)	765

No **4194.** DE DOUAI à ST-GERMAIN.

Paris	235ᵏ
Saint-Germain	23
(fer)	253

No **4195.** DE DOUAI à SAINT-LO.

Paris	235ᵏ
Saint-Lô	314
(fer)	549

No **4196.** DE DOUAI à SAINT-OMER.

Saint-Omer.... (fer)	96ᵏ

No **4197.** DE DOUAI à SARREGUE-MINES.

Châlons-sur-Marne	258ᵏ
Sarreguemines	297
	555

No **4198.** DE DOUAI à SAUMUR.

Paris	235ᵏ
Saumur	295
(fer)	530

No **4199.** DE DOUAI à SCHELESTADT.

Châlons-sur-Marne	258ᵏ
Schelestadt	373
(fer)	631

No **4200.** DE DOUAI à STRASBOURG.

Châlons-sur-Marne	258ᵏ
Strasbourg	330
(fer)	588

No **4201.** DE DOUAI à TARBES.

Paris	235ᵏ
Bordeaux	578
Tarbes	230
	1,043

No **4202.** DE DOUAI à THIONVILLE.

Châlons-sur-Marne	258ᵏ
Thionville	246
(fer)	504

No **4203.** DE DOUAI à TOULON.

Paris	235ᵏ
Marseille	863
Toulon	60
	1,158

No **4204.** DE DOUAI à TOULOUSE.

Paris	235ᵏ
Bordeaux	578
Toulouse	257
(fer)	1,070

No **4205.** DE DOUAI à TOURS.

Paris	235ᵏ
Tours	234
(fer)	469

No **4206.** DE DOUAI à TROYES.

Paris	235ᵏ
Troyes	167
(fer)	402

No **4207.** DE DOUAI à TULLE.

Paris	235ᵏ
Limoges	400
Tulle	89
	724

No **4208.** DE DOUAI à VALENCE.

Paris	235ᵏ
Valence	618
(fer)	853

No **4209.** DE DOUAI à VALENCIENNES.

Valenciennes . . (fer)	36ᵏ

No **4210.** DE DOUAI à VANNES.

Paris	235ᵏ
Rennes	373
Vannes	103
	711

No **4211.** DE DOUAI à VERDUN.

Châlons-sur-Marne	258ᵏ
Verdun	81
	339

No **4212.** DE DOUAI à VERNON.

Paris	235ᵏ
Vernon	80
(fer)	315

No **4213.** DE DOUAI à VERSAILLES.

Paris	235ᵏ
Versailles	17
(fer)	252

No **4214.** DE DOUAI à VESOUL.

Châlons-sur-Marne	258ᵏ
Vesoul	247
	505

DRAGUIGNAN.

No **4215.** DE DRAGUIGNAN à DUN-KERQUE.

Lyon	391ᵏ
Paris	512
Dunkerque	351
	1,251

No **4216.** DE DRAGUIGNAN à ÉPINAL.

Lyon	391ᵏ
Besançon	230
Épinal	123
	704

N° **4217**. DE DRAGUIGNAN à ÉVREUX.

Lyon . . . . 391^k
Paris 512
Évreux. 108

1,011

N° **4218**. DE DRAGUIGNAN à LA FÈRE.

Lyon. . . . . 391^k
Paris 512
La Fère 153

1,056

N° **4219**. DE DRAGUIGNAN à FOIX.

Aix . . . . 108^k
Carcassonne. 329
Foix 98

535

N° **4220**. DE DRAGUIGNAN à FONTAI-NEBLEAU.

Lyon . . . . 391^k
Fontainebleau 453

814

N° **4221**. DE DRAGUIGNAN à GAP.

Gap. . . . . 182^k

N° **4222**. DE DRAGUIGNAN à GIVET.

Lyon . . . . 391^k
Givet 609

1,000

N° **4223**. DE DRAGUIGNAN à GRENOBLE.

Grenoble . . . . . . 283^k

N° **4224**. DE DRAGUIGNAN à GUÉRET.

Guéret . . . . 656^k

N° **4225**. DE DRAGUIGNAN à HAGUENAU.

Lyon. . . . . 391^k
Haguenau. 546

937

N° **4226**. DE DRAGUIGNAN à LANGRES.

Lyon . . . . 391^k
Dijon. 197
Langres. 66

654

N° **4227**. DE DRAGUIGNAN à LAON.

Lyon. . . . . 391^k
Paris 512
Laon. 175

1,078

N° **4228**. DE DRAGUIGNAN à LAVAL.

Lyon . . . . 391^k
Le Mans. 636
Laval 90

1,117

N° **4229**. DE DRAGUIGNAN à LILLE.

Lyon . . . . 391^k
Paris 512
Lille. 268

1,171

N° **4230**. DE DRAGUIGNAN à LIMOGES.

Limoges. . . . . . . 705^k

N° **4231**. DE DRAGUIGNAN à LONS-LE-SAUNIER.

Lyon . . . . 391^k
Lons-le-Saunier 124

515

N° **4232**. DE DRAGUIGNAN à LORIENT.

Lyon . . . . 391^k
Nantes 717
Lorient 164

1,272

N° **4233**. DE DRAGUIGNAN à LUNÉVILLE

Lyon . . . . 391^k
Lunéville. 416

807

N° **4234**. DE DRAGUIGNAN à LYON.

Lyon . . . . 391^k

N° **4235**. DE DRAGUIGNAN à MACON.

Lyon. . . . . 391^k
Mâcon 72

463

N° **4236**. DE DRAGUIGNAN au MANS.

Lyon. . . . . 391^k
Le Mans. 636

1,027

N° **4237**. DE DRAGUIGNAN à MARSEILLE.

Marseille. . . . . . . 113^k

N° **4238**. DE DRAGUIGNAN à MAUBEUGE

Lyon . . . . 391^k
Paris. 512
Maubeuge. 246

1,149

N° **4239**. DE DRAGUIGNAN à MELUN.

Lyon . . . . 391^k
Melun. 468

859

N° **4240**. DE DRAGUIGNAN à MENDE.

Nîmes. . . . . 231^k
Mende. 148

379

N° **4241**. DE DRAGUIGNAN à METZ.

Lyon . . . . 391^k
Dijon. 197
Metz. 249

837

N° **4242**. DE DRAGUIGNAN à MÉZIÈRES.

Lyon . . . . 391^k
Mézières. 546

937

N° **4243**. DE DRAGUIGNAN à MON-TAUBAN.

Aix . . . . 108^k
Montauban. 471

579

N° **4244**. DE DRAGUIGNAN à MONT-BRISON.

Avignon . . . . 186^k
Montbrison. 257

443

N° **4245**. DE DRAGUIGNAN à MONT-DE-MARSAN.

Aix . . . . 108^k
Agen 542
Mont-de-Marsan 109

759

N° **4246**. DE DRAGUIGNAN à MONT-PELLIER.

Aix . . . . 108^k
Montpellier. 173

281

N° **4247**. DE DRAGUIGNAN à MOULINS.

Lyon . . . . 391^k
Moulins 186

577

N° **4248**. DE DRAGUIGNAN à NANCY.

Lyon . . . . 391^k
Dijon 197
Nancy. 192

780

N° 4249. DE DRAGUIGNAN à NANTES.

Lyon . . . . 391^k
Nantes. 717

1,108

N° 4250. DE DRAGUIGNAN à NAPOLÉON-
VENDÉE.

Avignon. . . . . 186^k
Bordeaux. 602
Napoléon-Vendée. . . . 276

1,064

N° 4251. DE DRAGUIGNAN à NEVERS.

Lyon . . . . 391^k
Nevers. 239

(3)

N° 4252. DE DRAGUIGNAN à NIMES.

Avignon. . . . . 186^k
Nimes. 49

235

N° 4253. DE DRAGUIGNAN à NIORT.

Lyon . . . . 391^k
Niort 535

936

N° 4254. DE DRAGUIGNAN à ORLÉANS.

Lyon . . . . 391^k
Orléans 420

811

N° 4255. DE DRAGUIGNAN à PARIS.

Lyon . . . . 391^k
Paris 512

903

N° 4256. DE DRAGUIGNAN à PAU.

Aix . . . . 108^k
Toulouse. 421
Pau. 190

719

N° 4257. DE DRAGUIGNAN à PÉRIGUEUX.

Nimes. . . . . 235^k
Périgueux. 492

727

N° 4258. DE DRAGUIGNAN à PERPIGNAN.

Aix . . . . : . 108^k
Perpignan. 335

443

N° 4259. DE DRAGUIGNAN à POITIERS.

Avignon. . . . . 391^k
Poitiers 489

880

N° 4260. DE DRAGUIGNAN à PRIVAS.

Avignon. . . . . 186^k
Privas. 109

295

N° 4261. DE DRAGUIGNAN au PUY.

Avignon. . . . . 186^k
Le Puy 206

392

N° 4262. DE DRAGUIGNAN à QUIMPER.

Lyon . . . . 391^k
Nantes. 717
Quimper. 231

1,339

N° 4263. DE DRAGUIGNAN à RENNES.

Lyon. . . . . 391^k
Le Mans 636
Rennes 163

1,190

N° 4264. DE DRAGUIGNAN à ROCHE-
FORT.

Lyon. . . . . 391^k
Rochefort 626

1,017

N° 4265. DE DRAGUIGNAN à LA RO-
CHELLE.

Lyon . . . . 391^k
La Rochelle. 628

1,019

N° 4266. DE DRAGUIGNAN à RODEZ.

Nimes. . . . . 235^k
Rodez 232

467

N° 4267. DE DRAGUIGNAN à ROUEN.

Lyon . . . . 391^k
Paris 512
Rouen. 137

1,040

N° 4268. DE DRAGUIGNAN à SAINT-
BRIEUC.

Lyon . . . . 391^k
Le Mans 636
Rennes. 163
Saint-Brieuc. 100

1,290

N° 4269. DE DRAGUIGNAN à SAINT-
ÉTIENNE.

Valence . . . . 311^k
Saint-Étienne 97

408

N° 4270. DE DRAGUIGNAN à SAINT-
GERMAIN.

Lyon . . . . 391^k
Paris 512
Saint-Germain. 23

926

N° 4271. DE DRAGUIGNAN à SAINT-LO.

Lyon . . . . 391^k
Paris. 512
Saint-Lô. 314

1,217

N° 4272. DE DRAGUIGNAN à SAINT-
OMER.

Lyon . . . . 391^k
Paris 512
Saint-Omer. 330

1,233

N° 4273. DE DRAGUIGNAN à SARRE-
GUEMINES.

Lyon . . . . 391^k
Dijon 197
Sarreguemines. 325

913

N° 4274. DE DRAGUIGNAN à SAUMUR.

Lyon. . . . . 391^k
Saumur 596

987

N° 4275. DE DRAGUIGNAN à SCHE-
LESTADT.

Lyon. . . . . 391^k
Schelestadt 458

849

N° 4276. DE DRAGUIGNAN à STRAS-
BOURG.

Lyon . . . . 391^k
Strasbourg. 504

895

N° 4277. DE DRAGUIGNAN à TARBES.

Aix . . . . 108^k
Toulouse. 421
Tarbes 151

680

N° 4278. DE DRAGUIGNAN à THION-VILLE.

Lyon	391k
Dijon	197
Thionville	275
	863

N° 4279. DE DRAGUIGNAN à TOULON.

Toulon	80k

N° 4280. DE DRAGUIGNAN à TOULOUSE.

Aix	108k
Toulouse	421
	529

N° 4281. DE DRAGUIGNAN à TOURS.

Lyon	391k
Tours	537
	928

N° 4282. DE DRAGUIGNAN à TROYES.

Lyon	391k
Troyes	343
	734

N° 4283. DE DRAGUIGNAN à TULLE.

Nîmes	235k
Tulle	493
	728

N° 4284. DE DRAGUIGNAN à VALENCE.

Avignon	186k
Valence	125
	311

N° 4285. DE DRAGUIGNAN à VALEN-CIENNES.

Lyon	391k
Paris	512
Valenciennes	268
	1,171

N° 4286 DE DRAGUIGNAN à VANNES.

Lyon	391k
Nantes	717
Vannes	108
	1,216

N° 4287. DE DRAGUIGNAN à VERDUN.

Lyon	391k
Dijon	197
Verdun	239
	827

N° 4288. DE DRAGUIGNAN à VERNON.

Lyon	391k
Paris	512
Vernon	80
	983

N° 4289. DE DRAGUIGNAN à VER-SAILLES.

Lyon	391k
Paris	512
Versailles	17
	920

N° 4290. DE DRAGUIGNAN à VESOUL.

Lyon	391k
Besançon	250
Vesoul	47
	688

DUNKERQUE.

N° 4291. DE DUNKERQUE à ÉPINAL.

Châlons-sur-Marne	373k
Épinal	255
(fer)	628

N° 4292. DE DUNKERQUE à ÉVREUX.

Paris	351k
Évreux	108
(fer)	459

N° 4293. DE DUNKERQUE à LA FÈRE.

La Fère (fer)	237k

N° 4294. DE DUNKERQUE à FOIX.

Paris	351k
Bordeaux	578
Toulouse	257
Foix	82
	1,268

N° 4295. DE DUNKERQUE à FONTAI-NEBLEAU.

Paris	351k
Fontainebleau	59
(fer)	410

N° 4296. DE DUNKERQUE à GAP.

Paris	351k
Lyon	512
Grenoble	150
Gap	101
	1,114

N° 4297. DE DUNKERQUE à GIVET.

Givet	353k

N° 4298. DE DUNKERQUE à GRENOBLE.

Paris	351k
Lyon	512
Grenoble	150
(fer)	1,013

N° 4299. DE DUNKERQUE à GUÉRET.

Paris	351k
Guéret	374
	725

N° 4300. DE DUNKERQUE à HAGUENAU.

Châlons-sur-Marne	373k
Haguenau	345
(fer)	718

N° 4301. DE DUNKERQUE à LANGRES.

Châlons-sur-Marne	373k
Langres	170
(fer)	543

N° 4302. DE DUNKERQUE à LAON.

Laon (fer)	259k

N° 4303. DE DUNKERQUE à LAVAL.

Paris	351k
Laval	301
(fer)	652

N° 4304. DE DUNKERQUE à LILLE.

Lille (fer)	84k

N° 4305. DE DUNKERQUE à LIMOGES.

Paris	351k
Limoges	400
(fer)	751

N° 4306. DE DUNKERQUE à LONS-LE-SAUNIER.

Paris	351k
Lons-le-Saunier	447
	798

N° 4307. DE DUNKERQUE à LORIENT.

Paris	351k
Rennes	373
Lorient	160
	884

N° 4308. DE DUNKERQUE à LUNÉVILLE.

Châlons-sur-Marne. . .	373ᵏ
Lunéville.	213
(fer)	586

N° 4309. DE DUNKERQUE à LYON.

Paris.	351ᵏ
Lyon	512
(fer)	863

N° 4310. DE DUNKERQUE à MACON.

Paris.	351ᵏ
Mâcon.	441
(fer)	792

N° 4311. DE DUNKERQUE AU MANS.

Paris	351ᵏ
Le Mans.	211
(fer)	562

N° 4312. DE DUNKERQUE à MARSEILLE.

Paris	351ᵏ
Marseille.	863
(fer)	1,214

N° 4313. DE DUNKERQUE à MAUBEUGE.

Maubeuge. . . . . (fer)	229ᵏ

N° 4314. DE DUNKERQUE à MELUN.

Paris.	351ᵏ
Melun.	45
(fer)	396

N° 4315. DE DUNKERQUE à MENDE.

Paris.	351ᵏ
Clermont.	446
Mende.	186
	983

N° 4316. DE DUNKERQUE à METZ.

Châlons-sur-Marne. . .	373ᵏ
Metz.	220
(fer)	593

N° 4317. DE DUNKERQUE à MÉZIÈRES.

Mézières.	288ᵏ

N° 4318. DE DUNKERQUE à MONTAUBAN.

Paris.	351ᵏ
Bordeaux	578
Montauban.	206
(fer)	1,135

N° 4319. DE DUNKERQUE à MONTBRISON

Paris	351ᵏ
Montbrison.	500
	851

N° 4320. DE DUNKERQUE à MONT-DE-MARSAN.

Paris	351ᵏ
Bordeaux	578
Mont-de-Marsan. . . .	148
(fer)	1,077

N° 4321. DE DUNKERQUE à MONTPELLIER.

Paris	351ᵏ
Montpellier	840
(fer)	1,191

N° 4322. DE DUNKERQUE à MOULINS.

Paris	351ᵏ
Moulins	340
(fer)	691

N° 4323. DE DUNKERQUE à NANCY.

Châlons-sur-Marne. . .	373ᵏ
Nancy.	181
(fer)	554

N° 4324. DE DUNKERQUE à NANTES.

Paris	351ᵏ
Nantes.	427
(fer)	778

N° 4325. DE DUNKERQUE à NAPOLÉON-VENDÉE.

Paris.	351ᵏ
Napoléon-Vendée . . .	433
	784

N° 4326. DE DUNKERQUE à NEVERS.

Paris.	351ᵏ
Nevers	301
(fer)	652

N° 4327. DE DUNKERQUE à NIMES.

Paris	351ᵏ
Nîmes.	791
(fer)	1,142

N° 4328. DE DUNKERQUE à NIORT.

Paris	351ᵏ
Niort	410
(fer)	761

N° 4329. DE DUNKERQUE à ORLÉANS.

Paris	351ᵏ
Orléans	121
(fer)	472

N° 4330. DE DUNKERQUE à PARIS.

Paris . . . . . (fer)	351ᵏ

N° 4331. DE DUNKERQUE à PAU.

Paris	351ᵏ
Bordeaux.	578
Pau.	213
	1,142

N° 4332. DE DUNKERQUE à PÉRIGUEUX.

Paris.	351ᵏ
Périgueux.	495
	846

N° 4333. DE DUNKERQUE à PERPIGNAN.

Paris.	351ᵏ
Cette.	868
Perpignan.	134
(fer)	1,353

N° 4334. DE DUNKERQUE à POITIERS.

Paris.	351ᵏ
Poitiers	332
(fer)	683

N° 4335. DE DUNKERQUE à PRIVAS.

Paris.	351ᵏ
Lyon	512
Privas.	144
	1,007

N° 4336. DE DUNKERQUE au PUY.

Paris.	351ᵏ
Clermont	446
Le Puy	134
	931

N° 4337. DE DUNKERQUE à QUIMPER.

Paris	351ᵏ
Rennes	373
Quimper	227
	951

N° 4338. DE DUNKERQUE à RENNES.

Paris	351ᵏ
Rennes	373
(fer)	724

N° 4339. DE DUNKERQUE à ROCHEFORT.

Paris	351^k
Rochefort	474
(fer)	825

N° 4340. DE DUNKERQUE à LA ROCHELLE

Paris	351^k
La Rochelle	477
(fer)	828

N° 4341. DE DUNKERQUE à RODEZ.

Paris	351^k
Rodez	471
	822

N° 4342. DE DUNKERQUE à ROUEN.

Rouen	322^k

N° 4343. DE DUNKERQUE à SAINT-BRIEUC.

Paris	351^k
Rennes	373
Saint-Brieuc	100
	824

N° 4344. DE DUNKERQUE à SAINT-ÉTIENNE.

Paris	351^k
Saint-Etienne	530
(fer)	881

N° 4345. DE DUNKERQUE à SAINT-GERMAIN.

Paris	351^k
Saint-Germain	23
(fer)	374

N° 4346. DE DUNKERQUE à SAINT-LO.

Paris	351^k
Saint-Lô	314
(fer)	665

N° 4347. DE DUNKERQUE à ST-OMER.

Saint-Omer . . . (fer)	62^k

N° 4348. DE DUNKERQUE à SARREGUE-MINES.

Châlons-sur-Marne	373^k
Sarreguemines	297
	670

N° 4349. DE DUNKERQUE à SAUMUR.

Paris	351^k
Saumur	295
(fer)	646

N° 4350. DE DUNKERQUE à SCHELESTADT.

Châlons-sur-Marne	373^k
Schelestadt	373
(fer)	746

N° 4351. DE DUNKERQUE à STRASBOURG.

Châlons-sur-Marne	373^k
Strasbourg	330
(fer)	703

N° 4352. DE DUNKERQUE à TARBES.

Paris	351^k
Bordeaux	578
Tarbes	230
	1,159

N° 4353. DE DUNKERQUE à THIONVILLE.

Châlons-sur-Marne	373^k
Thionville	246
(fer)	619

N° 4354. DE DUNKERQUE à TOULON.

Paris	351^k
Marseille	863
Toulon	60
	1,274

N° 4355. DE DUNKERQUE à TOULOUSE.

Paris	351^k
Bordeaux	578
Toulouse	257
(fer)	1,176

N° 4356. DE DUNKERQUE à TOURS.

Paris	351^k
Tours	234
(fer)	585

N° 4357. DE DUNKERQUE à TROYES.

Paris	351^k
Troyes	167
(fer)	518

N° 4358. DE DUNKERQUE à TULLE.

Paris	351^k
Limoges	400
Tulle	89
	840

N° 4359. DE DUNKERQUE à VALENCE.

Paris	351^k
Valence	618
(fer)	969

N° 4360. DE DUNKERQUE à VALENCIENNES.

Valenciennes . . (fer)	151^k

N° 4361. DE DUNKERQUE à VANNES.

Paris	351^k
Rennes	373
Vannes	103
	827

N° 4362. DE DUNKERQUE à VERDUN.

Châlons-sur-Marne	373^k
Verdun	81
	454

N° 4363. DE DUNKERQUE à VERNON.

Paris	351^k
Vernon	80
(fer)	431

N° 4364. DE DUNKERQUE à VERSAILLES.

Paris	351^k
Versailles	17
(fer)	368

N° 4365. DE DUNKERQUE à VESOUL.

Châlons-sur-Marne	373^k
Vesoul	247
	620

ÉPINAL.

N° 4366. D'ÉPINAL à ÉVREUX.

Paris	427^k
Évreux	108
(fer)	535

N° 4367. D'ÉPINAL à LA FÈRE.

Châlons-sur-Marne	255^k
La Fère	137
(fer)	392

N° 4368. D'ÉPINAL à FOIX.

Lyon	373^k
Carcassonne	486
Foix	98
	957

N° 4369. D'ÉPINAL à FONTAINEBLEAU.

Fontainebleau	338^k

4370. D'ÉPINAL à GAP.

Lyon 373k
Grenoble 150
Gap 101
————
624

4371. D'ÉPINAL à GIVET.

Nancy 74k
Givet 267
————
341

4372. D'ÉPINAL à GRENOBLE.

Lyon 373k
Grenoble 150
————
523

4373. D'ÉPINAL à GUÉRET.

Guéret 502k

4374. D'ÉPINAL à HAGUENAU.

Haguenau . . . . (fer) 192k

4375. D'ÉPINAL à LANGRES.

Langres 115k

4376. D'ÉPINAL à LAON.

Châlons-sur-Marne . . 255k
Laon 114
————
(fer) 369

4377. D'ÉPINAL à LAVAL.

Paris 427k
Laval 223
————
(fer) 728

4378. D'ÉPINAL à LILLE.

Châlons-sur-Marne . . . 255k
Lille 291
————
(fer) 546

4379. D'ÉPINAL à LIMOGES.

Limoges 586k

4380. D'ÉPINAL à LONS-LE-SAUNIER.

Lons-le-Saunier 211k

4381. D'ÉPINAL à LORIENT.

Paris 427k
Rennes 373
Lorient 160
————
960

4382. D'ÉPINAL à LUNÉVILLE.

Lunéville . . . . . (fer) 60k

N° **4383.** D'ÉPINAL à LYON.

Lyon 373k

N° **4384.** D'ÉPINAL à MACON.

Mâcon 301k

N° **4385.** D'ÉPINAL au MANS.

Paris 427k
Le Mans 211
————
(fer) 638

N° **4386.** D'ÉPINAL à MARSEILLE.

Lyon 373k
Marseille 352
————
725

N° **4387.** D'ÉPINAL à MAUBEUGE.

Maubeuge . . . . (fer) 378k

N° **4388.** D'ÉPINAL à MELUN.

Melun 353k

N° **4389.** D'ÉPINAL à MENDE.

Lyon 373k
Le Puy 134
Mende 89
————
596

N° **4390.** D'ÉPINAL à METZ.

Metz . . . . . . (fer) 132k

N° **4391.** D'ÉPINAL à MÉZIÈRES.

Mézières 274k

N° **4392.** D'ÉPINAL à MONTAUBAN.

Lyon 373k
Montauban 468
————
841

N° **4393.** D'ÉPINAL à MONTBRISON.

Lyon 373k
Montbrison 101
————
474

N° **4394.** D'ÉPINAL à MONT-DE-MARSAN.

Lyon 373k
Bordeaux 549
Mont-de-Marsan 148
————
1,070

N° **4395.** D'ÉPINAL à MONTPELLIER.

Lyon 373k
Montpellier 329
————
702

N° **4396.** D'ÉPINAL à MOULINS.

Moulins 364k

N° **4397.** D'ÉPINAL à NANCY.

Nancy . . . . . . (fer) 74k

N° **4398.** D'ÉPINAL à NANTES.

Paris 427k
Nantes 427
————
(fer) 854

N° **4399.** D'ÉPINAL à NAPOLÉON-VENDÉE.

Paris 427k
Napoléon-Vendée . . . 433
————
860

N° **4400.** D'ÉPINAL à NEVERS.

Nevers 370k

N° **4401.** D'ÉPINAL à NIMES.

Lyon 373k
Nîmes 279
————
652

N° **4402.** D'ÉPINAL à NIORT.

Paris 427k
Niort 410
————
(fer) 837

N° **4403.** D'ÉPINAL à ORLÉANS.

Paris 427k
Orléans 121
————
(fer) 548

N° **4404.** D'ÉPINAL à PARIS.

Paris . . . . (fer) 427k

N° **4405.** D'ÉPINAL à PAU.

Lyon 373k
Pau 662
————
1,035

N° **4406.** D'ÉPINAL à PÉRIGUEUX.

Périgueux 681k

N° **4407.** D'ÉPINAL à PERPIGNAN.

Lyon 373k
Perpignan 491
————
864

N° **4408.** D'ÉPINAL à POITIERS.

Paris 427k
Poitiers 332
————
(fer) 759

N° 4409. D'ÉPINAL à PRIVAS.

Lyon	373ᵏ
Privas	144
	517

N° 4410. D'ÉPINAL au PUY.

Lyon	373ᵏ
Le Puy	134
	507

N° 4411. D'ÉPINAL à QUIMPER.

Paris	427ᵏ
Rennes	373
Quimper	227
	1,027

N° 4412. D'ÉPINAL à RENNES.

Paris	427ᵏ
Rennes	373
(fer)	800

N° 4413. D'ÉPINAL à ROCHEFORT.

Paris	427ᵏ
Rochefort	474
(fer)	901

N° 4414. D'ÉPINAL à LA ROCHELLE.

Paris	427ᵏ
La Rochelle	477
(fer)	904

N° 4415. D'ÉPINAL à RODEZ.

Lyon	373ᵏ
Rodez	338
	711

N° 4416. D'ÉPINAL à ROUEN.

Paris	427ᵏ
Rouen	137
(fer)	564

N° 4417. D'ÉPINAL à SAINT-BRIEUC.

Paris	427ᵏ
Rennes	373
Saint-Brieuc	100
	900

N° 4418. D'ÉPINAL à SAINT-ÉTIENNE.

Lyon	373ᵏ
Saint-Étienne	56
	429

N° 4419. D'ÉPINAL à SAINT-GERMAIN.

Paris	427ᵏ
Saint-Germain	23
(fer)	450

N° 4420. D'ÉPINAL à SAINT-LO.

Paris	427ᵏ
Saint-Lô	314
(fer)	741

N° 4421. D'ÉPINAL à SAINT-OMER.

Châlons-sur-Marne	255ᵏ
Saint-Omer	353
(fer)	608

N° 4422. D'ÉPINAL à SARREGUEMINES.

Metz	130ᵏ
Sarreguemines	76
	206

N° 4423. D'ÉPINAL à SAUMUR.

Paris	427ᵏ
Saumur	295
(fer)	722

N° 4424. D'ÉPINAL à SCHELESTADT.

Schelestadt	(fer)	220ᵏ

N° 4425. D'ÉPINAL à STRASBOURG.

Strasbourg	(fer)	177ᵏ

N° 4426. D'ÉPINAL à TARBES.

Lyon	373ᵏ
Tarbes	625
	998

N° 4427. D'ÉPINAL à THIONVILLE.

Thionville	(fer)	158ᵏ

N° 4428. D'ÉPINAL à TOULON.

Lyon	373ᵏ
Marseille	352
Toulon	60
	785

N° 4429. D'ÉPINAL à TOULOUSE.

Lyon	373ᵏ
Toulouse	577
	950

N° 4430. D'ÉPINAL à TOURS.

Paris	427ᵏ
Tours	234
(fer)	661

N° 4431. D'ÉPINAL à TROYES.

Troyes	218ᵏ

N° 4432. D'ÉPINAL à TULLE.

Tulle	610ᵏ

N° 4433. D'ÉPINAL à VALENCE.

Lyon	373ᵏ
Valence	106
	479

N° 4434. D'ÉPINAL à VALENCIENNES.

Châlons-sur-Marne	255ᵏ
Valenciennes	264
(fer)	519

N° 4435. D'ÉPINAL à VANNES.

Paris	427ᵏ
Rennes	373
Vannes	103
	903

N° 4436. D'ÉPINAL à VERDUN.

Verdun	168ᵏ

N° 4437. D'ÉPINAL à VERNON.

Paris	427ᵏ
Vernon	80
(fer)	507

N° 4438. D'ÉPINAL à VERSAILLES.

Paris	427ᵏ
Versailles	17
(fer)	444

N° 4439. D'ÉPINAL à VESOUL.

Vesoul	76ᵏ

ÉVREUX.

N° 4440. D'ÉVREUX à LA FÈRE.

Paris	108ᵏ
La Fère	153
(fer)	261

N° 4441. D'ÉVREUX à FOIX.

Paris	108ᵏ
Bordeaux	578
Toulouse	257
Foix	82
	1,025

N° 4442. D'ÉVREUX À FONTAINEBLEAU.

Paris	108^k
Fontainebleau	59
(fer)	167

N° 4443. D'ÉVREUX À GAP.

Paris	108^k
Lyon	512
Grenoble	150
Gap	101
	871

N° 4444. D'ÉVREUX À GIVET.

Paris	108^k
Givet	327
	435

N° 4445. D'ÉVREUX À GRENOBLE.

Paris	108^k
Lyon	512
Grenoble	150
(fer)	770

N° 4446. D'ÉVREUX À GUÉRET.

Paris	108^k
Guéret	374
	482

N° 4447. D'ÉVREUX À HAGUENAU.

Paris	108^k
Haguenau	517
(fer)	625

N° 4448. D'ÉVREUX À LANGRES.

Paris	108^k
Langres	237
(fer)	405

N° 4449. D'ÉVREUX À LAON.

Paris	108^k
Laon	175
(fer)	283

N° 4450. D'ÉVREUX À LAVAL.

Laval	262^k

N° 4451. D'ÉVREUX À LILLE.

Paris	108^k
Lille	268
(fer)	376

N° 4452. D'ÉVREUX À LIMOGES.

Paris	108^k
Limoges	400
(fer)	508

N° 4453. D'ÉVREUX À LONS-LE-SAUNIER.

Paris	108^k
Lons-le-Saunier	447
	555

N° 4454. D'ÉVREUX À LORIENT.

Lorient	496^k

N° 4455. D'ÉVREUX À LUNÉVILLE.

Paris	108^k
Lunéville	386
(fer)	494

N° 4456. D'ÉVREUX À LYON.

Paris	108^k
Lyon	512
(fer)	620

N° 4457. D'ÉVREUX À MACON.

Paris	108^k
Mâcon	441
(fer)	549

N° 4458. D'ÉVREUX au MANS.

Le Mans	172^k

N° 4459. D'ÉVREUX À MARSEILLE.

Paris	108^k
Marseille	863
(fer)	971

N° 4460. D'ÉVREUX À MAUBEUGE.

Paris	108^k
Maubeuge	246
(fer)	354

N° 4461. D'ÉVREUX À MELUN.

Paris	108^k
Melun	45
(fer)	153

N° 4462. D'ÉVREUX À MENDE.

Paris	108^k
Clermont	446
Mende	186
	740

N° 4463. D'ÉVREUX À METZ.

Paris	108^k
Metz	392
(fer)	500

N° 4464. D'ÉVREUX À MÉZIÈRES.

Paris	108^k
Mézières	260
(fer)	368

N° 4465. D'ÉVREUX à MONTAUBAN.

Paris	108^k
Bordeaux	578
Montauban	206
(fer)	892

N° 4466. D'ÉVREUX à MONTBRISON.

Paris	108^k
Montbrison	500
	608

N° 4467. D'ÉVREUX à MONT-DE-MARSAN.

Paris	108^k
Bordeaux	578
Mont-de-Marsan	148
(fer)	834

N° 4468. D'ÉVREUX à MONTPELLIER.

Paris	108^k
Montpellier	840
(fer)	948

N° 4469. D'ÉVREUX à MOULINS.

Paris	108^k
Moulins	349
(fer)	457

N° 4470. D'ÉVREUX à NANCY.

Paris	108^k
Nancy	353
(fer)	461

N° 4471. D'ÉVREUX à NANTES.

Nantes	338^k

N° 4472. D'ÉVREUX à NAPOLÉON-VENDÉE.

Napoléon-Vendée	383^k

N° 4473. D'ÉVREUX à NEVERS.

Paris	108^k
Nevers	301
(fer)	409

N° 4474. D'ÉVREUX À NIMES.

Paris . . . . 108^k
Nîmes. 791

(fer) 899

N° 4475. D'ÉVREUX à NIORT.

Paris . . . . 108^k
Niort. 410

(fer) 518

N° 4476. D'ÉVREUX à ORLÉANS.

Paris . . . . 108^k
Orléans 121

(fer) 229

N° 4477. D'ÉVREUX À PARIS.

Paris . . . . 108^k

N° 4478. D'ÉVREUX À PAU.

Paris . . . . 108^k
Bordeaux. 578
Pau 213

899

N° 4479. D'ÉVREUX à PÉRIGUEUX.

Paris . . . . 108^k
Périgueux. 495

603

N° 4480. D'ÉVREUX à PERPIGNAN.

Paris . . . . 108^k
Bordeaux 578
Toulouse. 257
Perpignan. 213

(fer) 1,156

N° 4481. D'ÉVREUX à POITIERS.

Paris . . . . 108^k
Poitiers 332

(fer) 440

N° 4482. D'ÉVREUX à PRIVAS.

Paris . . . . 108^k
Lyon 512
Privas. 144

764

N° 4483. D'ÉVREUX au PUY.

Paris . . . . 108^k
Clermont. 446
Le Puy 134

688

N° 4484. D'ÉVREUX à QUIMPER.

Quimper. . . . . . . 563^k

N° 4485. D'ÉVREUX à RENNES.

Rennes . . . . 336^k

N° 4486. D'ÉVREUX à ROCHEFORT.

Paris . . . . 108^k
Rochefort 474

(fer) 582

N° 4487. D'ÉVREUX à LA ROCHELLE.

Paris . . . . 108^k
La Rochelle. 477

(fer) 585

N° 4488. D'ÉVREUX à RODEZ.

Paris . . . . 108^k
Clermont 446
Rodez. 225

779

N° 4489. D'ÉVREUX à ROUEN.

Rouen. . . . . 51^k

N° 4490. D'ÉVREUX à SAINT-BRIEUC.

Saint-Brieuc. . . . . 370^k

N° 4491. D'ÉVREUX à SAINT-ÉTIENNE.

Paris . . . . 108^k
Saint-Étienne. 530

(fer) 638

N° 4492. D'ÉVREUX à SAINT-GERMAIN.

Saint-Germain. . . . . 81^k

N° 4493. D'ÉVREUX à SAINT-LO.

Saint-Lô. . . . . . (fer) 193^k

N° 4494. D'ÉVREUX à SAINT-OMER.

Paris. . . . . 108^k
Saint-Omer. 330

(fer) 438

N° 4495. D'ÉVREUX à SARREGUEMINES.

Paris. . . . . 108^k
Sarreguemines. 469

577

N° 4496. D'ÉVREUX à SAUMUR.

Saumur. . . . . . . 258^k

N° 4497. D'ÉVREUX à SCHELESTADT.

Paris. . . . . 108^k
Schelestadt. 546

(fer) 654

N° 4498. D'ÉVREUX à STRASBOURG.

Paris . . . . 108^k
Strasbourg. 502

(fer) 610

N° 4499. D'ÉVREUX à TARBES.

Paris. . . . . 108^k
Bordeaux 578
Tarbes. 230

916

N° 4500. D'ÉVREUX à THIONVILLE.

Paris. . . . . 108^k
Thionville 419

(fer) 527

N° 4501. D'ÉVREUX à TOULON.

Paris. . . . . 108^k
Marseille. 863
Toulon. 60

1,031

N° 4502. D'ÉVREUX à TOULOUSE.

Paris. . . . . 108^k
Bordeaux 578
Toulouse. 257

(fer) 943

N° 4503. D'ÉVREUX à TOURS.

Paris. . . . . 108^k
Tours 234

(fer) 342

N° 4504. D'ÉVREUX à TROYES.

Paris. . . . . 108^k
Troyes. 167

(fer) 275

N° 4505. D'ÉVREUX à TULLE.

Paris. . . . . 108^k
Limoges. 400
Tulle 89

597

N° 4506. D'ÉVREUX à VALENCE.

Paris. . . . . 108^k
Valence. 618

(fer) 726

N° 4507. D'ÉVREUX à VALENCIENNES.

Paris	108ᵏ
Valenciennes	268
(fer)	376

N° 4508. D'ÉVREUX à VANNES.

Rennes	336ᵏ
Vannes	101
	439

N° 4509. D'ÉVREUX à VERDUN.

Paris	108ᵏ
Verdun	253
	361

N° 4510. D'ÉVREUX à VERNON.

Vernon	32ᵏ

N° 4511. D'ÉVREUX à VERSAILLES.

Paris	108ᵏ
Versailles	17
(fer)	125

N° 4512. D'ÉVREUX à VESOUL.

Paris	108ᵏ
Vesoul	381
	489

LA FÈRE.

N° 4513. DE LA FÈRE à FOIX.

Paris	153ᵏ
Bordeaux	578
Toulouse	257
Foix	82
	1,070

N° 4514. DE LA FÈRE à FONTAI-NEBLEAU.

Paris	153ᵏ
Fontainebleau	59
(fer)	212

N° 4515. DE LA FÈRE à GAP.

Paris	153ᵏ
Lyon	512
Grenoble	150
Gap	101
	916

N° 4516. DE LA FÈRE à GIVET.

Givet	218ᵏ

N° 4517. DE LA FÈRE à GRENOBLE.

Paris	153ᵏ
Lyon	512
Grenoble	150
(fer)	815

N° 4518. DE LA FÈRE à GUÉRET.

Paris	153ᵏ
Guéret	374
	527

N° 4519. DE LA FÈRE à HAGUENAU.

Châlons-sur-Marne	137ᵏ
Haguenau	345
(fer)	482

N° 4520. DE LA FÈRE à LANGRES.

Châlons-sur-Marne	137ᵏ
Langres	170
(fer)	307

N° 4521. DE LA FÈRE à LAON.

Laon	(fer) 23ᵏ

N° 4522. DE LA FÈRE à LAVAL.

Paris	153ᵏ
Laval	301
(fer)	454

N° 4523. DE LA FÈRE à LILLE.

Lille	(fer) 155ᵏ

N° 4524. DE LA FÈRE à LIMOGES.

Paris	153ᵏ
Limoges	400
(fer)	553

N° 4525. DE LA FÈRE à LONS-LE-SAUNIER.

Paris	153ᵏ
Lons-le-Saunier	447
	600

N° 4526. DE LA FÈRE à LORIENT.

Paris	153ᵏ
Rennes	373
Lorient	160
	686

N° 4527. DE LA FÈRE à LUNÉVILLE.

Châlons-sur-Marne	137ᵏ
Lunéville	213
(fer)	350

N° 4528. DE LA FÈRE à LYON.

Paris	153ᵏ
Lyon	512
(fer)	665

N° 4529. DE LA FÈRE à MACON.

Paris	153ᵏ
Mâcon	441
(fer)	594

N° 4530. DE LA FÈRE au MANS.

Paris	153ᵏ
Le Mans	211
(fer)	364

N° 4531. DE LA FÈRE à MARSEILLE.

Paris	153ᵏ
Marseille	863
(fer)	1,016

N° 4532. DE LA FÈRE à MAUBEUGE.

Maubeuge	(fer) 104ᵏ

N° 4533. DE LA FÈRE à MELUN.

Paris	153ᵏ
Melun	45
(fer)	198

N° 4534. DE LA FÈRE à MENDE.

Paris	153ᵏ
Clermont	446
Mende	186
	785

N° 4535. DE LA FÈRE à METZ.

Châlons-sur-Marne	137ᵏ
Metz	220
(fer)	357

N° 4536. DE LA FÈRE à MÉZIÈRES.

Mézières	(fer) 151ᵏ

N° 4537. DE LA FÈRE à MONTAUBAN.

Paris	153ᵏ
Bordeaux	578
Montauban	206
(fer)	937

N° 4538. DE LA FÈRE à MONTBRISON.

Paris	153ᵏ
Montbrison	500
	653

N° 4539. DE LA FÈRE À MONT-DE-MARSAN.

Paris	153ᵏ
Bordeaux	578
Mont-de-Marsan	148
(fer)	879

N° 4540. DE LA FÈRE À MONTPELLIER.

Paris	153ᵏ
Montpellier	840
(fer)	993

N° 4541. DE LA FÈRE À MOULINS.

Paris	153ᵏ
Moulins	340
(fer)	493

N° 4542. DE LA FÈRE À NANCY.

Châlons-sur-Marne	137ᵏ
Nancy	181
(fer)	318

N° 4543. DE LA FÈRE À NANTES.

Paris	153ᵏ
Nantes	427
(fer)	580

N° 4544. DE LA FÈRE À NAPOLÉON-VENDÉE.

Paris	153ᵏ
Napoléon-Vendée	433
	566

N° 4545. DE LA FÈRE À NEVERS.

Paris	153ᵏ
Nevers	301
(fer)	454

N° 4546. DE LA FÈRE À NIMES.

Paris	153ᵏ
Nimes	791
(fer)	944

N° 4547. DE LA FÈRE À NIORT.

Paris	153ᵏ
Niort	410
(fer)	563

N° 4548. DE LA FÈRE À ORLÉANS.

Paris	153ᵏ
Orléans	121
(fer)	274

N° 4549. DE LA FÈRE À PARIS.

Paris	(fer) 153ᵏ

N° 4550. DE LA FÈRE À PAU.

Paris	153ᵏ
Bordeaux	578
Pau	213
	944

N° 4551. DE LA FÈRE À PÉRIGUEUX.

Paris	153ᵏ
Périgueux	495
	648

N° 4552. DE LA FÈRE À PERPIGNAN.

Paris	153ᵏ
Perpignan	1,002
(fer)	1,155

N° 4553. DE LA FÈRE À POITIERS.

Paris	153ᵏ
Poitiers	332
(fer)	485

N° 4554. DE LA FÈRE À PRIVAS.

Paris	153ᵏ
Lyon	512
Privas	144
	809

N° 4555. DE LA FÈRE AU PUY.

Paris	153ᵏ
Clermont	446
Le Puy	134
	733

N° 4556. DE LA FÈRE À QUIMPER.

Paris	153ᵏ
Rennes	373
Quimper	227
	753

N° 4557. DE LA FÈRE À RENNES.

Paris	153ᵏ
Rennes	373
(fer)	526

N° 4558. DE LA FÈRE À ROCHEFORT.

Paris	153ᵏ
Rochefort	474
(fer)	627

N° 4559. DE LA FÈRE À LA ROCHELLE.

Paris	153ᵏ
La Rochelle	477
(fer)	630

N° 4560. DE LA FÈRE À RODEZ.

Paris	153ᵏ
Rodez	671
	824

N° 4561. DE LA FÈRE À ROUEN.

Paris	153ᵏ
Rouen	137
(fer)	290

N° 4562. DE LA FÈRE À SAINT-BRIEUC.

Paris	153ᵏ
Rennes	373
Saint-Brieuc	100
	626

N° 4563. DE LA FÈRE À SAINT-ÉTIENNE.

Paris	153ᵏ
Saint-Étienne	580
(fer)	683

N° 4564. DE LA FÈRE À SAINT-GERMAIN.

Paris	153ᵏ
Saint-Germain	23
(fer)	176

N° 4565. DE LA FÈRE À SAINT-LO.

Paris	153ᵏ
Saint-Lô	314
(fer)	467

N° 4566. DE LA FÈRE À SAINT-OMER.

Saint-Omer	(fer) 217ᵏ

N° 4567. DE LA FÈRE À SARREGUEMINES.

Châlons-sur-Marne	137ᵏ
Sarreguemines	257
	434

N° 4568. DE LA FÈRE À SAUMUR.

Paris	153ᵏ
Saumur	235
(fer)	448

N° 4569. DE LA FÈRE À SCHELESTADT.

Châlons-sur-Marne	137ᵏ
Schelestadt	373
(fer)	510

N° 4570. DE LA FÈRE à STRASBOURG.

Châlons-sur-Marne. . .	137^k
Strasbourg	330
(fer)	467

N° 4571. DE LA FÈRE à TARBES.

Paris	153^k
Bordeaux	578
Tarbes.	230
	961

N° 4572. DE LA FÈRE à THIONVILLE.

Châlons-sur-Marne. . .	137^k
Thionville.	246
(fer)	383

N° 4573. DE LA FÈRE à TOULON.

Paris	153^k
Marseille.	863
Toulon.	60
	1,076

N° 4574. DE LA FÈRE à TOULOUSE.

Paris	153^k
Bordeaux	578
Toulouse.	257
(fer)	988

N° 4575. DE LA FÈRE à TOURS.

Paris	153^k
Tours	234
(fer)	387

N° 4576. DE LA FÈRE à TROYES.

Paris.	153^k
Troyes.	167
(fer)	320

N° 4577. DE LA FÈRE à TULLE.

Paris..	153^k
Limoges.	400
Tulle.	89
	642

N° 4578. DE LA FÈRE à VALENCE.

Paris	153^k
Valence.	618
(fer)	771

N° 4579. DE LA FÈRE à VALENCIENNES.

Valenciennes . . . (fer)	128^k

N° 4580. DE LA FÈRE à VANNES.

Paris	153^k
Rennes	373
Vannes.	103
	629

N° 4581. DE LA FÈRE à VERDUN.

Châlons-sur-Marne. . .	137^k
Verdun.	81
	218

N° 4582. DE LA FÈRE à VERNON.

Paris	153^k
Vernon.	80
(fer)	233

N° 4583. DE LA FÈRE à VERSAILLES.

Paris	153^k
Versailles	17
(fer)	170

N° 4584. DE LA FÈRE à VESOUL.

Châlons-sur-Marne. . .	137^k
Vesoul.	244
(fer)	381

FOIX.

N° 4585. DE FOIX à FONTAINEBLEAU.

Toulouse.	82^k
Bordeaux	257
Paris	578
Fontainebleau	59
	976

N° 4586. DE FOIX à GAP.

Carcassonne.	98^k
Avignon.	255
Gap	187
	540

N° 4587. DE FOIX à GIVET.

Toulouse	98^k
Lyon	486
Givet	609
	1,193

N° 4588. DE FOIX à GRENOBLE.

Carcassonne.	98^k
Valence.	380
Grenoble	94
	572

N° 4589. DE FOIX à GUÉRET.

Toulouse. . . . : . . .	82^k
Guéret	436
	518

N° 4590. DE FOIX à HAGUENAU.

Carcassonne.	98^k
Lyon	486
Haguenau.	546
	1,130

N° 4591. DE FOIX à LANGRES.

Carcassonne.	98^k
Dijon	682
Langres	66
	846

N° 4592. DE FOIX à LAON.

Toulouse.	82^k
Bordeaux	257
Paris..	578
Laon	175
	1,092

N° 4593. DE FOIX à LAVAL.

Toulouse	82^k
Bordeaux	257
Le Mans.	446
Laval	90
	875

N° 4594. DE FOIX à LILLE.

Toulouse.	82^k
Bordeaux	257
Paris..	578
Lille.	268
	1,185

N° 4595. DE FOIX à LIMOGES.

Toulouse.	82^k
Limoges.	352
	434

N° 4596. DE FOIX à LONS-LE-SAUNIER.

Carcassonne.	98^k
Lyon	486
Lons-le-Saunier	124
	708

N° 4597. DE FOIX à LORIENT.

Toulouse	82^k
Bordeaux . . . . . . :	257
Nantes . . . . :	539
Lorient. . . . . . . :	164
	1,042

N° 4598. DE FOIX à LUNÉVILLE.

Carcassonne	98ᵏ
Lyon	486
Lunéville	416
	1,000

N° 4599. DE FOIX à LYON.

Carcassonne	98ᵏ
Lyon	486
	584

N° 4600. DE FOIX à MACON.

Carcassonne	98ᵏ
Mâcon	558
	656

N° 4601. DE FOIX au MANS.

Toulouse	82ᵏ
Bordeaux	257
Le Mans	446
	785

N° 4602. DE FOIX à MARSEILLE.

Carcassonne	98ᵏ
Marseille	333
	431

N° 4603. DE FOIX à MAUBEUGE.

Toulouse	82ᵏ
Bordeaux	257
Paris	578
Maubeuge	246
	1,163

N° 4604. DE FOIX à MELUN.

Toulouse	82ᵏ
Bordeaux	257
Paris	578
Melun	45
	962

N° 4605. DE FOIX à MENDE.

Toulouse	82ᵏ
Rodez	155
Mende	115
	352

N° 4606. DE FOIX à METZ.

Carcassonne	98ᵏ
Dijon	682
Metz	249
	1,029

N° 4607. DE FOIX à MÉZIÈRES.

Toulouse	98ᵏ
Dijon	682
Mézières	349
	1,129

N° 4608. DE FOIX à MONTAUBAN.

Toulouse	82ᵏ
Montauban	51
	133

N° 4609. DE FOIX à MONTBRISON.

Carcassonne	98ᵏ
Montbrison	476
	574

N° 4610. DE FOIX à MONT-DE-MARSAN.

Toulouse	82ᵏ
Mont-de-Marsan	189
	271

N° 4611. DE FOIX à MONTPELLIER.

Carcassonne	98ᵏ
Montpellier	157
	255

N° 4612. DE FOIX à MOULINS.

Toulouse	82ᵏ
Moulins	486
	568

N° 4613. DE FOIX à NANCY.

Carcassonne	98ᵏ
Dijon	682
Nancy	192
	972

N° 4614. DE FOIX à NANTES.

Toulouse	82ᵏ
Bordeaux	257
Nantes	539
	878

N° 4615. DE FOIX à NAPOLÉON-VENDÉE.

Toulouse	82ᵏ
Bordeaux	257
Napoléon-Vendée	276
	615

N° 4616. DE FOIX à NEVERS.

Toulouse	82ᵏ
Nevers	539
	621

N° 4617. DE FOIX à NIMES.

Carcassonne	98ᵏ
Nîmes	207
	305

N° 4618. DE FOIX à NIORT.

Toulouse	82ᵏ
Bordeaux	257
Niort	315
	654

N° 4619. DE FOIX à ORLÉANS.

Toulouse	82ᵏ
Bordeaux	257
Orléans	459
	798

N° 4620. DE FOIX à PARIS.

Toulouse	82ᵏ
Bordeaux	257
Paris	578
	917

N° 4621. DE FOIX à PAU.

Toulouse	82ᵏ
Pau	190
	272

N° 4622. DE FOIX à PÉRIGUEUX.

Toulouse	82ᵏ
Agen	121
Périgueux	136
	339

N° 4623. DE FOIX à PERPIGNAN.

Carcassonne	98ᵏ
Perpignan	128
	220

N° 4624. DE FOIX à POITIERS.

Toulouse	82ᵏ
Bordeaux	257
Poitiers	246
	585

N° 4625. DE FOIX à PRIVAS.

Carcassonne	98ᵏ
Cette	129
Privas	192
	419

N° 4626. DE FOIX au PUY.

Carcassonne	98ᵏ
Le Puy	363
	461

N° 4627. DE FOIX à QUIMPER.

Toulouse.	82ᵏ
Bordeaux.	257
Nantes.	539
Quimper.	231
	1,109

N° 4628. DE FOIX à RENNES.

Toulouse	82ᵏ
Bordeaux	257
Le Mans.	446
Rennes	163
	948

N° 4629. DE FOIX à ROCHEFORT.

Toulouse.	82ᵏ
Bordeaux.	257
Rochefort	379
	718

N° 4630. DE FOIX à LA ROCHELLE.

Toulouse	82ᵏ
Bordeaux	257
La Rochelle	382
	721

N° 4631. DE FOIX à RODEZ.

Toulouse	82ᵏ
Rodez	155
	237

N° 4632. DE FOIX à ROUEN.

Toulouse	82ᵏ
Bordeaux	257
Paris	578
Rouen.	137
	1,054

N° 4633. DE FOIX à SAINT-BRIEUC.

Toulouse	82ᵏ
Bordeaux.	257
Le Mans.	446
Rennes	163
Saint-Brieuc.	100
	1,048

N° 4634. DE FOIX à SAINT-ÉTIENNE.

Carcassonne.	98ᵏ
Valence.	380
Saint-Etienne	97
	575

N° 4635. DE FOIX à SAINT-GERMAIN.

Toulouse.	82ᵏ
Bordeaux.	257
Paris	578
Saint-Germain.	23
	940

N° 4636. DE FOIX à SAINT-LO.

Toulouse	82ᵏ
Bordeaux.	257
Le Mans.	446
Saint-Lô.	194
	979

N° 4637. DE FOIX à SAINT-OMER.

Toulouse	82ᵏ
Bordeaux	257
Paris	578
Saint-Omer	330
	1,247

N° 4638. DE FOIX à SARREGUEMINES.

Carcassonne.	98ᵏ
Dijon	682
Sarreguemines.	325
	1,105

N° 4639. DE FOIX à SAUMUR.

Toulouse	82ᵏ
Bordeaux	257
Saumur.	410
	749

N° 4640. DE FOIX à SCHELESTADT.

Carcassonne.	98ᵏ
Lyon	486
Schelestadt	458
	1,042

N° 4641. DE FOIX à STRASBOURG.

Carcassonne.	98ᵏ
Lyon.	486
Strasbourg.	504
	1,088

N° 4642. DE FOIX à TARBES.

Toulouse	82ᵏ
Tarbes.	151
	233

N° 4643. DE FOIX à THIONVILLE.

Carcassonne.	98ᵏ
Dijon	682
Thionville.	275
	1,055

N° 4644. DE FOIX à TOULON.

Carcassonne.	98ᵏ
Marseille.	333
Toulon.	60
	491

N° 4645. DE FOIX à TOULOUSE.

Toulouse.	82ᵏ

N° 4646. DE FOIX à TOURS.

Toulouse.	82ᵏ
Bordeaux.	257
Tours	347
	686

N° 4647. DE FOIX à TROYES.

Toulouse	98ᵏ
Lyon.	486
Troyes.	343
	927

N° 4648. DE FOIX à TULLE.

Toulouse	82ᵏ
Cahors	111
Tulle	133
	326

N° 4649. DE FOIX à VALENCE.

Carcassonne.	98ᵏ
Valence.	380
	478

N° 4650. DE FOIX à VALENCIENNES.

Toulouse	82ᵏ
Bordeaux	257
Paris	578
Valenciennes	268
	1,185

N° 4651. DE FOIX à VANNES.

Toulouse.	82ᵏ
Bordeaux	257
Nantes	539
Vannes.	108
	986

N° 4652. DE FOIX à VERDUN.

Carcassonne.	98ᵏ
Dijon	682
Verdun	539
	1,019

N° 4653. DE FOIX À VERNON.

Toulouse	82ᵏ
Bordeaux	257
Paris	578
Vernon	80
	997

N° 4654. DE FOIX À VERSAILLES.

Toulouse	82ᵏ
Bordeaux	257
Paris	578
Versailles	17
	934

N° 4655. DE FOIX À VESOUL.

Carcassonne	98ᵏ
Lyon	486
Besançon	250
Vesoul	47
	881

FONTAINEBLEAU.

N° 4656. DE FONTAINEBLEAU À GAP.

Lyon	453ᵏ
Grenoble	150
Gap	101
	704

N° 4657. DE FONTAINEBLEAU À GIVET.

Paris	59ᵏ
Givet	327
	386

N° 4658. DE FONTAINEBLEAU À GRE-NOBLE.

Lyon	453ᵏ
Grenoble	150
(fer)	603

N° 4659. DE FONTAINEBLEAU À GUÉRET.

Guéret	323ᵏ

N° 4660. DE FONTAINEBLEAU À HAGUE-NAU.

Paris	59ᵏ
Haguenau	517
(fer)	576

N° 4661. DE FONTAINEBLEAU À LANGRES.

Langres	218ᵏ

N° 4662. DE FONTAINEBLEAU À LAON.

Paris	59ᵏ
Laon	175
(fer)	234

N° 4663. DE FONTAINEBLEAU À LAVAL.

Paris	59ᵏ
Laval	301
(fer)	360

N° 4664. DE FONTAINEBLEAU À LILLE.

Paris	59ᵏ
Lille	268
(fer)	327

N° 4665. DE FONTAINEBLEAU À LIMOGES.

Limoges	357ᵏ

N° 4666. DE FONTAINEBLEAU À LONS-LE-SAUNIER.

Chalon-sur-Saône	324ᵏ
Lons-le-Saunier	64
	388

N° 4667. DE FONTAINEBLEAU À LORIENT.

Paris	59ᵏ
Rennes	373
Lorient	160
	592

N° 4668. DE FONTAINEBLEAU À LUNÉ-VILLE.

Paris	59ᵏ
Lunéville	386
(fer)	445

N° 4669. DE FONTAINEBLEAU À LYON.

Lyon (fer)	453ᵏ

N° 4670. DE FONTAINEBLEAU À MACON.

Mâcon (fer)	382ᵏ

N° 4671. DE FONTAINEBLEAU AU MANS.

Paris	59ᵏ
Le Mans	211
(fer)	270

N° 4672. DE FONTAINEBLEAU À MAR-SEILLE.

Marseille (fer)	804ᵏ

N° 4673. DE FONTAINEBLEAU À MAU-BEUGE.

Paris	59ᵏ
Maubeuge	246
(fer)	305

N° 4674. DE FONTAINEBLEAU À MELUN.

Melun (fer)	15ᵏ

N° 4675. DE FONTAINEBLEAU À MENDE.

Mende	600ᵏ

N° 4676. DE FONTAINEBLEAU À METZ.

Paris	59ᵏ
Metz	392
(fer)	451

N° 4677. DE FONTAINEBLEAU À MÉ-ZIÈRES.

Paris	59ᵏ
Mézières	253
(fer)	312

N° 4678. DE FONTAINEBLEAU À MON-TAUBAN.

Montauban (fer)	628ᵏ

N° 4679. DE FONTAINEBLEAU À MONT-BRISON.

Moulins	319ᵏ
Montbrison	160
	479

N° 4680. DE FONTAINEBLEAU À MONT-DE-MARSAN.

Paris	59ᵏ
Bordeaux	578
Mont-de-Marsan	148
(fer)	785

N° 4681. DE FONTAINEBLEAU À MONT-PELLIER.

Montpellier (fer)	782ᵏ

N° 4682. DE FONTAINEBLEAU À MOU-LINS.

Moulins	319ᵏ

N° 4683. DE FONTAINEBLEAU À NANCY.

Paris	59ᵏ
Nancy	353
(fer)	412

N° 4684. DE FONTAINEBLEAU À NANTES.

Paris	59ᵏ
Nantes	427
(fer)	486

N° 4685. DE FONTAINEBLEAU À NAPO-LÉON-VENDÉE.

Paris	59ᵏ
Napoléon-Vendée	433
	492

N° 4686. DE FONTAINEBLEAU à NEVERS

Nevers 223k

N° 4687. DE FONTAINEBLEAU à NIMES.

Nîmes. . . . . . (fer) 732k

N° 4688. DE FONTAINEBLEAU à NIORT.

Paris. 59k
Niort 410

(fer) 469

N° 4689. DE FONTAINEBLEAU à ORLÉANS.

Paris 59k
Orléans 121

(fer) 180

N° 4690. DE FONTAINEBLEAU à PARIS.

Paris. . . . . . (fer) 59k

N° 4691. DE FONTAINEBLEAU à PAU.

Paris 59k
Bordeaux 578
Pau 213

850

N° 4692. DE FONTAINEBLEAU à PÉRIGUEUX.

Périgueux. 452k

N° 4693. DE FONTAINEBLEAU à PERPIGNAN.

Perpignan . . . . (fer) 913k

N° 4694. DE FONTAINEBLEAU à POITIERS.

Paris 59k
Poitiers 332

(fer) 391

N° 4695. DE FONTAINEBLEAU à PRIVAS.

Lyon 453k
Privas 144

597

N° 4696. DE FONTAINEBLEAU au PUY.

Lyon 453k
Le Puy 134

587

N° 4697. DE FONTAINEBLEAU à QUIMPER.

Paris. 59k
Rennes 373
Quimper. 227

659

N° 4698. DE FONTAINEBLEAU à RENNES.

Chartres. 59k
Rennes 373

432

N° 4699. DE FONTAINEBLEAU à ROCHEFORT.

Paris. 59k
Rochefort 474

(fer) 533

N° 4700. DE FONTAINEBLEAU à LA ROCHELLE.

Paris 59k
La Rochelle 477

(fer) 536

N° 4701. DE FONTAINEBLEAU à RODEZ.

Rodez 639k

N° 4702. DE FONTAINEBLEAU à ROUEN.

Paris 59k
Rouen 137

(fer) 196

N° 4703. DE FONTAINEBLEAU à SAINT-BRIEUC.

Paris 59k
Rennes 373
Saint-Brieuc 100

532

N° 4704. DE FONTAINEBLEAU à SAINT-ÉTIENNE.

Lyon 453k
Saint-Étienne 56

509

N° 4705. DE FONTAINEBLEAU à SAINT-GERMAIN.

Paris 59k
Saint-Germain 23

(fer) 82

N° 4706. DE FONTAINEBLEAU à ST-LO.

Paris 59k
Saint-Lô 314

(fer) 373

N° 4707. DE FONTAINEBLEAU à SAINT-OMER.

Paris 59k
Saint-Omer 330

(fer) 389

N° 4708. DE FONTAINEBLEAU à SARRE-GUEMINES.

Paris 59k
Sarreguemines. 469

528

N° 4709. DE FONTAINEBLEAU à SAUMUR.

Paris. 59k
Saumur 295

(fer) 354

N° 4710. DE FONTAINEBLEAU à SCHELESTADT.

Paris. 59k
Schelestadt. 546

(fer) 605

N° 4711. DE FONTAINEBLEAU à STRASBOURG.

Paris. 59k
Strasbourg 502

(fer) 561

N° 4712. DE FONTAINEBLEAU à TARBES.

Paris 59k
Bordeaux 578
Tarbes. 230

867

N° 4713. DE FONTAINEBLEAU à THIONVILLE.

Paris 59k
Thionville 419

(fer) 478

N° 4714. DE FONTAINEBLEAU à TOULON.

Marseille 804k
Toulon 60

864

N° 4715. DE FONTAINEBLEAU à TOULOUSE.

Paris. 59k
Bordeaux 578
Toulouse. 257

(fer) 894

N° 4716. DE FONTAINEBLEAU à TOURS.

Paris 59k
Tours 234

(fer) 293

N° 4717. DE FONTAINEBLEAU
À TROYES.

Troyes . . . . . (fer) 87ᵏ

N° 4718. DE FONTAINEBLEAU À TULLE.

Tulle 446ᵏ

N° 4719. DE FONTAINEBLEAU à
VALENCE.

Valence . . . . (fer) 559ᵏ

N° 4720. DE FONTAINEBLEAU À VALEN-
CIENNES.

Paris 59ᵏ
Valenciennes 268
_____
(fer) 327

N° 4721. DE FONTAINEBLEAU À VANNES.

Paris 59ᵏ
Rennes 373
Vannes 103
_____
535

N° 4722. DE FONTAINEBLEAU à VERDUN.

Paris 59ᵏ
Verdun 253
_____
312

N° 4723. DE FONTAINEBLEAU À VERNON.

Paris 59ᵏ
Vernon 80
_____
(fer) 139

N° 4724. DE FONTAINEBLEAU à
VERSAILLES.

Paris 59ᵏ
Versailles 17
_____
(fer) 76

N° 4725. DE FONTAINEBLEAU
À VESOUL.

Vesoul . . . . . (fer) 303ᵏ

GAP.

N° 4726. DE GAP À GIVET.

Grenoble 101ᵏ
Lyon 150
Givet 609
_____
860

N° 4727. DE GAP À GRENOBLE.

Grenoble 101ᵏ

N° 4728. DE GAP À GUÉRET.

Lyon 101ᵏ
Guéret 314
_____
415

N° 4729. DE GAP À HAGUENAU.

Grenoble 101ᵏ
Lyon 150
Hagueneau 546
_____
797

N° 4730. DE GAP À LANGRES.

Grenoble 101ᵏ
Lyon 150
Dijon 197
Langres 66
_____
514

N° 4731. DE GAP À LAON.

Grenoble 101ᵏ
Lyon 150
Paris 512
Laon 175
_____
938

N° 4732. DE GAP À LAVAL.

Grenoble 101ᵏ
Lyon 150
Le Mans 636
Laval 90
_____
977

N° 4733. DE GAP À LILLE.

Grenoble 101ᵏ
Lyon 150
Paris 512
Lille 268
_____
1,031

N° 4734. DE GAP À LIMOGES.

Grenoble 101ᵏ
Lyon 150
Limoges 363
_____
614

N° 4735. DE GAP À LONS-LE-SAUNIER.

Grenoble 101ᵏ
Lyon 150
Lons-le-Saunier 124
_____
375

N° 4736. DE GAP À LORIENT.

Grenoble 101ᵏ
Lyon 150
Nantes 717
Lorient 160
_____
1,128

N° 4737. DE GAP À LUNÉVILLE.

Grenoble 101ᵏ
Lyon 150
Lunéville 416
_____
667

N° 4738. DE GAP À LYON.

Grenoble 101ᵏ
Lyon 150
_____
251

N° 4739. DE GAP À MACON.

Grenoble 101ᵏ
Lyon 150
Mâcon 72
_____
323

N° 4740. DE GAP au MANS.

Grenoble 101ᵏ
Lyon 150
Le Mans 636
_____
(fer) 887

N° 4741. DE GAP À MARSEILLE.

Aix 149ᵏ
Marseille 52
_____
201

N° 4742. DE GAP À MAUBEUGE.

Grenoble 101ᵏ
Lyon 150
Paris 512
Maubeuge 246
_____
1,009

N° 4743. DE GAP À MELUN.

Grenoble 101ᵏ
Lyon 150
Melun 468
_____
719

N° 4744. DE GAP À MENDE.

Avignon 187ᵏ
Nîmes 49
Mende 148
_____
384

N° 4745. DE GAP à METZ.

Grenoble	10
Lyon	150
Dijon	197
Metz	249
	697

N° 4746. DE GAP à MÉZIÈRES.

Grenoble	101ᵏ
Lyon	150
Dijon	197
Mézières	349
	797

N° 4747. DE GAP à MONTAUBAN.

Avignon	187ᵏ
Montauban	397
	58

N° 4748. DE GAP à MONTBRISON.

Grenoble	101ᵏ
Lyon	150
Montbrison	101
	352

N° 4749. DE GAP à MONT-DE-MARSAN.

Avignon	187ᵏ
Agen	466
Mont-de-Marsan	109
	762

N° 4750. DE GAP à MONTPELLIER.

Avignon	187ᵏ
Montpellier	99
	286

N° 4751. DE GAP à MOULINS.

Grenoble	
Lyon	150
Moulins	186
	437

N° 4752. DE GAP à NANCY.

Grenoble	101ᵏ
Lyon	150
Dijon	197
Nancy	192
	640

N° 4753. DE GAP à NANTES.

Grenoble	101ᵏ
Lyon	150
Nantes	717
	968

N° 4754. DE GAP à NAPOLÉON-VENDÉE.

Grenoble	101ᵏ
Lyon	150
Napoléon-Vendée	612
	863

N° 4755. DE GAP à NEVERS.

Grenoble	101ᵏ
Lyon	150
Nevers	239
	490

N° 4756. DE GAP à NIMES.

Avignon	187ᵏ
Nimes	49
	236

N° 4757. DE GAP à NIORT.

Grenoble	101ᵏ
Lyon	150
Niort	565
	816

N° 4758. DE GAP à ORLÉANS.

Grenoble	101ᵏ
Lyon	150
Orléans	420
	671

N° 4759. DE GAP à PARIS.

Grenoble	101ᵏ
Lyon	150
Paris	512
	763

N° 4760. DE GAP à PAU.

Avignon	187ᵏ
Toulouse	346
Pau	190
	723

N° 4761. DE GAP à PERIGUEUX.

Grenoble	101ᵏ
Lyon	150
Périgueux	429
	680

N° 4762. DE GAP à PERPIGNAN.

Avignon	187ᵏ
Perpignan	260
	417

N° 4763. DE GAP à POITIERS.

Grenoble	101ᵏ
Lyon	150
Poitiers	489
	740

N° 4764. DE GAP à PRIVAS.

Grenoble	101ᵏ
Valence	94
Privas	39
	234

N° 4765. DE GAP au PUY.

Grenoble	101ᵏ
Lyon	150
Le Puy	134
	385

N° 4766. DE GAP à QUIMPER.

Grenoble	101ᵏ
Lyon	150
Nantes	717
Quimper	231
	1,199

N° 4767. DE GAP à RENNES.

Grenoble	101ᵏ
Lyon	150
Le Mans	636
Rennes	163
	1,050

N° 4768. DE GAP à ROCHEFORT.

Grenoble	101ᵏ
Lyon	150
Rochefort	626
	877

N° 4769. DE GAP à LA ROCHELLE.

Grenoble	101ᵏ
Lyon	150
La Rochelle	628
	879

N° 4770. DE GAP à RODEZ.

Avignon	187ᵏ
Rodez	283
	470

N° 4771. DE GAP à ROUEN.

Grenoble	101ᵏ
Lyon	150
Paris	512
Rouen	137
	900

N° 4772. DE GAP à SAINT-BRIEUC.

Grenoble.	101ᵏ
Lyon.	150
Le Mans.	636
Rennes	163
Saint-Brieuc.	100
	1,150

N° 4773. DE GAP à SAINT-ÉTIENNE.

Grenoble.	101ᵏ
Lyon.	150
Saint-Étienne.	56
	307

N° 4774. DE GAP à SAINT-GERMAIN.

Grenoble.	101ᵏ
Lyon.	150
Paris.	512
Saint-Germain.	23
	786

N° 4775. DE GAP à SAINT-LO.

Grenoble.	101ᵏ
Lyon.	150
Paris.	512
Saint-Lô.	314
	1,077

N° 4776. DE GAP à SAINT-OMER.

Grenoble.	101ᵏ
Lyon.	150
Paris.	512
Saint-Omer.	330
	1093

N° 4777. DE GAP à SARREGUEMINES.

Grenoble.	101ᵏ
Lyon.	150
Dijon	197
Sarreguemines.	325
	773

N° 4778. DE GAP à SAUMUR.

Grenoble.	101ᵏ
Lyon.	150
Saumur.	596
	847

N° 4779. DE GAP à SCHELESTADT.

Grenoble.	101ᵏ
Lyon.	150
Schelestadt	458
	709

N° 4780. DE GAP à STRASBOURG.

Grenoble.	101ᵏ
Lyon.	150
Strasbourg.	504
	755

N° 4781. DE GAP à TARBES.

Avignon.	187ᵏ
Toulouse.	346
Tarbes.	151
	684

N° 4782. DE GAP à THIONVILLE.

Grenoble.	101ᵏ
Lyon.	150
Dijon	197
Thionville.	275
	723

N° 4783. DE GAP à TOULON.

Aix.	149ᵏ
Toulon.	80
	229

N° 4784. DE GAP à TOULOUSE.

Avignon	187ᵏ
Toulouse.	346
	533

N° 4785. DE GAP à TOURS.

Grenoble.	101ᵏ
Lyon.	150
Tours.	532
	783

N° 4786. DE GAP à TROYES.

Grenoble.	101ᵏ
Lyon.	150
Troyes.	343
	594

N° 4787. DE GAP à TULLE.

Grenoble.	101ᵏ
Lyon.	150
Tulle.	327
	578

N° 4788. DE GAP à VALENCE.

Grenoble.	101ᵏ
Valence.	94
	195

N° 4789. DE GAP à VALENCIENNES.

Grenoble.	101ᵏ
Lyon.	150
Paris.	512
Valenciennes.	268
	1,031

N° 4790. DE GAP à VANNES.

Grenoble.	101ᵏ
Lyon.	150
Nantes.	717
Vannes	108
	1,076

N° 4791. DE GAP à VERDUN.

Grenoble.	101ᵏ
Lyon.	150
Dijon	197
Verdun.	239
	687

N° 4792. DE GAP à VERNON.

Grenoble.	101ᵏ
Lyon.	150
Paris.	512
Vernon.	80
	843

N° 4793. DE GAP à VERSAILLES.

Grenoble.	101ᵏ
Lyon.	150
Paris.	512
Versailles.	17
	780

N° 4794. DE GAP à VESOUL.

Grenoble.	101ᵏ
Lyon.	150
Besançon.	250
Vesoul.	49
	548

GIVET.

N° 4795. DE GIVET à GRENOBLE.

Lyon.	609ᵏ
Grenoble.	150
	759

N° 4796. DE GIVET à GUÉRET.

Paris.	327ᵏ
Guéret.	374
	701

N° 4797. DE GIVET à HAGUENAU.

Metz	220ᵏ
Haguenau	222
	442

N° 4798. DE GIVET à LANGRES.

Châlons-sur-Marne	217ᵏ
Langres	170
	387

N° 4799. DE GIVET à LAON.

Mézières	67ᵏ
Laon	128
	195

N° 4800. DE GIVET à LAVAL.

Paris	327ᵏ
Laval	301
	628

N° 4801. DE GIVET à LILLE.

Lille	273ᵏ

N° 4802. DE GIVET à LIMOGES.

Paris	327ᵏ
Limoges	400
	727

N° 4803. DE GIVET à LONS-LE-SAUNIER.

Châlons-sur-Marne	217ᵏ
Dijon	236
Lons-le-Saunier	99
	552

N° 4804. DE GIVET à LORIENT.

Paris	327ᵏ
Rennes	373
Lorient	160
	860

N° 4805. DE GIVET à LUNÉVILLE.

Lunéville	294ᵏ

N° 4806. DE GIVET à LYON.

Lyon	609ᵏ

N° 4807. DE GIVET à MACON.

Mâcon	542ᵏ

N° 4808. DE GIVET au MANS.

Paris	327ᵏ
Le Mans	211
	538

N° 4809. DE GIVET à MARSEILLE.

Lyon	609ᵏ
Marseille	352
	961

N° 4810. DE GIVET à MAUBEUGE.

Maubeuge	171ᵏ

N° 4811. DE GIVET à MELUN.

Paris	327ᵏ
Melun	45
	372

N° 4812. DE GIVET à MENDE.

Paris	327ᵏ
Clermont	446
Mende	186
	959

N° 4813. DE GIVET à METZ.

Metz	220ᵏ

N° 4814. DE GIVET à MÉZIÈRES.

Mézières	67ᵏ

N° 4815. DE GIVET à MONTAUBAN.

Lyon	609ᵏ
Montauban	468
	1,077

N° 4816. DE GIVET à MONTBRISON.

Lyon	609ᵏ
Montbrison	101
	710

N° 4817. DE GIVET à MONT-DE-MARSAN.

Paris	327ᵏ
Bordeaux	578
Mont-de-Marsan	148
	1,053

N° 4818. DE GIVET à MONTPELLIER.

Lyon	609ᵏ
Montpellier	329
	938

N° 4819. DE GIVET à MOULINS.

Moulins	505ᵏ

N° 4820. DE GIVET à NANCY.

Nancy	267ᵏ

N° 4821. DE GIVET à NANTES.

Paris	327ᵏ
Nantes	427
	754

N° 4822. DE GIVET à NAPOLÉON-VENDÉE.

Paris	327ᵏ
Napoléon-Vendée	433
	760

N° 4823. DE GIVET à NEVERS.

Nevers	452ᵏ

N° 4824. DE GIVET à NIMES.

Lyon	609ᵏ
Nîmes	279
	888

N° 4825. DE GIVET à NIORT.

Paris	327ᵏ
Niort	410
	737

N° 4826. DE GIVET à ORLÉANS.

Paris	327ᵏ
Orléans	121
	448

N° 4827. DE GIVET à PARIS.

Paris	327ᵏ

N° 4828. DE GIVET à PAU.

Paris	327ᵏ
Bordeaux	578
Pau	213
	1,118

N° 4829. DE GIVET à PÉRIGUEUX.

Paris	327ᵏ
Périgueux	495
	822

N° 4830. DE GIVET à PERPIGNAN.

Lyon	609ᵏ
Perpignan	491
	1,100

N° 4831. DE GIVET à POITIERS.

Paris	327ᵏ
Poitiers	332
	659

N° 4832. DE GIVET à PRIVAS.

Lyon	609^k
Privas.	144
	753

N° 4833. DE GIVET au PUY.

Lyon.	609^k
Le Puy.	134
	743

N° 4834. DE GIVET à QUIMPER.

Paris	327^k
Rennes	373
Quimper.	227
	927

N° 4835. DE GIVET à RENNES.

Paris	327^k
Rennes	373
	700

N° 4836. DE GIVET à ROCHEFORT.

Paris	327^k
Rochefort	474
	801

N° 4837. DE GIVET à LA ROCHELLE.

Paris	327^k
La Rochelle.	477
	804

N° 4838. DE GIVET à RODEZ.

Paris	327^k
Rodez	671
	998

N° 4839. DE GIVET à ROUEN.

Paris	327^k
Rouen.	137
	464

N° 4840. DE GIVET à SAINT-BRIEUC.

Paris	327^k
Rennes	373
Saint-Brieuc.	100
	800

N° 4841. DE GIVET à ST-ÉTIENNE.

Lyon.	609^k
Saint-Étienne	56
	665

N° 4842. DE GIVET à ST-GERMAIN.

Paris	327^k
Saint-Germain.	23
	350

N° 4843. DE GIVET à SAINT-LO.

Paris	327^k
Saint-Lô.	314
	641

N° 4844. DE GIVET à SAINT-OMER.

Saint-Omer	370^k

N° 4845. DE GIVET à SARREGUEMINES.

Sarreguemines.	296^k

N° 4846. DE GIVET à SAUMUR.

Paris	327^k
Saumur	295
	622

N° 4847. DE GIVET à SCHELESTADT.

Schelestadt	402^k

N° 4848. DE GIVET à STRASBOURG.

Strasbourg	400^k

N° 4849. DE GIVET à TARBES.

Paris	327^k
Bordeaux	578
Tarbes.	230
	1,135

N° 4850. DE GIVET à THIONVILLE.

Thionville.	248^k

N° 4851. DE GIVET à TOULON.

Lyon	609^k
Marseille	352
Toulon	60
	1,021

N° 4852. DE GIVET à TOULOUSE.

Paris	327^k
Bordeaux	578
Toulouse	257
	1,162

N° 4853. DE GIVET à TOURS.

Paris	327^k
Tours	234
	561

N° 4854. DE GIVET à TROYES.

Châlons-sur-Marne. . .	217^k
Troyes.	230
	447

N° 4855. DE GIVET à TULLE.

Paris	327^k
Limoges.	400
Tulle	89
	816

N° 4856. DE GIVET à VALENCE.

Lyon	609^k
Valence	106
	715

N° 4857. DE GIVET à VALENCIENNES.

Valenciennes	208^k

N° 4858. DE GIVET à VANNES.

Paris	327^k
Rennes	373
Vannes	103
	803

N° 4859. DE GIVET à VERDUN.

Verdun	169^k

N° 4860. DE GIVET à VERNON.

Paris	327^k
Vernon	80
	407

N° 4861. DE GIVET à VERSAILLES.

Paris	327^k
Versailles	17
	344

N° 4862. DE GIVET à VESOUL.

Vesoul.	472^k

GRENOBLE.

N° 4863. DE GRENOBLE à GUÉRET.

Lyon	150^k
Guéret.	314
	464

N° 4864. DE GRENOBLE à HAGUENAU.

Lyon	150^k
Haguenau.	546
(fer)	696

N° 4865. de GRENOBLE à LANGRES.

Lyon	150^k

Lyon 150ᵏ
Dijon 197
Langres 66
_____
(fer) 413

N° 4866. de GRENOBLE à LAON.

Lyon 150ᵏ
Paris 512
Laon 175
_____
(fer) 837

N° 4867. de GRENOBLE à LAVAL.

Lyon 150ᵏ
Le Mans 636
Laval 90
_____
(fer) 876

N° 4868. de GRENOBLE à LILLE.

Lyon 150ᵏ
Paris 512
Lille 268
_____
(fer) 930

N° 4869. de GRENOBLE à LIMOGES.

Lyon 150ᵏ
Limoges 363
_____
513

N° 4870. de GRENOBLE à LONS-LE-SAUNIER.

Lyon 150ᵏ
Lons-le-Saunier . . . 124
_____
274

N° 4871. de GRENOBLE à LORIENT.

Lyon 150ᵏ
Nantes 717
Lorient 164
_____
1,031

N° 4872. de GRENOBLE à LUNÉVILLE.

Lyon 150ᵏ
Lunéville 416
_____
566

N° 4873. de GRENOBLE à LYON.

Lyon . . . . . (fer) 150ᵏ

N° 4874. de GRENOBLE à MACON.

Lyon 150ᵏ
Mâcon 72
_____
(fer) 222

N° 4875. de GRENOBLE au MANS.

Lyon 150ᵏ
Le Mans 636
_____
(fer) 786

N° 4876. de GRENOBLE à MARSEILLE.

Valence 94ᵏ
Marseille 246
_____
340

N° 4877. de GRENOBLE à MAUBEUGE.

Lyon 150ᵏ
Paris 512
Maubeuge 246
_____
(fer) 908

N° 4878. de GRENOBLE à MELUN.

Lyon 150ᵏ
Melun 468
_____
(fer) 618

N° 4879. de GRENOBLE à MENDE.

Lyon 150ᵏ
Mende 223
_____
373

N° 4880. de GRENOBLE à METZ.

Lyon 150ᵏ
Dijon 197
Metz 249
_____
596

N° 4881. de GRENOBLE à MÉZIÈRES.

Lyon 150ᵏ
Mézières 546
_____
(fer) 696

N° 4882. de GRENOBLE à MONTAUBAN.

Valence 94ᵏ
Montauban 521
_____
615

N° 4883. de GRENOBLE à MONTBRISON.

Lyon 159ᵏ
Montbrison 101
_____
251

N° 4884. de GRENOBLE à MONT-DE-MARSAN.

Valence 94ᵏ
Agen 591
Mont-de-Marsan 109
_____
794

N° 4885. de GRENOBLE à MONTPELLIER.

Valence 94ᵏ
Montpellier 223
_____
317

N° 4886. de GRENOBLE à MOULINS.

Lyon 150ᵏ
Moulins 186
_____
336

N° 4887. de GRENOBLE à NANCY.

Lyon 150ᵏ
Dijon 197
Nancy 192
_____
539

N° 4888. de GRENOBLE à NANTES.

Lyon 150ᵏ
Nantes 717
_____
867

N° 4889. de GRENOBLE à NAPOLÉON-VENDÉE.

Lyon 150ᵏ
Napoléon-Vendée 612
_____
762

N° 4890. de GRENOBLE à NEVERS.

Lyon 150ᵏ
Nevers 239
_____
389

N° 4891. de GRENOBLE à NIMES.

Nîmes 268ᵏ

N° 4892. de GRENOBLE à NIORT.

Lyon 150ᵏ
Niort 565
_____
715

N° 4893. de GRENOBLE à ORLÉANS.

Lyon 150ᵏ
Orléans 420
_____
570

N° 4894. de GRENOBLE à PARIS.

Lyon 150ᵏ
Paris 512
_____
(fer) 662

N° 4895. de GRENOBLE à PAU.

Valence 94ᵏ
Toulouse 471
Pau 190
_____
755

N° 4896. DE GRENOBLE à PÉRIGUEUX.

Lyon	150^k
Périgueux	429
	579

N° 4897. DE GRENOBLE à PERPIGNAN.

Valence	94^k
Perpignan	385
	479

N° 4898. DE GRENOBLE à POITIERS.

Lyon	150^k
Poitiers	489
	639

N° 4899. DE GRENOBLE à PRIVAS.

Privas	133^k

N° 4900. DE GRENOBLE au PUY.

Lyon	150^k
Le Puy	134
	284

N° 4901. DE GRENOBLE à QUIMPER.

Lyon	150^k
Nantes	717
Quimper	231
	1,098

N° 4902. DE GRENOBLE à RENNES.

Lyon	150^k
Le Mans	636
Rennes	163
(fer)	949

N° 4903. DE GRENOBLE à ROCHEFORT.

Lyon	150^k
Rochefort	626
	776

N° 4904. DE GRENOBLE à LA RO-CHELLE.

Lyon	150^k
La Rochelle	628
	778

N° 4905. DE GRENOBLE à RODEZ.

Valence	94^k
Rodez	289
	383

N° 4906. DE GRENOBLE à ROUEN.

Lyon	150^k
Paris	512
Rouen	137
(fer)	799

N° 4907. DE GRENOBLE à ST-BRIEUC.

Lyon	150^k
Le Mans	636
Rennes	163
Saint-Brieuc	100
	1,049

N° 4908. DE GRENOBLE à SAINT-ÉTIENNE.

Valence	94^k
Saint-Étienne	97
	191

N° 4909. DE GRENOBLE à SAINT-GERMAIN.

Lyon	150^k
Paris	512
Saint-Germain	23
(fer)	685

N° 4910. DE GRENOBLE à SAINT-LO.

Lyon	150^k
Paris	512
Saint-Lô	314
(fer)	976

N° 4911. DE GRENOBLE à SAINT-OMER.

Lyon	150^k
Paris	512
Saint-Omer	330
(fer)	992

N° 4912. DE GRENOBLE à SARRE-GUEMINES.

Lyon	150^k
Dijon	197
Sarreguemines	325
	672

N° 4913. DE GRENOBLE à SAUMUR.

Lyon	150^k
Saumur	596
	746

N° 4914. DE GRENOBLE à SCHELE-STADT.

Lyon	150^k
Schelestadt	468
	618

N° 4915. DE GRENOBLE à STRAS-BOURG.

Lyon	150^k
Strasbourg	504
	654

N° 4916. DE GRENOBLE à TARBES.

Valence	94^k
Toulouse	471
Tarbes	151
	716

N° 4917. DE GRENOBLE à THIONVILLE.

Lyon	150^k
Dijon	197
Thionville	275
	622

N° 4918. DE GRENOBLE à TOULON.

Valence	94^k
Marseille	246
Toulon	60
	400

N° 4919. DE GRENOBLE à TOULOUSE.

Valence	94^k
Toulouse	471
	565

N° 4920. DE GRENOBLE à TOURS.

Lyon	150^k
Tours	537
	687

N° 4921. DE GRENOBLE à TROYES.

Lyon	150^k
Troyes	343
(fer)	493

N° 4922. DE GRENOBLE à TULLE.

Lyon	150^k
Tulle	327
	477

N° 4923. DE GRENOBLE à VALENCE.

Valence	94^k

N° 4924. DE GRENOBLE à VALEN-CIENNES.

Lyon	150^k
Paris	512
Valenciennes	268
(fer)	930

N° 4925. DE GRENOBLE à VANNES.

Lyon	150ᵏ
Nantes	717
Vannes	108
	975

N° 4926. DE GRENOBLE à VERDUN.

Lyon	150ᵏ
Dijon	197
Verdun	239
	586

N° 4927. DE GRENOBLE à VERNON.

Lyon	150ᵏ
Paris	512
Vernon	80
(fer)	742

N° 4928. DE GRENOBLE à VERSAILLES.

Lyon	150ᵏ
Paris	512
Versailles	17
(fer)	679

N° 4929. DE GRENOBLE à VESOUL.

Lyon	150ᵏ
Besançon	250
Vesoul	47
	447

GUÉRET.

N° 4930. DE GUÉRET à HAGUENAU.

Paris	374ᵏ
Haguenau	517
	891

N° 4931. DE GUÉRET à LANGRES.

Langres	387ᵏ

N° 4932. DE GUÉRET à LAON.

Paris	374ᵏ
Laon	175
	549

N° 4933. DE GUÉRET à LAVAL.

Le Mans	469ᵏ
Laval	90
	559

N° 4934. DE GUÉRET à LILLE.

Paris	374ᵏ
Lille	268
	642

N° 4935. DE GUÉRET à LIMOGES.

Limoges	93ᵏ

N° 4936. DE GUÉRET à LONS-LE-SAUNIER.

Lons-le-Saunier	350ᵏ

N° 4937. DE GUÉRET à LORIENT.

Nantes	563ᵏ
Lorient	164
	727

N° 4938. DE GUÉRET à LUNÉVILLE.

Paris	374ᵏ
Lunéville	386
	760

N° 4939. DE GUÉRET à LYON.

Lyon	314ᵏ

N° 4940. DE GUÉRET à MACON.

Mâcon	274ᵏ

N° 4941. DE GUÉRET au MANS.

Le Mans	469ᵏ

N° 4942. DE GUÉRET à MARSEILLE.

Marseille	569ᵏ

N° 4943. DE GUÉRET à MAUBEUGE.

Paris	374ᵏ
Maubeuge	246
	620

N° 4944. DE GUÉRET à MELUN.

Paris	374ᵏ
Melun	45
	419

N° 4945. DE GUÉRET à MENDE.

Clermont	130ᵏ
Mende	186
	316

N° 4946. DE GUÉRET à METZ.

Paris	374ᵏ
Metz	392
	766

N° 4947. DE GUÉRET à MÉZIÈRES.

Paris	374ᵏ
Mézières	260
	634

N° 4948. DE GUÉRET à MONTAUBAN.

Montauban	352ᵏ

N° 4949. DE GUÉRET à MONTBRISON.

Clermont	130ᵏ
Montbrison	113
	243

N° 4950. DE GUÉRET à MONT-DE-MARSAN.

Agen	315ᵏ
Mont-de-Marsan	109
	424

N° 4951. DE GUÉRET à MONTPELLIER.

Clermont	130ᵏ
Montpellier	340
	470

N° 4952. DE GUÉRET à MOULINS.

Moulins	138ᵏ

N° 4953. DE GUÉRET à NANCY.

Paris	374ᵏ
Nancy	353
	727

N° 4954. DE GUÉRET à NANTES.

Nantes . . (par la Souterraine)	563ᵏ

N° 4955. DE GUÉRET à NAPOLÉON-VENDÉE.

Napoléon-Vendée	310ᵏ

N° 4956. DE GUÉRET à NEVERS.

Moulins	138ᵏ
Nevers	53
	191

N° 4957. DE GUÉRET à NIMES.

Clermont	130ᵏ
Nîmes	312
	442

N° 4958. DE GUÉRET à NIORT.

Poitiers	147ᵏ
Niort	76
	223

N° 4959. DE GUÉRET à ORLÉANS.

Orléans . . . . 256^k

N° 4960. DE GUÉRET à PARIS.

Paris . . . . 374^k

N° 4961. DE GUÉRET à PAU.

Pau . . . . 508^k

N° 4962. DE GUÉRET à PÉRIGUEUX.

Limoges . . . . 93^k
Périgueux 95
                        ───
                        188

N° 4963. DE GUÉRET à PERPIGNAN.

Perpignan . . . . 658^k

N° 4964. DE GUÉRET à POITIERS.

Poitiers . . . . 147^k

N° 4965. DE GUÉRET à PRIVAS.

Privas . . . . 414^k

N° 4966. DE GUÉRET au PUY.

Clermont . . . . 130^k
Le Puy 134
                        ───
                        264

N° 4967. DE GUÉRET à QUIMPER.

Nantes . . . . 563^k
Quimper 231
                        ───
                        794

N° 4968. DE GUÉRET à RENNES.

Le Mans . . . . 469^k
Rennes 163
                        ───
                        632

N° 4969. DE GUÉRET à ROCHEFORT.

Poitiers . . . . 147^k
Rochefort 137
                        ───
                        284

N° 4970. DE GUÉRET à LA ROCHELLE.

Poitiers . . . . 147^k
La Rochelle 139
                        ───
                        286

N° 4971. DE GUÉRET à RODEZ.

Clermont . . . . 130^k
Rodez 225
                        ───
                        355

N° 4972. DE GUÉRET à ROUEN.

Paris . . . . 374^k
Rouen 137
                        ───
                        511

N° 4973. DE GUÉRET à SAINT-BRIEUC.

Le Mans . . . . 469^k
Rennes 163
Saint-Brieuc 100
                        ───
                        732

N° 4974. DE GUÉRET à SAINT-ÉTIENNE.

Clermont . . . . 130^k
Saint-Étienne 168
                        ───
                        298

N° 4975. DE GUÉRET à SAINT-GERMAIN.

Paris . . . . 374^k
Saint-Germain 23
                        ───
                        397

N° 4976. DE GUÉRET à SAINT-LO.

Le Mans . . . . 469^k
Saint-Lô 194
                        ───
                        663

N° 4977. DE GUÉRET à SAINT-OMER.

Paris . . . . 374^k
Saint-Omer 330
                        ───
                        704

N° 4978. DE GUÉRET à SARREGUEMINES.

Paris . . . . 374^k
Sarreguemines 469
                        ───
                        843

N° 4979. DE GUÉRET à SAUMUR.

Saumur . . (par la Souterraine) 431^k

N° 4980. DE GUÉRET à SCHELESTADT.

Lyon . . . . 314^k
Schelestadt 458
                        ───
                        772

N° 4981. DE GUÉRET à STRASBOURG.

Lyon . . . . 314^k
Strasbourg 504
                        ───
                        818

N° 4982. DE GUÉRET à TARBES.

Tarbes . . . . 460^k

N° 4983. DE GUÉRET à THIONVILLE.

Paris . . . . 374^k
Thionville 419
                        ───
                        793

N° 4984. DE GUÉRET à TOULON.

Marseille . . . . 569^k
Toulon 60
                        ───
                        629

N° 4985. DE GUÉRET à TOULOUSE.

Toulouse . . . . . . 445^k

N° 4986. DE GUÉRET à TOURS.

Tours . . . (par la Souterraine) 370^k

N° 4987. DE GUÉRET à TROYES.

Châteauroux . . . . . 111^k
Troyes 282
                        ───
                        393

N° 4988. DE GUÉRET à TULLE.

Limoges . . . . 93^k
Tulle 89
                        ───
                        182

N° 4989. DE GUÉRET à VALENCE.

Clermont . . . . 130^k
Montbrison 113
Valence 132
                        ───
                        375

N° 4990. DE GUÉRET à VALENCIENNES.

Paris . . . . 374^k
Valenciennes 268
                        ───
                        642

N° 4991. DE GUÉRET à VANNES.

Nantes . . . . 563^k
Vannes 108
                        ───
                        671

N° 4992. DE GUÉRET à VERDUN.

Paris . . . . 374^k
Verdun 253
                        ───
                        627

N° 4993. DE GUÉRET à VERNON.

Paris . . . . 374^k
Vernon 80
                        ───
                        454

N° 4994. DE GUÉRET à VERSAILLES.

Paris. 374ᵏ
Versailles. 17
_____
391

N° 4995. DE GUÉRET à VESOUL.

Vesoul. 428ᵏ
_____

HAGUENAU.

N° 4996. DE HAGUENAU à LANGRES.

Langres. . . . . . (fer) 337ᵏ

N° 4997. DE HAGUENAU à LAON.

Châlons-sur-Marne. . . 345ᵏ
Laon. 114
_____
(fer) 459

N° 4998. DE HAGUENAU à LAVAL.

Paris. 517ᵏ
Laval 301
_____
(fer) 818

N° 4999. DE HAGUENAU à LILLE.

Châlons-sur-Marne. . . 345ᵏ
Lille. 291
_____
(fer) 636

N° 5000. DE HAGUENAU à LIMOGES.

Paris. 517ᵏ
Limoges. 400
_____
(fer) 917

N° 5001. DE HAGUENAU à LONS-LE-
SAUNIER.

Belfort 191ᵏ
Lons-le-Saunier 186
_____
377

N° 5002. DE HAGUENAU à LORIENT.

Paris. 517ᵏ
Rennes 373
Lorient 160
_____
1,050

N° 5003. DE HAGUENAU à LUNÉVILLE.

Lunéville. . . . . (fer) 132ᵏ

N° 5004. DE HAGUENAU à LYON.

Lyon 546ᵏ

N° 5005. DE HAGUENAU à MACON.

Belfort. 191ᵏ
Mâcon. 274
_____
(fer) 465

N° 5006. DE HAGUENAU au MANS.

Paris 517ᵏ
Le Mans. 211
_____
(fer) 728

N° 5007. DE HAGUENAU à MARSEILLE.

Lyon. 546ᵏ
Marseille 352
_____
898

N° 5008. DE HAGUENAU à MAUBEUGE.

Maubeuge. . . . (fer) 479ᵏ

N° 5009. DE HAGUENAU à MELUN.

Paris. 517ᵏ
Melun. 45
_____
(fer) 562

N° 5010. DE HAGUENAU à MENDE.

Lyon 546ᵏ
Le Puy. 134
Mende. 89
_____
769

N° 5011. DE HAGUENAU à METZ.

Metz. . . . . . . (fer) 222ᵏ

N° 5012. DE HAGUENAU à MÉZIÈRES.

Metz. 222ᵏ
Mézières. 153
_____
375

N° 5013. DE HAGUENAU à MONTAUBAN.

Montauban. 946ᵏ

N° 5014. DE HAGUENAU à MONT-
BRISON.

Lyon 546ᵏ
Montbrison 101
_____
647

N° 5015. DE HAGUENAU à MONT-DE-
MARSAN.

Paris. 517ᵏ
Bordeaux 578
Mont-de-Marsan . . . 148
_____
(fer) 1,243

N° 5016. DE HAGUENAU à MONT-
PELLIER.

Lyon 546ᵏ
Montpellier 329
_____
875

N° 5017. DE HAGUENAU à MOULINS.

Moulins. 537ᵏ

N° 5018. DE HAGUENAU à NANCY.

Nancy . . . . . . (fer) 165ᵏ

N° 5019. DE HAGUENAU à NANTES.

Paris. 517ᵏ
Nantes 427
_____
(fer) 944

N° 5020. DE HAGUENAU à NAPOLÉON-
VENDÉE.

Paris. 517ᵏ
Napoléon-Vendée. . . . 433
_____
950

N° 5021. DE HAGUENAU à NEVERS.

Nevers. 545ᵏ

N° 5022. DE HAGUENAU à NIMES.

Lyon 546ᵏ
Nîmes. 279
_____
825

N° 5023. DE HAGUENAU à NIORT.

Paris 517ᵏ
Niort 410
_____
(fer) 927

N° 5024. DE HAGUENAU à ORLÉANS.

Paris. 517ᵏ
Orléans 121
_____
(fer) 638

N° 5025. DE HAGUENAU à PARIS.

Paris. . . . . . (fer) 517ᵏ

N° 5026. DE HAGUENAU à PAU.

Lyon 546ᵏ
Toulouse. 577
Pau 190
_____
1,313

N° 5027. DE HAGUENAU à PERIGUEUX.

Paris 517ᵏ
Périgueux. 495
_____
1,012

N° 5028. DE HAGUENAU à PERPIGNAN.

Lyon	516^k
Perpignan	491
	1,037

N° 5029. DE HAGUENAU à POITIERS.

Paris	517^k
Poitiers	332
(fer)	849

N° 5030. DE HAGUENAU à PRIVAS.

Lyon	546^k
Privas	144
	690

N° 5031. DE HAGUENAU au PUY.

Lyon	546^k
Le Puy	134
	680

N° 5032. DE HAGUENAU à QUIMPER.

Paris	517^k
Rennes	373
Quimper	227
	1,117

N° 5033. DE HAGUENAU à RENNES.

Paris	517^k
Rennes	373
(fer)	890

N° 5034. DE HAGUENAU à ROCHEFORT.

Paris	517^k
Rochefort	474
(fer)	991

N° 5035. DE HAGUENAU à LA ROCHELLE.

Paris	517^k
La Rochelle	477
(fer)	994

N° 5036. DE HAGUENAU à RODEZ.

Lyon	546^k
Rodez	338
	884

N° 5037. DE HAGUENAU à ROUEN.

Paris	217^k
Rouen	137
(fer)	654

N° 5038. DE HAGUENAU à SAINT-BRIEUC.

Paris	517^k
Rennes	373
Saint-Brieuc	100
	990

N° 5039. DE HAGUENAU à SAINT-ÉTIENNE.

Lyon	546^k
Saint-Étienne	56
	602

N° 5040. DE HAGUENAU à ST-GERMAIN.

Paris	517^k
Saint-Germain	23
(fer)	540

N° 5041. DE HAGUENAU à SAINT-LO.

Paris	517^k
Saint-Lô	314
(fer)	831

N° 5042. DE HAGUENAU à SAINT-OMER.

Châlons-sur-Marne	315^k
Saint-Omer	353
(fer)	698

N° 5043. DE HAGUENAU à SARREGUEMINES.

Sarreguemines	75^k

N° 5044. DE HAGUENAU à SAUMUR.

Paris	517^k
Saumur	295
(fer)	812

N° 5045. DE HAGUENAU à SCHELESTADT.

Schelestadt (fer)	78^k

N° 5046. DE HAGUENAU à STRASBOURG.

Strasbourg (fer)	34^k

N° 5047. DE HAGUENAU à TARBES.

Lyon	546^k
Tarbes	625
	1,171

N° 5048. DE HAGUENAU à THIONVILLE.

Thionville (fer)	249^k

N° 5049. DE HAGUENAU à TOULON.

Lyon	516^k
Marseille	352
Toulon	60
	958

N° 5050. DE HAGUENAU à TOULOUSE.

Lyon	546^k
Toulouse	577
	1,123

N° 5051. DE HAGUENAU à TOURS.

Paris	517^k
Tours	234
(fer)	751

N° 5052. DE HAGUENAU à TROYES.

Troyes (fer)	434^k

N° 5053. DE HAGUENAU à TULLE.

Tulle	755^k

N° 5054. DE HAGUENAU à VALENCE.

Lyon	546^k
Valence	106
	652

N° 5055. DE HAGUENAU à VALENCIENNES.

Paris	517^k
Valenciennes	268
(fer)	785

N° 5056. DE HAGUENAU à VANNES.

Paris	517^k
Rennes	373
Vannes	103
	993

N° 5057. DE HAGUENAU à VERDUN.

Nancy	165^k
Verdun	98
	263

N° 5058. DE HAGUENAU à VERNON.

Paris	517^k
Vernon	80
(fer)	597

N° 5059. DE HAGUENAU à VERSAILLES.

Paris	517^k
Versailles	17
(fer)	534

N° 5060. DE HAGUENAU à VESOUL.

Belfort	191^k
Vesoul	62
(fer)	253

LANGRES.

N° 5061. DE LANGRES à LAON.

Laon	(fer)	284ᵏ

N° 5062. DE LANGRES à LAVAL.

Paris	237ᵏ
Laval	301
	(fer) 598

N° 5063. DE LANGRES à LILLE.

Paris	297ᵏ
Lille	268
	(fer) 515

N° 5064. DE LANGRES à LIMOGES.

Limoges	471ᵏ

N° 5065. DE LANGRES à LONS-LE-SAUNIER.

Lons-le-Saunier	165ᵏ

N° 5066. DE LANGRES à LORIENT.

Paris	297ᵏ
Rennes	373
Lorient	160
	830

N° 5067. DE LANGRES à LUNÉVILLE.

Lunéville	173ᵏ

N° 5068. DE LANGRES à LYON.

Dijon	66ᵏ
Lyon	197
	263

N° 5069. DE LANGRES à MACON.

Dijon	66ᵏ
Mâcon	126
	192

N° 5070. DE LANGRES au MANS.

Paris	297ᵏ
Le Mans	211
	(fer) 508

N° 5071. DE LANGRES à MARSEILLE.

Dijon	66ᵏ
Marseille	549
	615

N° 5072. DE LANGRES à MAUBEUGE.

Maubeuge	(fer)	410ᵏ

N° 5073. DE LANGRES à MELUN.

Melun	(fer)	233ᵏ

N° 5074. DE LANGRES à MENDE.

Dijon	66ᵏ
Lyon	197
Mende	223
	486

N° 5075. DE LANGRES à METZ.

Metz	(fer)	184ᵏ

N° 5076. DE LANGRES à MÉZIÈRES.

Mézières	(fer)	320ᵏ

N° 5077. DE LANGRES à MONTAUBAN.

Montauban	678

N° 5078. DE LANGRES à MONTBRISON.

Dijon	66ᵏ
Lyon	197
Montbrison	101
	364

N° 5079. DE LANGRES à MONT-DE-MARSAN.

Paris	297ᵏ
Bordeaux	578
Mont-de-Marsan	148
	(fer) 1,023

N° 5080. DE LANGRES à MONTPELLIER.

Dijon	66ᵏ
Montpellier	526
	592

N° 5081. DE LANGRES à MOULINS.

Moulins	243ᵏ

N° 5082. DE LANGRES à NANCY.

Nancy	126ᵏ

N° 5083. DE LANGRES à NANTES.

Paris	297ᵏ
Nantes	427
	(fer) 724

N° 5084. DE LANGRES à NAPOLÉON-VENDÉE.

Paris	297ᵏ
Napoléon-Vendée	433
	730

N° 5085. DE LANGRES à NEVERS.

Nevers	(fer)	255ᵏ

N° 5086. DE LANGRES à NIMES.

Dijon	66ᵏ
Nîmes	476
	542

N° 5087. DE LANGRES à NIORT.

Paris	297ᵏ
Niort	410
	(fer) 707

N° 5088. DE LANGRES à ORLÉANS.

Paris	297ᵏ
Orléans	121
	(fer) 418

N° 5089. DE LANGRES à PARIS.

Paris	(fer)	297ᵏ

N° 5090. DE LANGRES à PAU.

Dijon	66ᵏ
Lyon	197
Pau	662
	925

N° 5091. DE LANGRES à PÉRIGUEUX.

Paris	297ᵏ
Périgueux	495
	792

N° 5092. DE LANGRES à PERPIGNAN.

Dijon	66ᵏ
Perpignan	688
	754

N° 5093. DE LANGRES à POITIERS.

Auxerre	197ᵏ
Poitiers	332
	529

N° 5094. DE LANGRES à PRIVAS.

Dijon	66ᵏ
Lyon	197
Privas	144
	407

N° 5095. DE LANGRES au PUY.

Dijon	66ᵏ
Lyon	197
Le Puy	134
	397

N° 5096. DE LANGRES à QUIMPER.

Paris	297ᵏ
Rennes	373
Quimper	227
	897

N° 5097. DE LANGRES à RENNES.

Paris . . . . 297^k
Rennes 373

(fer) 670

N° 5098. DE LANGRES à ROCHEFORT.

Paris . . . . 297^k
Rochefort. 474

(fer) 771

N° 5099. DE LANGRES à LA ROCHELLE.

Paris . . . . 297^k
La Rochelle 477

(fer) 774

N° 5100. DE LANGRES à RODEZ.

Dijon . . . . 66^k
Rodez 535

601

N° 5101. DE LANGRES à ROUEN.

Paris. . . . . 297^k
Rouen. 137

(fer) 434

N° 5102. DE LANGRES à SAINT-BRIEUC.

Paris . . . . 297^k
Rennes. 373
Saint-Brieuc. 100

770

N° 5103. DE LANGRES à ST-ÉTIENNE.

Dijon . . . . 66^k
Lyon 197
Saint-Étienne. 56

319

N° 5104. DE LANGRES à ST-GERMAIN.

Paris. . . . . 297^k
Saint-Germain. 23

(fer) 320

N° 5105. DE LANGRES à SAINT-LO.

Paris . . . . 297^k
Saint-Lô. 314

(fer) 611

N° 5106. DE LANGRES à SAINT-OMER.

Châlons-sur-Marne. . . 170^k
Saint-Omer. 353

(fer) 523

N° 5107. DE LANGRES à SARREGUE-
MINES.

Sarreguemines. . . . . 259^k

N° 5108. DE LANGRES à SAUMUR.

Paris. . . . . 297^k
Saumur 295

(fer) 592

N° 5109. DE LANGRES à SCHELESTADT.

Schelestadt . . . (fer) 260^k

N° 5110. DE LANGRES à STRASBOURG.

Strasbourg. . . . (fer) 305^k

N° 5111. DE LANGRES à TARBES.

Tarbes. . . . . 835^k

N° 5112. DE LANGRES à THIONVILLE.

Thionville. . . . (fer) 325^k

N° 5113. DE LANGRES à TOULON.

Dijon . . . . 66^k
Marseille. 549
Toulon 60

675

N° 5114. DE LANGRES à TOULOUSE.

Dijon. . . . . 66^k
Toulouse 774

840

N° 5115. DE LANGRES à TOURS.

Paris . . . . 297^k
Tours 234

(fer) 531

N° 5116. DE LANGRES à TROYES.

Troyes . . . . . (fer) 131^k

N° 5117. DE LANGRES à TULLE.

Tulle . . . . 487^k

N° 5118. DE LANGRES à VALENCE.

Dijon . . . . 66^k
Valence 303

369

N° 5119. DE LANGRES à VALENCIENNES.

Châlons-sur-Marne. . . 170^k
Valenciennes 264

(fer) 434

N° 5120. DE LANGRES à VANNES.

Paris . . . . 297^k
Rennes 373
Vannes 103

773

N° 5121. DE LANGRES à VERDUN.

Verdun . . . . 173^k

N° 5122. DE LANGRES à VERNON.

Paris . . . . 297^k
Vernon. 80

(fer) 377

N° 5123. DE LANGRES à VERSAILLES.

Paris . . . . 297^k
Versailles 17

(fer) 314

N° 5124. DE LANGRES à VESOUL.

Vesoul. . . . . . (fer) 85^k

LAON.

N° 5125. DE LAON à LAVAL.

Paris . . . . 175^k
Laval 301

(fer) 476

N° 5126. DE LAON à LILLE.

Lille. . . . . . (fer) 177^k

N° 5127. DE LAON à LIMOGES.

Paris . . . . 175^k
Limoges. 400

(fer) 575^k

N° 5128. DE LAON à LONS-LE-
SAUNIER.

Paris . . . . 175^k
Lons-le-Saunier 447

622

N° 5129. DE LAON à LORIENT.

Paris . . . . 175^k
Rennes. 373
Lorient 160

708

N° 5130. DE LAON à LUNÉVILLE.

Châlons-sur-Marne. . . 114^k
Lunéville. 213

(fer) 327

N° 5131. DE LAON à LYON.

Paris. . . . . 175^k
Lyon. 512

(fer) 687

N° 5132. DE LAON à MACON.

Paris	175ᵏ
Mâcon	441
	616

N° 5133. DE LAON au MANS.

Paris	175ᵏ
Le Mans	211
(fer)	386

N° 5134. DE LAON à MARSEILLE.

Paris	175ᵏ
Marseille	863
(fer)	1,038

N° 5135. DE LAON à MAUBEUGE.

Maubeuge	(fer) 126ᵏ

N° 5136. DE LAON à MELUN.

Paris	175ᵏ
Melun	45
(fer)	220

N° 5137. DE LAON à MENDE.

Paris	175ᵏ
Clermont	446
Mende	186
	807

N° 5138. DE LAON à METZ.

Châlons-sur-Marne	114ᵏ
Metz	226
(fer)	340

N° 5139. DE LAON à MÉZIÈRES.

Mézières	(fer) 128ᵏ

N° 5140. DE LAON à MONTAUBAN.

Paris	175ᵏ
Bordeaux	578
Montauban	206
(fer)	959

N° 5141. DE LAON à MONTBRISON.

Paris	175ᵏ
Montbrison	500
	675

N° 5142. DE LAON à MONT-DE-MARSAN.

Paris	175ᵏ
Bordeaux	578
Mont-de-Marsan	148
(fer)	901

N° 5143. DE LAON à MONTPELLIER.

Paris	175ᵏ
Montpellier	840
(fer)	1,015

N° 5144. DE LAON à MOULINS.

Paris	175ᵏ
Moulins	340
(fer)	515

N° 5145. DE LAON à NANCY.

Châlons-sur-Marne	114ᵏ
Nancy	181
(fer)	295

N° 5146. DE LAON à NANTES.

Paris	175ᵏ
Nantes	427
(fer)	602

N° 5147. DE LAON à NAPOLÉON-VENDÉE.

Paris	175ᵏ
Napoléon-Vendée	433
	608

N° 5148. DE LAON à NEVERS.

Paris	175ᵏ
Nevers	301
(fer)	476

N° 5149. DE LAON à NIMES.

Paris	175ᵏ
Nimes	791
(fer)	966

N° 5150. DE LAON à NIORT.

Paris	175ᵏ
Niort	410
(fer)	585

N° 5151. DE LAON à ORLÉANS.

Paris	175ᵏ
Orléans	121
(fer)	296

N° 5152. DE LAON à PARIS.

Paris	(fer) 175ᵏ

N° 5153. DE LAON à PAU.

Paris	175ᵏ
Bordeaux	578
Pau	213
	966

N° 5154. DE LAON à PÉRIGUEUX.

Paris	175ᵏ
Périgueux	495
	670

N° 5155. DE LAON à PERPIGNAN.

Paris	175ᵏ
Perpignan	1,002
(fer)	1,177

N° 5156. DE LAON à POITIERS.

Paris	175ᵏ
Poitiers	332
(fer)	507

N° 5157. DE LAON à PRIVAS.

Paris	175ᵏ
Lyon	512
Privas	144
	831

N° 5158. DE LAON au PUY.

Paris	175ᵏ
Clermont	446
Le Puy	134
	755

N° 5159. DE LAON à QUIMPER.

Paris	175ᵏ
Rennes	373
Quimper	227
	775

N° 5160. DE LAON à RENNES.

Paris	175ᵏ
Rennes	373
(fer)	548

N° 5161. DE LAON à ROCHEFORT.

Paris	175ᵏ
Rochefort	474
(fer)	649

N° 5162. DE LAON à LA ROCHELLE.

Paris	175ᵏ
La Rochelle	477
(fer)	652

N° 5163. DE LAON à RODEZ.

Paris	175ᵏ
Rodez	671ᵏ
	846

N° 5164. DE LAON à ROUEN.

Paris	175^k
Rouen	137
(fer)	312

N° 5165. DE LAON à SAINT-BRIEUC.

Paris	175^k
Rennes	373
Saint-Brieuc	100
	648

N° 5166. DE LAON à SAINT-ÉTIENNE.

Paris	175^k
Saint-Étienne	530
(fer)	705

N° 5167. DE LAON à SAINT-GERMAIN.

Paris	175^k
Saint-Germain	23
(fer)	198

N° 5168. DE LAON à SAINT-LO.

Paris	175^k
Saint-Lô	314
(fer)	489

N° 5169. DE LAON à SAINT-OMER.

Saint-Omer	(fer) 239^k

N° 5170. DE LAON à SARREGUEMINES.

Châlons-sur-Marne	114^k
Sarreguemines	295
	409

N° 5171. DE LAON à SAUMUR.

Paris	175^k
Saumur	295
(fer)	470

N° 5172. DE LAON à SCHELESTADT.

Châlons-sur-Marne	114^k
Schelestadt	373
(fer)	487

N° 5173. DE LAON à STRASBOURG.

Châlons-sur-Marne	114^k
Strasbourg	330
(fer)	444

N° 5174. DE LAON à TARBES.

Paris	175^k
Bordeaux	578
Tarbes	230
	983

N° 5175. DE LAON à THIONVILLE.

Châlons-sur-Marne	114^k
Thionville	246
(fer)	360

N° 5176. DE LAON à TOULON.

Paris	175^k
Marseille	833
Toulon	60
	1,068

N° 5177. DE LAON à TOULOUSE.

Paris	175^k
Bordeaux	578
Toulouse	257
(fer)	1,010

N° 5178. DE LAON à TOURS.

Paris	175^k
Tours	234
(fer)	409

N° 5179. DE LAON à TROYES.

Troyes	170^k

N° 5180. DE LAON à TULLE.

Paris	175^k
Limoges	400
Tulle	89
	664

N° 5181. DE LAON à VALENCE.

Paris	175^k
Valence	618
(fer)	793

N° 5182. DE LAON à VALENCIENNES.

Valenciennes	(fer) 150^k

N° 5183. DE LAON à VANNES.

Paris	175^k
Rennes	373
Vannes	103
	651

N° 5184. DE LAON à VERDUN.

Verdun	172^k

N° 5185. DE LAON à VERNON.

Paris	175^k
Vernon	80
(fer)	255

N° 5186. DE LAON à VERSAILLES.

Paris	175^k
Versailles	17
(fer)	192

N° 5187. DE LAON à VESOUL.

Vesoul	(fer) 369^k

LAVAL.

N° 5188. DE LAVAL à LILLE.

Paris	301^k
Lille	268
(fer)	569

N° 5189. DE LAVAL à LIMOGES.

Le Mans	90^k
Limoges	494
	584

N° 5190. DE LAVAL à LONS-LE-SAUNIER.

Lons-le-Saunier	654^k

N° 5191. DE LAVAL à LORIENT.

Rennes	74^k
Lorient	160
	234

N° 5192. DE LAVAL à LUNÉVILLE.

Paris	301^k
Lunéville	386
(fer)	687

N° 5193. DE LAVAL à LYON.

Le Mans	90^k
Lyon	635
	726

N° 5194. DE LAVAL à MACON.

Mâcon	622^k

N° 5195. DE LAVAL au MANS.

Le Mans	(fer) 90^k

N° 5196. DE LAVAL à MARSEILLE.

Le Mans	90^k
Lyon	636
Marseille	352
	1,078

N° 5197. DE LAVAL à MAUBEUGE.

Paris	301^k
Maubeuge	246
(fer)	547

N° 5198. DE LAVAL à MELUN.

Paris 301ᵏ
Melun 45

(fer) 346

N° 5199. DE LAVAL à MENDE.

Mende 765ᵏ

N° 5200. DE LAVAL à METZ.

Paris 301ᵏ
Metz 392

(fer) 693

N° 5201. DE LAVAL à MÉZIÈRES.

Paris 301ᵏ
Mézières 260

(fer) 561

N° 5202. DE LAVAL à MONTAUBAN.

Le Mans 90ᵏ
Bordeaux 446
Montauban 206

(fer) 742

N° 5203. DE LAVAL à MONTBRISON.

Le Mans 90ᵏ
Moulins 388
Montbrison 160

638

N° 5204. DE LAVAL à MONT-DE-
MARSAN.

Le Mans 90ᵏ
Bordeaux 446
Mont-de-Marsan 148

(fer) 684

N° 5205. DE LAVAL à MONTPELLIER.

Le Mans 90ᵏ
Bordeaux 446
Montpellier 504

(fer) 1,040

N° 5206. DE LAVAL à MOULINS.

Le Mans 90ᵏ
Moulins 388

478

N° 5207. DE LAVAL à NANCY.

Paris 301ᵏ
Nancy 353

(fer) 654

N° 5208. DE LAVAL à NANTES.

Nantes 131ᵏ

N° 5209. DE LAVAL à NAPOLÉON-
VENDÉE.

Angers 74ᵏ
Napoléon-Vendée 125

199

N° 5210. DE LAVAL à NEVERS.

Le Mans 90ᵏ
Nevers 335

425

N° 5211. DE LAVAL à NIMES.

Le Mans 90ᵏ
Lyon 636
Nîmes 279

1,005

N° 5212. DE LAVAL à NIORT.

Le Mans 90ᵏ
Niort 278

(fer) 368

N° 5213. DE LAVAL à ORLÉANS.

Le Mans 90ᵏ
Orléans 214

(fer) 304

N° 5214. DE LAVAL à PARIS.

Paris . . . . . . (fer) 301ᵏ

N° 5215. DE LAVAL à PAU.

Le Mans 90ᵏ
Bordeaux 446
Pau 213

749

N° 5216. DE LAVAL à PÉRIGUEUX.

Le Mans 90ᵏ
Périgueux 399

489

N° 5217. DE LAVAL à PERPIGNAN.

Le Mans 90ᵏ
Bordeaux 446
Perpignan 470

(fer) 1,006

N° 5218. DE LAVAL à POITIERS.

Le Mans 90ᵏ
Poitiers 200

(fer) 290

N° 5219. DE LAVAL à PRIVAS.

Le Mans 90ᵏ
Lyon 636
Privas 144

870

N° 5220. DE LAVAL au PUY.

Le Puy 713ᵏ

N° 5221. DE LAVAL à QUIMPER.

Rennes 74ᵏ
Quimper 227

301

N° 5222. DE LAVAL à RENNES.

Rennes . . . . . . (fer) 74ᵏ

N° 5223. DE LAVAL à ROCHEFORT.

Le Mans 90ᵏ
Rochefort 342

(fer) 432

N° 5224. DE LAVAL à LA ROCHELLE.

Le Mans 90ᵏ
La Rochelle 345

(fer) 435

N° 5225. DE LAVAL à RODEZ.

Rodez 647ᵏ

N° 5226. DE LAVAL à ROUEN.

Rouen 233ᵏ

N° 5227. DE LAVAL à SAINT-BRIEUC.

Rennes 74ᵏ
Saint-Brieuc 100

174

N° 5228. DE LAVAL à SAINT-ÉTIENNE.

Le Mans 90ᵏ
Le Guétin 435
Saint-Étienne 237

(fer) 762

N° 5229. DE LAVAL à SAINT-GERMAIN.

Versailles 284ᵏ
Saint-Germain 13

(fer) 297

N° 5230. DE LAVAL à SAINT-LÔ.

Saint-Lô 153ᵏ

N° 5231. DE LAVAL à SAINT-OMER.

Paris 301ᵏ
Saint-Omer 330

(fer) 631

N° 5232. DE LAVAL à SARREGUEMINES.

Paris 301ᵏ
Sarreguemines 469

770

N° 5233. DE LAVAL À SAUMUR.

Saumur. 118ᵏ

N° 5234. DE LAVAL À SCHELESTADT.

Paris 301ᵏ
Schelestadt. 546
(fer) 847

N° 5235. DE LAVAL À STRASBOURG.

Paris 301ᵏ
Strasbourg. 502
(fer) 803

N° 5236. DE LAVAL À TARBES.

Le Mans. 90ᵏ
Bordeaux 446
Tarbes. 230
766

N° 5237. DE LAVAL À THIONVILLE.

Paris. 301ᵏ
Thionville. 419
(fer) 720

N° 5238. DE LAVAL À TOULON.

Le Mans. 90ᵏ
Lyon. 636
Marseille 352
Toulon. 60
1,138

N° 5239. DE LAVAL À TOULOUSE.

Le Mans. 90ᵏ
Bordeaux 446
Toulouse 257
(fer) 793

N° 5240. DE LAVAL À TOURS.

Tours. . . . . . (fer) 189ᵏ

N° 5241. DE LAVAL À TROYES.

Paris 301ᵏ
Troyes. 167
(fer) 468

N° 5242. DE LAVAL À TULLE.

Tulle. 459ᵏ

N° 5243. DE LAVAL À VALENCE.

Le Mans. 90ᵏ
Lyon 636
Valence. 106
832

N° 5244. DE LAVAL À VALENCIENNES.

Paris 301ᵏ
Valenciennes. 268
(fer) 569

N° 5245. DE LAVAL À VANNES.

Rennes. 74ᵏ
Vannes 103
177

N° 5246. DE LAVAL À VERDUN.

Paris. 301ᵏ
Verdun 253
554

N° 5247. DE LAVAL À VERNON.

Vernon 259ᵏ

N° 5248. DE LAVAL À VERSAILLES.

Versailles. . . . . (fer) 284ᵏ

N° 5249. DE LAVAL À VESOUL.

Paris 301ᵏ
Vesoul. 381
(fer) 682

LILLE.

N° 5250. DE LILLE À LIMOGES.

Paris. 268ᵏ
Limoges. 400
(fer) 668

N° 5251. DE LILLE À LONS-LE-SAUNIER.

Paris 268ᵏ
Lons-le-Saunier 447
715

N° 5252. DE LILLE À LORIENT.

Paris 268ᵏ
Rennes. 373
Lorient 160
801

N° 5253. DE LILLE À LUNÉVILLE.

Châlons-sur-Marne. . . 291ᵏ
Lunéville. 213
(fer) 504

N° 5254. DE LILLE À LYON.

Paris. 268ᵏ
Lyon. 512
(fer) 780

N° 5255. DE LILLE À MACON.

Paris 268ᵏ
Mâcon. 441
(fer) 709

N° 5256. DE LILLE AU MANS.

Paris. 268ᵏ
Le Mans. 211
(fer) 479

N° 5257. DE LILLE À MARSEILLE.

Paris. 268ᵏ
Marseille. 863
(fer) 1,131

N° 5258. DE LILLE À MAUBEUGE.

Maubeuge. . . . . (fer) 147ᵏ

N° 5259. DE LILLE À MELUN.

Paris. 268ᵏ
Melun. 45
(fer) 313

N° 5260. DE LILLE À MENDE.

Paris. 268ᵏ
Clermont 446
Mende. 186
900

N° 5261. DE LILLE À METZ.

Châlons-sur-Marne. . . 291ᵏ
Metz. 220
(fer) 511

N° 5262. DE LILLE À MÉZIÈRES.

Mézières. 206ᵏ

N° 5263. DE LILLE À MONTAUBAN.

Paris. 268ᵏ
Bordeaux 578
Montauban. 206
(fer) 1,052

N° 5264. DE LILLE À MONTBRISON.

Paris. 268ᵏ
Montbrison 500
768

N° 5265. DE LILLE à MONT-DE-MARSAN.

Paris . . . . 268^k
Bordeaux 578
Mont-de-Marsan 148

(fer) 994

N° 5266. DE LILLE à MONTPELLIER.

Paris . . . . 268^k
Montpellier 840

(fer) 1,103

N° 5267. DE LILLE à MOULINS.

Paris . . . . 268^k
Moulins 349

(fer) 617

N° 5268. DE LILLE à NANCY.

Paris . . . . 268^k
Nancy 353

(fer) 621

N° 5269. DE LILLE à NANTES.

Paris . . . . 268^k
Nantes 427

(fer) 695

N° 5270. DE LILLE à NAPOLÉON-VENDÉE.

Paris . . . . 268^k
Napoléon-Vendée 433

701

N° 5271. DE LILLE à NEVERS.

Paris . . . . 268^k
Nevers 301

(fer) 569

N° 5272. DE LILLE à NIMES.

Paris . . . . 268^k
Nimes 791

(fer) 1,059

N° 5273. DE LILLE à NIORT.

Paris . . . . 268^k
Niort 410

(fer) 678

N° 5274. DE LILLE à ORLÉANS.

Paris . . . . 268^k
Orléans 121

(fer) 389

N° 5275. DE LILLE à PARIS.

Paris . . . . . (fer) 268^k

N° 5276. DE LILLE à PAU.

Paris . . . . 268^k
Bordeaux 578
Pau 213

1,059

N° 5277. DE LILLE à PÉRIGUEUX.

Paris . . . . 268^k
Périgueux 495

763

N° 5278. DE LILLE à PERPIGNAN.

Paris . . . . 268^k
Perpignan 1,002

(fer) 1,270

N° 5279. DE LILLE à POITIERS.

Paris . . . . 268^k
Poitiers 332

(fer) 600

N° 5280. DE LILLE à PRIVAS.

Paris . . . . 268^k
Lyon 512
Privas 144

924

N° 5281. DE LILLE au PUY.

Paris . . . . 268^k
Clermont 446
Le Puy 134

848

N° 5282. DE LILLE à QUIMPER.

Paris . . . . 268^k
Rennes 373
Quimper 227

868

N° 5283. DE LILLE à RENNES.

Paris . . . . 268^k
Rennes 373

(fer) 641

N° 5284. DE LILLE à ROCHEFORT.

Paris . . . . 268^k
Rochefort 474

(fer) 742

N° 5285. DE LILLE à LA ROCHELLE.

Paris . . . . 268^k
La Rochelle 477

(fer) 745

N° 5236. DE LILLE à RODEZ.

Paris . . . . 268^k
Rodez 671

939

N° 5287. DE LILLE à ROUEN.

Paris . . . . 268^k
Rouen 137

(fer) 405

N° 5288. DE LILLE à SAINT-BRIEUC.

Paris . . . . 268^k
Rennes 373
Saint-Brieuc 100

741

N° 5289. DE LILLE à SAINT-ÉTIENNE.

Paris . . . . 268^k
Saint-Étienne 530

(fer) 798

N° 5290. DE LILLE à SAINT-GERMAIN.

Paris . . . . 268^k
Saint-Germain 23

(fer) 291

N° 5291. DE LILLE à SAINT-LO.

Paris . . . . 268^k
Saint-Lô 314

(fer) 582

N° 5292. DE LILLE à SAINT-OMER.

Saint-Omer . . . . (fer) 64^k

N° 5293. DE LILLE à SARREGUEMINES.

Châlons-sur-Marne . . . 291^k
Sarreguemines 297

588

N° 5294. DE LILLE à SAUMUR.

Paris . . . . 268^k
Saumur 295

(fer) 563

N° 5295. DE LILLE à SCHELESTADT.

Châlons-sur-Marne . . . 291^k
Schelestadt 373

(fer) 664

N° 5296. DE LILLE à STRASBOURG.

Châlons-sur-Marne . . . 291^k
Strasbourg 339

(fer) 621

N° 5297. DE LILLE à TARBES.

Paris	268ᵏ
Bordeaux	578
Tarbes.	230
	1,076

N° 5298. DE LILLE à THIONVILLE.

Châlons-sur-Marne . . .	291ᵏ
Thionville	246
(fer)	537

N° 5299. DE LILLE à TOULON.

Paris	268ᵏ
Marseille.	863
Toulon	60
	1,191

N° 5300. DE LILLE à TOULOUSE.

Paris	268ᵏ
Bordeaux	578
Toulouse	257
(fer)	1,103

N° 5301. DE LILLE à TOURS.

Paris	268ᵏ
Tours	234
(fer)	502

N° 5302. DE LILLE à TROYES.

Paris.	268ᵏ
Troyes	167
(fer)	435

N° 5303. DE LILLE à TULLE.

Paris.	268ᵏ
Limoges	400
Tulle	89
	757

N° 5304. DE LILLE à VALENCE.

Paris	268ᵏ
Valence	618
(fer)	886

N° 5305. DE LILLE à VALENCIENNES.

Valenciennes. . . (fer)	69ᵏ

N° 5306. DE LILLE à VANNES.

Paris.	268ᵏ
Rennes	373
Vannes	103
	744

N° 5307. DE LILLE à VERDUN.

Châlons-sur-Marne. . .	291ᵏ
Verdun.	81
	372

N° 5308. DE LILLE à VERNON.

Paris.	268ᵏ
Vernon	80
(fer)	348

N° 5309. DE LILLE à VERSAILLES.

Paris.	268ᵏ
Versailles	17
(fer)	285

N° 5310. DE LILLE à VESOUL.

Châlons-sur-Marne. . .	291ᵏ
Vesoul.	247
(fer)	538

LIMOGES.

N° 5311. DE LIMOGES à LONS-LE-SAUNIER.

Lons-le Saunier	434ᵏ

N° 5312. DE LIMOGES à LORIENT.

Nantes . . . . . (fer)	588ᵏ
Lorient.	164
	752

N° 5313. DE LIMOGES à LUNÉVILLE.

Paris	400ᵏ
Lunéville.	386
(fer)	786

N° 5314. DE LIMOGES à LYON.

Lyon.	363ᵏ

N° 5315. DE LIMOGES à MACON.

Mâcon.	356ᵏ

N° 5316. DE LIMOGES au MANS.

Le Mans. . . . . (fer)	494ᵏ

N° 5317. DE LIMOGES à MARSEILLE.

Marseille.	618ᵏ

N° 5318. DE LIMOGES à MAUBEUGE.

Paris	400ᵏ
Maubeuge	246
(fer)	646

N° 5319. DE LIMOGES à MELUN.

Paris	400ᵏ
Melun	45
(fer)	445

N° 5320. DE LIMOGES à MENDE.

Mende.	334ᵏ

N° 5321. DE LIMOGES à METZ.

Paris.	400ᵏ
Metz.	392
(fer)	792

N° 5322. DE LIMOGES à MÉZIÈRES.

Paris	400ᵏ
Mézières.	253
(fer)	653

N° 5323. DE LIMOGES à MONTAUBAN.

Cahors.	197ᵏ
Montauban.	62
	259

N° 5324. DE LIMOGES à MONTBRISON.

Montbrison	292ᵏ

N° 5325. DE LIMOGES à MONT-DE-MARSAN.

Bordeaux	225ᵏ
Mont-de-Marsan	148
	373

N° 5326. DE LIMOGES à MONTPELLIER.

Montpellier	470ᵏ

N° 5327. DE LIMOGES à MOULINS.

Moulins . . . . . (fer)	334ᵏ

N° 5328. DE LIMOGES à NANCY.

Paris	400ᵏ
Nancy.	353
(fer)	753

N° 5329. DE LIMOGES à NANTES.

Nantes	588ᵏ

N° 5330. DE LIMOGES à NAPOLÉON-VENDÉE.

Angoulême	103ᵏ
Niort.	182
Napoléon-Vendée. . . .	87
	372

N° 5331. DE LIMOGES à NEVERS.

Nevers.	288ᵏ

N° 5332. DE LIMOGES à NIMES.

Nîmes. . . . . 491^k

N° 5333. DE LIMOGES à NIORT.

Angoulême. . . . . . 103^k
Niort 182
                      —
                      285

N° 5334. DE LIMOGES à ORLÉANS.

Orléans . . . . . (fer) 281^k

N° 5335. DE LIMOGES à PARIS.

Paris . . . . . . (fer) 400^k

N° 5336. DE LIMOGES à PAU.

Bordeaux . . . . . . 225^k
Pau 213
                      —
                      438

N° 5337. DE LIMOGES à PÉRIGUEUX.

Périgueux. . . . . . 95^k

N° 5338. DE LIMOGES à PERPIGNAN.

Toulouse . . . . . . 352^k
Perpignan. 213
                      —
                      565

N° 5339. DE LIMOGES à POITIERS.

Poitiers . . . . 129^k

N° 5340. DE LIMOGES à PRIVAS.

Privas . . . . 463^k

N° 5341. DE LIMOGES au PUY.

Clermont . . . . . . 179^k
Le Puy 134
                      —
                      313

N° 5342. DE LIMOGES à QUIMPER.

Nantes. . . . . 588^k
Quimper. 231
                      —
                      819

N° 5343. DE LIMOGES à RENNES.

Le Mans. . . . . . . 494^k
Rennes. 163
                      —
                 (fer) 657

N° 5344. DE LIMOGES à ROCHEFORT.

Angoulême . . . . . 103^k
Rochefort 246
                      —
                      349

N° 5345 DE LIMOGES à LA ROCHELLE.

Angoulême. . . . . . 103^k
La Rochelle 249
                      —
                      352

N° 5346. DE LIMOGES à RODEZ.

Aurillac. . . . . . . 174^k
Rodez 103
                      —
                      277

N° 5347. DE LIMOGES à ROUEN.

Paris . . . . 400^k
Rouen. 137
                      —
                 (fer) 537

N° 5348. DE LIMOGES à SAINT-BRIEUC.

Le Mans. . . . . . . 494^k
Rennes. 163
Saint-Brieuc. 100
                      —
                      757

N° 5349. DE LIMOGES à SAINT-
ÉTIENNE.

Clermont . . . . . . 179^k
Saint-Étienne 168
                      —
                      347

N° 5350. DE LIMOGES à SAINT-
GERMAIN.

Paris . . . . 400^k
Saint-Germain. 23
                      —
                 (fer) 423

N° 5351. DE LIMOGES à SAINT-LO.

Le Mans. . . . . . . 494^k
Saint-Lô. 194
                      —
                 (fer) 688

N° 5352. DE LIMOGES à SAINT-OMER.

Paris . . . . 400^k
Saint-Omer. 330
                      —
                 (fer) 730

N° 5353. DE LIMOGES à SARREGUE-
MINES.

Paris . . . . 400^k
Sarreguemines. 469
                      —
                      869

N° 5354. DE LIMOGES à SAUMUR.

Saumur . . . . (fer) 457^k

N° 5355. DE LIMOGES à SCHELESTADT

Lyon . . . . 363^k
Schelestadt 458
                      —
                      821

N° 5356. DE LIMOGES à STRASBOURG.

Lyon. . . . . 363^k
Strasbourg. 504
                      —
                      867

N° 5357. DE LIMOGES à TARBES.

Tarbes. . . . . 376^k

N° 5358. DE LIMOGES à THIONVILLE.

Paris . . . . 400^k
Thionville. 419
                      —
                 (fer) 819

N° 5359. DE LIMOGES à TOULON.

Lyon . . . . 363^k
Marseille 352
Toulon 60
                      —
                      775

N° 5360. DE LIMOGES à TOULOUSE.

Toulouse. . . . . . . 352^k

N° 5361. DE LIMOGES à TOURS.

Tours . . . . . (fer) 395^k

N° 5362. DE LIMOGES à TROYES.

Troyes. . . . . 477^k

N° 5363. DE LIMOGES à TULLE.

Tulle. . . . . 89^k

N° 5364. DE LIMOGES à VALENCE.

Clermont . . . . . . 363^k
Valence 106
                      —
                      469

N° 5365 DE LIMOGES à VALENCIENNES.

Paris . . . . 400^k
Valenciennes. 268
                      —
                 (fer) 668

N° 5366. DE LIMOGES à VANNES.

Nantes. . . . . 588^k
Vannes. 108
                      —
                      696

N° 5367. DE LIMOGES à VERDUN.

Paris . . . . 400^k
Verdun. 253
                      —
                      653

N° 5368. DE LIMOGES À VERNON.

Paris 400k
Vernon 80
                (fer) 480

N° 5369. DE LIMOGES À VERSAILLES.

Paris 400k
Versailles 17
                (fer) 417

N° 5370. DE LIMOGES À VESOUL.

Vesoul 512k

LONS-LE-SAUNIER.

N° 5371. DE LONS-LE-SAUNIER À LORIENT.

Chalon-sur-Saône 64k
Nantes 645
Lorient 164
                      873

N° 5372. DE LONS-LE-SAUNIER à LUNÉVILLE.

Besançon 88k
Lunéville 183
                      271

N° 5373. DE LONS-LE-SAUNIER à LYON.

Lyon 124k

N° 5374. DE LONS-LE-SAUNIER à MACON.

Mâcon 96k

N° 5375. DE LONS-LE-SAUNIER au MANS.

Chalon-sur-Saône . . . 64k
Paris 383
Le Mans 211
                (fer) 658

N° 5376. DE LONS-LE-SAUNIER à MARSEILLE.

Lyon 124k
Marseille 352
                      476

N° 5377. DE LONS-LE-SAUNIER à MAUBEUGE.

Chalon-sur-Saône . . . 64k
Maubeuge 476
                      540

N° 5378. DE LONS-LE-SAUNIER à MELUN.

Chalon-sur-Saône . . . 64k
Melun 339
                      403

N° 5379. DE LONS-LE-SAUNIER à MENDE.

Lyon 124k
Le Puy 134
Mende 89
                      347

N° 5380. DE LONS-LE-SAUNIER à METZ.

Dijon 99k
Metz 249
                      348

N° 5381. DE LONS-LE-SAUNIER à MÉZIÈRES.

Dijon 99k
Mézières 349
                      448

N° 5382. DE LONS-LE-SAUNIER à MONTAUBAN.

Lyon 124k
Montauban 468
                      592

N° 5383. DE LONS-LE-SAUNIER à MONTBRISON.

Lyon 124k
Montbrison 101
                      225

N° 5384. DE LONS-LE-SAUNIER à MONT-DE-MARSAN.

Lyon 124k
Bordeaux 549
Mont-de-Marsan 148
                      821

N° 5385. DE LONS-LE-SAUNIER à MONTPELLIER.

Lyon 124k
Montpellier 329
                      453

N° 5386. DE LONS-LE-SAUNIER à MOULINS.

Chalon-sur-Saône . . . 64k
Moulins 148
                      212

N° 5387. DE LONS-LE-SAUNIER à NANCY.

Dijon 99k
Nancy 192
                      291

N° 5388. DE LONS-LE-SAUNIER à NANTES.

Chalon-sur-Saône . . . 64k
Nantes 645
                      709

N° 5389. DE LONS-LE-SAUNIER à NAPOLÉON-VENDÉE.

Chalon-sur-Saône . . . 64k
Niort 527
Napoléon-Vendée 87
                      678

N° 5390. DE LONS-LE-SAUNIER à NEVERS.

Chalon-sur-Saône . . . 64k
Nevers 154
                      218

N° 5391. DE LONS-LE-SAUNIER à NIMES.

Lyon 124k
Nîmes 279
                      403

N° 5392. DE LONS-LE-SAUNIER à NIORT.

Chalon-sur-Saône . . . 64k
Niort 527
                      591

N° 5393. DE LONS-LE-SAUNIER à ORLÉANS.

Chalon-sur-Saône 61k
Orléans 336
                      400

N° 5394. DE LONS-LE-SAUNIER à PARIS.

Paris 447k

N° 5395. DE LONS-LE-SAUNIER à PAU.

Lyon 124k
Pau 662
                      786

N° 5396. DE LONS-LE-SAUNIER à
PÉRIGUEUX.

Chalon-sur-Saône . . .	64k
Périgueux	465
	529

N° 5397. DE LONS-LE-SAUNIER à
PERPIGNAN.

Lyon	124k
Perpignan	491
	615

N° 5398. DE LONS-LE-SAUNIER à
POITIERS.

Chalon-sur Saône . . .	64k
Poitiers	451
	515

N° 5399. DE LONS-LE-SAUNIER à
PRIVAS.

Lyon	124k
Privas	144
	268

N° 5400. DE LONS-LE-SAUNIER au
PUY.

Lyon	124k
Le Puy	134
	258

N° 5401. DE LONS-LE-SAUNIER à
QUIMPER.

Chalon-sur-Saône . . .	64k
Nantes	645
Quimper	231
	940

N° 5402. DE LONS-LE-SAUNIER à
RENNES.

Paris	447k
Rennes	373
	820

N° 5403. DE LONS-LE-SAUNIER à
ROCHEFORT.

Chalon-sur-Saône	64k
Rochefort	588
	652

N° 5404. DE LONS-LE-SAUNIER à
LA ROCHELLE.

Châlons-sur-Saône . . .	64k
La Rochelle	590
	654

N° 5405. DE LONS-LE-SAUNIER à RODEZ.

Lyon	124k
Le Puy	134
Rodez	204
	462

N° 5406. DE LONS-LE-SAUNIER à ROUEN.

Paris	447k
Rouen	137
	584

N° 5407. DE LONS-LE-SAUNIER à SAINT-
BRIEUC.

Paris	447k
Rennes	373
Saint-Brieuc	100
	920

N° 5408. DE LONS-LE-SAUNIER à SAINT-
ÉTIENNE.

Lyon	124k
Saint-Étienne	56
	180

N° 5409. DE LONS-LE-SAUNIER à SAINT-
GERMAIN.

Paris	447k
Saint-Germain	23
	470

N° 5410. DE LONS-LE-SAUNIER à
SAINT-LO.

Paris	447k
Saint-Lô	314
	761

N° 5411. DE LONS-LE-SAUNIER à
SAINT-OMER.

Paris	447k
Saint-Omer	330
	777

N° 5412. DE LONS-LE-SAUNIER à
SARREGUEMINES.

Dijon	99k
Metz	249
Sarreguemines	76
	424

N° 5413. DE LONS-LE-SAUNIER à
SAUMUR.

Châlons-sur-Saône . . .	64k
Saumur	514
	578

N° 5414. DE LONS-LE-SAUNIER à
SCHELESTADT.

Besançon	88k
Schelestadt	210
	298

N° 5415. DE LONS-LE-SAUNIER à
STRASBOURG.

Besançon	88k
Strasbourg	255
	343

N° 5416. DE LONS-LE-SAUNIER à
TARBES.

Lyon	124k
Tarbes	625
	749

N° 5417. DE LONS-LE-SAUNIER à
THIONVILLE.

Dijon	99k
Metz	249
Thionville	34
	382

N° 5418. DE LONS-LE-SAUNIER à
TOULON.

Lyon	124k
Marseille	352
Toulon	60
	536

N° 5419. DE LONS-LE-SAUNIER à
TOULOUSE.

Lyon	124k
Toulouse	577
	701

N° 5420. DE LONS-LE-SAUNIER à TOURS.

Chalon-sur-Saône . . .	64k
Tours	450
	514

N° 5421. DE LONS-LE-SAUNIER à
TROYES.

Dijon	99k
Troyes	197
	296

N° 5422. DE LONS-LE-SAUNIER à TULLE.

Tulle	416k

N° 5423. DE LONS-LE-SAUNIER à
VALENCE.

Lyon	124k
Valence	106
	230

N° 5424. DE LONS-LE-SAUNIER à VALENCIENNES.

Paris	447ᵏ
Valenciennes	268
	715

N° 5425. DE LONS-LE-SAUNIER à VANNES.

Châlons-sur-Saône	64ᵏ
Nantes	645
Vannes	108
	817

N° 5426. DE LONS-LE-SAUNIER à VERDUN.

Langres	151ᵏ
Verdun	173
	324

N° 5427. DE LONS-LE-SAUNIER à VERNON.

Paris	447ᵏ
Vernon	80
	527

N° 5428. DE LONS-LE-SAUNIER à VERSAILLES.

Paris	447ᵏ
Versailles	17
	464

N° 5429. DE LONS-LE-SAUNIER à VESOUL.

Vesoul	135ᵏ

LORIENT.

N° 5430. DE LORIENT à LUNÉVILLE.

Rennes	160ᵏ
Paris	373
Lunéville	386
	919

N° 5431. DE LORIENT à LYON.

Nantes	164ᵏ
Lyon	717
	881

N° 5432. DE LORIENT à MACON.

Nantes	164ᵏ
Mâcon	667
	831

N° 5433. DE LORIENT au MANS.

Rennes	160ᵏ
Le Mans	163
	323

N° 5434. DE LORIENT à MARSEILLE.

Nantes	164ᵏ
Bordeaux	717
Marseille	352
	1,231

N° 5435. DE LORIENT à MAUBEUGE.

Rennes	160ᵏ
Paris	373
Maubeuge	246
	779

N° 5436. DE LORIENT à MELUN.

Rennes	160ᵏ
Paris	373
Melun	45
	578

N° 5437. DE LORIENT à MENDE.

Nantes	164ᵏ
Clermont	634
Mende	186
	984

N° 5438. DE LORIENT à METZ.

Rennes	160ᵏ
Paris	373
Metz	392
	925

N° 5439. DE LORIENT à MÉZIÈRES.

Rennes	160ᵏ
Paris	373
Mézières	260
	793

N° 5440. DE LORIENT à MONTAUBAN.

Nantes	164ᵏ
Bordeaux	539
Montauban	206
	909

N° 5441. DE LORIENT à MONTBRISON.

Nantes	164ᵏ
Clermont	634
Montbrison	113
	911

N° 5442. DE LORIENT à MONT-DE-MARSAN.

Nantes	164ᵏ
Bordeaux	539
Mont-de-Marsan	148
	851

N° 5443. DE LORIENT à MONTPELLIER.

Nantes	164ᵏ
Bordeaux	539
Montpellier	504
	1,207

N° 5444. DE LORIENT à MOULINS.

Nantes	164ᵏ
Moulins	531
	695

N° 5445. DE LORIENT à NANCY.

Rennes	160ᵏ
Paris	373
Nancy	353
	886

N° 5446. DE LORIENT à NANTES.

Nantes	164ᵏ

N° 5447. DE LORIENT à NAPOLÉON-VENDÉE.

Nantes	164ᵏ
Napoléon-Vendée	71
	235

N° 5448. DE LORIENT à NEVERS.

Nantes	164ᵏ
Nevers	491
	655

N° 5449. DE LORIENT à NIMES.

Nantes	164ᵏ
Lyon	717
Nimes	279
	1,160

N° 5450. DE LORIENT à NIORT.

Nantes	164ᵏ
Niort	374
	538

N° 5451. DE LORIENT à ORLÉANS.

Nantes	164ᵏ
Orléans	308
	472

N° 5452. DE LORIENT à PARIS.

Rennes	160k
Paris	373
	533

N° 5453. DE LORIENT à PAU.

Nantes	164k
Bordeaux	539
Pau	213
	916

N° 5454. DE LORIENT à PÉRIGUEUX.

Nantes	164k
Angoulême	409
Périgueux	86
	659

N° 5455. DE LORIENT à PERPIGNAN.

Nantes	164k
Bordeaux	539
Perpignan	470
	1,173

N° 5456. DE LORIENT à POITIERS.

Nantes	164k
Poitiers	296k
	460

N° 5457. DE LORIENT à PRIVAS.

Nantes	164k
Lyon	717
Privas	144
	1,025

N° 5458. DE LORIENT au PUY.

Nantes	164k
Clermont	634
Le Puy	134
	932

N° 5459. DE LORIENT à QUIMPER.

Quimper	67k

N° 5460. DE LORIENT à RENNES.

Rennes	160k

N° 5461 DE LORIENT à ROCHEFORT.

Nantes	164k
Rochefort	438
	602

N° 5462. DE LORIENT à LA ROCHELLE.

Nantes	164k
La Rochelle	441
	605

N° 5463. DE LORIENT à RODEZ.

Nantes	164k
Rodez	702
	866

N° 5464. DE LORIENT à ROUEN.

Rennes	160k
Rouen	306
	466

N° 5465. DE LORIENT à ST-BRIEUC.

Saint-Brieuc	122k

N° 5466. DE LORIENT à ST-ÉTIENNE.

Nantes	164k
Clermont	634
Saint-Étienne	168
	966

N° 5467. DE LORIENT à ST-GERMAIN.

Rennes	160k
Versailles	356
Saint-Germain	13
	529

N° 5468. DE LORIENT à SAINT-LO.

Rennes	160k
Saint-Lô	134
	294

N° 5469. DE LORIENT à ST-OMER.

Rennes	160k
Paris	373
Saint-Omer	330
	863

N° 5470. DE LORIENT à SARREGUE-MINES.

Rennes	160k
Paris	373
Sarreguemines	469
	1,002

N° 5471. DE LORIENT à SAUMUR.

Nantes	164k
Saumur	132
	296

N° 5472. DE LORIENT à SCHELESTADT.

Rennes	160k
Paris	373
Schelestadt	546
	1,079

N° 5473. DE LORIENT à STRASBOURG.

Rennes	160k
Paris	373
Strasbourg	502
	1,035

N° 5474. DE LORIENT à TARBES.

Nantes	164k
Bordeaux	539
Tarbes	230
	933

N° 5475. DE LORIENT à THIONVILLE.

Rennes	160k
Paris	373
Thionville	419
	952

N° 5476. DE LORIENT à TOULON.

Nantes	164k
Lyon	717
Marseille	352
Toulon	60
	1,293

N° 5477. DE LORIENT à TOULOUSE.

Nantes	164k
Bordeaux	539
Toulouse	257
	960

N° 5478. DE LORIENT à TOURS.

Nantes	164k
Tours	195
	359

N° 5479. DE LORIENT à TROYES.

Rennes	160k
Paris	373
Troyes	167
	700

N° 5480. DE LORIENT à TULLE.

Nantes	164k
Limoges	425
Tulle	89
	678

N° 5481. DE LORIENT à VALENCE.

Nantes	164k
Lyon	717
Valence	106
	987

N° 5482. DE LORIENT à VALENCIENNES.

Rennes	160^k
Paris	373
Valenciennes	268
	801

N° 5483. DE LORIENT à VANNES.

Vannes	56^k

N° 5484. DE LORIENT à VERDUN.

Rennes	160^k
Paris	373
Verdun	253
	786

N° 5485. DE LORIENT à VERNON.

Rennes	160^k
Vernon	329
	489

N° 5486. DE LORIENT à VERSAILLES.

Rennes	160^k
Versailles	356
	516

N° 5487. DE LORIENT à VESOUL.

Rennes	160^k
Paris	373
Vesoul	381
	914

LUNÉVILLE.

N° 5488. DE LUNÉVILLE à LYON.

Lyon	416^k

N° 5489. DE LUNÉVILLE à MACON.

Dijon	219^k
Mâcon	126
	345

N° 5490. DE LUNÉVILLE au MANS.

Paris	386^k
Le Mans	211
(fer)	507

N° 5491. DE LUNÉVILLE à MARSEILLE.

Lyon	416^k
Marseille	352
	768

N° 5492. DE LUNÉVILLE à MAUBEUGE.

Maubeuge	33^k

N° 5493. DE LUNÉVILLE à MELUN.

Paris	386^k
Melun	45
(fer)	431

N° 5494. DE LUNÉVILLE à MENDE.

Lyon	416^k
Mende	223
	639

N° 5495. DE LUNÉVILLE à METZ.

Metz (fer)	90^k

N° 5496. DE LUNÉVILLE à MÉZIÈRES.

Mézières	227^k

N° 5497. DE LUNÉVILLE à MONTAUBAN.

Lyon	416^k
Montauban	468
	884

N° 5498. DE LUNÉVILLE à MONTBRISON

Lyon	416^k
Montbrison	101
	517

N° 5499. DE LUNÉVILLE à MONT-DE-MARSAN.

Paris	386^k
Bordeaux	578
Mont-de-Marsan	148
(fer)	1,112

N° 5500. DE LUNÉVILLE à MONTPELLIER.

Lyon	416^k
Montpellier	329
	745

N° 5501. DE LUNÉVILLE à MOULINS.

Moulins	402^k

N° 5502. DE LUNÉVILLE à NANCY.

Nancy (fer)	33^k

N° 5503. DE LUNÉVILLE à NANTES.

Paris	386^k
Nantes	427
(fer)	813

N° 5504. DE LUNÉVILLE à NAPOLÉON-VENDÉE.

Paris	386^k
Napoléon-Vendée	433
	819

N° 5505. DE LUNÉVILLE à NEVERS.

Nevers	408^k

N° 5506. DE LUNÉVILLE à NIMES.

Lyon	416^k
Nîmes	279
	695

N° 5507. DE LUNÉVILLE à NIORT.

Paris	386^k
Niort	410
(fer)	796

N° 5508. DE LUNÉVILLE à ORLÉANS.

Paris	386^k
Orléans	121
(fer)	507

N° 5509. DE LUNÉVILLE à PARIS.

Paris (fer)	383^k

N° 5510. DE LUNÉVILLE à PAU.

Lyon	416^k
Pau	632
	1,078

N° 5511. DE LUNÉVILLE à PÉRIGUEUX.

Paris	386^k
Périgueux	495
	881

N° 5512. DE LUNÉVILLE à PERPIGNAN.

Lyon	416^k
Perpignan	491
	907

N° 5513. DE LUNÉVILLE à POITIERS.

Paris	386^k
Poitiers	332
(fer)	718

N° 5514. DE LUNÉVILLE à PRIVAS.

Lyon	416^k
Privas	144
	560

N° 5515. DE LUNÉVILLE AU PUY.

Lyon 416ᵏ
Le Puy 134
___
550

N° 5516. DE LUNÉVILLE à QUIMPER.

Paris 386ᵏ
Rennes 373
Quimper 227
___
986

N° 5517. DE LUNÉVILLE à RENNES.

Paris 386ᵏ
Rennes 373
(fer) 759

N° 5518. DE LUNÉVILLE à ROCHEFORT.

Paris 386ᵏ
Rochefort 474
(fer) 860

N° 5519. DE LUNÉVILLE à LA RO-
CHELLE.

Paris 386ᵏ
La Rochelle 477
(fer) 863

N° 5520. DE LUNÉVILLE à RODEZ.

Lyon 416ᵏ
Rodez 338
___
754

N° 5521. DE LUNÉVILLE à ROUEN.

Paris 386ᵏ
Rouen 137
(fer) 523

N° 5522. DE LUNÉVILLE à ST-BRIEUC.

Paris 386ᵏ
Rennes 373
Saint-Brieuc 100
___
859

N° 5523. DE LUNÉVILLE à SAINT-
ÉTIENNE.

Lyon 416ᵏ
Saint-Étienne 56
___
472

N° 5524. DE LUNÉVILLE à SAINT-
GERMAIN.

Paris 386ᵏ
Saint Germain 23
(fer) 409

N° 5525. DE LUNÉVILLE à SAINT-LO.

Paris 386ᵏ
Saint-Lô 314
(fer) 700

N° 5526. DE LUNÉVILLE à ST-OMER.

Châlons-sur-Marne . . . 213ᵏ
Saint-Omer 353
(fer) 566

N° 5527. DE LUNÉVILLE à SARREGUE-
MINES.

Sarreguemines 131ᵏ

N° 5528. DE LUNÉVILLE à SAUMUR.

Paris 386ᵏ
Saumur 295
(fer) 681

N° 5529. DE LUNÉVILLE à SCHELESTADT.

Schelestadt . . . . (fer) 161ᵏ

N° 5530. DE LUNÉVILLE à STRASBOURG.

Strasbourg . . . . (fer) 117ᵏ

N° 5531. DE LUNÉVILLE à TARBES.

Lyon 416ᵏ
Tarbes 625
___
1,041

N° 5532. DE LUNÉVILLE à THIONVILLE.

Thionville . . . . . (fer) 117ᵏ

N° 5533. DE LUNÉVILLE à TOULON.

Lyon 416ᵏ
Marseille 352
Toulon 60
___
828

N° 5534. DE LUNÉVILLE à TOULOUSE.

Lyon 416ᵏ
Toulouse 577
___
993

N° 5535. DE LUNÉVILLE à TOURS.

Paris 386ᵏ
Tours 234
(fer) 620

N° 5536. DE LUNÉVILLE à TROYES.

Troyes . . . . . (fer) 253ᵏ

N° 5537. DE LUNÉVILLE à TULLE.

Tulle 640ᵏ

N° 5538. DE LUNÉVILLE à VALENCE.

Lyon 416ᵏ
Valence 106
___
522

N° 5539. DE LUNÉVILLE à VALEN-
CIENNES.

Châlons-sur-Marne . . . 213ᵏ
Valenciennes 264
(fer) 477

N° 5540. DE LUNÉVILLE à VANNES.

Paris 386ᵏ
Rennes 373
Vannes 103
___
862

N° 5541. DE LUNÉVILLE à VERDUN.

Verdun 125ᵏ

N° 5542. DE LUNÉVILLE à VERNON.

Paris 386ᵏ
Vernon 80
(fer) 466

N° 5543. DE LUNÉVILLE à VERSAILLES.

Paris 386ᵏ
Versailles 17
(fer) 403

N° 5544. DE LUNÉVILLE à VESOUL.

Vesoul 139ᵏ

LYON.

N° 5545. DE LYON à MACON.

Mâcon . . . . . . (fer) 72ᵏ

N° 5546. DE LYON au MANS.

Le Mans 636ᵏ

N° 5547. DE LYON à MARSEILLE.

Marseille . . . . . (fer) 352ᵏ

N° 5548. DE LYON à MAUBEUGE.

Maubeuge . . . . (fer) 605ᵏ

N° 5549. DE LYON à MELUN.

Melun . . . . . . (fer) 468ᵏ

N° 5550. DE LYON à MENDE.

Le Puy 134ᵏ
Mende 89
___
223

Nº **5551.** DE LYON à METZ.

Dijon 197ᵏ
Metz 249
_____
446

Nº **5552.** DE LYON à MÉZIÈRES.

Mézières 546ᵏ

Nº **5553.** DE LYON à MONTAUBAN.

Montauban 408ᵏ

Nº **5554.** DE LYON à MONTBRISON.

Montbrison 101ᵏ

Nº **5555.** DE LYON à MONT-DE-MARSAN.

Bordeaux 549ᵏ
Mont-de-Marsan 148
_____
697

Nº **5556** DE LYON à MONTPELLIER.

Montpellier . . . (fer) 329ᵏ

Nº **5557.** DE LYON à MOULINS.

Moulins 186ᵏ

Nº **5558.** DE LYON à NANCY.

Dijon 197ᵏ
Nancy 192
_____
389

Nº **5559.** DE LYON à NANTES.

Nantes 717ᵏ

Nº **5560.** DE LYON à NAPOLÉON-
VENDÉE.

Napoléon-Vendée 612ᵏ

Nº **5561.** DE LYON à NEVERS.

Nevers 239ᵏ

Nº **5562.** DE LYON à NIMES.

Nîmes . . . . . (fer) 279ᵏ

Nº **5563.** DE LYON à NIORT.

Niort 555ᵏ

Nº **5564.** DE LYON à ORLÉANS.

Orléans 420ᵏ

Nº **5565.** DE LYON à PARIS.

Paris . . . . . . (fer) 512ᵏ

Nº **5566.** DE LYON à PAU.

Pau 612ᵏ

Nº **5567.** DE LYON à PÉRIGUEUX.

Périgueux 429ᵏ

Nº **5568.** DE LYON à PERPIGNAN.

Perpignan . . . (fer) 491ᵏ

Nº **5569.** DE LYON à POITIERS.

Poitiers 489ᵏ

Nº **5570.** DE LYON à PRIVAS.

Privas 144ᵏ

Nº **5571.** DE LYON au PUY.

Le Puy 131ᵏ

Nº **5572.** DE LYON à QUIMPER.

Nantes 718ᵏ
Quimper 231
_____
948

Nº **5573.** DE LYON à RENNES.

Le Mans 636ᵏ
Rennes 163
_____
799

Nº **5574.** DE LYON à ROCHEFORT.

Rochefort 626ᵏ

Nº **5575.** DE LYON à LA ROCHELLE.

La Rochelle 628ᵏ

Nº **5576.** DE LYON à RODEZ.

Rodez 338ᵏ

Nº **5577.** DE LYON à ROUEN.

Paris 512ᵏ
Rouen 137
_____
(fer) 649

Nº **5578.** DE LYON à SAINT-BRIEUC.

Le Mans 636ᵏ
Rennes 163
Saint-Brieuc 100
_____
899

Nº **5579.** DE LYON à SAINT-ÉTIENNE.

Saint-Étienne . . (fer) 56ᵏ

Nº **5580.** DE LYON à SAINT-GERMAIN.

Paris 512ᵏ
Saint-Germain 23
_____
(fer) 535

Nº **5581.** DE LYON à SAINT-LO.

Paris 512ᵏ
Saint-Lô 314
_____
(fer) 826

Nº **5582.** DE LYON à SAINT-OMER.

Paris 512ᵏ
Saint-Omer 330
_____
(fer) 842

Nº **5583.** DE LYON à SARREGUEMINES.

Dijon 197ᵏ
Sarreguemines 325
_____
522

Nº **5584.** DE LYON à SAUMUR.

Saumur 596ᵏ

Nº **5585.** DE LYON à SCHELESTADT.

Schelestadt . . . (fer) 458ᵏ

Nº **5586.** DE LYON à STRASBOURG.

Strasbourg . . . . (fer) 504ᵏ

Nº **5587.** DE LYON à TARBES.

Tarbes 625ᵏ

Nº **5588.** DE LYON à THIONVILLE.

Dijon 197ᵏ
Metz 249
Thionville 34
_____
480

Nº **5589.** DE LYON à TOULON.

Marseille 352ᵏ
Toulon 60
_____
412

Nº **5590.** DE LYON à TOULOUSE.

Toulouse . . . . (fer) 577ᵏ

Nº **5591.** DE LYON à TOURS.

Tours 537ᵏ

Nº **5592.** DE LYON à TROYES.

Troyes 343ᵏ

Nº **5593.** DE LYON à TULLE.

Clermont 184ᵏ
Tulle 143
_____
327

Nº **5594.** DE LYON à VALENCE.

Valence . . . . . (fer) 106ᵏ

N° 5595. DE LYON à VALENCIENNES.

Paris.. . . . . 512k
Valenciennes. 268

780

N° 5596. DE LYON à VANNES.

Nantes 717k
Vannes. 108

825

N° 5597. DE LYON à VERDUN.

Verdun. 436k

N° 5598. DE LYON à VERNON.

Paris. 512k
Vernon. 80

592

N° 5599. DE LYON à VERSAILLES.

Paris.. . . . . 512k
Versailles.. 17

529

N° 5600. DE LYON à VESOUL.

Besançon 250k
Vesoul 47

297

MACON.

N° 5601. DE MACON au MANS.

Paris.. . . . . 441k
Le Mans.. 211

(fer) 652

N° 5602. DE MACON à MARSEILLE.

Marseille. . . . . . (fer) 423k

N° 5603. DE MACON à MAUBEUGE.

Maubeuge. 534k

N° 5604. DE MACON à MELUN.

Melun. 396k

N° 5605. DE MACON à MENDE.

Lyon.. . . . . 72k
Mende. 223

295

N° 5606. DE MACON à METZ.

Dijon 126k
Metz. 249

375

N° 5607. DE MACON à MÉZIÈRES.

Mézières. 475k

N° 5608. DE MACON à MONTAUBAN.

Lyon. 72k
Montauban. 468

540

N° 5609. DE MACON à MONTBRISON.

Lyon 72k
Montbrison. 101

173

N° 5610. DE MACON à MONT-DE-MARSAN.

Lyon 72k
Bordeaux 549
Mont de-Marsan.. . . . 148

769

N° 5611. DE MACON à MONTPELLIER.

Montpellier . . . . (fer) 400k

N° 5612. DE MACON à MOULINS.

Moulins. 136k

N° 5613. DE MACON à NANCY.

Dijon 126k
Nancy. 192

318

N° 5614. DE MACON à NANTES.

Nantes. 667k

N° 5615. DE MACON à NAPOLÉON-VENDÉE.

Napoléon-Vendée. . . . 679k

N° 5616. DE MACON à NEVERS.

Nevers. 189k

N° 5617. DE MACON à NIMES.

Nîmes . . . . . . (fer) 351k

N° 5618. DE MACON à NIORT.

Niort 515k

N° 5619. DE MACON à ORLÉANS.

Orléans 367k

N° 5620. DE MACON à PARIS.

Paris. . . . . . . (fer) 441k

N° 5621. DE MACON à PAU.

Lyon 72k
Pau. 662

734

N° 5622. DE MACON à PÉRIGUEUX.

Périgueux. 422k

N° 5623. DE MACON à PERPIGNAN.

Perpignan. . . . . (fer) 562k

N° 5624. DE MACON à POITIERS.

Poitiers. 439k

N° 5625. DE MACON à PRIVAS.

Lyon 72k
Privas. 144

216

N° 5626. DE MACON au PUY.

Lyon 72k
Le Puy. 134

206

N° 5627. DE MACON à QUIMPER.

Nantes 667k
Quimper 231

898

N° 5628. DE MACON à RENNES.

Paris 441k
Rennes 373

(fer) 814

N° 5629. DE MACON à ROCHEFORT.

Rochefort 576k

N° 5630. DE MACON à LA ROCHELLE.

La Rochelle 578k

N° 5631. DE MACON à RODEZ.

Clermont 177k
Rodez 225

402

N° 5632. DE MACON à ROUEN.

Paris 441k
Rouen. 137

(fer) 578

N° 5633. DE MACON à SAINT-BRIEUC.

Paris . . . . 441^k
Rennes 373
Saint-Brieuc 100
___
914

N° 5634. DE MACON à SAINT-ÉTIENNE.

Lyon . . . . 72^k
Saint-Étienne 56
___
(fer) 128

N° 5635. DE MACON à SAINT-GERMAIN.

Paris . . . . 441^k
Saint-Germain 23
___
(fer) 464

N° 5636. DE MACON à SAINT-LO.

Paris . . . . 441^k
Saint-Lô 314
___
(fer) 755

N° 5637. DE MACON à SAINT-OMER.

Paris . . . . 441^k
Saint-Omer 330
___
(fer) 771

N° 5638. DE MACON à SARREGUE-MINES.

Dijon . . . . 126^k
Sarreguemines 325
___
451

N° 5639. DE MACON à SAUMUR.

Saumur . . . . 546^k

N° 5640. DE MACON à SCHELESTADT.

Schelestadt . . . (fer) 386^k

N° 5641. DE MACON à STRASBOURG.

Strasbourg . . . . (fer) 432^k

N° 5642. DE MACON à TARBES.

Lyon . . . . 72^k
Tarbes 625
___
697

N° 5643. DE MACON à THIONVILLE.

Dijon . . . . 126^k
Metz 249
Thionville 34
___
409

N° 5644. DE MACON à TOULON.

Marseille . . . . . . 423^k
Toulon 60
___
483

N° 5645. DE MACON à TOULOUSE.

Toulouse . . . . (fer) 648^k

N° 5646. DE MACON à TOURS.

Tours . . . . 482^k

N° 5647. DE MACON à TROYES.

Dijon . . . . 126^k
Troyes 197
___
(fer) 323

N° 5648. DE MACON à TULLE.

Clermont . . . . 177^k
Tulle 143
___
320

N° 5649. DE MACON à VALENCE.

Valence . . . . . (fer) 178^k

N° 5650. DE MACON à VALENCIENNES.

Paris . . . . 441^k
Valenciennes 268
___
(fer) 709

N° 5651. DE MACON à VANNES.

Nantes . . . . 667^k
Vannes 108
___
775

N° 5652. DE MACON à VERDUN.

Verdun . . . . 365^k

N° 5653. DE MACON à VERNON.

Paris . . . . 441^k
Vernon 80
___
(fer) 521

N° 5654. DE MACON à VERSAILLES.

Paris . . . . 441^k
Versailles 17
___
(fer) 458

N° 5655. DE MACON à VESOUL.

Besançon . . . . . . 178^k
Vesoul 47
___
225

LE MANS.

N° 5656. DU MANS à MARSEILLE.

Lyon . . . . 636^k
Marseille 352
___
988

N° 5657. DU MANS à MAUBEUGE.

Paris . . . . 211^k
Maubeuge 246
___
(fer) 457

N° 5658. DU MANS à MELUN.

Paris . . . . 211^k
Melun 45
___
(fer) 256

N° 5659. DU MANS à MENDE.

Clermont . . . . . . 540^k
Mende 186
___
726

N° 5660. DU MANS à METZ.

Paris . . . . 211^k
Metz 392
___
(fer) 603

N° 5661. DU MANS à MÉZIÈRES.

Paris . . . . 211^k
Mézières 253
___
464

N° 5662. DU MANS à MONTAUBAN.

Bordeaux . . . . . . 446^k
Montauban 206
___
(fer) 652

N° 5663. DU MANS à MONTBRISON.

Montbrison . . . . . 548^k

N° 5664. DU MANS à MONT-DE-MARSAN.

Bordeaux . . . . . . 446^k
Mont-de-Marsan 148
___
(fer) 594

N° 5665. DU MANS à MONTPELLIER.

Bordeaux . . . . . . 446^k
Montpellier 504
___
(fer) 950

N° 5666. DU MANS à MOULINS.

Moulins . . . . 388^k

N° **5367**. DU MANS à NANCY.

Paris 211ᵏ
Nancy. 353

(fer) 564

N° **5668**. DU MANS à NANTES.

Nantes. . . . . . . , . . 176ᵏ

N° **5669**. DU MANS à NAPOLÉON-VENDÉE.

Napoléon-Vendée. . . . 213ᵏ

N° **5670**. DU MANS à NEVERS.

Nevers. 335ᵏ

N° **5671**. DU MANS à NIMES.

Lyon. 636ᵏ
Nîmes. 279

915

N° **5672**. DU MANS à NIORT.

Niort . . . . . . fer) 278ᵏ

N° **5673**. DU MANS à ORLÉANS.

Orléans. . . . . . (fer) 214ᵏ

N° **5674**. DU MANS à PARIS.

Paris . . . . . . (fer) 211ᵏ

N° **5675**. DU MANS à PAU.

Bordeaux 446ᵏ
Pau 213

659

N° **5676**. DU MANS à PÉRIGUEUX.

Périgueux. 399ᵏ

N° **5677**. DU MANS à PERPIGNAN.

Bordeaux. 446ᵏ
Perpignan. 470

(fer) 916

N° **5678**. DU MANS à POITIERS.

Poitiers . . . . . (fer) 200ᵏ

N° **5679**. DU MANS à PRIVAS.

Lyon 636ᵏ
Privas. 144

780

N° **5680**. DU MANS au PUY.

Clermont 540ᵏ
Le Puy 134

674

N° **5681**. DU MANS à QUIMPER.

Rennes 163ᵏ
Quimper. 227

390

N° **5682**. DU MANS à RENNES.

Rennes . . . . . (fer) 163ᵏ

N° **5683**. DU MANS à ROCHEFORT.

Rochefort . . . . (fer) 342ᵏ

N° **5684**. DU MANS à LA ROCHELLE.

La Rochelle. . . (fer) 345ᵏ

N° **5685**. DU MANS à RODEZ.

Rodez 642ᵏ

N° **5686**. DU MANS à ROUEN.

Rouen. 198ᵏ

N° **5687**. DU MANS à SAINT-BRIEUC.

Rennes 163ᵏ
Saint-Brieuc 100

263

N° **5688**. DU MANS à SAINT-ÉTIENNE.

Le Guétin 384ᵏ
Saint-Étienne 237

(fer) 621

N° **5689**. DU MANS à SAINT-GERMAIN.

Versailles 194ᵏ
Saint-Germain. 13

(fer) 207

N° **5690**. DU MANS à SAINT-LO.

Saint-Lô. 194ᵏ

N° **5691**. DU MANS à SAINT-OMER.

Paris. 211ᵏ
Saint-Omer. 330

(fer) 541

N° **5692**. DU MANS à SARREGUEMINES.

Paris 211ᵏ
Sarreguemines. . . . 469

680

N° **5693**. DU MANS à SAUMUR.

Saumur . . . . . (fer) 143ᵏ

N° **5694**. DU MANS à SCHELESTADT.

Paris. 211ᵏ
Schelestadt 546

(fer) 757

N° **5695**. DU MANS à STRASBOURG.

Paris. 211ᵏ
Strasbourg 502

(fer) 713

N° **5696**. DU MANS à TARBES.

Bordeaux 446ᵏ
Tarbes. 230

676

N° **5697**. DU MANS à THIONVILLE.

Paris. 211ᵏ
Thionville 419

(fer) 630

N° **5698**. DU MANS à TOULON.

Lyon 636ᵏ
Marseille. 352
Toulon 60

1,048

N° **5699**. DU MANS à TOULOUSE.

Bordeaux 446ᵏ
Toulouse. 257

(fer) 703

N° **5700**. DU MANS à TOURS.

Tours . . . . . (fer) 99ᵏ

N° **5701**. DU MANS à TROYES.

Troyes. 378ᵏ

N° **5702**. DU MANS à TULLE.

Limoges. 494ᵏ
Tulle 89

583

N° **5703**. DU MANS à VALENCE.

Lyon. 636ᵏ
Valence. 106

742

N° **5704**. DU MANS à VALENCIENNES.

Paris. 211ᵏ
Valenciennes. 268

(fer) 479

N° **5705**. DU MANS à VANNES.

Rennes 163ᵏ
Vannes. 103

266

N° 5706. DU MANS à VERDUN.

Paris. 211ᵏ
Verdun. 253
_____
464

N° 5707. DU MANS à VERNON.

Vernon. 204ᵏ

N° 5708. DU MANS à VERSAILLES.

Versailles . . . . (fer) 195ᵏ

N° 5709. DU MANS à VESOUL.

Paris. 211ᵏ
Vesoul. 381
_____
(fer) 572

MARSEILLE.

N° 5710. DE MARSEILLE à MAUBEUGE.

Paris 863ᵏ
Maubeuge. 246
_____
(fer) 1,109

N° 5711. DE MARSEILLE à MELUN.

Melun. . . . . (fer) 819ᵏ

N° 5712. DE MARSEILLE à MENDE.

Nîmes. 127ᵏ
Mende. 148
_____
275

N° 5713. DE MARSEILLE à METZ.

Dijon. 549ᵏ
Metz. 249
_____
798

N° 5714. DE MARSEILLE à MÉZIÈRES.

Dijon. 549ᵏ
Mézières. 349
_____
898

N° 5715. DE MARSEILLE à MONTAUBAN.

Montauban. . . . (fer) 475ᵏ

N° 5716. DE MARSEILLE à MONTBRISON.

Valence. 246ᵏ
Montbrison 132
_____
378

N° 5717. DE MARSEILLE à MONT-DE-MARSAN.

Agen 545ᵏ
Mont-de-Marsan 109
_____
654

N° 5718. DE MARSEILLE à MONTPELLIER.

Montpellier . . . (fer) 177ᵏ

N° 5719. DE MARSEILLE à MOULINS.

Lyon. 352ᵏ
Moulins 186
_____
538

N° 5720. DE MARSEILLE à NANCY.

Dijon. 549ᵏ
Nancy. 192
_____
741

N° 5721. DE MARSEILLE à NANTES.

Lyon 352ᵏ
Nantes 717
_____
1,069

N° 5722. DE MARSEILLE à NAPOLÉON-VENDÉE.

Bordeaux 680ᵏ
Napoléon-Vendée. . . . 276
_____
956

N° 5723. DE MARSEILLE à NEVERS.

Lyon 352ᵏ
Nevers. 239
_____
591

N° 5724. DE MARSEILLE à NÎMES.

Nîmes. 127ᵏ

N° 5725. DE MARSEILLE à NIORT.

Bordeaux 680ᵏ
Niort. 315
_____
(fer) 995

N° 5726. DE MARSEILLE à ORLÉANS.

Lyon 352ᵏ
Orléans 420
_____
772

N° 5727. DE MARSEILLE à PARIS.

Paris . . . . . (fer) 863ᵏ

N° 5728. DE MARSEILLE à PAU.

Toulouse 424ᵏ
Pau 190
_____
614

N° 5729. DE MARSEILLE à PÉRIGUEUX.

Agen 545ᵏ
Périgueux. 136
_____
681

N° 5730. DE MARSEILLE à PERPIGNAN.

Perpignan. . . . (fer) 338ᵏ

N° 5731. DE MARSEILLE à POITIERS.

Bordeaux 680ᵏ
Poitiers 246
_____
(fer) 926

N° 5732. DE MARSEILLE à PRIVAS.

Avignon. 121ᵏ
Privas. 109
_____
230

N° 5733. DE MARSEILLE au PUY.

Nîmes. 127ᵏ
Le Puy 178
_____
305

N° 5734. DE MARSEILLE à QUIMPER.

Lyon 352ᵏ
Nantes. 717
Quimper. 231
_____
1,300

N° 5735. DE MARSEILLE à RENNES.

Lyon. 352ᵏ
Le Mans 636
Rennes 163
_____
1,151

N° 5736. DE MARSEILLE à ROCHEFORT.

Bordeaux 680ᵏ
Rochefort. 379
_____
(fer) 1,059

N° 5737. DE MARSEILLE à LA ROCHELLE.

Bordeaux 680ᵏ
La Rochelle. 382
_____
(fer) 1,062

N° 5738. DE MARSEILLE à RODEZ.

Nîmes.	127^k
Rodez.	232
	359

N° 5739. DE MARSEILLE à ROUEN.

Paris	863^k
Rouen.	137
(fer)	1,000

N° 5740. DE MARSEILLE à SAINT-BRIEUC.

Lyon.	352^k
Le Mans.	636
Rennes.	163
Saint-Brieuc.	100
	1,251

N° 5741. DE MARSEILLE à SAINT-ÉTIENNE.

Saint-Etienne	370^k

N° 5742. DE MARSEILLE à SAINT-GERMAIN.

Paris	863^k
Saint-Germain	23
(fer)	886

N° 5743. DE MARSEILLE à SAINT-LO.

Paris	863^k
Saint-Lô.	314
(fer)	1,177

N° 5744. DE MARSEILLE à SAINT-OMER.

Paris.	863^k
Saint-Omer	330
(fer)	1,193

N° 5745. DE MARSEILLE à SARREGUE-MINES.

Dijon	549^k
Sarreguemines	325
	874

N° 5746. DE MARSEILLE à SAUMUR.

Lyon	352^k
Saumur	596
	948

N° 5747. DE MARSEILLE à SCHE-LESTADT.

Lyon	352^k
Schelestadt.	458
(fer)	810

N° 5748. DE MARSEILLE à STRASBOURG.

Lyon	352^k
Strasbourg.	504
	856

N° 5749. DE MARSEILLE à TARBES.

Toulouse	424^k
Tarbes.	151
	575

N° 5750. DE MARSEILLE à THIONVILLE.

Dijon.	549^k
Metz	249
Thionville.	34
	832

N° 5751. DE MARSEILLE à TOULON.

Toulon.	60^k

N° 5752. DE MARSEILLE à TOULOUSE.

Toulouse. . . . . (fer)	424^k

N° 5753. DE MARSEILLE à TOURS.

Lyon.	352^k
Tours.	537
	889

N° 5754. DE MARSEILLE à TROYES.

Lyon.	352^k
Troyes.	343
	695

N° 5755. DE MARSEILLE à TULLE.

Tulle	520^k

N° 5756. DE MARSEILLE à VALENCE.

Valence . . . . . (fer)	246^k

N° 5757. DE MARSEILLE à VALEN-CIENNES.

Paris	863^k
Valenciennes	268
(fer)	1,131

N° 5758. DE MARSEILLE à VANNES.

Lyon	352^k
Nantes.	717
Vannes	108
	1,177

N° 5759. DE MARSEILLE à VERDUN.

Dijon	549^k
Verdun	239
	788

N° 5760. DE MARSEILLE à VERNON.

Paris	863^k
Vernon.	80
(fer)	943

N° 5761. DE MARSEILLE à VERSAILLES.

Paris	863^k
Versailles.	17
(fer)	880

N° 5762. DE MARSEILLE à VESOUL.

Lyon.	352^k
Besançon.	250
Vesoul.	47
	646

MAUBEUGE.

N° 5763. DE MAUBEUGE à MELUN.

Paris	246^k
Melun.	45
(fer)	291

N° 5764. DE MAUBEUGE à MENDE.

Paris	246^k
Clermont.	446
Mende.	186
	878

N° 5765. DE MAUBEUGE à METZ.

Mézières.	104^k
Metz	153
	257

N° 5766. DE MAUBEUGE à MÉZIÈRES.

Mézières.	104^k

N° 5767. DE MAUBEUGE à MONTAUBAN.

Paris.	246^k
Bordeaux	578
Montauban.	206
(fer)	1,030

N° 5768. DE MAUBEUGE à MONT-BRISON.

Paris.	246^k
Montbrison.	500
	746

23

N° 5769. DE MAUBEUGE A MONT-DE-MARSAN.

Paris 246ᵏ
Bordeaux 578
Mont-de-Marsan 148
                       _____
                 (fer) 972

N° 5770. DE MAUBEUGE à MONTPELLIER.

Paris 246ᵏ
Montpellier 840
                       _____
                 (fer) 1,086

N° 5771. DE MAUBEUGE à MOULINS.

Paris 246ᵏ
Moulins 340
                       _____
                 (fer) 586

N° 5772. DE MAUBEUGE à NANCY.

Nancy 304ᵏ

N° 5773. DE MAUBEUGE à NANTES.

Paris 246ᵏ
Nantes 427
                       _____
                 (fer) 673

N° 5774. DE MAUBEUGE à NAPOLÉON-VENDÉE.

Paris 246ᵏ
Napoléon-Vendée . . . 433
                       _____
                       679

N° 5775. DE MAUBEUGE à NEVERS.

Paris 246ᵏ
Nevers 301
                       _____
                 (fer) 547

N° 5776. DE MAUBEUGE à NIMES.

Paris 246ᵏ
Nîmes 791
                       _____
                 (fer) 1,037

N° 5777. DE MAUBEUGE à NIORT.

Paris 246ᵏ
Niort 410
                       _____
                 (fer) 656

N° 5778. DE MAUBEUGE à ORLÉANS.

Paris 246ᵏ
Orléans 121
                       _____
                 (fer) 367

N° 5779. DE MAUBEUGE à PARIS.

Paris . . . . . (fer) 246ᵏ

N° 5780. DE MAUBEUGE à PAU.

Paris 246ᵏ
Bordeaux 578
Pau 213
                       _____
                       1,037

N° 5781. DE MAUBEUGE à PÉRIGUEUX.

Paris 246ᵏ
Périgueux 495
                       _____
                       741

N° 5782. DE MAUBEUGE à PERPIGNAN.

Paris 246ᵏ
Perpignan 1,002
                       _____
                 (fer) 1,248

N° 5783. DE MAUBEUGE à POITIERS.

Paris 246ᵏ
Poitiers 332
                       _____
                 (fer) 578

N° 5784. DE MAUBEUGE à PRIVAS.

Paris 246ᵏ
Lyon 512
Privas 144
                       _____
                       902

N° 5785. DE MAUBEUGE au PUY.

Paris 246ᵏ
Clermont 446
Le Puy 134
                       _____
                       826

N° 5786. DE MAUBEUGE à QUIMPER.

Paris 246ᵏ
Rennes 373
Quimper 227
                       _____
                       846

N° 5787. DE MAUBEUGE à RENNES.

Paris 246ᵏ
Rennes 373
                       _____
                       619

N° 5788. DE MAUBEUGE à ROCHEFORT.

Paris 246ᵏ
Rochefort 474
                       _____
                 (fer) 720

N° 5789. DE MAUBEUGE à LA ROCHELLE.

Paris 246ᵏ
La Rochelle 477
                       _____
                 (fer) 723

N° 5790. DE MAUBEUGE à RODEZ.

Paris 246ᵏ
Rodez . . . . : 671
                       _____
                       917

N° 5791. DE MAUBEUGE à ROUEN.

Rouen 317ᵏ

N° 5792. DE MAUBEUGE à ST-BRIEUC.

Paris 246ᵏ
Rennes 373
Saint-Brieuc 100
                       _____
                       719

N° 5793. DE MAUBEUGE à ST-ÉTIENNE.

Paris 246ᵏ
Saint-Étienne 530
                       _____
                 (fer) 776

N° 5794. DE MAUBEUGE à ST-GERMAIN.

Paris 246ᵏ
Saint-Gérmain 23
                       _____
                 (fer) 269

N° 5795. DE MAUBEUGE à SAINT-LO.

Paris 246ᵏ
Saint-Lo 314
                       _____
                 (fer) 560

N° 5796. DE MAUBEUGE à ST-OMER.

Saint-Omer . . . (fer) 209ᵏ

N° 5797. DE MAUBEUGE à SARREGUEMINES.

Mézières 104ᵏ
Metz 153
Sarreguemines 76
                       _____
                       333

N° 5798. DE MAUBEUGE à SAUMUR.

Paris 246ᵏ
Saumur 295
                       _____
                 (fer) 541

N° 5799. DE MAUBEUGE à SCHELESTADT.

Schelestadt 497ᵏ

N° 5800. DE MAUBEUGE à STRASBOURG.

Strasbourg 454ᵏ

N° 5801. DE MAUBEUGE à TARBES.

Paris	246ᵏ
Bordeaux	578
Tarbes	230
	1,054

N° 5802. DE MAUBEUGE à THIONVILLE.

Thionville	291ᵏ

N° 5803. DE MAUBEUGE à TOULON.

Paris	246ᵏ
Marseille	863
Toulon	60
	1,169

N° 5804. DE MAUBEUGE à TOULOUSE.

Paris	246ᵏ
Bordeaux	578
Toulouse	257
(fer)	1,081

N° 5805. DE MAUBEUGE à TOURS.

Paris	246ᵏ
Tours	234
(fer)	480

N° 5806. DE MAUBEUGE à TROYES.

Paris	246ᵏ
Troyes	167
(fer)	413

N° 5807. DE MAUBEUGE à TULLE.

Paris	246ᵏ
Limoges	400
Tulle	89
	735

N° 5808. DE MAUBEUGE à VALENCE.

Paris	246ᵏ
Valence	618
	864

N° 5809. DE MAUBEUGE à VALEN-CIENNES.

Valenciennes	37ᵏ

N° 5810. DE MAUBEUGE à VANNES.

Paris	246ᵏ
Rennes	373
Vannes	103
	722

N° 5811. DE MAUBEUGE à VERDUN.

Mézières	104ᵏ
Verdun	102
	206

N° 5812. DE MAUBEUGE à VERNON.

Paris	246ᵏ
Vernon	80
(fer)	326

N° 5813. DE MAUBEUGE à VERSAILLES.

Paris	246ᵏ
Versailles	17
(fer)	263

N° 5814. DE MAUBEUGE à VESOUL.

Châlons-sur-Marne . . .	240ᵏ
Vesoul	247
(fer)	487

MELUN.

N° 5815. DE MELUN à MENDE.

Mende	615ᵏ

N° 5816. DE MELUN à METZ.

Paris	45ᵏ
Metz	392
(fer)	437

N° 5817. DE MELUN à MÉZIÈRES.

Paris	45ᵏ
Mézières	260
(fer)	305

N° 5818. DE MELUN à MONTAUBAN.

Paris	45ᵏ
Bordeaux	578
Montauban	206
(fer)	829

N° 5819. DE MELUN à MONTBRISON.

Montbrison	451ᵏ

N° 5820. DE MELUN à MONT-DE-MARSAN.

Paris	45ᵏ
Bordeaux	578
Mont-de-Marsan . . .	148
(fer)	771

N° 5821. DE MELUN à MONTPELLIER.

Montpellier . . . (fer)	706ᵏ

N° 5822. DE MELUN à MOULINS.

Moulins	291ᵏ

N° 5823. DE MELUN à NANCY.

Paris	45ᵏ
Nancy	353
(fer)	398

N° 5824. DE MELUN à NANTES.

Paris	45ᵏ
Nantes	427
(fer)	472

N° 5825. DE MELUN à NAPOLÉON-VENDÉE.

Paris	45ᵏ
Napoléon-Vendée . . .	433
	478

N° 5826. DE MELUN à NEVERS.

Nevers	238ᵏ

N° 5827. DE MELUN à NIMES.

Nîmes . . . . (fer)	747ᵏ

N° 5828. DE MELUN à NIORT.

Paris	45ᵏ
Niort	410
(fer)	455

N° 5829. DE MELUN à ORLÉANS.

Paris	45ᵏ
Orléans	121
(fer)	166

N° 5830. DE MELUN à PARIS.

Paris . . . . . . (fer)	45ᵏ

N° 5831. DE MELUN à PAU.

Paris	45ᵏ
Bordeaux	578
Pau	213
	836

N° 5832. DE MELUN à PÉRIGUEUX.

Périgueux	467ᵏ

N° 5833. DE MELUN à PERPIGNAN.

Perpignan . . . . . (fer)	959ᵏ

N° 5834. DE MELUN à POITIERS.

Paris	45ᵏ
Poitiers	332
(fer)	377

N° 5835. DE MELUN à PRIVAS.

Lyon	468ᵏ
Privas	144
	612

N° 5836. DE MELUN au PUY.

Clermont . . . . 429^k
Le Puy 134
_____
563

N° 5837. DE MELUN à QUIMPER.

Paris . . . . 45^k
Rennes 373
Quimper 227
_____
645

N° 5838. DE MELUN à RENNES.

Paris . . . . 45^k
Rennes 373
_____
418

N° 5839. DE MELUN à ROCHEFORT.

Paris . . . . 45^k
Rochefort. 474
_____
(fer) 519

N° 5840. DE MELUN à LA ROCHELLE.

Paris . . . . 45^k
La Rochelle 477
_____
(fer) 522

N° 5841. DE MELUN à RODEZ.

Rodez. . . . . 654^k

N° 5842. DE MELUN à ROUEN.

Paris. . . . . 45^k
Rouen. 137
_____
(fer) 182

N° 5843. DE MELUN à SAINT-BRIEUC.

Paris . . . . 45^k
Rennes 373
Saint-Brieuc. 100
_____
518

N° 5844. DE MELUN à SAINT-ÉTIENNE.

Lyon . . . . 468^k
Saint-Etienne 56
_____
(fer) 524

N° 5845. DE MELUN à SAINT-GERMAIN.

Paris . . . . 45^k
Saint-Germain. . . . 23
_____
(fer) 68

N° 5846. DE MELUN à SAINT-LO.

Paris . . . . 45^k
Saint-Lô. 314
_____
(fer) 359

N° 5847. DE MELUN à ST-OMER.

Paris . . . . 45^k
Saint-Omer. 330
_____
(fer) 375

N° 5848. DE MELUN à SARREGUE-MINES.

Paris. . . . . 45^k
Sarreguemines 469
_____
514

N° 5849. DE MELUN à SAUMUR.

Paris . . . . 45^k
Saumur 295
_____
(fer) 340

N° 5850. DE MELUN à SCHELESTADT.

Paris . . . . 45^k
Schelestadt 546
_____
(fer) 591

N° 5851. DE MELUN à STRASBOURG.

Paris. . . . . 45^k
Strasbourg. 502
_____
(fer) 547

N° 5852. DE MELUN à TARBES.

Paris . . . . 45^k
Bordeaux 578
Tarbes. 230
_____
853

N° 5853. DE MELUN à THIONVILLE.

Paris . . . . 45^k
Thionville 419
_____
(fer) 464

N° 5854. DE MELUN à TOULON.

Marseille. . . . . . . 819^k
Toulon. 60
_____
879

N° 5855. DE MELUN à TOULOUSE.

Paris. . . . . 45^k
Bordeaux. 578
Toulouse. 257
_____
(fer) 880

N° 5856. DE MELUN à TOURS.

Paris . . . . 45^k
Tours. 234
_____
(fer) 279

N° 5857. DE MELUN à TROYES.

Troyes . . . . . .(fer) 102^k

N° 5858. DE MELUN à TULLE.

Tulle . . . . 461^k

N° 5859. DE MELUN à VALENCE.

Valence . . . . . .(fer) 574^k

N° 5860. DE MELUN à VALENCIENNES.

Paris. . . . . 45^k
Valenciennes 268
_____
(fer) 313

N° 5861. DE MELUN à VANNES.

Paris . . . . 45^k
Rennes. 373
Vannes 103
_____
521

N° 5862. DE MELUN à VERDUN.

Paris . . . . 45^k
Verdun 253
_____
298

N° 5863. DE MELUN à VERNON.

Paris. . . . . 45^k
Vernon 80
_____
(fer) 125

N° 5864. DE MELUN à VERSAILLES.

Paris. . . . . 45^k
Versailles 17
_____
(fer) 62

N° 5865. DE MELUN à VESOUL.

Troyes. . . . . 102^k
Vesoul. . . . . . . ~ . 215
_____
317

MENDE.

N° 5866. DE MENDE à METZ.

Lyon. . . . . 223^k
Dijon. 197
Metz. 249
_____
669

N° 5867. DE MENDE à MÉZIÈRES.

Lyon. . . . . 223^k
Dijon. 197
Mézières. 349
_____
769

N° **5868.** DE MENDE à MONTAUBAN.

Rodez 115ᵏ
Montauban 130
_____
245

N° **5869.** DE MENDE à MONTBRISON.

Le Puy 89ᵏ
Montbrison 113
_____
202

N° **5870.** DE MENDE à MONT-DE-MARSAN.

Mont-de-Marsan 424ᵏ

N° **5871.** DE MENDE à MONTPELLIER.

Nimes 148ᵏ
Montpellier 50
_____
198

N° **5672.** DE MENDE à MOULINS.

Clermont 186ᵏ
Moulins 106
_____
292

N° **5873.** DE MENDE à NANCY.

Lyon 223ᵏ
Dijon 197
Nancy 192
_____
612

N° **5874.** DE MENDE à NANTES.

Clermont 183ᵏ
Nantes 634
_____
820

N° **5875.** DE MENDE à NAPOLÉON-VENDÉE.

Napoléon-Vendée . . . 583ᵏ

N° **5876.** DE MENDE à NEVERS.

Clermont 186ᵏ
Nevers 159
_____
345

N° **5877.** DE MENDE à NIMES.

Nimes 148ᵏ

N° **5878.** DE MENDE à NIORT.

Niort 496ᵏ

N° **5879.** DE MENDE à ORLÉANS.

Clermont 186ᵏ
Orléans 326
_____
512

N° **5880.** DE MENDE à PARIS.

Clermont 186ᵏ
Paris 446
_____
632

N° **5881.** DE MENDE à PAU.

Rodez 115ᵏ
Montauban 130
Pau 194
_____
439

N° **5882.** DE MENDE à PÉRIGUEUX.

Périgueux 347ᵏ

N° **5883.** DE MENDE à PERPIGNAN.

Nimes 148ᵏ
Perpignan 212
_____
360

N° **5884.** DE MENDE à POITIERS.

Poitiers 463ᵏ

N° **5885.** DE MENDE à PRIVAS.

Privas 135ᵏ

N° **5886.** DE MENDE au PUY.

Le Puy 89ᵏ

N° **5887.** DE MENDE à QUIMPER.

Clermont 186ᵏ
Nantes 634
Quimper 231
_____
1,051

N° **5888.** DE MENDE à RENNES.

Clermont 186ᵏ
Le Mans 540
Rennes 163
_____
889

N° **5889.** DE MENDE à ROCHEFORT.

Angoulême 433ᵏ
Rochefort 246
_____
(fer) 679

N° **5890.** DE MENDE à LA ROCHELLE.

Angoulême 433ᵏ
La Rochelle 249
_____
(fer) 682

N° **5891.** DE MENDE à RODEZ.

Rodez 115ᵏ

N° **5892.** DE MENDE à ROUEN.

Clermont 186ᵏ
Paris 446
Rouen 137
_____
769

N° **5893.** DE MENDE à SAINT-BRIEUC.

Clermont 186ᵏ
Le Mans 540
Rennes 163
Saint-Brieuc 100
_____
989

N° **5894.** DE MENDE à SAINT-ÉTIENNE.

Le Puy 89ᵏ
Saint-Étienne 77
_____
166

N° **5895.** DE MENDE à SAINT-GERMAIN.

Clermont 186ᵏ
Paris 446
Saint-Germain 23
_____
655

N° **5896.** DE MENDE à SAINT-LO.

Clermont 186ᵏ
Le Mans 540
Saint-Lô 194
_____
920

N° **5897.** DE MENDE à SAINT-OMER.

Clermont 183ᵏ
Paris 446
Saint-Omer 330
_____
962

N° **5898.** DE MENDE à SARREGUEMINES.

Lyon 223ᵏ
Dijon 197
Sarreguemines 325
_____
745

N° **5899.** DE MENDE à SAUMUR.

Clermont 186ᵏ
Saumur 503
_____
689

N° **5900.** DE MENDE à SCHELESTADT.

Lyon 223ᵏ
Schelestadt 458
_____
681

N° 5901. DE MENDE à STRASBOURG.

Lyon . . . . 223^k
Strasbourg 504
_____
727

N° 5902. DE MENDE à TARBES.

Rodez . . . . 115^k
Montauban 130
Tarbes 157
_____
402

N° 5903. DE MENDE à THIONVILLE.

Lyon . . . . 223^k
Dijon 197
Metz 249
Thionville 34
_____
703

N° 5904. DE MENDE à TOULON.

Nîmes . . . . 148^k
Marseille 127
Toulon 60
_____
335

N° 5905. DE MENDE à TOULOUSE.

Toulouse . . . . . . 270^k

N° 5906. DE MENDE à TOURS.

Clermont . . . . . . 186^k
Tours 439
_____
625

N° 5907. DE MENDE à TROYES.

Clermont . . . . . . 186^k
Troyes 334
_____
520

N° 5908. DE MENDE à TULLE.

Aurillac . . . . 160^k
Tulle 85
_____
245

N° 5909. DE MENDE à VALENCE.

Privas . . . . 135^k
Valence 39
_____
174

N° 5910. DE MENDE à VALENCIENNES.

Clermont . . . . . . 186^k
Paris 446
Valenciennes 268
_____
900

N° 5911. DE MENDE à VANNES.

Clermont . . . . . . 186^k
Nantes 634
Vannes 108
_____
928

N° 5912. DE MENDE à VERDUN.

Lyon . . . . 223^k
Verdun 436
_____
659

N° 5913. DE MENDE à VERNON.

Clermont . . . . . . 186^k
Paris 446
Vernon 80
_____
712

N° 5914. DE MENDE à VERSAILLES.

Clermont . . . . . . 186^k
Paris 446
Versailles 17
_____
649

N° 5915. DE MENDE à VESOUL.

Lyon . . . . 223^k
Besançon 250
Vesoul 47
_____
520

METZ.

N° 5916. DE METZ à MÉZIÈRES.

Mézières . . . . 153^k

N° 5917. DE METZ à MONTAUBAN.

Dijon . . . . 249^k
Lyon 197
Montauban 468
_____
914

N° 5918. DE METZ à MONTBRISON.

Dijon . . . . 249^k
Lyon 197
Montbrison 101
_____
547

N° 5919. DE METZ à MONT-DE-MARSAN.

Paris . . . . 392^k
Bordeaux 578
Mont-de-Marsan 148
_____
(fer) 1,118

N° 5920. DE METZ à MONTPELLIER.

Dijon . . . . 249^k
Montpellier 526
_____
775

N° 5921. DE METZ à MOULINS.

Moulins . . . . 432^k

N° 5922. DE METZ à NANCY.

Nancy . . . . . . (fer) 58^k

N° 5923. DE METZ à NANTES.

Paris . . . . 392^k
Nantes 427
_____
(fer) 819

N° 5924. DE METZ à NAPOLÉON-
VENDÉE.

Paris . . . . 392^k
Napoléon-Vendée 433
_____
825

N° 5925. DE METZ à NEVERS.

Nevers . . . . 438^k

N° 5926. DE METZ à NIMES.

Dijon . . . . 249^k
Nîmes 476
_____
725

N° 5927. DE METZ à NIORT.

Paris . . . . 392^k
Niort 410
_____
(fer) 802

N° 5928. DE METZ à ORLÉANS.

Paris . . . . 392^k
Orléans 121
_____
(fer) 513

N° 5929. DE METZ à PARIS.

Paris . . . . . . (fer) 392^k

N° 5930. DE METZ à PAU.

Paris . . . . 392^k
Bordeaux 578
Pau 213
_____
1,183

N° 5931. DE METZ à PÉRIGUEUX.

Périgueux . . . . 749^k

N° 5932. DE METZ à PERPIGNAN.

Dijon . . . . 249^k
Perpignan 688
_____
937

N° 5933. DE METZ à POITIERS.

Paris	392k
Poitiers	332
(fer)	724

N° 5934. DE METZ à PRIVAS.

Dijon	249k
Lyon	197
Privas	144
	590

N° 5935. DE METZ au PUY.

Dijon	249k
Lyon	197
Le Puy	134
	580

N° 5936. DE METZ à QUIMPER.

Paris	392k
Rennes	373
Quimper	227
	992

N° 5937. DE METZ à RENNES.

Paris	392k
Rennes	373
(fer)	765

N° 5938. DE METZ à ROCHEFORT.

Paris	392k
Rochefort	474
(fer)	866

N° 5939. DE METZ à LA ROCHELLE.

Paris	392k
La Rochelle	477
(fer)	869

N° 5940. DE METZ à RODEZ.

Rodez	752k

N° 5941. DE METZ à ROUEN.

Paris	392k
Rouen	137
(fer)	529

N° 5942. DE METZ à SAINT-BRIEUC.

Paris	392k
Rennes	373
Saint-Brieuc	100
	865

N° 5943. DE METZ à SAINT-ÉTIENNE.

Dijon	249k
Lyon	197
Saint-Etienne	56
	502

N° 5944. DE METZ à SAINT-GERMAIN.

Paris	392k
Saint-Germain	23
(fer)	415

N° 5945. DE METZ à SAINT-LO.

Paris	392k
Saint-Lô	314
(fer)	706

N° 5946. DE METZ à SAINT-OMER.

Paris	392k
Saint-Omer	330
(fer)	722

N° 5947. DE METZ à SARREGUEMINES.

Sarreguemines	76k

N° 5948. DE METZ à SAUMUR.

Paris	392k
Saumur	295
(fer)	687

N° 5949. DE METZ à SCHELESTADT.

Schelestadt	(fer) 250k

N° 5950. DE METZ à STRASBOURG.

Strasbourg	(fer) 207k

N° 5951. DE METZ à TARBES.

Dijon	249k
Lyon	197
Tarbes	625
	1,071

N° 5952. DE METZ à THIONVILLE.

Thionville	(fer) 34k

N° 5953. DE METZ à TOULON.

Dijon	249k
Marseille	549
Toulon	60
	858

N° 5954. DE METZ à TOULOUSE.

Dijon	249k
Lyon	197
Toulouse	575
	1,021

N° 5955. DE METZ à TOURS.

Paris	392k
Tours	234
(fer)	626

N° 5956. DE METZ à TROYES.

Troyes	(fer) 359k

N° 5957. DE METZ à TULLE.

Tulle	670k

N° 5958. DE METZ à VALENCE.

Dijon	249k
Valence	303
	552

N° 5959. DE METZ à VALENCIENNES.

Mézières	153k
Valenciennes	141
	294

N° 5960. DE METZ à VANNES.

Paris	392k
Rennes	373
Vannes	103
	868

N° 5961. DE METZ à VERDUN.

Verdun	65k

N° 5962. DE METZ à VERNON.

Paris	392k
Vernon	80
(fer)	472

N° 5963. DE METZ à VERSAILLES.

Paris	392k
Versailles	17
(fer)	409

N° 5964. DE METZ à VESOUL.

Nancy	58k
Vesoul	146
(fer)	204

MÉZIÈRES.

N° 5965. DE MÉZIÈRES à MONTAUBAN.

Paris	260k
Bordeaux	578
Montauban	206
(fer)	1,044

N° **5966.** DE MÉZIÈRES à MONTBRISON.

Lyon 546k
Montbrison 101
_____
647

N° **5967.** DE MÉZIÈRES à MONT-DE-MARSAN.

Paris 260k
Bordeaux 578
Mont-de-Marsan 148
_____
(fer) 986

N° **5968.** DE MÉZIÈRES à MONT-PELLIER.

Lyon 546k
Montpellier 329
_____
875

N° **5969.** DE MÉZIÈRES à MOULINS.

Paris 260k
Moulins 340
_____
(fer) 600

N° **5970.** DE MÉZIÈRES à NANCY.

Verdun 102k
Nancy 98
_____
200

N° **5971.** DE MÉZIÈRES à NANTES.

Paris 260k
Nantes 427
_____
(fer) 687

N° **5972.** DE MÉZIÈRES à NAPOLÉON-VENDÉE.

Paris 260k
Napoléon-Vendée. . . . 433
_____
693

N° **5973.** DE MÉZIÈRES à NEVERS.

Paris 260k
Nevers. 301
_____
(fer) 561

N° **5974.** DE MÉZIÈRES à NIMES.

Lyon 546k
Nimes. 279
_____
825

N° **5975.** DE MÉZIÈRES à NIORT.

Paris 260k
Niort 410
_____
(fer) 670

N° **5976.** DE MÉZIÈRES à ORLÉANS.

Paris 260k
Orléans 121
_____
(fer) 381

N° **5977.** DE MÉZIÈRES à PARIS.

Paris. . . . . . . (fer) 260k

N° **5978.** DE MÉZIÈRES à PAU.

Paris. 260k
Bordeaux 578
Pau. 213
_____
1,051

N° **5979.** DE MÉZIÈRES à PÉRIGUEUX.

Paris 260k
Périgueux. 495
_____
755

N° **5980.** DE MÉZIÈRES à PERPIGNAN.

Lyon 546k
Perpignan. 491
_____
1,037

N° **5981.** DE MÉZIÈRES à POITIERS.

Paris. 260k
Poitiers 332
_____
(fer) 592

N° **5982.** DE MÉZIÈRES à PRIVAS.

Lyon 546k
Privas. 144
_____
690

N° **5983.** DE MÉZIÈRES au PUY.

Lyon 546k
Le Puy 134
_____
680

N° **5984.** DE MÉZIÈRES à QUIMPER.

Paris. 260k
Rennes. 373
Quimper. 227
_____
860

N° **5985.** DE MÉZIÈRES à RENNES.

Paris 260k
Rennes 373
_____
(fer) 633

N° **5986.** DE MÉZIÈRES à ROCHEFORT.

Paris. 260k
Rochefort 474
_____
(fer) 734

N° **5987.** DE MÉZIÈRES à LA ROCHELLE.

Paris. 260k
La Rochelle. 477
_____
(fer) 737

N° **5988.** DE MÉZIÈRES à RODEZ.

Lyon 546k
Rodez. 338
_____
884

N° **5989.** DE MÉZIÈRES à ROUEN.

Paris 260k
Rouen. 137
_____
(fer) 397

N° **5990.** DE MÉZIÈRES à SAINT-BRIEUC.

Paris 260k
Rennes 373
Saint-Brieuc. 100
_____
733

N° **5991.** DE MÉZIÈRES à SAINT-ETIENNE.

Lyon 546k
Saint-Étienne 56
_____
602

N° **5992.** DE MÉZIÈRES à SAINT-GERMAIN.

Paris 260k
Saint-Germain. 23
_____
(fer) 283

N° **5993.** DE MÉZIÈRES à SAINT-LO.

Paris 260k
Saint-Lô. 314
_____
(fer) 574

N° **5994.** DE MÉZIÈRES à SAINT-OMER.

Cambrai. 147k
Saint-Omer 136
_____
(fer) 283

N° **5995.** DE MÉZIÈRES à SARREGUE-MINES.

Metz. 153k
Sarreguemines. 76
_____
229

N° **5996.** DE MÉZIÈRES à SAUMUR.

Paris. 260k
Saumur 295
_____
fer) 555

N° 5997. DE MÉZIÈRES à SCHE-
LESTADT.

Nancy	200ᵏ
Schelestadt	193
(fer)	393

N° 5998. DE MÉZIÈRES à STRASBOURG.

Metz	153ᵏ
Strasbourg	207
	360

N° 5999. DE MÉZIÈRES à TARBES.

Paris	260ᵏ
Bordeaux	578
Tarbes	230
	1,068

N° 6000. DE MÉZIÈRES à THIONVILLE.

Metz	153ᵏ
Thionville	34
	187

N° 6001. DE MÉZIÈRES à TOULON.

Lyon	546ᵏ
Marseille	352
Toulon	60
	958

N° 6002. DE MÉZIÈRES à TOULOUSE.

Paris	260ᵏ
Bordeaux	578
Toulouse	257
(fer)	1,095

N° 6003. DE MÉZIÈRES à TOURS.

Paris	260ᵏ
Tours	234
(fer)	494

N° 6004. DE MÉZIÈRES à TROYES.

Châlons-sur-Marne	150ᵏ
Troyes	230
(fer)	380

N° 6005. DE MÉZIÈRES à TULLE.

Paris	260ᵏ
Limoges	400
Tulle	89
	749

N° 6006. DE MÉZIÈRES à VALENCE.

Lyon	546ᵏ
Valence	106
	652

N° 6007. DE MÉZIÈRES à VALEN-
CIENNES.

Valenciennes	141ᵏ

N° 6008. DE MÉZIÈRES à VANNES.

Paris	260ᵏ
Rennes	373
Vannes	103
	736

N° 6009. DE MÉZIÈRES à VERDUN.

Verdun	102ᵏ

N° 6010. DE MÉZIÈRES à VERNON.

Paris	160ᵏ
Vernon	80
(fer)	240

N° 6011. DE MÉZIÈRES à VERSAILLES.

Paris	260ᵏ
Versailles	17
(fer)	277

N° 6012. DE MÉZIÈRES à VESOUL.

Châlons-sur-Marne	150ᵏ
Langres	170
Vesoul	85
(fer)	405

MONTAUBAN.

N° 6013. DE MONTAUBAN à MONT-
BRISON.

Montbrison	447ᵏ

N° 6014. DE MONTAUBAN à MONT-DE-
MARSAN.

Mont-de-Marsan	179ᵏ

N° 6015. DE MONTAUBAN à MONT-
PELLIER.

Montpellier	(fer) 299ᵏ

N° 6016. DE MONTAUBAN à MOULINS.

Moulins	440ᵏ

N° 6017. DE MONTAUBAN à NANCY.

Lyon	468ᵏ
Dijon	197
Nancy	192
	857

N° 6018. DE MONTAUBAN à NANTES.

Bordeaux	206ᵏ
Nantes	539
(fer)	745

N° 6019. DE MONTAUBAN à NAPOLÉON-
VENDÉE.

Bordeaux	206ᵏ
Napoléon-Vendée	276
	482

N° 6020. DE MONTAUBAN à NEVERS.

Nevers	493ᵏ

N° 6021. DE MONTAUBAN à NIMES.

Nimes	(fer) 349ᵏ

N° 6022. DE MONTAUBAN à NIORT.

Bordeaux	206ᵏ
Niort	315
(fer)	521

N° 6023. DE MONTAUBAN à ORLÉANS.

Bordeaux	206ᵏ
Orléans	459
(fer)	665

N° 6024. DE MONTAUBAN à PARIS.

Bordeaux	206ᵏ
Paris	578
(fer)	748

N° 6025. DE MONTAUBAN à PAU.

Pau	194ᵏ

N° 6026. DE MONTAUBAN à PÉRIGUEUX.

Périgueux	206ᵏ

N° 6027. DE MONTAUBAN à PERPIGNAN.

Perpignan	(fer) 265ᵏ

N° 6028. DE MONTAUBAN à POITIERS.

Bordeaux	206ᵏ
Poitiers	246
(fer)	452

N° 6029. DE MONTAUBAN à PRIVAS.

Cette	271ᵏ
Privas	192
	463

N° 6030. DE MONTAUBAN au PUY.

Le Puy	334ᵏ

N° 6031. DE MONTAUBAN à QUIMPER.

Bordeaux	206^k
Nantes	539
Quimper	231
	976

N° 6032. DE MONTAUBAN à RENNES.

Bordeaux	206^k
Le Mans	446
Rennes	163
(fer)	815

N° 6033 DE MONTAUBAN à ROCHEFORT

Bordeaux	203^k
Rochefort	379
(fer)	585

N° 6034. DE MONTAUBAN à LA ROCHELLE.

Bordeaux	206^k
La Rochelle	382
(fer)	588

N° 6035. DE MONTAUBAN à RODEZ.

Rodez	130^k

N° 6036. DE MONTAUBAN à ROUEN.

Bordeaux	206^k
Paris	578
Rouen	137
(fer)	921

N° 6037. DE MONTAUBAN à SAINT-BRIEUC.

Bordeaux	206^k
Le Mans	446
Rennes	163
Saint-Brieuc	100
	915

N° 6038. DE MONTAUBAN à SAINT-ÉTIENNE.

Saint-Etienne	411^k

N° 6039. DE MONTAUBAN à SAINT-GERMAIN.

Bordeaux	206^k
Paris	578
Saint-Germain	23
(fer)	807

N° 6040. DE MONTAUBAN à SAINT-LO.

Bordeaux	206^k
Le Mans	446
Saint-Lô	194
(fer)	846

N° 6041. DE MONTAUBAN à SAINT-OMER.

Bordeaux	206^k
Paris	578
Saint-Omer	330
(fer)	1,114

N° 6042. DE MONTAUBAN à SARREGUE-MINES.

Lyon	468^k
Metz	197
Sarreguemines	325
	990

N° 6043. DE MONTAUBAN à SAUMUR.

Bordeaux	206^k
Saumur	410
(fer)	616

N° 6044. DE MONTAUBAN à SCHELESTADT.

Lyon	468^k
Schelestadt	458
	926

N° 6045. DE MONTAUBAN à STRASBOURG.

Lyon	468^k
Strasbourg	504
	972

N° 6046. DE MONTAUBAN à TARBES.

Tarbes	157^k

N° 6047. DE MONTAUBAN à THIONVILLE.

Lyon	468^k
Dijon	197
Metz	249
Thionville	34
	948

N° 6048. DE MONTAUBAN à TOULON.

Marseille	475^k
Toulon	60
	535

N° 6049. DE MONTAUBAN à TOULOUSE

Toulouse (fer)	51^k

N° 6050. DE MONTAUBAN à TOURS.

Bordeaux	206^k
Tours	347
(fer)	553

N° 6051. DE MONTAUBAN à TROYES.

Troyes	668^k

N° 6052. DE MONTAUBAN à TULLE.

Cahors	62^k
Tulle	133
	195

N° 6053. DE MONTAUBAN à VALENCE.

Valence (fer)	521^k

N° 6054. DE MONTAUBAN à VALENCIENNES.

Bordeaux	206^k
Paris	578
Valenciennes	268
(fer)	1,052

N° 6055. DE MONTAUBAN à VANNES.

Bordeaux	206^k
Nantes	539
Vannes	108
	853

N° 6056. DE MONTAUBAN à VERDUN.

Verdun	828^k

N° 6057. DE MONTAUBAN à VERNON.

Bordeaux	206^k
Paris	578
Vernon	80
(fer)	864

N° 6058. DE MONTAUBAN à VERSAILLES.

Bordeaux	206^k
Paris	578
Versailles	17
(fer)	801

N° 6059. DE MONTAUBAN à VESOUL.

Lyon	468^k
Besançon	250
Vesoul	47
	765

MONTBRISON.

N° 6060. DE MONTBRISON à MONT-DE-MARSAN.

Bordeaux	479^k
Mont-de-Marsan	148
	627

N° 6061. DE MONTBRISON À MONT-PELLIER.

Montpellier . . . . . . 319^k

N° 6062. DE MONTBRISON À MOULINS.

Moulins . . . . 160^k

N° 6063. DE MONTBRISON À NANCY.

Lyon . . . . 101^k
Dijon 197
Nancy 192
———
490

N° 6064. DE MONTBRISON À NANTES.

Moulins . . . . 160^k
Nantes 531
———
691

N° 6065. DE MONTBRISON À NAPO-LÉON-VENDÉE.

Clermont . . . . 113^k
Niort 341
Napoléon-Vendée 87
———
541

N° 6066. DE MONTBRISON À NEVERS.

Moulins . . . . 160^k
Nevers 53
———
213

N° 6067. DE MONTBRISON À NIMES.

Nîmes . . . . 291^k

N° 6068. DE MONTBRISON À NIORT.

Clermont . . . . 113^k
Niort 341
———
454

N° 6069. DE MONTBRISON À ORLÉANS.

Moulins . . . . 160^k
Orléans 231
———
391

N° 6070. DE MONTBRISON À PARIS.

Paris . . . . 500^k

N° 6071. DE MONTBRISON À PAU.

Clermont . . . . 113^k
Pau 528
———
641

N° 6072. DE MONTBRISON À PÉRI-GUEUX.

Périgueux . . . . 358^k

N° 6073. DE MONTBRISON À PERPI-GNAN.

Perpignan . . . . 480^k

N° 6074. DE MONTBRISON À POITIERS.

Clermont . . . . 113^k
Poitiers 277
———
390

N° 6075. DE MONTBRISON À PRIVAS.

Valence . . . . 132^k
Privas 39
———
171

N° 6076. DE MONTBRISON au PUY.

Le Puy . . . . 113^k

N° 6077. DE MONTBRISON À QUIMPER.

Moulins . . . . 160^k
Nantes 531
Quimper 231
———
922

N° 6078. DE MONTBRISON À RENNES.

Moulins . . . . 160^k
Le Mans 388
Rennes 163
———
711

N° 6079. DE MONTBRISON À ROCHE-FORT.

Rochefort . . . . 504^k

N° 6080. DE MONTBRISON À LA ROCHELLE.

La Rochelle . . . . . . 520^k

N° 6081. DE MONTBRISON À RODEZ.

Le Puy . . . . 113^k
Mende 89
Rodez 115
———
317

N° 6082. DE MONTBRISON À ROUEN.

Paris . . . . 500^k
Rouen 137
———
637

N° 6083. DE MONTBRISON À SAINT-BRIEUC.

Moulins . . . . 160^k
Le Mans 388
Rennes 163
Saint-Brieuc 100
———
811

N° 6084. DE MONTBRISON À SAINT-ÉTIENNE.

Saint-Étienne . . . . . 45^k

N° 6085. DE MONTBRISON À SAINT-GERMAIN.

Paris . . . . 500^k
Saint-Germain 23
———
523

N° 6086. DE MONTBRISON À SAINT-LO.

Paris . . . . 500^k
Saint-Lô 314
———
814

N° 6087. DE MONTBRISON À SAINT-OMER.

Paris . . . . 500^k
Saint-Omer 330
———
830

N° 6088. DE MONTBRISON À SARRE-GUEMINES.

Lyon . . . . 101^k
Dijon 197
Sarreguemines 325
———
623

N° 6089. DE MONTBRISON À SAUMUR.

Moulins . . . . 160^k
Saumur 410
———
570

N° 6090. DE MONTBRISON À SCHE-LESTADT.

Lyon . . . . 101^k
Schelestadt 458
———
559

N° 6091. DE MONTBRISON À STRAS-BOURG.

Lyon . . . . 101^k
Strasbourg 504
———
605

N° 6092. DE MONTBRISON À TARBES.

Tarbes . . . . 604^k

N° 6093. DE MONTBRISON À THION-VILLE.

Lyon . . . . 101^k
Dijon 197
Metz 249
Thionville 34
———
581

N° 6094. DE MONTBRISON à TOULON.

Valence	132ᵏ
Marseille	246
Toulon	60
	438

N° 6095. DE MONTBRISON à TOULOUSE.

Toulouse	472ᵏ

N° 6096. DE MONTBRISON à TOURS.

Moulins	160ᵏ
Tours	346
	506

N° 6097. DE MONTBRISON à TROYES.

Troyes	399ᵏ

N° 6098. DE MONTBRISON à TULLE.

Clermont	113ᵏ
Tulle	143
	256

N° 6099. DE MONTBRISON à VALENCE.

Valence	132ᵏ

N° 6100. DE MONTBRISON à VALEN-CIENNES.

Paris	500ᵏ
Valenciennes	268
	768

N° 6101. DE MONTBRISON à VANNES.

Moulins	160ᵏ
Nantes	531
Vannes	108
	799

N° 6102. DE MONTBRISON à VERDUN.

Lyon	101ᵏ
Dijon	197
Verdun	239
	537

N° 6103. DE MONTBRISON à VERNON.

Paris	500ᵏ
Vernon	80
	580

N° 6104. DE MONTBRISON à VER-SAILLES.

Paris	500ᵏ
Versailles	17
	517

N° 6105. DE MONTBRISON à VESOUL.

Lyon	101ᵏ
Besançon	250
Vesoul	47
	398

MONT-DE-MARSAN.

N° 6106. DE MONT-DE-MARSAN à MONTPELLIER.

Auch	109ᵏ
Montpellier	368
	477

N° 6107. DE MONT-DE-MARSAN à MOULINS.

Bordeaux	148ᵏ
Moulins	438
(fer)	586

N° 6108. DE MONT-DE-MARSAN à NANCY.

Bordeaux	148ᵏ
Paris	578
Nancy	353
(fer)	1,079

N° 6109. DE MONT-DE-MARSAN à NANTES.

Bordeaux	148ᵏ
Nantes	539
	687

N° 6110. DE MONT-DE-MARSAN à NAPOLÉON-VENDÉE.

Bordeaux	148ᵏ
Napoléon-Vendée	276
	424

N° 6111. DE MONT-DE-MARSAN à NEVERS.

Bordeaux	148ᵏ
Nevers	476
	624

N° 6112. DE MONT-DE-MARSAN à NIMES.

Agen	109ᵏ
Nîmes	418
	527

N° 6113. DE MONT-DE-MARSAN à NIORT.

Bordeaux	148ᵏ
Niort	315
(fer)	463

N° 6114. DE MONT-DE-MARSAN à ORLÉANS.

Bordeaux	148ᵏ
Orléans	459
(fer)	607

N° 6115. DE MONT-DE-MARSAN à PARIS.

Bordeaux	148ᵏ
Paris	578
(fer)	726

N° 6116. DE MONT-DE-MARSAN à PAU.

Pau	82ᵏ

N° 6117. DE MONT-DE-MARSAN à PÉRIGUEUX.

Bordeaux	148ᵏ
Périgueux	130
	278

N° 6118. DE MONT-DE-MARSAN à PERPIGNAN.

Agen	109ᵏ
Perpignan	334
	443

N° 6119. DE MONT-DE-MARSAN à POITIERS.

Bordeaux	148ᵏ
Poitiers	246
(fer)	394

N° 6120. DE MONT-DE-MARSAN à PRIVAS.

Agen	109ᵏ
Cette	340
Privas	192
	641

N° 6121. DE MONT-DE-MARSAN au PUY.

Le Puy	513ᵏ

N° 6122. DE MONT-DE-MARSAN à QUIMPER.

Bordeaux	148ᵏ
Nantes	539
Quimper	231
	918

N° 6123. DE MONT-DE-MARSAN à
RENNES.

Bordeaux	148ᵏ
Le Mans	446
Rennes	163
(fer)	757

N° 6124. DE MONT-DE-MARSAN à
ROCHEFORT.

Bordeaux	148ᵏ
Rochefort	379
(fer)	527

N° 6125. DE MONT-DE-MARSAN à
LA ROCHELLE.

Bordeaux	148ᵏ
La Rochelle	382
fer)	530

N° 6126. DE MONT-DE-MARSAN à
RODEZ.

Rodez	309ᵏ

N° 6127. DE MONT-DE-MARSAN à
ROUEN.

Bordeaux	148ᵏ
Paris	578
Rouen	137
(fer)	863

N° 6128. DE MONT-DE-MARSAN à
SAINT-BRIEUC.

Bordeaux	148ᵏ
Le Mans	446
Rennes	163
Saint-Brieuc	100
	857

N° 6129. DE MONT-DE-MARSAN à
SAINT-ÉTIENNE.

Agen	109ᵏ
Valence	591
Saint-Étienne	97
	797

N° 6130. DE MONT-DE-MARSAN à
SAINT-GERMAIN.

Bordeaux	148ᵏ
Paris	578
Saint-Germain	23
(fer)	749

N° 6131. DE MONT-DE-MARSAN à
SAINT-LO.

Bordeaux	148ᵏ
Le Mans	446
Saint-Lô	194
(fer)	788

N° 6132. DE MONT-DE-MARSAN à
SAINT-OMER.

Bordeaux	148ᵏ
Paris	578
Saint-Omer	330
(fer) 1,056

N° 6133. DE MONT-DE-MARSAN à
SARREGUEMINES.

Bordeaux	148ᵏ
Paris	578
Sarreguemines	469
	1,195

N° 6134. DE MONT-DE-MARSAN à
SAUMUR.

Bordeaux	148ᵏ
Saumur	410
(fer)	558

N° 6135. DE MONT-DE-MARSAN à
SCHELESTADT.

Bordeaux	148ᵏ
Lyon	549
Schelestadt	458
	1,155

N° 6136. DE MONT-DE-MARSAN à
STRASBOURG.

Bordeaux	148ᵏ
Lyon	549
Strasbourg	504
	1,201

N° 6137. DE MONT-DE-MARSAN à
TARBES.

Tarbes	99ᵏ

N° 6138. DE MONT-DE-MARSAN à
THIONVILLE.

Bordeaux	148ᵏ
Paris	578
Thionville	419
(fer) 1,145

N° 6139. DE MONT-DE-MARSAN à
TOULON.

Agen	109ᵏ
Marseille	545
Toulon	60
	714

N° 6140. DE MONT-DE-MARSAN à
TOULOUSE.

Agen	109ᵏ
Toulouse	121
	230

N° 6141. DE MONT-DE-MARSAN à
TOURS.

Bordeaux	148ᵏ
Tours	347
(fer)	495

N° 6142. DE MONT-DE-MARSAN à
TROYES.

Bordeaux	148ᵏ
Paris	578
Troyes	167
(fer)	893

N° 6143. DE MONT-DE-MARSAN à
TULLE.

Bordeaux	148ᵏ
Périgueux	130
Tulle	102
	380

N° 6144. DE MONT-DE-MARSAN à
VALENCE.

Agen	109ᵏ
Valence	591
	700

N° 6145. DE MONT-DE-MARSAN à
VALENCIENNES.

Bordeaux	148ᵏ
Paris	578
Valenciennes	268
(fer)	994

N° 6146. DE MONT-DE-MARSAN à
VANNES.

Bordeaux	148ᵏ
Nantes	539
Vannes	108
	795

N° 6147. DE MONT-DE-MARSAN à
VERDUN.

Bordeaux	148ᵏ
Paris	578
Verdun	253
	979

N° 6148. DE MONT-DE-MARSAN à
VERNON.

Bordeaux	148ᵏ
Paris	578
Vernon	80
(fer)	806

N° 6149. DE MONT-DE-MARSAN à
VERSAILLES.

Bordeaux 148ᵏ
Paris 578
Versailles 17

(fer) 743

N° 6150. DE MONT-DE-MARSAN à
VESOUL.

Agen 109ᵏ
Lyon 565
Besançon 250
Vesoul 47

971

MONTPELLIER.

N° 6151. DE MONTPELLIER à MOULINS.
Moulins 435ᵏ

N° 6152. DE MONTPELLIER à NANCY.
Dijon 526ᵏ
Nancy 192

718

N° 6153. DE MONTPELLIER à NANTES.
Bordeaux 504ᵏ
Nantes 539

(fer) 1,043

N° 6154. DE MONTPELLIER à NAPO-
LÉON-VENDÉE
Bordeaux 504ᵏ
Napoléon-Vendée . . . 276

780

N° 6155. DE MONTPELLIER à NEVERS.
Nevers 499ᵏ

N° 6156. DE MONTPELLIER à NIMES.
Nîmes . . . . . . (fer) 50ᵏ

N° 6157. DE MONTPELLIER à NIORT.
Bordeaux 504ᵏ
Niort 315

(fer) 819

N° 6158. DE MONTPELLIER à ORLÉANS.
Orléans 665ᵏ

N° 6159. DE MONTPELLIER à PARIS.
Paris . . . . . . (fer) 840ᵏ

N° 6160. DE MONTPELLIER à PAU.
Toulouse 248ᵏ
Pau 190

438

N° 6161. DE MONTPELLIER à PÉRI-
GUEUX.
Périgueux 453ᵏ

N° 6162. DE MONTPELLIER à PERPI-
GNAN.
Perpignan . . . . (fer) 162ᵏ

N° 6163. DE MONTPELLIER à POITIERS.
Bordeaux 504ᵏ
Poitiers 246

750

N° 6164. DE MONTPELLIER à PRIVAS.
Nîmes 50ᵏ
Privas 115

165

N° 6165. DE MONTPELLIER au PUY.
Le Puy 206ᵏ

N° 6166. DE MONTPELLIER à QUIMPER.
Bordeaux 504ᵏ
Nantes 539
Quimper 231

1,274

N° 6167. DE MONTPELLIER à RENNES.
Bordeaux 504ᵏ
Le Mans 446
Rennes 163

(fer) 1,113

N° 6168. DE MONTPELLIER à ROCHE-
FORT.
Bordeaux 505ᵏ
Rochefort 379

(fer) 883

N° 6169. DE MONTPELLIER à LA RO-
CHELLE.
Bordeaux 504ᵏ
La Rochelle 382

(fer) 886

N° 6170. DE MONTPELLIER à RODEZ.
Rodez 193ᵏ

N° 6171. DE MONTPELLIER à ROUEN.
Paris 840ᵏ
Rouen 137

(fer) 977

N° 6172. DE MONTPELLIER à SAINT-
BRIEUC.
Bordeaux 504ᵏ
Le Mans 446
Rennes 163
Saint-Brieuc 100

1,213

N° 6173. DE MONTPELLIER à SAINT-
ÉTIENNE.
Valence 223ᵏ
Saint-Étienne 97

320

N° 6174. DE MONTPELLIER à SAINT-
GERMAIN.
Paris 840ᵏ
Saint-Germain 23

(fer) 863

N° 6175. DE MONTPELLIER à SAINT-LO.
Paris 840ᵏ
Saint-Lô 314

(fer) 1,154

N° 6176. DE MONTPELLIER à SAINT-
OMER.
Paris 840ᵏ
Saint-Omer 330

(fer) 1,170

N° 6177. DE MONTPELLIER à SARRE-
GUEMINES.
Dijon 526ᵏ
Sarreguemines 325

851

N° 6178. DE MONTPELLIER à SAUMUR.
Bordeaux 504ᵏ
Saumur 410

(fer) 914

N° 6179. DE MONTPELLIER à SCHE-
LESTADT.
Lyon 329ᵏ
Schelestadt 458

(fer) 787

N° 6180. DE MONTPELLIER à STRAS-
BOURG.

Lyon	329^k
Strasbourg	504
(fer)	833

N° 6181. DE MONTPELLIER à TARBES.

Toulouse	248^k
Tarbes	151
	399

N° 6182. DE MONTPELLIER à THION-
VILLE.

Dijon	526^k
Metz	249
Thionville	34
	809

N° 6183. DE MONTPELLIER à TOULON.

Marseille	177^k
Toulon	60
	237

N° 6184. DE MONTPELLIER à TOU-
LOUSE.

Toulouse	248^k

N° 6185. DE MONTPELLIER à TOURS.

Bordeaux	504^k
Tours	347
(fer)	851

N° 6186. DE MONTPELLIER à TROYES.

Lyon	329^k
Troyes	343
	672

N° 6187. DE MONTPELLIER à TULLE.

Tulle	381^k

N° 6188. DE MONTPELLIER à VALENCE.

Valence	223^k

N° 6189. DE MONTPELLIER à VALEN-
CIENNES.

Paris	840^k
Valenciennes	268
(fer)	1,108

N° 6190. DE MONTPELLIER à VANNES.

Bordeaux	504^k
Nantes	539
Vannes	108
	1,151

N° 6191. DE MONTPELLIER à VERDUN.

Dijon	526^k
Verdun	239
	705

N° 6192. DE MONTPELLIER à VERNON.

Paris	840^k
Vernon	80
(fer)	920

N° 6193. DE MONTPELLIER à VER-
SAILLES.

Paris	840^k
Versailles	17
(fer)	857

N° 6194. DE MONTPELLIER à VESOUL.

Lyon	329^k
Besançon	250
Vesoul	47
	626

MOULINS.

N° 6195. DE MOULINS à NANCY.

Nancy	379^k

N° 6196. DE MOULINS à NANTES.

Nantes	531^k

N° 6197. DE MOULINS à NAPOLÉON-
VENDÉE.

Saumur	410^k
Napoléon-Vendée	133
	543

N° 6198. DE MOULINS à NEVERS.

Nevers	53^k

N° 6199. DE MOULINS à NIMES.

Nîmes	418^k

N° 6200. DE MOULINS à NIORT.

Niort	379^k

N° 6201. DE MOULINS à ORLÉANS.

Orléans	(fer) 231^k

N° 6202. DE MOULINS à PARIS.

Paris	(fer) 340^k

N° 6203. DE MOULINS à PAU.

Clermont	106^k
Pau	528
	634

N° 6204. DE MOULINS à PÉRIGUEUX.

Périgueux	317^k

N° 6205. DE MOULINS à PERPIGNAN.

Perpignan	607^k

N° 6206. DE MOULINS à POITIERS.

Poitiers	303^k

N° 6207. DE MOULINS à PRIVAS.

Lyon	186^k
Privas	144
	330

N° 6208. DE MOULINS au PUY.

Clermont	106^k
Le Puy	134
	240

N° 6209. DE MOULINS à QUIMPER.

Nantes	531^k
Quimper	231
	762

N° 6210. DE MOULINS à RENNES.

Le Mans	388^k
Rennes	163
(fer)	551

N° 6211. DE MOULINS à ROCHEFORT.

Rochefort	440^k

N° 6212. DE MOULINS à LA ROCHELLE.

La Rochelle	442^k

N° 6213. DE MOULINS à RODEZ.

Clermont	106^k
Rodez	225
	331

N° 6214. DE MOULINS à ROUEN.

Paris	340^k
Rouen	137
(fer)	477

N° 6215. DE MOULINS à SAINT-BRIEUC.

Le Mans	388^k
Rennes	163
Saint-Brieuc	100
	651

N° 6216. DE MOULINS à SAINT-ÉTIENNE.

Saint-Étienne	(fer) 190^k

N° **6217.** DE MOULINS à SAINT-GERMAIN.

Paris . . . . 340^k
Saint-Germain 23

(fer) 363

N° **6218.** DE MOULINS à SAINT-LO.

Le Mans . . . . 388^k
Saint-Lô. 194

(fer) 582

N° **6219.** DE MOULINS à SAINT-OMER.

Paris . . . . 340^k
Saint-Omer 330

(fer) 670

N° **6220.** DE MOULINS à SARREGUE-
MINES.

Sarreguemines. . . . . 508^k

N° **6221.** DE MOULINS à SAUMUR.

Saumur . . . . 410^k

N° **6222.** DE MOULINS à SCHELESTADT.

Schelestadt. . . . . . 478^k

N° **6223.** DE MOULINS à STRASBOURG.

Strasbourg . . . . . . 523^k

N° **6224.** DE MOULINS à TARBES.

Clermont. . . . . 106^k
Tarbes. 491

597

N° **6225.** DE MOULINS à THIONVILLE.

Thionville. . . . . . . 466^k

N° **6226.** DE MOULINS à TOULON.

Lyon. . . . . 186^k
Marseille. 352
Toulon. 60

598

N° **6227.** DE MOULINS à TOULOUSE.

Toulouse. . . . . 475^k

N° **6228.** DE MOULINS à TOURS.

Tours . . . . 316^k

N° **6229.** DE MOULINS à TROYES.

Troyes. . . . . 239^k

N° **6230.** DE MOULINS à TULLE.

Clermont . . . . 106^k
Tulle. 143

249

N° **6231.** DE MOULINS à VALENCE.

Lyon . . . . 186^k
Valence 106

292

N° **6232.** DE MOULINS à VALENCIENNES

Paris.. . . . . 340^k
Valenciennes. 268

(fer) 608

N° **6233.** DE MOULINS à VANNES.

Nantes . . . . 531^k
Vannes.. 108

639

N° **6234.** DE MOULINS à VERDUN.

Verdun.. . . . . 399^k

N° **6235.** DE MOULINS à VERNON.

Paris . . . . 340^k
Vernon. 80

(fer) 420

N° **6236.** DE MOULINS à VERSAILLES.

Paris . . . . 340^k
Versailles 17

(fer) 357

N° **6237.** DE MOULINS à VESOUL.

Vesoul. . . . . 290^k

NANCY.

N° **6238.** DE NANCY à NANTES.

Paris . . . . 353^k
Nantes 427

(fer) 780

N° **6239.** DE NANCY à NAPOLÉON-
VENDÉE.

Paris . . . . 353^k
Napoléon-Vendée . . . 433

786

N° **6240.** DE NANCY à NEVERS.

Paris . . . . 353^k
Nevers. 301

(fer) 654

N° **6241.** DE NANCY à NIMES.

Dijon. . . . . 192^k
Nimes. 476

668

N° **6242.** DE NANCY à NIORT.

Paris . . . . 353^k
Niort 410

(fer) 763

N° **6243.** DE NANCY à ORLÉANS.

Paris . . . . 353^k
Orléans. 121

(fer) 474

N° **6244.** DE NANCY à PARIS.

Paris . . . . . . (fer) 353^k

N° **6245.** DE NANCY à PAU.

Dijon. . . . . 192^k
Lyon 197
Pau 662

1,051

N° **6246.** DE NANCY à PÉRIGUEUX.

Paris.. . . . . 353^k
Périgueux. 495

848

N° **6247.** DE NANCY à PERPIGNAN.

Dijon. . . . . 192^k
Perpignan. 688

880

N° **6248.** DE NANCY à POITIERS.

Paris . . . . 353^k
Poitiers 332

(fer) 685

N° **6249.** DE NANCY à PRIVAS.

Dijon . . . . 192^k
Lyon.. 197
Privas. 144

533

N° **6250.** DE NANCY au PUY.

Dijon. . . . . 192^k
Lyon. 197
Le Puy 134

523

N° 6251. DE NANCY à QUIMPER.

Paris	353k
Rennes	373
Quimper	227
	953

N° 6252. DE NANCY à RENNES.

Paris	353k
Rennes	373
(fer)	726

N° 6253. DE NANCY à ROCHEFORT.

Paris	353k
Rochefort	474
(fer)	827

N° 6254. DE NANCY à LA ROCHELLE.

Paris	353k
La Rochelle	477
(fer)	830

N° 6255. DE NANCY à RODEZ.

Dijon	192k
Lyon	197
Rodez	338
	727

N° 6256. DE NANCY à ROUEN.

Paris	353k
Rouen	137
(fer)	490

N° 6257. DE NANCY à SAINT-BRIEUC.

Paris	353k
Rennes	373
Saint-Brieuc	100
	826

N° 6258. DE NANCY à ST-ÉTIENNE.

Dijon	192k
Lyon	197
Saint-Étienne	56
	445

N° 6259. DE NANCY à ST-GERMAIN.

Paris	353k
Saint-Germain	23
(fer)	376

N° 6260. DE NANCY à SAINT-LO.

Paris	353k
Saint-Lô	314
(fer)	667

N° 6261. DE NANCY à SAINT-OMER.

Paris	353k
Saint-Omer	330
(fer)	683

N° 6262. DE NANCY à SARREGUEMINES.

Sarreguemines	133k

N° 6263. DE NANCY à SAUMUR.

Paris	353k
Saumur	295
(fer)	648

N° 6264. DE NANCY à SCHELESTADT.

Schelestadt	(fer)	193k

N° 6265. DE NANCY à STRASBOURG.

Strasbourg	(fer)	150k

N° 6266. DE NANCY à TARBES.

Dijon	192k
Lyon	197
Tarbes	625
	1,014

N° 6267. DE NANCY à THIONVILLE.

Thionville	(fer)	85k

N° 6268. DE NANCY à TOULON.

Dijon	192k
Marseille	549
Toulon	60
	801

N° 6269. DE NANCY à TOULOUSE.

Dijon	192k
Lyon	197
Toulouse	577
	966

N° 6270. DE NANCY à TOURS.

Paris	353k
Tours	234
(fer)	587

N° 6271. DE NANCY à TROYES.

Troyes	(fer)	320k

N° 6272. DE NANCY à TULLE.

Tulle	613k

N° 6273. DE NANCY à VALENCE.

Dijon	192k
Valence	303
	495

N° 6274. DE NANCY à VALENCIENNES.

Châlons-sur-Marne	181k
Valenciennes	264
(fer)	445

N° 6275. DE NANCY à VANNES.

Paris	353k
Nantes	427
Vannes	108
	888

N° 6276. DE NANCY à VERDUN.

Verdun	98k

N° 6277. DE NANCY à VERNON.

Paris	353k
Vernon	80
(fer)	433

N° 6278. DE NANCY à VERSAILLES.

Paris	353k
Versailles	17
(fer)	370

N° 6279. DE NANCY à VESOUL.

Épinal	74k
Vesoul	76
	150

NANTES.

N° 6280. DE NANTES à NAPOLÉON-VENDÉE.

Napoléon-Vendée	71k

N° 6281. DE NANTES à NEVERS.

Nevers	488k

N° 6282. DE NANTES à NIMES.

Lyon	717k
Nimes	279
	996

N° 6283. DE NANTES à NIORT.

Niort	(fer)	374k

N° 6284. DE NANTES à ORLÉANS.

Orléans	(fer)	308k

N° 6285. DE NANTES à PARIS.

Paris	(fer)	427k

23

N° 6286. DE NANTES À PAU.

Bordeaux........ 539^k
Pau.......... 213
_____
752

N° 6287. DE NANTES À PÉRIGUEUX.

Périgueux....... 495^k

N° 6288. DE NANTES À PERPIGNAN.

Bordeaux ...... 539^k
Perpignan....... 470
_____
(fer) 1,009

N° 6289. DE NANTES À POITIERS.

Poitiers .... 296^k

N° 6290. DE NANTES À PRIVAS.

Lyon.......... 717^k
Privas.......... 144
_____
861

N° 6291. DE NANTES au PUY.

Clermont .... 634^k
Le Puy 134
_____
768

N° 6292. DE NANTES À QUIMPER.

Quimper........ 231^k

N° 6293. DE NANTES À RENNES.

Rennes .... 107^k

N° 6294. DE NANTES À ROCHEFORT.

Rochefort .... (fer) 438^k

N° 6295. DE NANTES À LA ROCHELLE.

La Rochelle .. (fer) 441

N° 6296. DE NANTES À RODEZ.

Rodez......... 702^k

N° 6297. DE NANTES À ROUEN.

Paris .... 427^k
Rouen.......... 137
_____
(fer) 564

N° 6298. DE NANTES À SAINT-BRIEUC.

Rennes .... 107^k
Saint-Brieuc 100
_____
207

N° 6299. DE NANTES À SAINT-ÉTIENNE.

Moulins......... 531^k
Saint-Étienne 190
_____
721

N° 6360. DE NANTES À SAINT-GERMAIN.

Paris .... 427^k
Saint-Germain 23
_____
(fer) 450

N° 6301. DE NANTES à SAINT-LO.

Saint-Lô........ 241^k

N° 6302. DE NANTES À SAINT-OMER.

Paris .... 427^k
Saint-Omer 330
_____
(fer) 757

N° 6303. DE NANTES à SARREGUEMINES.

Paris .... 427^k
Sarreguemines..... 469
_____
896

N° 6304. DE NANTES À SAUMUR.

Saumur ..... (fer) 132^k

N° 6305. DE NANTES À SCHELESTADT.

Paris......... 427^k
Schelestadt...... 546
_____
(fer) 973

N° 6306. DE NANTES À STRASBOURG.

Paris.......... 427^k
Strasbourg....... 502
_____
(fer) 929

N° 6307. DE NANTES À TARBES.

Bordeaux ...... 539^k
Tarbes......... 230
_____
769

N° 6308. DE NANTES À THIONVILLE.

Paris .... 427^k
Thionville 419
_____
(fer) 846

N° 6309. DE NANTES À TOULON.

Lyon .... 717^k
Marseille 352
Toulon 60
_____
1,129

N° 6310. DE NANTES À TOULOUSE.

Bordeaux ...... 539^k
Toulouse........ 257
_____
(fer) 796

N° 6311. DE NANTES À TOURS.

Tours ..... (fer) 195^k

N° 6312. DE NANTES À TROYES.

Paris .... 427^k
Troyes.......... 167
_____
(fer) 594

N° 6313. DE NANTES À TULLE.

Limoges........ 425^k
Tulle.......... 89
_____
514

N° 6314. DE NANTES À VALENCE.

Lyon.......... 717^k
Valence........ 106
_____
823

N° 6315. DE NANTES à VALENCIENNES.

Paris .... 427^k
Valenciennes 268
_____
(fer) 695

N° 6316. DE NANTES À VANNES.

Vannes .... 108^k

N° 6317. DE NANTES À VERDUN.

Paris .... 427^k
Verdun 253
_____
680

N° 6318. DE NANTES À VERNON.

Paris.......... 427^k
Vernon......... 80
_____
(fer) 507

N° 6319. DE NANTES À VERSAILLES.

Paris .'....... 427^k
Versailles 17
_____
(fer) 444

N° 6320. DE NANTES À VESOUL.

Paris.......... 427^k
Vesoul......... 381
_____
808

NAPOLÉON-VENDÉE.

N° 6321. DE NAPOLÉON-VENDÉE
À NEVERS.

Nevers .... 493^k

N° 6322. DE NAPOLÉON-VENDÉE à
NIMES.

Bordeaux	276^k
Nimes	554
	830

N° 6323. DE NAPOLÉON-VENDÉE à
NIORT.

Niort	87^k

N° 6324. DE NAPOLÉON-VENDÉE à
ORLÉANS.

Orléans	309^k

N° 6325. DE NAPOLÉON-VENDÉE à
PARIS.

Paris	433^k

N° 6326. DE NAPOLÉON-VENDÉE à
PAU.

Bordeaux	276^k
Pau	213
	489

N° 6327. DE NAPOLÉON-VENDÉE à
PÉRIGUEUX.

Niort	87^k
Périgueux	195
	282

N° 6328. DE NAPOLÉON-VENDÉE à
PERPIGNAN.

Bordeaux	276^k
Perpignan	470
	746

N° 6329. DE NAPOLÉON-VENDÉE à
POITIERS.

Poitiers	163^k

N° 6330. DE NAPOLÉON-VENDÉE à
PRIVAS.

Saumur	133^k
Lyon	596
Privas	144
	873

N° 6331. DE NAPOLÉON-VENDÉE au
PUY.

Saumur	133^k
Clermont	503
Le Puy	134
	770

N° 6332. DE NAPOLÉON-VENDÉE à
QUIMPER.

Nantes	71^k
Quimper	231
	302

N° 6333. DE NAPOLÉON-VENDÉE à
RENNES.

Nantes	71^k
Rennes	107
	178

N° 6334. DE NAPOLÉON-VENDÉE à
ROCHEFORT.

Rochefort	114^k

N° 6335. DE NAPOLÉON-VENDÉE à
LA ROCHELLE.

La Rochelle	83^k

N° 6336. DE NAPOLÉON-VENDÉE à
RODEZ.

Niort	87^k
Rodez	439
	526

N° 6337. DE NAPOLÉON-VENDÉE à
ROUEN.

Paris	433^k
Rouen	137
	570

N° 6338. DE NAPOLÉON-VENDÉE à
SAINT-BRIEUC.

Nantes	71^k
Saint-Brieuc	207
	278

N° 6339. DE NAPOLÉON-VENDÉE à
SAINT-ÉTIENNE.

Saumur	133^k
Moulins	410
Saint-Étienne	190
	733

N° 6340. DE NAPOLÉON-VENDÉE à
SAINT-GERMAIN.

Paris	433^k
Saint-Germain	23
	456

N° 6341. DE NAPOLÉON-VENDÉE à
SAINT-LO.

Saint-Lô	312^k

N° 6342. DE NAPOLÉON-VENDÉE à
SAINT-OMER.

Paris	433^k
Saint-Omer	330
	763

N° 6343. DE NAPOLÉON-VENDÉE à
SARREGUEMINES.

Paris	433^k
Sarreguemines	469
	902

N° 6344. DE NAPOLÉON-VENDÉE à
SAUMUR.

Saumur	133^k

N° 6345. DE NAPOLÉON-VENDÉE à
SCHELESTADT.

Paris	433^k
Schelestadt	546
	979

N° 6346. DE NAPOLÉON-VENDÉE à
STRASBOURG.

Paris	433^k
Strasbourg	502
	935

N° 6347. DE NAPOLÉON-VENDÉE à
TARBES.

Bordeaux	276^k
Tarbes	230
	506

N° 6348. DE NAPOLÉON-VENDÉE à
THIONVILLE.

Paris	433^k
Thionville	419
	852

N° 6349. DE NAPOLÉON-VENDÉE à
TOULON.

Bordeaux	276^k
Marseille	680
Toulon	60
	1,016

N° 6350. DE NAPOLÉON-VENDÉE à
TOULOUSE.

Bordeaux	276^k
Toulouse	257
	533

N° 6351. DE NAPOLÉON-VENDÉE à
TOURS.

Saumur	133^k
Tours	64
	197

N° 6352. DE NAPOLÉON-VENDÉE à
TROYES.

Paris 433ᵏ
Troyes. 167
————
600

N° 6353. DE NAPOLÉON-VENDÉE à
TULLE.

Niort 87ᵏ
Tulle 251
————
338

N° 6354. DE NAPOLÉON-VENDÉE à
VALENCE.

Saumur 133ᵏ
Lyon 596
Valence 106
————
835

N° 6355. DE NAPOLÉON-VENDÉE à
VALENCIENNES.

Paris 433ᵏ
Valenciennes 268
————
701

N° 6356. DE NAPOLÉON-VENDÉE à
VANNES.

Nantes 71ᵏ
Vannes 108
————
179

N° 6357. DE NAPOLÉON-VENDÉE à
VERDUN.

Paris 433ᵏ
Verdun 253
————
686

N° 6358. DE NAPOLÉON-VENDÉE à
VERNON.

Paris 433ᵏ
Vernon 80
————
513

N° 6359. DE NAPOLÉON-VENDÉE à
VERSAILLES.

Paris 433ᵏ
Versailles 17
————
450

N° 6360. DE NAPOLÉON-VENDÉE à
VESOUL.

Paris 433ᵏ
Vesoul. 381
————
814

NEVERS.

N° 6361. DE NEVERS à NIMES.

Lyon 239ᵏ
Nimes. 279
————
518

N° 6362. DE NEVERS à NIORT.

Niort . . . . . (fer) 472ᵏ

N° 6363. DE NEVERS à ORLÉANS.

Orléans . . . . (fer) 181ᵏ

N° 6364. DE NEVERS à PARIS.

Paris . . . . . (fer) 301ᵏ

N° 6365. DE NEVERS à PAU.

Bordeaux. 476ᵏ
Pau 213
————
689

N° 6366. DE NEVERS à PÉRIGUEUX.

Périgueux 383ᵏ

N° 6367. DE NEVERS à PERPIGNAN.

Lyon 239ᵏ
Perpignan 491
————
730

N° 6368. DE NEVERS à POITIERS.

Poitiers . . . . (fer) 394

N° 6369. DE NEVERS à PRIVAS.

Lyon 239ᵏ
Privas. 144
————
383

N° 6370. DE NEVERS au PUY.

Clermont 159ᵏ
Le Puy. 134
————
293

N° 6371. DE NEVERS à QUIMPER.

Nantes 488ᵏ
Quimper. 231
————
719

N° 6372. DE NEVERS à RENNES.

Angers 401ᵏ
Rennes 125
————
526

N° 6373. DE NEVERS à ROCHEFORT.

Rochefort . . . . (fer) 536ᵏ

N° 6374. DE NEVERS à LA ROCHELLE.

La Rochelle. . . (fer) 539ᵏ

N° 6375. DE NEVERS à RODEZ.

Clermont 159ᵏ
Rodez 225
————
384

N° 6376. DE NEVERS à ROUEN.

Paris 301ᵏ
Rouen. 137
————
(fer) 438

N° 6377. DE NEVERS à SAINT-BRIEUC.

Angers 401ᵏ
Rennes 125
Saint-Brieuc. 100
————
626

N° 6378. DE NEVERS à SAINT-
ÉTIENNE.

Saint-Étienne 243ᵏ

N° 6379. DE NEVERS à SAINT-
GERMAIN.

Paris 301ᵏ
Saint-Germain 23
————
(fer) 324

N° 6380. DE NEVERS à SAINT-LO.

Le Mans. 395ᵏ
Saint-Lô. 194
————
589

N° 6381. DE NEVERS à SAINT-OMER.

Paris 301ᵏ
Saint-Omer 330
————
(fer) 631

N° 6382. DE NEVERS à SARREGUE-
MINES.

Sarreguemines 514ᵏ

N° 6383. DE NEVERS à SAUMUR.

Saumur. 357ᵏ

N° 6384. DE NEVERS à SCHELESTADT.

Schelestadt 491ᵏ

N° 6385. DE NEVERS à STRASBOURG.

Strasbourg 536ᵏ

N° 6386. DE NEVERS à TARBES.

Bordeaux 476ᵏ
Tarbes. 230
————
706

N° 6387. DE NEVERS à THIONVILLE.

Thionville 472ᵏ

N° 6388. DE NEVERS à TOULON.

Lyon 239ᵏ
Marseille 352
Toulon 60
_____
651

N° 6389. DE NEVERS à TOULOUSE.

Toulouse 539ᵏ

N° 6390. DE NEVERS à TOURS.

Tours 206ᵏ

N° 6391. DE NEVERS à TROYES.

Troyes. 186ᵏ

N° 6392. DE NEVERS à TULLE.

Clermont 150ᵏ
Tulle 143
_____
302

N° 6393. DE NEVERS à VALENCE.

Lyon 239ᵏ
Valence 106
_____
345

N° 6394. DE NEVERS à VALENCIENNES

Paris 301ᵏ
Valenciennes 268
_____
(fer) 569

N° 6395. DE NEVERS à VANNES.

Nantes. 488ᵏ
Vannes 108
_____
596

N° 6396. DE NEVERS à VERDUN.

Verdun 346ᵏ

N° 6397. DE NEVERS à VERNON.

Paris 301ᵏ
Vernon 80
_____
(fer) 381

N° 6398. DE NEVERS à VERSAILLES.

Paris 301ᵏ
Versailles 17
_____
(fer) 318

N° 6399. DE NEVERS à VESOUL.

Vesoul. 296ᵏ

NIMES.

N° 6400. DE NIMES à NIORT.

Bordeaux. 554ᵏ
Niort 315
_____
(fer) 869

N° 6401. DE NIMES à ORLÉANS.

Lyon. 279ᵏ
Orléans 420
_____
(fer) 699

N° 6402. DE NIMES à PARIS.

Paris . . . . . (fer) 791ᵏ

N° 6403. DE NIMES à PAU.

Toulouse. 298ᵏ
Pau 190
_____
488

N° 6404. DE NIMES à PÉRIGUEUX.

Périgueux. 492ᵏ

N° 6405. DE NIMES à PERPIGNAN.

Perpignan. . . . (fer) 212ᵏ

N° 6406. DE NIMES à POITIERS.

Bordeaux. 554ᵏ
Poitiers 246
_____
(fer) 800

N° 6407. DE NIMES à PRIVAS.

Privas. 115ᵏ

N° 6408. DE NIMES au PUY.

Le Puy 178ᵏ

N° 6409. DE NIMES à QUIMPER.

Lyon. 279ᵏ
Nantes. 717
Quimper. 231
_____
1,227

N° 6410. DE NIMES à RENNES.

Lyon 279ᵏ
Le Mans. 636
Rennes 163
_____
1,078

N° 6411. DE NIMES à ROCHEFORT.

Bordeaux 554ᵏ
Rochefort 379
_____
(fer) 933

N° 6412. DE NIMES à LA ROCHELLE.

Bordeaux 554ᵏ
La Rochelle 382
_____
(fer) 936

N° 6413. DE NIMES à RODEZ.

Rodez 232ᵏ

N° 6414. DE NIMES à ROUEN.

Paris 791ᵏ
Rouen. 137
_____
(fer) 928

N° 6415. DE NIMES à SAINT-BRIEUC.

Lyon 279ᵏ
Le Mans. 636
Rennes 163
Saint-Brieuc. 100
_____
1,178

N° 6416. DE NIMES à SAINT-ÉTIENNE.

Valence. 174ᵏ
Saint-Étienne 97
_____
271

N° 6417. DE NIMES à SAINT-GERMAIN.

Paris 791ᵏ
Saint-Germain 23
_____
(fer) 814

N° 6418. DE NIMES à SAINT-LO.

Paris 791ᵏ
Saint-Lô. 314
_____
(fer) 1,105

N° 6419. DE NIMES à SAINT-OMER.

Paris 791ᵏ
Saint-Omer 330
_____
(fer) 1,121

N° 6420. DE NIMES à SARREGUEMINES.

Lyon 279ᵏ
Dijon. 197
Sarreguemines. . . . 325
_____
801

N° 6421. DE NIMES à SAUMUR.

Lyon. 279ᵏ
Saumur 596
_____
875

N° 6422. DE NIMES à SCHELESTADT.

Lyon 279ᵏ
Schelestadt 458
_____
737

N° 6423. DE NIMES à STRASBOURG.

Lyon	279ᵏ
Strasbourg	504
	783

N° 6424. DE NIMES à TARBES.

Toulouse	298ᵏ
Tarbes	151
	449

N° 6425. DE NIMES à THIONVILLE.

Lyon	279ᵏ
Dijon	197
Metz	249
Thionville	34
	759

N° 6426. DE NIMES à TOULON.

Marseille	127ᵏ
Toulon	60
	187

N° 6427. DE NIMES à TOULOUSE.

Toulouse	(fer) 298ᵏ

N° 6428. DE NIMES à TOURS.

Lyon	279ᵏ
Tours	532
	811

N° 6429. DE NIMES à TROYES.

Lyon	279ᵏ
Troyes	343
	622

N° 6430. DE NIMES à TULLE.

Mende	148ᵏ
Aurillac	160
Tulle	85
	393

N° 6431. DE NIMES à VALENCE.

Valence	(fer) 174ᵏ

N° 6432. DE NIMES à VALENCIENNES.

Paris	791ᵏ
Valenciennes	268
	(fer) 1,059

N° 6433. DE NIMES à VANNES.

Lyon	279ᵏ
Nantes	717
Vannes	108
	1.104

N° 6434. DE NIMES à VERDUN.

Lyon	279ᵏ
Verdun	436
	715

N° 6435. DE NIMES à VERNON.

Paris	791ᵏ
Vernon	80
	(fer) 871

N° 6436. DE NIMES à VERSAILLES.

Paris	791ᵏ
Versailles	17
	(fer) 808

N° 6437. DE NIMES à VESOUL.

Lyon	279ᵏ
Besançon	250
Vesoul	47
	576

NIORT.

N° 6438. DE NIORT à ORLÉANS.

Orléans	(fer) 291ᵏ

N° 6439. DE NIORT à PARIS.

Paris	(fer) 410ᵏ

N° 6440. DE NIORT à PAU.

Bordeaux	315ᵏ
Pau	213
	528

N° 6441. DE NIORT à PÉRIGUEUX.

Périgueux	340ᵏ

N° 6442. DE NIORT à PERPIGNAN.

Bordeaux	315ᵏ
Perpignan	470
	(fer) 785

N° 6443. DE NIORT à POITIERS.

Poitiers	(fer) 78ᵏ

N° 6444. DE NIORT à PRIVAS.

Lyon	565ᵏ
Privas	144
	709

N° 6445. DE NIORT au PUY.

Clermont	341ᵏ
Le Puy	134
	475

N° 6446. DE NIORT à QUIMPER.

Nantes	374ᵏ
Quimper	231
	605

N° 6447. DE NIORT à RENNES.

Le Mans	278ᵏ
Rennes	163
	(fer) 441

N° 6448. DE NIORT à ROCHEFORT.

Rochefort	(fer) 64ᵏ

N° 6449. DE NIORT à LA ROCHELLE.

La Rochelle	(fer) 67ᵏ

N° 6450. DE NIORT à RODEZ.

Rodez	439ᵏ

N° 6451. DE NIORT à ROUEN.

Paris	410ᵏ
Rouen	137
	(fer) 547

N° 6452. DE NIORT à SAINT-BRIEUC.

Le Mans	278ᵏ
Rennes	163
Saint-Brieuc	100
	541

N° 6453. DE NIORT à SAINT-ÉTIENNE.

Saint-Étienne	509ᵏ

N° 6454. DE NIORT à SAINT-GERMAIN.

Paris	410ᵏ
Saint-Germain	23
	(fer) 433

N° 6455. DE NIORT à SAINT-LO.

Le Mans	278ᵏ
Saint-Lô	194
	(fer) 472

N° 6456. DE NIORT à SAINT-OMER.

Paris	410ᵏ
Saint-Omer	330
	(fer) 740

N° 6457. DE NIORT à SARREGUEMINES.

Paris	410ᵏ
Sarreguemines	469
	879

N° 6458. DE NIORT à SAUMUR.

Saumur	(fer) 242ᵏ

N° 6459. DE NIORT à SCHELESTADT.

Paris	410ᵏ
Schelestadt	546
	(fer) 956

N° 6460. DE NIORT à STRASBOURG.

Paris	410ᵏ
Strasbourg	502
	(fer) 912

N° 6461. DE NIORT à TARBES.

Bordeaux	315ᵏ
Tarbes	230
	545

N° 6462. DE NIORT à THIONVILLE.

Paris	410ᵏ
Thionville	419
	(fer) 829

N° 6463. DE NIORT à TOULON.

Bordeaux	315ᵏ
Marseille	680
Toulon	60
	1,055

N° 6464. DE NIORT à TOULOUSE.

Bordeaux	315ᵏ
Toulouse	257
	(fer) 572

N° 6465. DE NIORT à TOURS.

Tours	(fer) 179ᵏ

N° 6466. DE NIORT à TROYES.

Paris	410ᵏ
Troyes	167
	(fer) 577

N° 6467. DE NIORT à TULLE.

Limoges	162ᵏ
Tulle	89
	251

N° 6468. DE NIORT à VALENCE.

Lyon	565ᵏ
Valence	106
	671

N° 6469. DE NIORT à VALENCIENNES.

Paris	410ᵏ
Valenciennes	268
	(fer) 678

N° 6470. DE NIORT à VANNES.

Nantes	374ᵏ
Vannes	108
	482

N° 6471. DE NIORT à VERDUN.

Paris	410ᵏ
Verdun	253
	663

N° 6472. DE NIORT à VERNON.

Paris	410ᵏ
Vernon	80
	(fer) 490

N° 6473. DE NIORT à VERSAILLES.

Paris	410ᵏ
Versailles	17
	(fer) 427

N° 6474. DE NIORT à VESOUL.

Paris	410ᵏ
Vesoul	381
	(fer) 791

ORLÉANS.

N° 6475. D'ORLÉANS à PARIS.

Paris	(fer) 121ᵏ

N° 6476. D'ORLÉANS à PAU.

Bordeaux	459ᵏ
Pau	213
	672

N° 6477. D'ORLÉANS à PÉRIGUEUX.

Limoges	269ᵏ
Périgueux	95
	364

N° 6478. D'ORLÉANS à PERPIGNAN.

Bordeaux	459ᵏ
Perpignan	470
	(fer) 929

N° 6479. D'ORLÉANS à POITIERS.

Poitiers	(fer) 216ᵏ

N° 6480. D'ORLÉANS à PRIVAS.

Lyon	420ᵏ
Privas	144
	564

N° 6481. D'ORLÉANS au PUY.

Clermont	326ᵏ
Le Puy	134
	460

N° 6482. D'ORLÉANS à QUIMPER.

Nantes	308ᵏ
Quimper	231
	539

N° 6483. D'ORLÉANS à RENNES.

Le Mans	214ᵏ
Rennes	163
	(fer) 377

N° 6484. D'ORLÉANS à ROCHEFORT.

Rochefort	(fer) 355ᵏ

N° 6485. D'ORLÉANS à LA ROCHELLE.

La Rochelle	(fer) 358ᵏ

N° 6486. D'ORLÉANS à RODEZ.

Clermont	326ᵏ
Rodez	225
	551

N° 6487. D'ORLÉANS à ROUEN.

Paris	121ᵏ
Rouen	137
	(fer) 258

N° 6488. D'ORLÉANS à SAINT-BRIEUC.

Le Mans	214ᵏ
Rennes	163
Saint-Brieuc	100
	(fer) 477

N° 6489. D'ORLÉANS à ST-ÉTIENNE.

Saint-Étienne	399ᵏ

N° 6490. D'ORLÉANS à SAINT-GERMAIN.

Paris	121ᵏ
Saint-Germain.	23
(fer)	144

N° 6491. D'ORLÉANS à SAINT-LO.

Paris. . . :	121ᵏ
Saint-Lô.	314
(fer)	435

N° 6492. D'ORLÉANS à SAINT-OMER.

Paris.	121ᵏ
Saint-Omer	330
(fer)	451

N° 6493. D'ORLÉANS à SARREGUEMINES

Paris.	121ᵏ
Sarreguemines	469
	590

N° 6494. D'ORLÉANS à SAUMUR.

Saumur. . . . .(fer)	176ᵏ

N° 6495. D'ORLÉANS à SCHELESTADT.

Paris	121ᵏ
Schelestadt	546
(fer)	667

N° 6496. D'ORLÉANS à STRASBOURG.

Paris.	121ᵏ
Strasbourg	502
(fer)	623

N° 6497. D'ORLÉANS à TARBES.

Bordeaux.	459ᵏ
Tarbes.	230
	689

N° 6498. D'ORLÉANS à THIONVILLE.

Paris.	121ᵏ
Thionville.	419
(fer)	540

N° 6499. D'ORLÉANS à TOULON.

Lyon.	420ᵏ
Marseille	352
Toulon.	60
	832

N° 6500. D'ORLÉANS à TOULOUSE.

Bordeaux.	459ᵏ
Toulouse.	257
(fer)	716

N° 6501. D'ORLÉANS à TOURS.

Tours. . . . . (fer)	115ᵏ

N° 6502. D'ORLÉANS à TROYES.

Paris.	121ᵏ
Troyes.	167
(fer)	288

N° 6503. D'ORLÉANS à TULLE.

Limoges.	281ᵏ
Tulle.	89
	370

N° 6504. D'ORLÉANS à VALENCE.

Lyon.	420ᵏ
Valence	106
	526

N° 6505. D'ORLÉANS à VALENCIENNES.

Paris	121ᵏ
Valenciennes	268
(fer)	389

N° 6506. D'ORLÉANS à VANNES.

Nantes.	308ᵏ
Vannes.	108
	416

N° 6507. D'ORLÉANS à VERDUN.

Paris.	121ᵏ
Verdun.	253
	374

N° 6508. D'ORLÉANS à VERNON.

Paris.	121ᵏ
Vernon.	80
(fer)	201

N° 6509. D'ORLÉANS à VERSAILLES.

Paris.	121ᵏ
Versailles.	17
(fer)	138

N° 6510. D'ORLÉANS à VESOUL.

Paris.	121ᵏ
Vesoul.	382
(fer)	502

PARIS.

N° 6511. DE PARIS à PAU.

Bordeaux.	578ᵏ
Pau.	213
	791

N° 6512. DE PARIS à PÉRIGUEUX.

Périgueux.	495ᵏ

N° 6513. DE PARIS à PERPIGNAN.

Perpignan . . . . .(fer)	1,002ᵏ

N° 6514. DE PARIS à POITIERS.

Poitiers. . . . . .(fer)	332ᵏ

N° 6515. DE PARIS à PRIVAS.

Lyon	512ᵏ
Privas.	144
	656

N° 6516. DE PARIS au PUY.

Clermont.	446ᵏ
Le Puy	134
	580

N° 6517. DE PARIS à QUIMPER.

Rennes.	373ᵏ
Quimper.	227
	600

N° 6518. DE PARIS à RENNES.

Rennes. . . . . . .(fer)	373ᵏ

N° 6519. DE PARIS à ROCHEFORT.

Rochefort. . . . . .(fer)	474ᵏ

N° 6520. DE PARIS à LA ROCHELLE.

La Rochelle. . . .(fer)	477ᵏ

N° 6521. DE PARIS à RODEZ.

Rodez.	671ᵏ

N° 6522. DE PARIS à ROUEN.

Rouen. . . . . . (fer)	137ᵏ

N° 6523. DE PARIS à SAINT-BRIEUC.

Rennes.	373ᵏ
Saint-Brieuc.	100
	473

N° 6524. DE PARIS à SAINT-ÉTIENNE.

Saint-Étienne. . . .(fer)	530ᵏ

N° 6525. DE PARIS À SAINT-GERMAIN.
Saint-Germain. . . (fer) 23ᵏ

N° 6526. DE PARIS À SAINT-LO.
Saint-Lô. . . . . .(fer) 314ᵏ

N° 6527. DE PARIS À SAINT-OMER.
Saint-Omer. . . . .(fer) 330ᵏ

N° 6528. DE PARIS À SARREGUEMINES.
Sarreguemines 469ᵏ

N° 6529. DE PARIS À SAUMUR.
Saumur . . . . .(fer) 295ᵏ

N° 6530. DE PARIS À SCHELESTADT.
Schelestadt . . . .(fer) 546ᵏ

N° 6531. DE PARIS À STRASBOURG.
Strasbourg . . . .(fer) 502ᵏ

N° 6532. DE PARIS À TARBES.
Bordeaux. 578ᵏ
Tarbes. 230
___
808

N° 6533. DE PARIS À THIONVILLE.
Thionville. . . . .(fer) 419ᵏ

N° 6534. DE PARIS À TOULON.
Marseille. 863ᵏ
Toulon. 60
___
923

N° 6535. DE PARIS À TOULOUSE.
Bordeaux. 578ᵏ
Toulouse 257
___
(fer) 835

N° 6536. DE PARIS À TOURS.
Tours . . . . . .(fer) 234ᵏ

N° 6537. DE PARIS À TROYES.
Troyes . . . . .(fer) 167ᵏ

N° 6538. DE PARIS À TULLE.
Limoges. 400ᵏ
Tulle-. 89
___
489

N° 6539. DE PARIS À VALENCE.
Valence . . . . .(fer) 618ᵏ

N° 6540. DE PARIS À VALENCIENNES.
Valenciennes. . . .(fer) 268ᵏ

N° 6541. DE PARIS À VANNES.
Rennes. 373ᵏ
Vannes. 103
___
476

N° 6542. DE PARIS À VERDUN.
Verdun. 253ᵏ

N° 6543. DE PARIS À VERNON.
Vernon. . . . . .(fer) 80ᵏ

N° 6544. DE PARIS À VERSAILLES.
Versailles . . . .(fer) 17ᵏ

N° 6545. DE PARIS À VESOUL.
Vesoul. . . . . .(fer) 381ᵏ

PAU.

N° 6546. DE PAU À PÉRIGUEUX.
Bordeaux. 213ᵏ
Périgueux. 130
___
343

N° 6547. DE PAU À PERPIGNAN.
Toulouse. 190ᵏ
Perpignan. 213
___
403

N° 6548. DE PAU À POITIERS.
Bordeaux. 213ᵏ
Poitiers. 246
___
459

N° 6549. DE PAU À PRIVAS.
Toulouse. 190ᵏ
Cette. 220
Privas. 192
___
602

N° 6550. DE PAU AU PUY.
Le Puy 528ᵏ

N° 6551. DE PAU À QUIMPER.
Bordeaux 213ᵏ
Nantes 539
Quimper. 231
___
983

N° 6552. DE PAU À RENNES.
Bordeaux 213ᵏ
Le Mans 446
Rennes 163
___
822

N° 6553. DE PAU À ROCHEFORT.
Bordeaux 213ᵏ
Rochefort 379
___
592

N° 6554. DE PAU À LA ROCHELLE.
Bordeaux 213ᵏ
La Rochelle 382
___
595

N° 6555. DE PAU À RODEZ.
Montauban. 194ᵏ
Rodez 130
___
324

N° 6556. DE PAU À ROUEN.
Bordeaux 213ᵏ
Paris 578
Rouen. 137
___
928

N° 6557. DE PAU À SAINT-BRIEUC.
Bordeaux 213ᵏ
Le Mans. 446
Rennes 163
Saint-Brieuc. 100
___
922

N° 6558. DE PAU À SAINT-ÉTIENNE.
Toulouse. 490ᵏ
Valence 471
Saint-Étienne. 97
___
758

N° 6559. DE PAU À SAINT-GERMAIN.
Bordeaux 213ᵏ
Paris 578
Saint-Germain. . . . 23
___
814

N° 6560. DE PAU À SAINT-LO.
Bordeaux 213ᵏ
Le Mans. 446
Saint-Lô. 194
___
853

N° **6561.** DE PAU A SAINT-OMER.

Bordeaux 213ᵏ
Paris 578
Saint-Omer 330

1,121

N° **6562.** DE PAU A SARREGUEMINES.

Bordeaux 213ᵏ
Paris 578
Sarreguemines 469

1,260

N° **6563.** DE PAU A SAUMUR.

Bordeaux 213ᵏ
Saumur 410

623

N° **6564.** DE PAU A SCHELESTADT.

Toulouse 190ᵏ
Lyon 577
Schelestadt 458

1,225

N° **6565.** DE PAU A STRASBOURG.

Toulouse 190ᵏ
Lyon 577
Strasbourg 504

1,271

N° **6566.** DE PAU A TARBES.

Tarbes 39ᵏ

N° **6567.** DE PAU A THIONVILLE.

Bordeaux 213ᵏ
Paris 578
Thionville 419

1,210

N° **6568.** DE PAU A TOULON.

Toulouse 190ᵏ
Marseille 425
Toulon 60

675

N° **6569.** DE PAU A TOULOUSE.

Toulouse 190ᵏ

N° **6570.** DE PAU A TOURS.

Bordeaux 213ᵏ
Tours 347

560

N° **6571.** DE PAU A TROYES.

Bordeaux 213ᵏ
Paris 578
Troyes 167

958

N° **6572.** DE PAU A TULLE.

Montauban 194ᵏ
Cahors 62
Tulle 133

389

N° **6573.** DE PAU A VALENCE.

Toulouse 190ᵏ
Valence 471

661

N° **6574.** DE PAU A VALENCIENNES.

Bordeaux 213ᵏ
Paris 578
Valenciennes 268

1,059

N° **6575.** DE PAU A VANNES.

Bordeaux 213ᵏ
Nantes 539
Vannes 108

860

N° **6576.** DE PAU A VERDUN.

Bordeaux 213ᵏ
Paris 578
Verdun 253

1,044

N° **6577.** DE PAU A VERNON.

Bordeaux 213ᵏ
Paris 578
Vernon 80

871

N° **6578.** DE PAU A VERSAILLES.

Bordeaux 213ᵏ
Paris 578
Versailles 17

868

N° **6579.** DE PAU A VESOUL.

Toulouse 190ᵏ
Lyon 577
Besançon 250
Vesoul 47

1,064

PÉRIGUEUX.

N° **6580.** DE PÉRIGUEUX A PERPIGNAN.

Agen 136ᵏ
Perpignan 334

470

N° **6581.** DE PÉRIGUEUX A POITIERS.

Poitiers . . . . (fer) 270ᵏ

N° **6582.** DE PÉRIGUEUX A PRIVAS.

Privas 482ᵏ

N° **6583** DE PÉRIGUEUX AU PUY.

Le Puy 374ᵏ

N° **6584.** DE PÉRIGUEUX A QUIMPER.

Nantes 495ᵏ
Quimper 231

726

N° **6585.** DE PÉRIGUEUX A RENNES.

Le Mans 399ᵏ
Rennes 163

562

N° **6586.** DE PÉRIGUEUX A ROCHEFORT.

Rochefort . . . . (fer) 332ᵏ

N° **6587.** DE PÉRIGUEUX A LA ROCHELLE.

La Rochelle . . . (fer) 329ᵏ

N° **6588.** DE PÉRIGUEUX A RODEZ.

Rodez 260ᵏ

N° **6589.** DE PÉRIGUEUX A ROUEN.

Paris 495ᵏ
Rouen 137

632

N° **6590.** DE PÉRIGUEUX A ST-BRIEUC.

Le Mans 399ᵏ
Rennes 163
Saint-Brieuc 100

662

N° **6591.** DE PÉRIGUEUX A ST-ÉTIENNE.

Saint-Étienne 413ᵏ

N° **6592.** DE PÉRIGUEUX A ST-GERMAIN.

Paris 495ᵏ
Saint-Germain 23

518

N° 6593. DE PÉRIGUEUX à SAINT-LO.

Le Mans	399ᵏ
Saint-Lô	194
	593

N° 6594. DE PÉRIGUEUX à ST-OMER.

Paris	495ᵏ
Saint-Omer	330
	825

N° 6595. DE PÉRIGUEUX à SARRE-GUEMINES.

Paris	495ᵏ
Sarreguemines	469
	964

N° 6596. DE PÉRIGUEUX à SAUMUR.

Saumur . . . . . . (fer)	435ᵏ

N° 6597. DE PÉRIGUEUX à SCHELE-STADT.

Lyon	429ᵏ
Schelestadt	458
	887

N° 6598. DE PÉRIGUEUX à STRAS-BOURG.

Lyon	429ᵏ
Strasbourg	504
	933

N° 6599. DE PÉRIGUEUX à TARBES.

Agen	136ᵏ
Tarbes	146
	282

N° 6600. DE PÉRIGUEUX à THIONVILLE.

Paris	495ᵏ
Thionville	419
	914

N° 6601. DE PÉRIGUEUX à TOULON.

Agen	136ᵏ
Marseille	545ᵏ
Toulon	60
	741

N° 6602. DE PÉRIGUEUX à TOULOUSE.

Agen	136ᵏ
Toulouse	121
	257

N° 6603. DE PÉRIGUEUX à TOURS.

Tours . . . . . . (fer)	371ᵏ

N° 6604. DE PÉRIGUEUX à TROYES.

Paris	495ᵏ
Troyes	167
	662

N° 6605. DE PÉRIGUEUX à TULLE.

Tulle	102ᵏ

N° 6606. DE PÉRIGUEUX à VALENCE.

Valence	490ᵏ

N° 6607. DE PÉRIGUEUX à VALEN-CIENNES.

Paris	495ᵏ
Valenciennes	268
	763

N° 6608. DE PÉRIGUEUX à VANNES.

Nantes	495ᵏ
Vannes	108
	603

N° 6609. DE PÉRIGUEUX à VERDUN.

Paris	495ᵏ
Verdun	253
	748

N° 6610. DE PÉRIGUEUX à VERNON.

Paris	495ᵏ
Vernon	80
	575

N° 6611. DE PÉRIGUEUX à VERSAILLES.

Paris	495ᵏ
Versailles	17
	512

N° 6612. DE PÉRIGUEUX à VESOUL.

Vesoul	607ᵏ

PERPIGNAN.

N° 6613. DE PERPIGNAN à POITIERS.

Bordeaux	470ᵏ
Poitiers	246
(fer)	716

N° 6614. DE PERPIGNAN à PRIVAS.

Cette	134ᵏ
Privas	192
	326

N° 6615. DE PERPIGNAN au PUY.

Cette	134ᵏ
Le Puy	233
	367

N° 6616. DE PERPIGNAN à QUIMPER.

Bordeaux	470ᵏ
Nantes	539
Quimper	231
	1,240

N° 6617. DE PERPIGNAN à RENNES.

Bordeaux	470ᵏ
Le Mans	446
Rennes	163
(fer)	1,079

N° 6618. DE PERPIGNAN à ROCHEFORT.

Bordeaux	470ᵏ
Rochefort	379
(fer)	849

N° 6619. DE PERPIGNAN à LA ROCHELLE.

Bordeaux	470ᵏ
La Rochelle	382
(fer)	852

N° 6620. DE PERPIGNAN à RODEZ.

Rodez	308ᵏ

N° 6621. DE PERPIGNAN à ROUEN.

Paris	1002ᵏ
Rouen	137
(fer)	1,139

N° 6622. DE PERPIGNAN à SAINT-BRIEUC.

Bordeaux	470ᵏ
Le Mans	446
Rennes	163
Saint-Brieuc	100
	1,179

N° 6623. DE PERPIGNAN à SAINT-ÉTIENNE.

Valence	385ᵏ
Saint-Étienne	97
	482

N° 6624. DE PERPIGNAN à SAINT-GERMAIN.

Paris	1002ᵏ
Saint-Germain	23
(fer)	1,025

N° **6625**. DE PERPIGNAN à SAINT-LO.

Bordeaux 470ᵏ
Le Mans. 446
Saint-Lô. 194

(fer) 1,110

N° **6626**. DE PERPIGNAN à SAINT-OMER.

Paris. 1002ᵏ
Saint-Omer 330

(fer) 1,332

N° **6627**. DE PERPIGNAN à SARRE-
GUEMINES.

Lyon 491ᵏ
Dijon 197
Sarreguemines. . . . 325

1,013

N° **6628**. DE PERPIGNAN à SAUMUR.

Bordeaux 470ᵏ
Saumur. 410

(fer) 880

N° **6629**. DE PERPIGNAN à SCHELE-
STADT.

Lyon 491ᵏ
Schelestadt. 458

949

N° **6630**. DE PERPIGNAN à STRASBOURG.

Lyon 491ᵏ
Strasbourg. 504

995

N° **6631**. DE PERPIGNAN à TARBES.

Toulouse. 213ᵏ
Tarbes. 151

364

N° **6632**. DE PERPIGNAN à THIONVILLE.

Lyon 491ᵏ
Dijon 197
Metz. 249
Thionville. 34

971

N° **6633**. DE PERPIGNAN à TOULON.

Marseille. 338ᵏ
Toulon. 60

398

N° **6634**. DE PERPIGNAN à TOULOUSE.

Toulouse . . . . (fer) 213ᵏ

N° **6635**. DE PERPIGNAN à TOURS.

Bordeaux 470ᵏ
Tours 347

(fer) 817

N° **6636**. DE PERPIGNAN à TROYES.

Lyon 491ᵏ
Troyes. 343

834

N° **6637**. DE PERPIGNAN à TULLE.

Toulouse 213ᵏ
Cahors. 111
Tulle 133

457

N° **6638**. DE PERPIGNAN à VALENCE.

Valence. . . . . (fer) 385ᵏ

N° **6639**. DE PERPIGNAN à VALEN-
CIENNES.

Paris. 1002ᵏ
Valenciennes 268

(fer) 1,270

N° **6640**. DE PERPIGNAN à VANNES.

Bordeaux 470ᵏ
Nantes. 539
Vannes 108

1,117

N° **6641**. DE PERPIGNAN à VERDUN.

Lyon 491ᵏ
Verdun 432

923

N° **6642**. DE PERPIGNAN à VERNON.

Paris. 1002ᵏ
Vernon 80

(fer) 1,082

N° **6643**. DE PERPIGNAN à VERSAILLES.

Paris 1002ᵏ
Versailles 17

(fer) 1,019

N° **6644**. DE PERPIGNAN à VESOUL.

Lyon 491ᵏ
Besançon 250
Vesoul 47

788

POITIERS.

N° **6645**. DE POITIERS à PRIVAS.

Lyon. 489ᵏ
Privas. 144

633

N° **6646**. DE POITIERS au PUY.

Clermont. 277ᵏ
Le Puy. 134

411

N° **6647**. DE POITIERS à QUIMPER.

Nantes. 296ᵏ
Quimper 231

527

N° **6648**. DE POITIERS à RENNES.

Le Mans. 200ᵏ
Rennes 163

(fer) 363

N° **6649**. DE POITIERS à ROCHEFORT.

Rochefort . . . . (fer) 142ᵏ

N° **6650**. DE POITIERS à LA ROCHELLE.

La Rochelle. . . (fer) 145ᵏ

N° **6651**. DE POITIERS à RODEZ.

Rodez. 406

N° **6652**. DE POITIERS à ROUEN.

Paris 332ᵏ
Rouen. 137

(fer) 469

N° **6653**. DE POITIERS à SAINT-BRIEUC.

Le Mans. 200ᵏ
Rennes 163
Saint-Brieuc. 100

463

N° **6654**. DE POITIERS à SAINT-
ÉTIENNE.

Moulins 303ᵏ
Saint-Étienne 190

493

N° **6655**. DE POITIERS à ST-GERMAIN.

Paris 332ᵏ
Saint-Germain. . . . 23

(fer) 355

N° **6656.** DE POITIERS à SAINT-LO.

Le Mans 200ᵏ
Saint-Lô 194

(fer) 394

N° **6657.** DE POITIERS à SAINT-OMER.

Paris 332ᵏ
Saint-Omer 330

(fer) 662

N° **6658.** DE POITIERS à SARREGUE-
MINES.

Paris 332ᵏ
Sarreguemines 469

801

N° **6659.** DE POITIERS à SAUMUR.

Saumur . . . . . (fer) 165ᵏ

N° **6660.** DE POITIERS à SCHELE-
STADT.

Paris 332ᵏ
Schelestadt 546

(fer) 878

N° **6661.** DE POITIERS à STRASBOURG.

Paris 332ᵏ
Strasbourg 502

(fer) 834

N° **6662.** DE POITIERS à TARBES.

Bordeaux 246ᵏ
Tarbes 230

476

N° **6663.** DE POITIERS à THIONVILLE.

Paris 332ᵏ
Thionville 419

(fer) 751

N° **6664.** DE POITIERS à TOULON.

Bordeaux 246ᵏ
Marseille 680
Toulon 60

986

N° **6665.** DE POITIERS à TOULOUSE.

Bordeaux 246ᵏ
Toulouse 257

(fer) 503

N° **6666.** DE POITIERS à TOURS.

Tours . . . . . . (fer) 101ᵏ

N° **6667.** DE POITIERS à TROYES.

Paris 332ᵏ
Troyes 167

(fer) 499

N° **6668.** DE POITIERS à TULLE.

Tulle 218ᵏ

N° **6669.** DE POITIERS à VALENCE.

Lyon 489ᵏ
Valence 106

595

N° **6670.** DE POITIERS à VALEN-
CIENNES.

Paris 332ᵏ
Valenciennes 268

(fer) 600

N° **6671.** DE POITIERS à VANNES.

Vannes 404ᵏ

N° **6672.** DE POITIERS à VERDUN.

Paris 332ᵏ
Verdun 253

585

N° **6673.** DE POITIERS à VERNON.

Paris 332ᵏ
Vernon 80

(fer) 412

N° **6674.** DE POITIERS à VERSAILLES.

Paris 332ᵏ
Versailles 17

(fer) 349

N° **6675.** DE POITIERS à VESOUL.

Vesoul 546ᵏ

PRIVAS.

N° **6676.** DE PRIVAS au PUY.

Le Puy 212ᵏ

N° **6677.** DE PRIVAS à QUIMPER.

Lyon 144ᵏ
Nantes 717
Quimper 231

1,092

N° **6678.** DE PRIVAS à RENNES.

Lyon 144ᵏ
Le Mans 636
Rennes 163

943

N° **6679.** DE PRIVAS à ROCHEFORT.

Lyon 144ᵏ
Rochefort 626

770

N° **6680.** DE PRIVAS à LA ROCHELLE.

Lyon 144ᵏ
La Rochelle 628

772

N° **6681.** DE PRIVAS à RODEZ.

Mende 135ᵏ
Rodez 115

250

N° **6682.** DE PRIVAS à ROUEN.

Lyon 144ᵏ
Paris 512
Rouen 137

793

N° **6683.** DE PRIVAS à SAINT-BRIEUC.

Lyon 144ᵏ
Le Mans 636
Rennes 163
Saint-Brieuc 100

1,043

N° **6684.** DE PRIVAS à SAINT-ÉTIENNE.

Valence 39ᵏ
Saint-Étienne 97

136

N° **6685.** DE PRIVAS à SAINT-GERMAIN.

Lyon 144ᵏ
Paris 512
Saint-Germain 23

679

N° **6686.** DE PRIVAS à SAINT-LO.

Lyon 144ᵏ
Paris 512
Saint-Lô 314

970

N° **6687.** DE PRIVAS à SAINT-OMER.

Lyon 144ᵏ
Paris 512
Saint-Omer 330

986

N° 6688. DE PRIVAS à SARREGUE-MINES.

Lyon	144ᵏ
Dijon	197
Sarreguemines	325
	666

N° 6689. DE PRIVAS à SAUMUR.

Lyon	144ᵏ
Saumur	593
	740

N° 6690. DE PRIVAS à SCHELESTADT.

Lyon	144ᵏ
Schelestadt	458
	602

N° 6691. DE PRIVAS à STRASBOURG.

Lyon	144ᵏ
Strasbourg	504
	648

N° 6692. DE PRIVAS à TARBES.

Cette	192ᵏ
Toulouse	220
Tarbes	151
	563

N° 6693. DE PRIVAS à THIONVILLE.

Lyon	144ᵏ
Dijon	197
Metz	249
Thionville	34
	624

N° 6694. DE PRIVAS à TOULON.

Avignon	109ᵏ
Marseille	121
Toulon	60
	290

N° 6695. DE PRIVAS à TOULOUSE.

Cette	192ᵏ
Toulouse	220
	412

N° 6696. DE PRIVAS à TOURS.

Lyon	144ᵏ
Tours	537
	781

N° 6697. DE PRIVAS à TROYES.

Lyon	144ᵏ
Troyes	343
	487

N° 6698. DE PRIVAS à TULLE.

Valence	39ᵏ
Montbrison	132
Clermont	113
Tulle	143
	427

N° 6699. DE PRIVAS à VALENCE.

Valence	39ᵏ

N° 6700. DE PRIVAS à VALENCIENNES.

Lyon	144ᵏ
Paris	512
Valenciennes	268
	924

N° 6701. DE PRIVAS à VANNES.

Lyon	144ᵏ
Nantes	717
Vannes	108
	969

N° 6702. DE PRIVAS à VERDUN.

Lyon	144ᵏ
Verdun	432
	576

N° 6703. DE PRIVAS à VERNON.

Lyon	144ᵏ
Paris	512
Vernon	80
	736

N° 6704. DE PRIVAS à VERSAILLES.

Lyon	144ᵏ
Paris	512
Versailles	17
	673

N° 6705. DE PRIVAS à VESOUL.

Lyon	144ᵏ
Besançon	250
Vesoul	47
	441

LE PUY.

N° 6706. DU PUY à QUIMPER.

Clermont	134ᵏ
Nantes	634
Quimper	231
	999

N° 6707. DU PUY à RENNES.

Clermont	134ᵏ
Le Mans	540
Rennes	163
	837

N° 6708. DU PUY à ROCHEFORT.

Clermont	134ᵏ
Rochefort	391
	525

N° 6709. DU PUY à LA ROCHELLE.

Clermont	134ᵏ
La Rochelle	407
	541

N° 6710. DU PUY à RODEZ.

Mende	89ᵏ
Rodez	115
	204

N° 6711. DU PUY à ROUEN.

Clermont	134ᵏ
Paris	446
Rouen	137
	717

N° 6712. DU PUY à SAINT-BRIEUC.

Clermont	134ᵏ
Le Mans	540
Rennes	163
Saint-Brieuc	100
	937

N° 6713. DU PUY à SAINT-ÉTIENNE.

Saint-Étienne	77ᵏ

N° 6714. DU PUY à SAINT-GERMAIN.

Clermont	134ᵏ
Paris	446
Saint-Germain	23
	603

N° 6715. DU PUY à SAINT-LO.

Clermont	134ᵏ
Le Mans	540
Saint-Lô	194
	868

N° 6716. DU PUY à SAINT-OMER.

Clermont	134ᵏ
Paris	446
Saint-Omer	330
	910

N° **6717.** DU PUY à SARREGUEMINES.

Lyon	134^k
Dijon	197
Sarreguemines	325
	656

N° **6718.** DU PUY à SAUMUR.

Clermont	134^k
Saumur	503
	637

N° **6719.** DU PUY à SCHELESTADT.

Lyon	134^k
Schelestadt	458
	592

N° **6720.** DU PUY à STRASBOURG.

Lyon	134^k
Strasbourg	504
	638

N° **6721.** DU PUY à TARBES.

Tarbes	401^k

N° **6722.** DU PUY à THIONVILLE.

Lyon	134^k
Dijon	197
Metz	249
Thionville	34
	614

N° **6723.** DU PUY à TOULON.

Avignon	206^k
Marseille	121
Toulon	60
	387

N° **6724.** DU PUY à TOULOUSE.

Toulouse	359^k

N° **6725.** DU PUY à TOURS.

Clermont	134^k
Tours	439
	573

N° **6726.** DU PUY à TROYES.

Lyon	134^k
Troyes	343
	477

N° **6727.** DU PUY à TULLE.

Tulle	272^k

N° **6728.** DU PUY à VALENCE.

Valence	173^k

N° **6729.** DU PUY à VALENCIENNES.

Clermont	134^k
Paris	446
Valenciennes	268
	848

N° **6730.** DU PUY à VANNES.

Clermont	134^k
Nantes	634
Vannes	108
	876

N° **6731.** DU PUY à VERDUN.

Lyon	134^k
Verdun	432
	566

N° **6732.** DU PUY à VERNON.

Clermont	134^k
Paris	446
Vernon	80
	660

N° **6733.** DU PUY à VERSAILLES.

Clermont	134^k
Paris	446
Versailles	17
	597

N° **6734.** DU PUY à VESOUL.

Lyon	134^k
Besançon	250
Vesoul	47
	431

QUIMPER.

N° **6735.** DE QUIMPER à RENNES.

Rennes	227^k

N° **6736.** DE QUIMPER à ROCHEFORT.

Nantes	231^k
Rochefort	438
	669

N° **6737.** DE QUIMPER à LA ROCHELLE

Nantes	231^k
La Rochelle	441
	672

N° **6738.** DE QUIMPER à RODEZ.

Nantes	231^k
Rodez	702
	933

N° **6739.** DE QUIMPER à ROUEN.

Rennes	227^k
Rouen	306
	533

N° **6740.** DE QUIMPER à SAINT-BRIEUC.

Saint-Brieuc	180^k

N° **6741.** DE QUIMPER à SAINT-ÉTIENNE.

Nantes	231^k
Moulins	531
Saint-Étienne	190
	952

N° **6742.** DE QUIMPER à SAINT-GERMAIN.

Rennes	227^k
Versailles	356
Saint-Germain	13
	596

N° **6743.** DE QUIMPER à SAINT-LO.

Rennes	227^k
Saint-Lô	134
	361

N° **6744.** DE QUIMPER à SAINT-OMER.

Rennes	227^k
Paris	373
Saint-Omer	330
	930

N° **6745.** DE QUIMPER à SARREGUE-MINES.

Rennes	227^k
Paris	373
Sarreguemines	469
	1,069

N° **6746.** DE QUIMPER à SAUMUR.

Nantes	231^k
Saumur	132
	363

N° **6747.** DE QUIMPER à SCHELESTADT

Rennes	227^k
Paris	373
Schelestadt	546
	1,146

N° 6748. DE QUIMPER à STRASBOURG.

Rennes.	227ᵏ
Paris.	373
Strasbourg	502
	1,102

N° 6749. DE QUIMPER à TARBES.

Nantes	231ᵏ
Bordeaux	539
Tarbes	230
	1,000

N° 6750. DE QUIMPER à THIONVILLE.

Rennes	227ᵏ
Paris	373
Thionville.	419
	1,019

N° 6751. DE QUIMPER à TOULON.

Nantes	231ᵏ
Lyon	717
Marseille	352
Toulon	60
	1,360

N° 6752. DE QUIMPER à TOULOUSE.

Nantes	231ᵏ
Bordeaux	539
Toulouse	257
	1,027

N° 6753. DE QUIMPER à TOURS.

Nantes	231ᵏ
Tours	195
	426

N° 6754. DE QUIMPER à TROYES.

Rennes	227ᵏ
Paris.	373
Troyes	167
	767

N° 6755. DE QUIMPER à TULLE.

Nantes	231ᵏ
Limoges.	425
Tulle	89
	745

N° 6756. DE QUIMPER à VALENCE.

Nantes	231ᵏ
Lyon	717
Valence	106
	1,054

N° 6757. DE QUIMPER à VALENCIENNES

Rennes	227ᵏ
Paris.	373
Valenciennes	268
	868

N° 6758. DE QUIMPER à VANNES.

Vannes	123ᵏ

N° 6759. DE QUIMPER à VERDUN.

Rennes	227ᵏ
Paris	373
Verdun	253
	853

N° 6760. DE QUIMPER à VERNON.

Rennes	227ᵏ
Vernon	329
	556

N° 6761. DE QUIMPER à VERSAILLES.

Rennes	227ᵏ
Versailles	356
	583

N° 6762. DE QUIMPER à VESOUL.

Rennes	227ᵏ
Paris	373
Vesoul.	381
	981

RENNES.

N° 6763. DE RENNES à ROCHEFORT.

Le Mans.	163ᵏ
Rochefort	342
(fer)	505

N° 6764. DE RENNES à LA ROCHELLE.

Le Mans.	163ᵏ
La Rochelle	345
(fer)	508

N° 6765. DE RENNES à RODEZ.

Rodez	739ᵏ

N° 6766. DE RENNES à ROUEN.

Rouen.	306ᵏ

N° 6767. DE RENNES à SAINT-BRIEUC.

Saint-Brieuc.	100ᵏ

N° 6768. DE RENNES à SAINT-ÉTIENNE.

Le Mans.	163ᵏ
Saint-Étienne	621
	784

N° 6769. DE RENNES à SAINT-GERMAIN

Versailles	356ᵏ
Saint-Germain.	13
(fer)	369

N° 6770. DE RENNES à SAINT-LO.

Saint-Lô	134ᵏ

N° 6771. DE RENNES à SAINT-OMER.

Paris.	373ᵏ
Saint-Omer	330
(fer)	703

N° 6772. DE RENNES à SARREGUE-MINES.

Paris	373ᵏ
Sarreguemines.	469
	842

N° 6773. DE RENNES à SAUMUR.

Saumur	169ᵏ

N° 6774. DE RENNES à SCHELESTADT.

Paris	373ᵏ
Schelestadt	546
(fer)	919

N° 6775. DE RENNES à STRASBOURG.

Paris	373ᵏ
Strasbourg	502
(fer)	875

N° 6776. DE RENNES à TARBES.

Le Mans.	163ᵏ
Bordeaux	446
Tarbes.	230
	839

N° 6777. DE RENNES à THIONVILLE.

Paris.	373ᵏ
Thionville.	419
(fer)	792

N° 6778. DE RENNES à TOULON.

Le Mans.	163ᵏ
Lyon	636
Marseille.	352
Toulon	60
	1,211

N° 6779. DE RENNES À TOULOUSE.

Le Mans	163^k
Bordeaux	446
Toulouse	257
(fer)	866

N° 6780. DE RENNES À TOURS.

Le Mans	163
Tours	99
(fer)	262

N° 6781. DE RENNES À TROYES.

Paris	373^k
Troyes	167
(fer)	540

N° 6782. DE RENNES À TULLE.

Le Mans	163^k
Limoges	494
Tulle	89
	746

N° 6783. DE RENNES À VALENCE.

Paris	373^k
Valence	618
(fer)	991

N° 6784. DE RENNES À VALENCIENNES.

Paris	373^k
Valenciennes	268
(fer)	641

N° 6785. DE RENNES À VANNES.

Vannes	103^k

N° 6786. DE RENNES À VERDUN.

Paris	373^k
Verdun	253
	626

N° 6787. DE RENNES À VERNON.

Vernon	312^k

N° 6788. DE RENNES À VERSAILLES.

Versailles . . . . (fer)	359^k

N° 6789. DE RENNES À VESOUL.

Paris	373^k
Vesoul	381
(fer)	754

ROCHEFORT.

N° 6790. DE ROCHEFORT À LA ROCHELLE.

La Rochelle . . . (fer)	35^k

N° 6791. DE ROCHEFORT À RODEZ.

Rodez	562^k

N° 6792. DE ROCHEFORT À ROUEN.

Paris	474^k
Rouen	137
(fer)	611

N° 6793. DE ROCHEFORT À SAINT-BRIEUC.

Le Mans	342^k
Rennes	163
Saint-Brieuc	100
	605

N° 6794. DE ROCHEFORT À SAINT-ÉTIENNE.

Saint-Étienne	559^k

N° 6795. DE ROCHEFORT À SAINT-GERMAIN.

Paris	474^k
Saint-Germain	23
(fer)	497

N° 6796. DE ROCHEFORT À SAINT-LO.

Le Mans	342^k
Saint-Lô	194
(fer)	536

N° 6797. DE ROCHEFORT À SAINT-OMER.

Paris	474^k
Saint-Omer	330
(fer)	804

N° 6798. DE ROCHEFORT À SARREGUE-MINES.

Paris	474^k
Sarreguemines	469
	943

N° 6799. DE ROCHEFORT À SAUMUR.

Saumur . . . . . (fer)	306^k

N° 6800. DE ROCHEFORT À SCHE-LESTADT.

Paris	474^k
Schelestadt	546
(fer)	1,020

N° 6801. DE ROCHEFORT À STRAS-BOURG.

Paris	474^k
Strasbourg	502
(fer)	976

N° 6802. DE ROCHEFORT À TARBES.

Bordeaux	379^k
Tarbes	230
	609

N° 6803. DE ROCHEFORT À THION-VILLE.

Paris	474^k
Thionville	419
(fer)	893

N° 6804. DE ROCHEFORT À TOULON.

Lyon	626^k
Marseille	352
Toulon	60
	1,038

N° 6805. DE ROCHEFORT À TOULOUSE.

Bordeaux	379^k
Toulouse	257
(fer)	636

N° 6806. DE ROCHEFORT À TOURS.

Tours . . . . . . (fer)	243^k

N° 6807. DE ROCHEFORT À TROYES.

Paris	474^k
Troyes	167
(fer)	641

N° 6808. DE ROCHEFORT À TULLE.

Périgueux	382^k
Tulle	102
	484

N° 6809. DE ROCHEFORT À VALENCE.

Lyon	626^k
Valence	106
	732

N° 6810. DE ROCHEFORT À VALEN-CIENNES.

Paris	474^k
Valenciennes	268
(fer)	742

N° 6811. DE ROCHEFORT À VANNES.

Nantes	428^k
Vannes	108
	536

N° 6812. DE ROCHEFORT à VERDUN.

Paris . . . . 474^k
Verdun 253
___
727

N° 6813. DE ROCHEFORT à VERNON.

Paris . . . . 474^k
Vernon 80
___
(fer) 554

N° 6814. DE ROCHEFORT à VERSAILLES.

Paris . . . . 474^k
Versailles 17
___
(fer) 491

N° 6815. DE ROCHEFORT à VESOUL.

Paris . . . . 474^k
Vesoul 381
___
(fer) 855

LA ROCHELLE.

N° 6816. DE LA ROCHELLE à RODEZ.

Rodez . . . . 595^k

N° 6817. DE LA ROCHELLE à ROUEN.

Paris . . . . 477^k
Rouen 137
___
(fer) 614

N° 6818. DE LA ROCHELLE à ST-BRIEUC.

Le Mans . . . . 345^k
Rennes 163
Saint-Brieuc 100
___
608

N° 6819. DE LA ROCHELLE à SAINT-ÉTIENNE.

Saint-Étienne . . . . . 575^k

N° 6820. DE LA ROCHELLE à SAINT-GERMAIN.

Paris . . . . 477^k
Saint-Germain 23
___
(fer) 500

N° 6821. DE LA ROCHELLE à SAINT-LO.

Le Mans . . . . 345^k
Saint-Lô 194
___
(fer) 539

N° 6822. DE LA ROCHELLE à SAINT-OMER.

Paris . . . . 477^k
Saint-Omer 330
___
(fer) 807

N° 6823. DE LA ROCHELLE à SARRE-GUEMINES.

Paris . . . . 477^k
Sarreguemines 469
___
946

N° 6824. DE LA ROCHELLE à SAUMUR.

Saumur . . . . . (fer) 309^k

N° 6825. DE LA ROCHELLE à SCHE-LESTADT.

Paris . . . . 477^k
Schelestadt 546
___
(fer) 1,023

N° 6826. DE LA ROCHELLE à STRAS-BOURG.

Paris . . . . 477^k
Strasbourg 502
___
(fer) 979

N° 6827. DE LA ROCHELLE à TARBES.

Bordeaux . . . . 382^k
Tarbes 230
___
612

N° 6828. DE LA ROCHELLE à THION-VILLE.

Paris . . . . 477^k
Thionville 419
___
(fer) 896

N° 6829. DE LA ROCHELLE à TOULON.

Lyon . . . . 628^k
Marseille 352
Toulon 60
___
1,040

N° 6830. DE LA ROCHELLE à TOULOUSE.

Bordeaux . . . . 382^k
Toulouse 257
___
(fer) 639

N° 6831. DE LA ROCHELLE à TOURS.

Tours . . . . . (fer) 246^k

N° 6832. DE LA ROCHELLE à TROYES.

Paris . . . . 477^k
Troyes 167
___
(fer) 644

N° 6833. DE LA ROCHELLE à TULLE.

Périgueux . . . . . . 329^k
Tulle . . . . 102^k
___
431

N° 6834. DE LA ROCHELLE à VALENCE.

Lyon . . . . 628^k
Valence 106
___
734

N° 6835. DE LA ROCHELLE à VALEN-CIENNES.

Paris . . . . 477^k
Valenciennes 268
___
(fer) 745

N° 6836. DE LA ROCHELLE à VANNES.

Nantes . . . . 441^k
Vannes 108
___
549

N° 6837. DE LA ROCHELLE à VERDUN.

Paris . . . . 477^k
Verdun 253
___
730

N° 6838. DE LA ROCHELLE à VERNON.

Paris . . . . 477^k
Vernon 80
___
(fer) 557

N° 6839. DE LA ROCHELLE à VER-SAILLES.

Paris . . . . 477^k
Versailles 17
___
(fer) 494

N° 6840. DE LA ROCHELLE à VESOUL.

Paris . . . . 477^k
Vesoul 381
___
(fer) 858

RODEZ.

N° 6841. DE RODEZ à ROUEN.

Paris . . . . 671^k
Rouen 137
___
808

N° 6842. DE RODEZ à SAINT-BRIEUC.

Saint-Brieuc . . . . . 839^k

N° 6843. DE RODEZ à SAINT-ÉTIENNE.

Le Puy . . . . 204^k
Saint-Étienne 77
___
281

N° 6844. DE RODEZ à SAINT-GERMAIN.

Paris. . . . . 671^k
Saint-Germain 23
___
694

N° 6845. DE RODEZ à SAINT-LO.

Le Mans . . . . 642^k
Saint-Lô 194
___
836

N° 6846. DE RODEZ à SAINT-OMER.

Paris . . . . 671^k
Saint-Omer 330
___
1,001

N° 6847. DE RODEZ à SARREGUEMINES

Clermont. . . . . 225^k
Sarreguemines 603
___
828

N° 6848. DE RODEZ à SAUMUR.

Angoulême . . . . . . 346^k
Saumur 277
___
623

N° 6849. DE RODEZ à SCHELESTADT.

Clermont . . . . 225^k
Schelestadt 545
___
770

N° 6850. DE RODEZ à STRASBOURG.

Clermont. . . . . 225^k
Strasbourg 590
___
815

N° 6851. DE RODEZ à TARBES.

Montauban . . . . . . 130^k
Tarbes. 157
___
287

N° 6852. DE RODEZ à THIONVILLE.

Clermont. . . . . 225^k
Thionville 553
___
778

N° 6853. DE RODEZ à TOULON.

Nîmes. . . . . 232^k
Marseille 127
Toulon 60
___
419

N° 6854. DE RODEZ à TOULOUSE.

Albi. . . . . 79^k
Toulouse. 76
___
155

N° 6855. DE RODEZ à TOURS.

Tours. . . . . 560^k

N° 6856. DE RODEZ à TROYES.

Clermont . . . . 225^k
Troyes. 334
___
559

N° 6857. DE RODEZ à TULLE.

Tulle. . . . . 188^k

N° 6858. DE RODEZ à VALENCE.

Valence. . . . . 289^k

N° 6859. DE RODEZ à VALENCIENNES.

Paris . . . . 671^k
Valenciennes. 268
___
939

N° 6860. DE RODEZ à VANNES.

Nantes. . . . . 702^k
Vannes. 108
___
810

N° 6861. DE RODEZ à VERDUN.

Clermont . . . . 225^k
Verdun 494
___
719

N° 6862. DE RODEZ à VERNON.

Paris . . . . 671^k
Vernon. 80
___
751

N° 6863. DE RODEZ à VERSAILLES.

Paris . . . . 671^k
Versailles 17
___
688

N° 6864. DE RODEZ à VESOUL.

Lyon . . . . 338^k
Besançon 250
Vesoul. 47
___
635

ROUEN.

N° 6865. DE ROUEN à SAINT-BRIEUC.

Saint-Brieuc . . . . . 379^k

N° 6866. DE ROUEN à SAINT-ÉTIENNE.

Paris . . . . 137^k
Saint-Étienne 530
___
(fer) 667

N° 6867. DE ROUEN à SAINT-GERMAIN.

Paris . . . . 137^k
Saint-Germain 23
___
(fer) 160

N° 6868. DE ROUEN à SAINT-LO.

Saint-Lô . . . . 196^k

N° 6869. DE ROUEN à SAINT-OMER.

Amiens . . . . 113^k
Saint-Omer 189
___
302

N° 6870. DE ROUEN à SARREGUE-MINES.

Paris. . . . . 137^k
Sarreguemines. 469
___
606

N° 6871. DE ROUEN à SAUMUR.

Paris. . . . . 137^k
Saumur. 295
___
(fer) 432

N° 6872. DE ROUEN à SCHELESTADT.

Paris . . . . 137^k
Schelestadt 546
___
(fer) 683

N° 6873. DE ROUEN à STRASBOURG.

Paris. . . . . 137^k
Strasbourg. 502
___
(fer) 639

N° 6874. DE ROUEN à TARBES.

Paris . . . . 137^k
Bordeaux 578
Tarbes. 230
___
945

N° 6875. DE ROUEN à THIONVILLE.

Paris. . . . . 137^k
Thionville. 419
___
(fer) 556

N° 6876. DE ROUEN à TOULON.

Paris	137^k
Marseille	863
Toulon	60
	1,060

N° 6877. DE ROUEN à TOULOUSE.

Paris	137^k
Bordeaux	578
Toulouse	257
(fer)	972

N° 6878. DE ROUEN à TOURS.

Paris	137^k
Tours	234
(fer)	371

N° 6879. DE ROUEN à TROYES.

Paris	137^k
Troyes	167
(fer)	304

N° 6880. DE ROUEN à TULLE.

Paris	137^k
Limoges	400
Tulle	89
	626

N° 6881. DE ROUEN à VALENCE.

Paris	137^k
Valence	618
(fer)	755

N° 6882. DE ROUEN à VALENCIENNES.

Amiens	113^k
Valenciennes	126
	239

N° 6883. DE ROUEN à VANNES.

Rennes	306^k
Vannes	103
	409

N° 6884. DE ROUEN à VERDUN.

Paris	137^k
Verdun	253
	390

N° 6885. DE ROUEN à VERNON.

Vernon	(fer) 60^k

N° 6886. DE ROUEN à VERSAILLES.

Paris	137^k
Versailles	17
	154

N° 6887. DE ROUEN à VESOUL.

Paris	137^k
Vesoul	381
(fer)	518

SAINT-BRIEUC.

N° 6888. DE SAINT-BRIEUC à SAINT-ÉTIENNE.

Rennes	100^k
Le Mans	163
Saint-Étienne	621
	848

N° 6889. DE SAINT-BRIEUC à SAINT-GERMAIN.

Rennes	100^k
Versailles	356
Saint-Germain	13
	469

N° 6890. DE SAINT-BRIEUC à SAINT-LO.

Saint-Lô	183^k

N° 6891. DE SAINT-BRIEUC à SAINT-OMER.

Rennes	100^k
Paris	373
Saint-Omer	330
	803

N° 6892. DE SAINT-BRIEUC à SARRE-GUEMINES.

Rennes	100^k
Paris	373
Sarreguemines	469
	942

N° 6893. DE SAINT-BRIEUC à SAUMUR.

Saumur	263^k

N° 6894. DE SAINT-BRIEUC à SCHE-LESTADT.

Rennes	100^k
Paris	373
Schelestadt	546
	1,019

N° 6895. DE SAINT-BRIEUC à STRAS-BOURG.

Rennes	100^k
Paris	373
Strasbourg	502
	975

N° 6896. DE SAINT-BRIEUC à TARBES.

Rennes	100^k
Le Mans	163
Bordeaux	446
Tarbes	230
	939

N° 6897. DE SAINT-BRIEUC à THION-VILLE.

Rennes	100^k
Paris	373
Thionville	419
	892

N° 6898. DE SAINT-BRIEUC à TOULON.

Rennes	100^k
Le Mans	163
Lyon	636
Marseille	352
Toulon	60
	1,311

N° 6899. DE SAINT-BRIEUC à TOULOUSE

Nantes	207^k
Bordeaux	539
Toulouse	257
	1,003

N° 6900. DE SAINT-BRIEUC à TOURS.

Rennes	100^k
Le Mans	163
Tours	99
	362

N° 6901. DE SAINT-BRIEUC à TROYES.

Rennes	100^k
Paris	373
Troyes	167
	630

N° 6902. DE SAINT-BRIEUC à TULLE.

Rennes	100^k
Le Mans	163
Limoges	494
Tulle	89
	846

N° 6903. DE SAINT-BRIEUC à VALENCE.

Rennes	100^k
Paris	373
Valence	618
	1,091

N° 6904. DE SAINT-BRIEUC à VALEN-
CIENNES.

Rennes	100^k
Paris	373
Valenciennes	268
	741

N° 6905. DE SAINT-BRIEUC à VANNES.

Vannes	113^k

N° 6906. DE SAINT-BRIEUC à VERDUN.

Rennes	100^k
Paris	373
Verdun	253
	726

N° 6907. DE SAINT-BRIEUC à VERNON.

Rennes	100^k
Vernon	302
	402

N° 6908. DE SAINT-BRIEUC à VER-
SAILLES.

Rennes	100^k
Versailles	356
	456

N° 6909. DE SAINT-BRIEUC à VESOUL.

Rennes	100^k
Paris	373
Vesoul	381
	854

SAINT-ÉTIENNE.

N° 6910. DE SAINT-ÉTIENNE à SAINT-
GERMAIN.

Paris	530^k
Saint-Germain	23
(fer)	553

N° 6911. DE SAINT-ÉTIENNE à ST-LO.

Paris	530^k
Saint-Lô	314
(fer)	844

N° 6912. DE SAINT-ÉTIENNE à SAINT-
OMER.

Paris	530^k
Saint-Omer	330
(fer)	860

N° 6913. DE SAINT-ÉTIENNE à SARRE-
GUEMINES.

Lyon	56^k
Dijon	197
Sarreguemines	325
	578

N° 6914. DE SAINT-ÉTIENNE à SAUMUR.

Moulins	190^k
Saumur	410
	600

N° 6915. DE SAINT-ÉTIENNE à SCHE-
LESTADT.

Lyon	56^k
Schelestadt	458
	514

N° 6916. DE SAINT-ÉTIENNE à STRAS-
BOURG.

Lyon	56^k
Strasbourg	504
	560

N° 6917. DE SAINT-ÉTIENNE à TARBES.

Valence	97^k
Toulouse	471
Tarbes	151
	719

N° 6918. DE SAINT-ÉTIENNE à THION-
VILLE.

Lyon	56^k
Dijon	197
Metz	219
Thionville	34
	536

N° 6919. DE SAINT-ÉTIENNE à TOULON.

Valence	97^k
Marseille	246
Toulon	60
	403

N° 6920. DE SAINT-ÉTIENNE à TOU-
LOUSE.

Le Puy	97^k
Toulouse	471
	568

N° 6921. DE SAINT-ÉTIENNE à TOURS.

Moulins	190^k
Tours	346
(fer)	536

N° 6922. DE SAINT-ÉTIENNE à TROYES.

Lyon	56^k
Troyes	343
	399

N° 9023. DE SAINT-ÉTIENNE à TULLE.

Clermont	168^k
Tulle	143
	311

N° 6924. DE SAINT-ÉTIENNE à VALENCE

Valence	97^k

N° 6925. DE SAINT-ÉTIENNE à VALEN-
CIENNES.

Paris	530^k
Valenciennes	2 8
(fer)	798

N° 6926. DE SAINT-ÉTIENNE à VANNES.

Paris	190^k
Nantes	531
Vannes	108
	829

N° 6927. DE SAINT-ÉTIENNE à VERDUN.

Lyon	56^k
Verdun	432
	488

N° 6928. DE SAINT-ÉTIENNE à VERNON.

Paris	530^k
Vernon	80
(fer)	610

N° 6929. DE SAINT-ÉTIENNE à VER-
SAILLES.

Paris	530^k
Versailles	17
(fer)	547

N° 6930. DE SAINT-ÉTIENNE à VESOUL.

Lyon	56^k
Besançon	250
Vesoul	47
	353

SAINT-GERMAIN.

N° 6931. DE SAINT-GERMAIN à ST-LO.

Évreux	23^k
Saint-Lô	314
	337

N° 6932. DE ST-GERMAIN à ST-OMER.

Paris 23ᵏ
Saint-Omer 330

(fer) 353

N° 6933. DE SAINT-GERMAIN à SARRE-
GUEMINES.

Paris 23ᵏ
Sarreguemines 469

492

N° 6934. DE ST-GERMAIN à SAUMUR.

Paris 23ᵏ
Saumur 295

(fer) 318

N° 6935. DE SAINT-GERMAIN à SCHE-
LESTADT.

Paris 23ᵏ
Schelestadt 546

(fer) 569

N° 6936. DE SAINT-GERMAIN à STRAS-
BOURG.

Paris 23ᵏ
Strasbourg 502

(fer) 525

N° 6937. DE ST-GERMAIN à TARBES.

Paris 23ᵏ
Bordeaux 578
Tarbes 230

831

N° 6938. DE SAINT-GERMAIN à THION-
VILLE.

Paris 23ᵏ
Thionville 419

(fer) 442

N° 6939. DE ST-GERMAIN à TOULON.

Paris 23ᵏ
Marseille 863
Toulon 60

946

N° 6940. DE SAINT-GERMAIN à TOU-
LOUSE.

Paris 23ᵏ
Bordeaux 578
Toulouse 257

(fer) 858

N° 6941. DE ST-GERMAIN à TOURS.

Paris 23ᵏ
Tours 234

(fer) 257

N° 6942. DE ST-GERMAIN à TROYES.

Paris 23ᵏ
Troyes 167

(fer) 190

N° 9643. DE ST-GERMAIN à TULLE.

Paris 23ᵏ
Limoges 400
Tulle 89

512

N° 6944. DE ST-GERMAIN à VALENCE.

Paris 23ᵏ
Valence 618

(fer) 641

N° 6945. DE SAINT-GERMAIN à VALEN-
CIENNES.

Paris 23ᵏ
Valenciennes 268

(fer) 291

N° 6946. DE ST-GERMAIN à VANNES.

Versailles 13ᵏ
Rennes 356
Vannes 103

472

N° 6947. DE ST-GERMAIN à VERDUN.

Paris 23ᵏ
Verdun 253

276

N° 6948. DE ST-GERMAIN à VERNON.

Vernon 75ᵏ

N° 6949. DE ST-GERMAIN à VER-
SAILLES.

Versailles 13ᵏ

N° 6950. DE ST-GERMAIN à VESOUL.

Paris 23ᵏ
Vesoul 381

(fer) 404

SAINT-LO.

N° 6951. DE SAINT-LO à SAINT-OMER.

Paris 314ᵏ
Saint-Omer 330

(fer) 644

N° 6952. DE SAINT-LO à SARREGUE-
MINES.

Paris 314ᵏ
Sarreguemines 469

783

N° 6953. DE SAINT-LO à SAUMUR.

Le Mans 194ᵏ
Saumur 143

(fer) 337

N° 6954. DE SAINT-LO à SCHELESTADT.

Paris 314ᵏ
Schelestadt 546

(fer) 860

N° 6955. DE SAINT-LO à STRASBOURG.

Paris 314ᵏ
Strasbourg 502

(fer) 816

N° 6956. DE SAINT-LO à TARBES.

Le Mans 194ᵏ
Bordeaux 446
Tarbes 230

870

N° 6957. DE SAINT-LO à THIONVILLE.

Paris 314ᵏ
Thionville 419

(fer) 733

N° 6958. DE SAINT-LO à TOULON.

Paris 314ᵏ
Marseille 863
Toulon 60

1,237

N° 6959. DE SAINT-LO à TOULOUSE.

Le Mans 194ᵏ
Bordeaux 446
Toulouse 527

(fer) 897

N° 6960. DE SAINT-LO à TOURS.

Tours . . . . . . (fer) 293ᵏ

N° 6961. DE SAINT-LO à TROYES.

Paris . . . . 314^k
Troyes. 167

(fer) 481

N° 6962. DE SAINT-LO à TULLE.

Le Mans. . . . . 194^k
Limoges. 494
Tulle. 89

777

N° 6963. DE SAINT-LO à VALENCE.

Paris. . . . . 314^k
Valence 618

(fer) 932

N° 6964. DE SAINT-LO à VALENCIENNES.

Paris . . . . 314^k
Valenciennes. 268

(fer) 582

N° 6965. DE SAINT-LO à VANNES.

Rennes . . . . 134^k
Vannes. 103

237

N° 6966. DE SAINT-LO à VERDUN.

Paris . . . . 314^k
Verdun. 253

567

N° 6967. DE SAINT-LO à VERNON.

Vernon. . . . . 222^k

N° 6968. DE SAINT-LO à VERSAILLES.

Versailles. . . . . (fer) 284^k

N° 6969. DE SAINT-LO à VESOUL.

Paris. . . . . 314^k
Vesoul. 381

(fer) 695

SAINT-OMER.

N° 6970. DE SAINT-OMER à SARRE-
GUEMINES.

Châlons-sur-Marne. . . 353^k
Sarreguemines. 297

650

N° 6971. DE SAINT-OMER à SAUMUR.

Paris . . . . 330^k
Saumur 295

(fer) 625

N° 6972. DE SAINT-OMER à SCHE-
LESTADT.

Châlons-sur-Marne. . . 353^k
Schelestadt 373

(fer) 726

N° 6973. DE SAINT-OMER à STRAS-
BOURG.

Châlons-sur-Marne. . . 353^k
Strasbourg. 330

(fer) 683

N° 6974. DE SAINT-OMER à TARBES.

Paris. . . . . 330^k
Bordeaux 578
Tarbes. 230

1,138

N° 6975. DE SAINT-OMER à THION-
VILLE.

Châlons-sur-Marne. . . 353^k
Thionville. 246

(fer) 599

N° 6976. DE SAINT-OMER à TOULON.

Paris . . . . 330^k
Marseille. 863
Toulon. 60

1,253

N° 6977. DE SAINT-OMER à TOULOUSE.

Paris. . . . . 330^k
Bordeaux 578
Toulouse 257

(fer) 1,165

N° 6978. DE SAINT-OMER à TOURS.

Paris . . . . 330^k
Tours 234

(fer) 564

N° 6979. DE SAINT-OMER à TROYES.

Paris . . . . 330^k
Troyes. 167

(fer) 497

N° 6980. DE SAINT-OMER à TULLE.

Paris . . . . 330^k
Limoges. 400
Tulle 89

819

N° 6981. DE SAINT-OMER à VALENCE.

Paris . . . . 330^k
Valence 618

(fer) 948

N° 6982. DE SAINT-OMER à VALEN-
CIENNES.

Valenciennes . . . (fer) 131^k

N° 6983. DE SAINT-OMER à VANNES.

Paris . . . . 330^k
Rennes. 373
Vannes 103

806

N° 6984. DE SAINT-OMER à VERDUN.

Châlons-sur-Marne. . . 353^k
Verdun. 81

434

N° 6985. DE SAINT-OMER à VERNON.

Paris. . . . . 330^k
Vernon. 80

(fer) 410

N° 6986. DE SAINT-OMER à VERSAILLES.

Paris. . . . . 330^k
Versailles 17

(fer) 347

N° 6987. DE SAINT-OMER à VESOUL.

Châlons-sur-Marne. . . 353^k
Vesoul. 247

(fer) 600

SARREGUEMINES.

N° 6988. DE SARREGUEMINES à
SAUMUR.

Paris . . . . 469^k
Saumur. 295

764

N° 6989. DE SARREGUEMINES à SCHE-
LESTADT.

Schelestadt . . . . . . 149^k

N° 6990. DE SARREGUEMINES à STRAS-
BOURG.

Strasbourg . . . . . . 104^k

N° 6991. DE SARREGUEMINES à TARBES.

Dijon	325^k
Lyon	197
Tarbes	625
	1,147

N° 6992 DE SARREGUEMINES à THION-VILLE.

Thionville	102^k

N° 6993. DE SARREGUEMINES à TOULON.

Dijon	325^k
Lyon	197
Marseille	352
Toulon	60
	934

N° 6994. DE SARREGUEMINES à TOULOUSE.

Dijon	325^k
Lyon	197
Toulouse	557
	1,079

N° 6995. DE SARREGUEMINES à TOURS.

Paris	469^k
Tours	234
	703

N° 6996. DE SARREGUEMINES à TROYES.

Metz	76^k
Troyes	359
	435

N° 6997. DE SARREGUEMINES à TULLE.

Clermont	603^k
Tulle	143
	746

N° 6998. DE SARREGUEMINES à VALENCE.

Dijon	325^k
Valence	303
	628

N° 6999. DE SARREGUEMINES à VALEN-CIENNES.

Valenciennes	370^k

N° 7000. DE SARREGUEMINES à VANNES.

Paris	469^k
Rennes	378
Vannes	103
	945

N° 7001. DE SARREGUEMINES à VERDUN.

Verdun	141^k

N° 7002. DE SARREGUEMINES à VERNON.

Paris	469^k
Vernon	80
	549

N° 7003. DE SARREGUEMINES à VERSAILLES.

Paris	469^k
Versailles	17
	486

N° 7004. DE SARREGUEMINES à VESOUL.

Nancy	133^k
Vesoul	150
	283

SAUMUR.

N° 7005. DE SAUMUR à SCHELESTADT.

Paris	295^k
Schelestadt	546
(fer)	841

N° 7006. DE SAUMUR à STRASBOURG.

Paris	295^k
Strasbourg	508
(fer)	797

N° 7007. DE SAUMUR à TARBES.

Bordeaux	410^k
Tarbes	236
(fer)	646

N° 7008. DE SAUMUR à THIONVILLE.

Paris	295^k
Thionville	419
(fer)	714

N° 7009. DE SAUMUR à TOULON.

Lyon	596^k
Marseille	352
Toulon	60
	1,008

N° 7010. DE SAUMUR à TOULOUSE.

Bordeaux	410^k
Toulouse	257
(fer)	667

N° 7011. DE SAUMUR à TOURS.

Tours	(fer) 64^k

N° 7012. DE SAUMUR à TROYES.

Paris	295^k
Troyes	167
(fer)	462

N° 7013. DE SAUMUR à TULLE.

Limoges	457^k
Tulle	89
	546

N° 7014. DE SAUMUR à VALENCE.

Lyon	596^k
Valence	106
	701

N° 7015. DE SAUMUR à VALENCIENNES.

Paris	295
Valenciennes	268
(fer)	563

N° 7016. DE SAUMUR à VANNES.

Nantes	132^k
Vannes	108
	240

N° 7017. DE SAUMUR à VERDUN.

Paris	295^k
Verdun	253
	548

N° 7018. DE SAUMUR à VERNON.

Paris	295^k
Vernon	80
(fer)	375

N° 7019. DE SAUMUR à VERSAILLES.

Paris	295^k
Versailles	17
(fer)	312

N° 7720. DE SAUMUR à VESOUL.

Paris	295^k
Vesoul	381
(fer)	676

SCHELESTADT.

N° 7021. DE SCHELESTADT à STRAS-BOURG.

Strasbourg	(fer) 46^k

N° 7022. DE SCHELESTADT à TARBES.

Lyon 458ᵏ
Tarbes 625

1,083

N° 7023. DE SCHELESTADT à THION-
VILLE.

Thionville . . . . (fer) 277ᵏ

N° 7024. DE SCHELESTADT à TOULON.

Lyon 458ᵏ
Marseille 352
Toulon 60

870

N° 7025. DE SCHELESTADT à TOU-
LOUSE.

Lyon 458ᵏ
Toulouse 577

(fer) 1,035

N° 7026. DE SCHELESTADT à TOURS.

Paris 546ᵏ
Tours 234

(fer) 780

N° 7027. DE SCHELESTADT à TROYES.

Troyes . . . . . (fer) 438ᵏ

N° 7028. DE SCHELESTADT à TULLE.

Clermont 515ᵏ
Tulle 143

688

N° 7029. DE SCHELESTADT à VALENCE

Lyon 458ᵏ
Valence 106

(fer) 564

N° 7030. DE SCHELESTADT à VALEN-
CIENNES.

Paris 546ᵏ
Valenciennes 268

(fer) 814

N° 7031. DE SCHELESTADT à VANNES.

Paris 546ᵏ
Rennes 373
Vannes 103

1,022

N° 7032. DE SCHELESTADT à VERDUN.

Verdun 283ᵏ

N° 7033. DE SCHELESTADT à VERNON.

Paris 546ᵏ
Vernon 80

(fer) 626

N° 7034. DE SCHELESTADT à VER-
SAILLES.

Paris 546ᵏ
Versailles 17

(fer) 563

N° 7035. DE SCHELESTADT à VESOUL.

Vesoul . . . . . (fer) 176ᵏ

STRASBOURG.

N° 7036. DE STRASBOURG à TARBES.

Lyon 504ᵏ
Tarbes 625

1,129

N° 7037. DE STRASBOURG à THION-
VILLE.

Thionville . . . . (fer) 234ᵏ

N° 7038. DE STRASBOURG à TOULON.

Lyon 504ᵏ
Marseille 352
Toulon 60

916

N° 7039. DE STRASBOURG à TOU-
LOUSE.

Lyon 504ᵏ
Toulouse 577

1,081

N° 7040. DE STRASBOURG à TOURS.

Paris 502ᵏ
Tours 234

(fer) 736

N° 7041. DE STRASBOURG à TROYES.

Troyes 349ᵏ

N° 7042. DE STRASBOURG à TULLE.

Clermont 590ᵏ
Tulle 143

733

N° 7043. DE STRASBOURG à VALENCE.

Lyon 504ᵏ
Valence 106

610

N° 7044. DE STRASBOURG à VALEN-
CIENNES.

Châlons-sur-Marne . . . 330ᵏ
Valenciennes 264

(fer) 594

N° 7045. DE STRASBOURG à VANNES.

Paris 502ᵏ
Rennes 373
Vannes 103

978

N° 7046. DE STRASBOURG à VERDUN.

Verdun 245ᵏ

N° 7047. DE STRASBOURG à VERNON.

Paris 502ᵏ
Vernon 80

(fer) 582

N° 7048. DE STRASBOURG à VER-
SAILLES.

Paris 502ᵏ
Versailles 17

(fer) 519

N° 7049. DE STRASBOURG à VESOUL.

Vesoul . . . . . (fer) 221ᵏ

TARBES.

N° 7050. DE TARBES à THIONVILLE.

Lyon 625ᵏ
Dijon 197
Metz 249
Thionville 34

1,105

N° 7051. DE TARBES à TOULON.

Toulouse 151ᵏ
Marseille 424
Toulon 60

635

N° 7052. DE TARBES à TOULOUSE.

Toulouse 151ᵏ

N° 7053. DE TARBES à TOURS.

Bordeaux 230ᵏ
Tours 347

577

N° 7054. DE TARBES à TROYES.

Troyes 814ᵏ

N° **7055.** DE TARBES à TULLE.

Cahors 217ᵏ
Tulle 133
_____
350

N° **7056.** DE TARBES à VALENCE.

Toulouse. 151ᵏ
Valence 471
_____
622

N° **7057.** DE TARBES à VALENCIENNES

Bordeaux 230ᵏ
Paris. 578
Valenciennes. 268
_____
1,126

N° **7058.** DE TARBES à VANNES.

Bordeaux 230ᵏ
Nantes 539
Vannes. 108
_____
877

N° **7059.** DE TARBES à VERDUN.

Bordeaux 230ᵏ
Paris. 578
Verdun 253
_____
1,061

N° **7060.** DE TARBES à VERNON.

Bordeaux 230ᵏ
Paris. 578
Vernon. 80
_____
888

N° **7061.** DE TARBES à VERSAILLES.

Bordeaux. 230ᵏ
Paris. 578
Versailles 17
_____
825

N° **7062.** DE TARBES à VESOUL.

Lyon 625ᵏ
Besançon 250
Vesoul. 47
_____
922

THIONVILLE.

N° **7063.** DE THIONVILLE à TOULON.

Metz. 34ᵏ
Dijon 249
Lyon. 197
Marseille 352
Toulon 60
_____
892

N° **7064.** DE THIONVILLE à TOULOUSE

Metz. 34ᵏ
Dijon 249
Lyon 197
Toulouse 577
_____
1,057

N° **7065.** DE THIONVILLE à TOURS.

Paris. 419ᵏ
Tours 234
_____
(fer) 653

N° **7066.** DE THIONVILLE à TROYES.

Troyes. 320ᵏ

N° **7067.** DE THIONVILLE à TULLE.

Clermont. 553ᵏ
Tulle. 143
_____
696

N° **7068.** DE THIONVILLE à VALENCE.

Metz. 34ᵏ
Dijon. 249
Lyon 197
Valence 106
_____
586

N° **7069.** DE THIONVILLE à VALEN-
CIENNES.

Metz. 34ᵏ
Mézières. 153
Valenciennes. 141
_____
328

N° **7070.** DE THIONVILLE à VANNES.

Paris 419ᵏ
Rennes. 373
Vannes 103
_____
895

N° **7071.** DE THIONVILLE à VERDUN.

Verdun. 91ᵏ

N° **7072.** DE THIONVILLE à VERNON.

Paris. 419ᵏ
Vernon. 80
_____
(fer) 499

N° **7073.** DE THIONVILLE à VER-
SAILLES.

Paris. 419ᵏ
Versailles 17
_____
(fer) 436

N° **7074.** DE VERSAILLES à VESOUL.

Vesoul 235ᵏ

TOULON.

N° **7075.** DE TOULON à TOULOUSE.

Marseille. 60ᵏ
Toulouse. 424
_____
484

N° **7076.** DE TOULON à TOURS.

Marseille. 60ᵏ
Lyon. 352
Tours 537
_____
949

N° **7077.** DE TOULON à TROYES.

Marseille. 60ᵏ
Lyon. 352
Troyes. 343
_____
755

N° **7078.** DE TOULON à TULLE.

Marseille. 60ᵏ
Tulle. 520
_____
580

N° **7079.** DE TOULON à VALENCE.

Marseille 60ᵏ
Valence 246
_____
306

N° **7080.** DE TOULON à VALEN-
CIENNES.

Marseille 60ᵏ
Paris. 863
Valenciennes. 268
_____
1,191

N° **7081.** DE TOULON à VANNES.

Marseille 60ᵏ
Lyon 352
Nantes. 717
Vannes. 108
_____
1,237

N° **7082.** DE TOULON à VERDUN.

Marseille. 60ᵏ
Lyon 352
Verdun. 432
_____
844

N° 7083. DE TOULON à VERNON.

Marseille	60k
Paris	863
Vernon	80
	1,003

N° 7084. DE TOULON à VERSAILLES.

Marseille	60k
Paris	863
Versailles	17
	940

N° 7085. DE TOULON à VESOUL.

Marseille	60k
Lyon	352
Besançon	250
Vesoul	47
	709

TOULOUSE.

N° 7086. DE TOULOUSE à TOURS.

Bordeaux	257k
Tours	347
(fer)	604

N° 7087. DE TOULOUSE à TROYES.

Bordeaux	257k
Paris	578
Troyes	167
(fer)	1,002

N° 7088. DE TOULOUSE à TULLE.

Cahors	111k
Tulle	133
	244

N° 7089. DE TOULOUSE à VALENCE.

Valence	471k

N° 7090. DE TOULOUSE à VALENCIENNES.

Bordeaux	257k
Paris	578
Valenciennes	268
(fer)	1,103

N° 7091. DE TOULOUSE à VANNES.

Bordeaux	257k
Nantes	539
Vannes	108
	904

N° 7092. DE TOULOUSE à VERDUN.

Bordeaux	257k
Paris	578
Verdun	253
	1,088

N° 7093. DE TOULOUSE à VERNON.

Bordeaux	257k
Paris	578
Vernon	80
(fer)	915

N° 7094. DE TOULOUSE à VERSAILLES.

Bordeaux	257k
Paris	578
Versailles	17
(fer)	852

N° 7095. DE TOULOUSE à VESOUL.

Lyon	577k
Besançon	250
Vesoul	47
	874

TOURS.

N° 7096. DE TOURS à TROYES.

Paris	234k
Troyes	167
(fer)	401

N° 7097. DE TOURS à TULLE.

Limoges	395k
Tulle	89
	484

N° 7098. DE TOURS à VALENCE.

Lyon	537k
Valence	106
	643

N° 7099. DE TOURS à VALENCIENNES.

Paris	234k
Valenciennes	268
(fer)	502

N° 7100. DE TOURS à VANNES.

Nantes	195k
Vannes	108
	303

N° 7101. DE TOURS à VERDUN.

Paris	234k
Verdun	253
	487

N° 7102. DE TOURS à VERNON.

Paris	234k
Vernon	80
(fer)	314

N° 7103. DE TOURS à VERSAILLES.

Paris	234k
Versailles	17
(fer)	251

N° 7104. DE TOURS à VESOUL.

Paris	234k
Vesoul	381
(fer)	615

TROYES.

N° 7105. DE TROYES à TULLE.

Tulle	477k

N° 7106. DE TROYES à VALENCE.

Lyon	343k
Valence	106
	449

N° 7107. DE TROYES à VALENCIENNES.

Paris	167k
Valenciennes	268
(fer)	435

N° 7108. DE TROYES à VANNES.

Paris	167k
Rennes	373
Vannes	103
	643

N° 7109. DE TROYES à VERDUN.

Châlons-sur-Marne	230k
Verdun	81
	311

N° 7110. DE TROYES à VERNON.

Paris	167k
Vernon	80
(fer)	247

N° 7111. DE TROYES à VERSAILLES.

Paris	167k
Versailles	17
(fer)	184

N° 7112. DE TROYES à VESOUL.

Vesoul	214k

TULLE.

N° 7113. DE TULLE À VALENCE.

Clermont	143ᵏ
Montbrison	113
Valence	132
	388

N° 7114. DE TULLE À VALENCIENNES.

Limoges	89ᵏ
Paris	400
Valenciennes	268
	757

N° 7115. DE TULLE À VANNES.

Limoges	89ᵏ
Nantes	588
Vannes	108
	785

N° 7116. DE TULLE À VERDUN.

Clermont	143ᵏ
Verdun	494
	637

N° 7117. DE TULLE À VERNON.

Limoges	89ᵏ
Paris	400
Vernon	80
	569

N° 7118. DE TULLE À VERSAILLES.

Limoges	89ᵏ
Paris	400
Versailles	17
	506

N° 7119. DE TULLE À VESOUL.

Vesoul	539ᵏ

VALENCE.

N° 7120. DE VALENCE À VALENCIENNES.

Paris	618ᵏ
Valenciennes	268
(fer)	**886**

N° 7121. DE VALENCE À VANNES.

Lyon	106ᵏ
Nantes	717
Vannes	108
	931

N° 7122. DE VALENCE À VERDUN.

Lyon	117ᵏ
Verdun	436
	542

N° 7123. DE VALENCE À VERNON.

Paris	618ᵏ
Vernon	80
(fer)	**698**

N° 7124. DE VALENCE À VERSAILLES.

Paris	618ᵏ
Versailles	17
(fer)	**635**

N° 7125. DE VALENCE À VESOUL.

Lyon	106ᵏ
Besançon	250
Vesoul	47
	403

VALENCIENNES.

N° 7126. DE VALENCIENNES À VANNES.

Paris	268ᵏ
Rennes	373
Vannes	103
	744

N° 7127. DE VALENCIENNES À VERDUN.

Mézières	141ᵏ
Verdun	102
	243

N° 7128. DE VALENCIENNES À VERNON.

Paris	268ᵏ
Vernon	80
(fer)	**348**

N° 7129. DE VALENCIENNES À VERSAILLES.

Paris	268ᵏ
Versailles	17
(fer)	**285**

N° 7130. DE VALENCIENNES À VESOUL.

Châlons-sur-Marne	264ᵏ
Vesoul	247
(fer)	**511**

VANNES.

N° 7131. DE VANNES À VERDUN.

Rennes	103ᵏ
Paris	373
Verdun	253
	729

N° 7132. DE VANNES À VERNON.

Rennes	103ᵏ
Vernon	312
	415

N° 7133. DE VANNES À VERSAILLES.

Rennes	103ᵏ
Versailles	356
	459

N° 7134. DE VANNES À VESOUL.

Rennes	103ᵏ
Paris	373
Vesoul	381
(fer)	**857**

VERDUN.

N° 7135. DE VERDUN À VERNON.

Paris	253ᵏ
Vernon	80
(fer)	**333**

N° 7136. DE VERDUN À VERSAILLES.

Paris	253ᵏ
Versailles	17
(fer)	**270**

N° 7137. DE VERDUN À VESOUL.

Vesoul	233ᵏ

VERNON.

N° 7138. DE VERNON À VERSAILLES.

Paris	80ᵏ
Versailles	17
(fer)	**97**

N° 7139. DE VERNON À VESOUL.

Paris	80ᵏ
Vesoul	381
(fer)	**461**

VERSAILLES.

N° 7140. DE VERSAILLES À VESOUL.

Paris	17ᵏ
Vesoul	381
(fer)	**398**